Bernd Müllender

Ach, Aachen!

Ansichten, Aussichten, Ameröllche und Amerölle

ELV

Bernd Müllender

Ach, Aachen!

Ansichten, Aussichten, Ameröllche und Amerölle

Texte aus fünf Jahrzehnten über eine liebenswürdige und manchmal seltsame Stadt

ELV

Eifeler Literaturverlag 2022

1. Auflage 2022

In der Verlagsgruppe Mainz

Printed in Germany

Eifeler Literaturverlag
Verlagsgruppe Mainz
Süsterfeldstraße 83
52072 Aachen
www.eifeler-literaturverlag.de

Gestaltung, Druck und Vertrieb:
Druck & Verlagshaus Mainz
Süsterfeldstraße 83
52072 Aachen
www.verlag-mainz.de

Umschlaggestaltung: Dietrich Betcher
Lektorat: Christoph Swiontek

ISBN-10: 3-96123-034-X
ISBN-13: 978-3-96123-034-1

Inhaltsverzeichnis

Vorwort

Aachen wähnt sich einmalig. Ist es auch. Schon, weil jede Gemeinde einmalig ist. Aber: Keine Stadt wähnt sich so besonders einmalig wie Aachen. Oder ist dieser Satz mit dem »Keine Stadt« jetzt schon wieder eine typische Übertreibung in puncto Einmaligkeit? Sagen wir: Es ist kompliziert. Also so weit so normal.

Dieses Buch sammelt etwa 90 Texte, die ich seit Anfang der 1980er Jahre für diverse Zeitungen, Zeitschriften und Magazine aus Aachen und über Aachen geschrieben habe. Diese Auswahl beinhaltet lange Reportagen und kleine Glossen, Portraits, Kolumnen, Interviews und kommentierende Berichte – aus der kleinen und der großen Politik, aus Kultur- und Alltagsleben im Dreiländerland, aus Wirtschafts- und Karnevalstreiben, über Verkehrschaos, Fahrradpolitik, den Soers-Sport und manche scheinbar nebensächliche Dinge des alltäglichen Aachener Daseins.

Die Texte mögen verdeutlichen: Aachen ist schön, zumindest an manchen Stellen. Aachen leidet bisweilen auch an Selbstüberschätzung. An Aachen kann man sich wunderbar reiben – die Stadt wähnt sich gern als Mittelpunkt Europas und ist gleichzeitig eine randständige Provinzmetropole mit Überraschungen und einer leider weitgehend dramatisch verstorbenen Innenstadt. Aachens größtes Plus ist die einmalige Nähe zu zwei sehr unterschiedlichen Nachbarländern, deren Eigenheiten in diesem Buch angemessen ausführlich vorkommen.

Besonders ist Aachen durchaus: Westlichste Großstadt. Höchster Männeranteil Deutschlands, erste vom Hitler-Faschismus befreite Stadt (21. Oktober 1944) und erste mit Nachkriegszeitung (*Aachener Nachrichten*, 24. Januar 1945). Keine Stadt hat mehr Karl. Und keine andere kann einen Dax-Konzern so anders betonen: Continental statt restweltüblich Continental. Nirgends sonst gab es in Deutschland jahrelang so viele bunt-alternative Fußballteams wie in

Aachen (über 70) – mit Namen wie Knallgas Strikers, Kullen Nullen, Nothing Toulouse oder schlicht Deutschland: »Damit ich später meinen Enkeln einmal sagen kann, ich habe hundert Mal für Deutschland gespielt.«

Aachen ist ganz vorne im Alphabet, weswegen man auf den offiziellen Titel »Bad« verzichtet. Eine vielsinnige Interpretation gab es 2020: Corona-Masken mit der Aufschrift »Make Aachen Bad Again«. Aachen liebt das Niedliche: Man geht für ein Päuschen ins Städtchen, um bei einem Bierchen das Sönnchen zu genießen, ausgesprochen gern mit der im Rheinland üblischen ch-sch-Chwäsche. Das rheiniche Auf und Ab im Sprachklang schafft etwa in Krefeld eine große Terz – und in Aachen noch größere Schwankungen, dass einem Seemann schlecht würde. Im Öcher Idiom kann man sich herrlich einkuscheln; Nichtaachener haben allerdings, häufiger als man meinen möchte, eine Allergie gegen unseren Heimatsound – zu diesem morbus printii hat Ulla Schmidt mit ihren Reden als Gesundheitsministerin in Berlin einiges beigetragen.

Aachen hat sogar die Nizzaallee. Es ist dies das einzige deutsche Wort (nicht nur einziger Straßenname) mit vier aufeinanderfolgenden Doppelbuchstaben. Und es gibt sie nur in Oche. Auch eine Pizzaallee gibt es nirgends. Fast wäre Regensburg dazugekommen, aber die schreiben ihre Walhalla-Allee offiziell mit unterbrechendem Bindestrich. Merssi vielmals nach Bayern für den »-«!

Wie ist unsere Stadt nun wirklich? Heinrich Heine lassen wir mal beiseite, mit seinem Urteil von den stocksteif herumstolzierenden Menschen, die den Knüppel verschluckt zu haben scheinen, mit dem sie eben noch geprügelt worden waren. Lauschen wir einem neueren, womöglich neutraleren Urteil von auswärts: »Reizvoll, ja anmutig« sei dieses Aachen, »mit Sinn für Gefälle und Gefälligkeit, für gemäßigte Proportionen, die einen Zug ins heiter Behäbige verraten«. Klingt ziemlich zutreffend, ist aber leider aus dem Kölner Stadtanzeiger – und Urteile aus diesem Köln über Aachen können nicht neutral sein.

Dieses Buch ist keine Hommage an unsere Stadt, keine Beweihräucherung, keine Huldigung oder Liebeserklärung. Auch wenn es genug liebenswürdige Aspekte und Personen gibt, schöne Begebenheiten, wunderbare Erlebnisse. Davon wird ausführlich die Rede sein. Aber es geht auch um eine Stadt voller Seltsamkeiten, um politische, kulturelle und fußballerische Unfähigkeiten, Absurditäten, Provinzialität. Charme und Elend - alles das zusammen macht eine Stadt aus, immer und überall, nicht nur hier in diesem gern so selbstbesoffenen Oche.

Habe ich für solche Urteile über unsere Stadt die alles entscheidende Qualifikation? Tja, gebürtiger Aachener bin ich nicht. Vielmehr begannen meine Öcher Wurzeln schon vor der Geburt in Aachen zu wachsen. Meine Mutter erzählte mir wenige Jahre vor ihrem Tod, dass ich in einem Hotelbett in der Franzstraße gezeugt worden sei, mitten in der Stadt also. Und vor allem: es geschah an einem 11. im 11. Im Jahre 5x11, also 1955. Toll! Woher sie das so genau weiß? Sie war dabei! Aber es war eben der Abend nach der Beerdigung meines Großvaters Adam, eines Aachener Dentisten, deswegen ihr Wissen um das genaue Datum: »Leben geht, Leben kommt«, so ihr Kommentar. Mit diesem Wissen habe ich im Ansehen meiner Original-Aachener FreundInnen (vorher: »Du biss ja jar kejne rischtije Öscher«) mächtig an Image gewonnen. Und ich wähne mich ein wenig mehr befugt, ein Buch über Aachen zu schreiben.

Meine Entstehung am Tag des Sessionsauftaktes 1955/56 klingt nach einer mächtigen karnevalistischen Prägung. Und diese müsste sogar noch einen Extraschub bekommen haben durch frühkindliche Sozialisation über meinen Patenonkel Horst. Der gehörte 1963, Klein-Bernd stand kurz vor der Einschulung, als Jungfrau Horstine zum Kölner Dreigestirn. Und dennoch blieb mir der Humbta-Fastelovend zeitlebens eher fremd, erst recht die Tuschwelt des Prominentenzirkels AKV mit seinen selbsternannten Lackschuhkarnevalisten. Ganz anders die grandiose

Strunx-Sitzung! Beide jecken Pole fanden einen angemessen breiten Platz in meinem journalistischen Schaffen.

Ich bin Sohn des Ruhrgebiets, Jahrgang 1956 und lebe mit einer dreijährigen Unterbrechung seit 1976 hier. Seit 1984 (nach erfolgreich abgebrochenem Wirtschafts- und Publizistikstudium an der RWTH und der Uni Münster) schreibe ich für Zeitungen wie *taz* und Süddeutsche, Die Zeit, Frankfurter Rundschau, Grenzecho, Publik Forum, für die Aachener Blätter, das Magazin *login* der *regio iT* und lange für den WDR-Hörfunk. Dazu kommt ein Dutzend Bücher, zuletzt gleich zwei über unser wunderbares Nachbarland Belgien, das Anarchistan Mitteleuropas und hier im Eifeler Literaturverlag der Radroman »Die Zahl 38.185«.

Sport? Das beste am Chio bleibt für mich der alte Sauerbraten-Kalauer: »Gestern noch geritten, heute schon mit Fritten.« Bei der Reit-WM 2006 verfolgte ich das Distanzreiten und sah mich bestätigt, dass Mensch und Pferd nicht zum Sportwettkampf taugen, vor allem nicht in diesem. Und die Alemannia? Dazu gehörte immer ein zwiespältiges Verhältnis. Wer Realsatire und ungewollte Anarchie mag, kann diesen Klub nur lieben, der mit seiner Strahlkraft immer Inkompetenz in Serie anzog, dass Motten geblendet gewesen wären. Oder man kann sich begeistern lassen: von den drei Siegen nacheinander gegen das Böse aus München oder von der großen Europapokalsaison 2004/05. Staunen gehört dazu: Wo sonst in der Welt ergibt der Stadionname rückwärts gelesen ein Liebesbekenntnis? Tivoli – I lov it.

Die wiederentdeckten Texte in diesem Buch sind weitgehend naturbelassen, abgesehen von kleinen redaktionellen Korrekturen und Kürzungen. Oft sind Ergänzungen beigefügt: manchmal wie es dazu kam, was daraus wurde, was sonst noch geschah, vielleicht eine kleine Einordnung in die heutige Zeit oder ein Ausblick.

Noch ein Hinweis zum Untertitel - zum Begriffepaar Ameröll/Ameröllche schreibt Karl Allgaier vom Verein Öcher Platt: »Die Herkunft des Wortes Ameröllche ist unklar; auch der alte Will Hermanns weiß nichts dazu. Ich vermute einen Zusammenhang mit Amouren (Liebesgeschichten). Zum offensichtlichen Diminutiv gibt es jedenfalls im Öcher Platt keine Grundform. Ein französisches Wort Amourelle o.ä, finde ich nicht.«

Ich finde, wenn der Franzose schon nichts anzubieten hat, wird es Zeit, die Aachener Sprache selbsttätig um den Begriff »Ameröll« zu ergänzen.

Das Buch ist kein vollständiges Portrait dieser Stadt. Wohl aber sollen die Geschichten Erinnerungen auslösen, gestern Selbstverständliches grotesk oder seltsam erscheinen lassen, Unbekanntes nachliefern, Verbindungen zum Heute schaffen. Und somit als Geschichtenbuch ein bisschen Stadtgeschichte transportieren.

Und Aachen ist nicht nur Aachen. Sehr wohl geht es zwischendurch auch mal um unsere Nachbarn, national wie international. Wobei seltsam scheint, dass die Niederländer Aken sagen; mit dem Original-Namen Aachen könnten sie doch so richtig scheveningenhaft den Rachen tanzen lassen. Das französische Aix-la-Chapelle ist indes gleich Gegenstand der ersten Geschichte in diesem Buch.

Aachen/Aken/Aix-la-Chapelle, im Frühjahr 2022 –
Bernd Müllender

Zum Einstieg: Sieben besondere Themen

Verhaixt in Aix

Eine Betrachtung über den wenig originellen Zwang zur Originalität.
taz, 26. Oktober 2001

Dass die folgende Betrachtung über das Wesen der höheren Witzigkeit und die Raffinesse der Namensfindung nur in Aachen entstehen konnte, hat mehrere Gründe: Aachen ist als Humorstandort eisern positioniert (man lacht über den Orden wider den tierischen Ernst) und hat auch einen französischen Namen, Aix-la-Chapelle. Und weil man hier immer schon damit kokettierte, sich besonders weltläufig und geschichtsbewusst zu geben, hat der wohlklingende Name Besitz von Herz und Verstand der EinwohnerInnen ergriffen. Aix ist angesagt. Aix ist überall. Und: Aix zersetzt das Leben.

Stellen Sie sich vor, Sie gründen eine Firma: Da gibt man sich einen modernen, humornahen Namen. Dieser, raten Marketing-Fachleute, solle identitätsstiftend sein, möglichst prägnant, leicht merkbar und unverwechselbar. Besonders kreativ ist eine Verbindung zwischen Produkt und Herkunft, am besten lokal und international wirkend.

Also zum Beispiel das Wortspiel mit Aix. Aixtron, die Anlagenbau-Firma aus Aachen, war eine der ersten Aix-Schöpfungen. Schnell ging es weiter, nach Art des Flächenbrandes. Französische Weine gibt es in den Höhlen bei Caves d'Aix. Es zieht Sie auf die Bühne: vielleicht zum Aixpertentheater? Den neuen Gebrauchtwagen gibt es in Aachen bei Aix Automobile, versichert wird er bei AIXellent. Die Büro-AIXperten helfen am Schreibtisch, das Vermögen verwaltet die AIXpert GmbH. Feine Körperpflegemittel? Bei Aixclusive Cosmetique. Ein Männerchor nennt sich Aix-Harmonists. Mein lieber Herr Gesangsverein!

Aix, Aix, Aix. Wenn man AixConsult konsultiert, kann man erfahren, dass AixHibit zumindest kein

Exhibitionistenzirkel ist, sondern ein Homepage-Designer. Zum Flughafen nach Köln geht es mit dem Airport-Aixpress, in die Luft mit der Firma AixBalloon. Aix Libris ist der Antiquar, Aixakt eine Druckerei, neue Software bietet Aixtrasoft. Und überall in Aix-la-Chapelle belagern einen Aix-Reklamen und Aix-Sprüche.

Die unverwaixelbare Stadt leidet an einer aixzessiven Aix-Manie. Es gibt kein Entkommen. Schon droht das Alltagsleben aixtrem aus den Fugen zu geraten: Bald wird in Aachen aixhumiert (Friedhofsservice GmbH), Stadtführungen heißen beschmunzelt Aixpedition, Museen zeigen in ihren Waixelausstellungen nur noch aixtravagante Aixponate des Aixpressionismus, an der aixzellenten Hochschule macht man aixotisch aixaltierte Aixamen. Zwischendurch hat man mit dem oder der Aix Saix. Am besten Französisch. Vielleicht sogar in einer Chapelle.

Es ist wie verhaixt in Aix. Am besten geht man ins Aixil.

***

Manche Aix-Firmen von 2001 sind längst zu Ex-Aix-Firmen geworden oder ochekorrekt: Aix-Aix-Firmen. Andere sind neu entstanden, wie der Taixter dieser Zeilen flink herausfand: Eso d´Aix: die Esoterikmesse, Al-Aix: das Kindermaskottchen der Alemannia, Aix Cathedra ein Bildungsforum. Und Aix Act? Das ist nicht etwa ein nackter Öcher, sondern ein Hausmeisterservice.

Aixsolution ist heute eine Unternehmensberatung, die aixperiencedays anbietet; relaix ein Internetprovider. Bei Altbausanierung kann man sich an Baukomplaix wenden. Es gibt die Netzagentur Aixtra-Web, die Anwaltskanzlei AixLaw, das Modegeschäft Aixtravaganza. Aixpo ist kein gewesenes Hinterteil, sondern eine Messebaufirma, Aixvers macht in Versicherungen. Die belgische Bimmelbahn euregioAIXpress schaukelt einen nach Spa. Und Aachens Metzger haben sich eine Aixtrawurst gebraten und den Zusammenschluss Aixtra-Fleisch kreiert.

Man sieht, die Aixpest hat dauerhaft Potenziale: Die einen gehen, andere werden kommen, wahrscheinlich bei aixorbitant aixponenziellem Wachstum sehr viele. Wo bleibt das Positive? Hier: das Geschäft für Künstlerbedarf Farbklaix, gleich gefolgt vom Fassadenreiniger Clean Aix.

Ach so, und unter dem Dach dieses Buchverlags gibt es die Edition Aixact. Und da ist das spannende Start-Up Aixponic, die mit der Züchtung von Meeresfischen ausgerechnet in der flussfreien und meeresfernen Stadt Aachen Furore machen wollen (meine Reportage hier: www.regioit.de/regioit/newsroom/magazin-login, Heft Herbst 2021, Gemeinwohl)

Was aber gar nicht geht: In Würselen wirkt die Verkaufsagentur AixSELLent. Diese hintertriebenen kleinen Nachbarn wollen Aachen verkaufen! Schande!

***

Eines Tages im Sommer 1985 rief mich eine junge Frau an. Sie erzählte, sie sei Auszubildende im Hotel Quellenhof gewesen und leider nicht übernommen worden. Warum weiß ich nicht mehr: Vielleicht war sie ungeeignet, vielleicht war sie zu frech, vielleicht war es Zufall, dass sie ausgesiebt wurde. Jedenfalls war sie empört, zumindest enttäuscht. Und sie wollte mir ein paar Geschichten erzählen, »vom Scheich«. Ob es Rache war, Wichtigtuerei?

Solche Informanten sind entweder die Pest, weil sie ungare Sachen erzählen, vom Hörensagen oder sogar Fantasiertes. Oder sie berichten selbst erlebte Fakten, nachprüfbar, stimmig und korrekt. Diese Frau hatte viele selbst erlebte Fakten zu erzählen, und alle stellten sich beim Nachprüfen als wahr heraus. Ein Glücksfall für einen Journalisten.

Auf in die Recherche. Ein unglaublicher Kosmos tat sich auf, einer, der heute, in Zeiten massenhafter Leaks und Whistleblower, auch noch reichlich faszinierend sein dürfte. Damals war es die Geschichte erst recht. Die Zeit *in Hamburg wählte eine extra zurückhaltende Überschrift und Unterzeile:*

Aachen ist gut für die Zähne

Die Patienten aus dem Orient fühlen sich wohl im Rheinland.
Die Zeit, 27. September 1985

Quietschende Reifen, hektische Sicherheitsbeamte. Eine Krankenschwester, auf dem Weg zu ihrem Arbeitsplatz, läuft gegen eine Wand von ausgebreiteten Armen: »Hier ist jetzt alles dicht.« Patienten und Besucher im Aachener Klinikum eilen an die Fenster. »Da kommt er ja, der Scheich!«

Die Türen der Mercedes-Karawane öffnen sich, Beduinengewänder quellen hervor, fünf, zehn, fast zwanzig. Nicht einmal eine halbe Minute vergeht, dann sind die Araber durch den VIP-Nebeneingang im Krankenhauslabyrinth verschwunden. Die Scharfschützen oben auf den Dächern ziehen die Mündungsrohre wieder ein.

Seine Hoheit Scheich Zayed bin Sultan al-Nahayyan nähert sich dem Behandlungsstuhl von Professor Dr. Hubertus Spiekermann, Chef der Abteilung für Kieferchirurgie und Zahnprothetik.

Scheich Zayed ist einer der wichtigsten politischen Führer auf der arabischen Halbinsel, Präsident der sieben Vereinigten Arabischen Emirate an der Piratenküste bei Hormuz, gleichzeitig Oberhaupt des Fürstentums Abu Dhabi, das schon seit Jahrhunderten im Besitz der Nahayyans ist.

Zayed gilt zudem als der reichste Mann der Welt, und das hebt ihn schon von den gewöhnlichen Kassenpatienten ab. Da sprießt die Neugierde – wie mag er sich in Aachen zurechtfinden?

Zweieinhalb Jahre ist es her, da rief der Bonner Botschafter der Emirate beim jungen Professor Spiekermann, damals gerade 40 Jahre alt, an und erbat ärztliche Hilfe für sein Staatsoberhaupt. Noch verblüfft darüber, dass ausgerechnet er zu solcher Ehre kam, machte sich der Arzt auf ins Morgenland. Im Palast des Scheichs Zayed war er indes nicht der einzige westliche Kieferspezialist; etliche Okzidentisten waren angereist. Spiekermann, ein Kölner Kollege, zwei Briten und vier Amerikaner untersuchten die Mundhöhle des Herrschers; ein jeder lieferte seine Expertise ab. Hubertus Spiekermann nahm die Gewissheit nach Aachen mit, »im Bereich des Mundes« von Scheich Zayed lägen die Dinge »sehr kompliziert«. Warum dann einige Wochen später gerade sein Behandlungskonzept den Zuschlag erhielt, auch das ist Spiekermann bis heute nicht klar. »Manchmal denke ich, das hängt mit Dingen zusammen wie dem Leopard II, mit Vertrauen in deutsche Wert- und Präzisionsarbeit.«

Der 67-jährige Zayed sei »ein durchaus lieber Patient«, sagt Spiekermann, aber er ist kein Kranker wie jeder andere, und er ist auch kein Scheich wie jeder andere. Auf 60 Milliarden Dollar wird sein Privatvermögen geschätzt. »Wenn der Scheich wollte«, sagte Harald Bock, Geschäftsführer der Deutsch-Arabischen Gesellschaft, »könnte er sich ganz Aachen auf einmal kaufen.«

Die Begleitumstände von Zayeds Aufenthalten in Aachen sind entsprechend. Eine halbe Hundertschaft zählt seine Leibgarde, dazu kommt noch ein gutes Dutzend deutscher Zivilbeamter. Ihn zu fotografieren, erklärt der Einsatzleiter der Polizei, sei unter keinen Umständen erlaubt, die Araber wünschten das nicht. Nun ist Zayed eine »Person der Zeitgeschichte«; nach deutschem Recht darf er in der Öffentlichkeit fotografiert werden. Das weiß auch der Einsatzleiter. »Wir können aber für das Verhalten der Leibwächter nicht garantieren«, gibt er zu bedenken. »Bei denen sitzen die Waffen lockerer als bei uns.«

So kommt ohne weißen Kittel auch niemand bis auf den richtigen Flur des Klinikums. Hinter jeder Ecke lauern tiefschwarze Augenpaare, und unmittelbar vor dem Behandlungszimmer stellen vier maschinengewehrbestückte Beduinen die ungestörte Zahnbehandlung sicher.

Achtzig Personen stark ist das Gefolge insgesamt, neben den Leibwächtern all die Fahrer und Dolmetscher, Berater und Sekretäre, dazu der Finanzminister, ein Kalif, der jede Rechnung sofort bar aus seinem Aktenkoffer begleicht. Einige Leibärzte, der Hofkoch. Zwei Sicherheitskräfte beobachten in der Küche des Quellenhof-Parkhotels jede Bewegung der Pfeffermühlen und Teflonpfannen. Und wenn einem der Hotelbediensteten in der Nähe der zartrosa gehaltenen Scheichsuite auch nur ein Unterteller entgleitet, schnellen augenblicklich zwei Leibwächter mit gezückten Waffen um die Ecke. Es gibt einfachere Gäste.

In diesem Sommer war Zayed bereits das dritte Mal in Aachen. Bei seinem ersten Besuch vor zwei Jahren weilte auch Saudi-Arabiens Ölminister Jamani für einige Tage in der Stadt, um mit Zayed die eine oder andere Ölpreisangelegenheit zu besprechen. Die *Aachener Nachrichten* bekamen vom Geheimtreffen Wind und verkündeten stolz: »Es kann gut sein, dass derzeit in Aachen Entscheidungen für die gesamte, ins Wanken geratene Wirtschaftswelt getroffen werden.«

Kaum dass mal wieder ein Patient von den sprudelnden Ölquellen seiner orientalischen Heimat in die »Stadt der sprudelnden Vielfalt« gekommen ist, verbreiten sich sofort die abenteuerlichsten Geschichten. So heißt es beispielsweise, das weibliche Servicepersonal sei in diesem Jahr »aus Sicherheitsgründen« von den beiden angemieteten Hoteletagen abgezogen worden. Scheich Zayed sei nun zwar nicht mit Harem angereist, habe aber »aus Repräsentationsgründen« ein Quartett hübscher pakistanischer Mädchen im Gefolge, zusammen nicht älter als Seine Hoheit selbst.

Oder die Sache mit dem Essen. Da Zayed die Kost im Klinikum verschmähte, hat ein Taxifahrer alle halbe Stunde frische Speisen vom Quellenhof zum Krankenbett chauffiert. Wollte der Scheich etwas zu sich nehmen – gut; verspürte er gerade keinen Appetit, gingen die

Milchlammstückchen und Wachtelbrüste unangetastet retour.

Auch die Dankbarkeit Zayeds hat sich herumgesprochen. Deutschen Kriminalpolizisten gab er vor zwei Jahren – zufrieden mit ihrer Wachsamkeit – jeweils eine goldene Uhr von fünfstelligem Wert. Bedauernd mussten die Beamten später jedoch einsehen, dass solche Zulagen mit den hiesigen Gesetzen nicht vereinbar sind. Die großzügigen Geschenke wurden nach Abu Dhabi zurückgeschickt.

Überhaupt ist Zayeds Finanzkalif großzügig. Ungeniert dürfen sich Kellner und Zimmermädchen auf tausend Mark Trinkgeld freuen. Pagen, die im Akkord arbeiten, erlaufen sich bei den orientalischen Gebührensätzen von 50 bis 100 Mark pro Last weit höhere Summen.

Eine andere Begebenheit erzählt Hotelmanager Kurt Seidler, der sonst sehr zurückhaltend ist, was Scheichgeschichten angeht. Vor zwei Jahren habe einer Begleitgruppe nachts um vier der Sinn nach Hamburgern gestanden. Der Küchenbetrieb für die arabischen Besucher laufe »zwar selbstverständlich rund um die Uhr«, erläutert Seidler, »doch Hamburger sind nun einmal nicht Teil unserer Speisekarte«. Über Polizeifunk hätten sie damals versucht, Hackscheiben aufzutreiben – erfolglos; selbst die benachbarte Autobahnraststätte meldete Fehlanzeige. »Heute«, sagt Seidler stolz, »sind wir auf solche Wünsche selbstverständlich vorbereitet.« Durch Vorratskäufe bei McDonalds, wie aus Hotel-Quellen zu erfahren war.

Selbstverständlich wurde dem Falkenfreund Zayed auch ein Doppelzimmer für zwei seiner gefiederten Lieblinge zur Verfügung gestellt. Hatten die Raubvögel Hunger, wurden Wachteln und Mäuse für eine kleine Suitenjagd losgelassen. Die Renovierungsarbeiten wurden später als Nebenkosten verbucht.

Hotelchef Seidler sagt: »Der Besuch eines solch außerordentlich aristokratischen Potentaten, mit seinem ganzen Hofstaat, das ist für uns immer eine besonders aufregende Großveranstaltung.« Und, räumt er als

Geschäftsmann gerne ein, »der Gesundheitstourismus aus dem Nahen Osten« biete eben »eine enorme Umsatzchance«. 20 000 Mark investierte die Exilregierung der Emirate täglich für den Telefonkontakt in die Heimat. Die Woche Totalpension im Quellenhof summiert sich für den Scheich jedes Mal auf mehr als ... Aber wer will hier von Geld reden? Es geht um Gesundheit.

Überall in der Bundesrepublik begeben sich betuchte Orientalen in die Obhut deutscher Ärzte, denn die klinische Infrastruktur am Golf ist schlecht, trotz aller Petrodollars. Die Unikliniken in Bonn haben rund tausend solcher Privatpatienten pro Jahr. Aachen dürfte ein Jahr nach Eröffnung des Klinikums schon mehr zählen.

Ein guter Teil des Patientenstroms ist der Lufthansa zu verdanken. Sie wirbt seit dem vergangenen Jahr mit einem aufwendigen Hochglanzmagazin in arabischer Sprache für die »weltweit unübertroffene Hochleistungsmedizin *Made in Germany*«. In Rekordzeit verspricht die Fluglinie die Trennung zwischen Orient und Okzident zu überwinden, denn »der Weg nach Deutschland ist zwei, drei Flugstunden nah« (*in Wahrheit sind es etwa von Frankfurt sechs Stunden*). Die Vermittlung von Arztterminen und Klinikaufenthalten sowie »alle weiteren Arrangements« gehören zum Service. Sehr zur Freude der Ärzte, die so das Werbeverbot in ihrem Berufsstand umgangen sehen.

Aachen kommt unter den zwölf von der Lufthansa angepriesenen Kliniken »als Zentrum der deutschen Medizin in einem architektonisch zukunftsweisenden Gebäude« besonders gut weg. Wo die nörgeligen Deutschen die vielen Skandale um Europas größtes und modernstes Krankenhaus anprangern (Volksmund: »Gigantikum«), sollen die Heilungssuchenden aus dem Orient mehr den Worten des nordrhein-westfälischen Bauministers Christoph Zöpel vertrauen, der die Heilstätte mit dem Erscheinungsbild einer Ölraffinerie als »Mekka der Hochleistungsmedizin« rühmte.

Hinzu kommt die Pionierarbeit der Leitfigur Zayed. »Die Leute lesen da unten in ihren Zeitungen, dass ihrem Oberhaupt in einer Stadt namens Aachen geholfen wurde«, sagt Professor Spiekermann, »und viele machen sich dann auf der Stelle auf nach Deutschland, landen in Köln, setzen sich ins Taxi und stehen ohne jede Ankündigung hier vor meiner Tür. Das bringt oft ungeheure Organisationsprobleme.«

Und es geht um viel Diskretion. Das ist durchaus verständlich nach Zayeds Reaktion auf seine Erfahrungen in Großbritannien. Die medizinische Behandlung dort mag er als durchaus zufriedenstellend empfunden haben, die übrigen Umstände hingegen nicht. Sowohl Krankenhauskosten als auch die Preise für Konsumartikel des gehobenen Scheichbedarfs schnellten Jahr für Jahr in die Höhe. Als sich dann auch noch eine Londoner Zeitung mit der Überschrift »Zayed geschlechtskrank?« um das Wohl des prominenten Gastes sorgte, verließ die Krankendelegation das Inselreich auf Nimmerwiedersehen.

Auch deutsche Kaufleute träumen vom großen Geschäft mit kranken Scheichs. Zayed weist den Weg. Bei seinem letzten Besuch in Aachen reiste er mit zwei Lastwagen Gepäck an, verließ die Stadt aber mit deren sieben. Die Krankenhauskosten, streng nach den Honorarrichtlinien, wie die Ärzte betonen, machen da nur einen Bruchteil aus. »Die Araber wissen immer sehr genau, ob sie fair behandelt werden oder ob jemand sie übers Ohr hauen will«, sagt Professor Spiekermann. »Was es kostet, ist egal, nur muss der Preis eben stimmen, und die rechnen die kleinsten Posten nach«, das hat der Arzt bei seinen eigenen Rechnungen erlebt. »Wenn nicht, ja, dann zahlen sie auch, ohne mit der Wimper zu zucken, aber sie kommen nicht wieder.«

Bei Scheich Zayed sieht es danach momentan nicht aus. Ins Gästebuch des Hotels schrieb er, dass er sich »bestens aufgehoben und umsorgt« gefühlt habe. Er muss Aachen wohl mögen und auch die Aachener. Denn in diesem Jahr erreichte seine Mildtätigkeit ihren vorläufigen Höhepunkt. Unmittelbar nachdem der letzte Bohrer abgestellt war, verfügte Zayed in einem Anflug von Solidarität mit seinen Leidensgenossen im Klinikum, jedem der 1500 Patienten möge doch bitte ein Tausendmarkschein aus seiner Samsonite-Schatztruhe überreicht werden. Der Finanzminister öffnete den Koffer. Doch zu seiner Bestürzung musste er melden, dass er die anderthalb Millionen gerade nicht dabeihatte. Scheich Zayed hatte seine momentane Liquidität überschätzt.

So unglaublich diese Geschichte auch klingen mag: Bei Allah und allen Propheten – so ist es geschehen am Freitag, dem 23. August 1985, gegen 15 Uhr im Behandlungszimmer von Professor Hubertus Spiekermann, im ersten Stock des Aachener Klinikums.

***

Heute darf man schreiben, auf welche Weise wir uns damals im Klinikum umsahen. Fotograf Georg Helmes und ich hatten einfach weiße Arztkittel angezogen, ein paar Fantasie-Schildchen angesteckt – so gelang es, mild grüßend, die Krummsäbel-Wachen an den Eingängen zu passieren. Im zweiten Stock entdeckten wir einen nicht abgeschlossenen Tagungsraum, legten uns auf die Lauer und warteten an den Fenstern, bis die Karossen vorfuhren. Jedenfalls blieb einer immer oben, der andere Schein-Doktor verschwand mit Kamera gegenüber in den Büschen.

Die Geschichte selbst hatte gleich mehrere Folgen: Einige Wochen nach Erscheinen des Textes rief mich Professor Spiekermann an. »Da haben Sie mir ja was angetan.« Wo immer er seitdem auftauche, etwa auf Symposien, fragten ihn Kollegen und Kolleginnen nicht nach neuem wissenschaftlichem Erkenntnisgewinn, sondern nach Erfahrungen mit dem Scheich, nach dessen Wohlergehen. Manche seien sicher neidisch gewesen auf ihn und manche hätten ironische Bemerkungen gemacht, ob so viel Publicity denn nötig sei fürs heilende Dasein?

Zayed selbst schien vom Bericht über sein Leben in Aachen, so in den Emiraten die Zeit gelesen wird, nicht indigniert - er kam noch einige Male wieder. 2004 starb er mit 86 Jahren. Prof. Dr. Dr. Dr. hc Hubertus Spiekermann starb 2009, kurz nach seiner Pensionierung.

Mein Text hatte zwei weitere Folgen: Kurz nach Erscheinen brachte der Spiegel eine launige Geschichte über den Gesundheitstourismus in deutschen Kliniken. Ich staunte: Die Passagen über Aachen waren teils sätzeweise aus meinem Zeit-Text abgeschrieben. Was macht man da: Klagen, also Säbel? Lieber das feine Florett: Ich schrieb im Journalisten-Magazin der IG Medien einen langen Text »Wie ich freier Mitarbeiter des Spiegels wurde« und dröselte die kaum getarnten Textdiebstähle auf. Der Autor rief mich an, war empört, das sei unkollegial. Fand ich auch. Aber von ihm. Bald darauf wurde ihm beim Spiegel gekündigt.

2010 erschien das Aachen Merian Heft, für das ich einen Querschnitt der besten Kneipen und Übernachtungsmöglichkeiten der Stadt zusammenstellte. Unter anderem durfte ich eine Nacht im Quellenhof testnächtigen, wenn auch nicht in einer der Scheichsuiten, aber immerhin in einem der banal-luxuriösen Standardzimmer und zum Glück ohne jedes Zahnweh. Angereist war ich mit dem Pedelec statt mit Chauffeur in der Oberklassenlimousine – ob man darauf wohl eingestellt ist im Quellenhof? War man tatsächlich: In der Tiefgarage gibt es einen eigens reservierten Fahrradbereich. Mein Fazit damals:

»Ein Aufenthalt in dem massigen Prachtbau mit der neoklassizistischen Fassade von 1916, voller Eleganz und Weite, ist wie eine Zeitreise ins großbürgerliche Gestern. Der quellenhöfische Schlaf geriet abgrundtief, was die britische Königin bestätigen könnte. Sie hat denselben Matratzenlieferanten.«

Das Frühstück war übrigens auch superb (Brötchen von Leo Schumacher), in der Elephant Bar schmeckte der Cocktail. Dort wirbt man bis heute: »In der Elephant Bar ist das koloniale Flair spürbar.« Koloniales Flair: Ob den Nachfahren der einstigen Sklaven bei so viel verstecktem Rassismus der Drink wohl auch schmecken würde?

Und noch einmal Zähne und Prominenz: In den Jahren 1986/87 schrieb ich eine kleine Serie über kuriose Doktorarbeiten an deutschen Hochschulen. Die Beiträge liefen im WDR Hörfunk. Zum Beispiel dieser über eine Diss an der RWTH:

L´eclat c´est moi

Kadavriger Geruch aus dem Sonnenkönig: Die Zahnkrankheiten Ludwig XIV.

WDR Hörfunk, Aus Wissenschaft und Technik, 1987

»In Ihrem Oberkiefer sieht es ja aus wie beim Sonnenkönig.« Diese erste, und wie wir sehen werden, niederschmetternde Diagnose könnte ein Zahnkranker zu hören bekommen, der bei Dr. Ute Weidmüller den Patientenstuhl besteigt. Denn den akademischen Grad Dr. dent. und damit die Berechtigung zu bohren, zu spritzen, zu kronen und zu ziehen, erhielt Weidmüller kürzlich an der Technischen Hochschule Aachen für ihre Dissertation über das bohrend wichtige Thema »Die Zahnkrankheiten Ludwig des Vierzehnten«.

Eine medizinisch und geschichtlich brisante Frage: Wo mag es ihn gezwickt haben? Ob er Karies hatte? O ja, hatte er, und nicht nur das. In der königlichen Mundhöhle war so gut wie alles marode. Schon bei der Geburt zeigte Jung-Ludwig ein ungewohntes Bild. Er kam nämlich, entdeckte die Doktorandin in zeitgenössischen Quellen, bereits mit zwei Zähnen auf die Welt. »Wie bei Herkules«, bemerkte damals ein Hof-Biograph und erkannte damit schon bei Baby Ludwig die vorbestimmte Karriere eines Herrschers. Nicht so erfreut über die geburtliche Mundausstattung waren andere, wie wir lesen können, denn »die vorzeitigen Zähne waren stark genug, um die Ammen in die Brüste zu beißen.«

Ludwigs Zeit als französischer König muss qualvoll gewesen sein. Wir erfahren von den ersten dokumentierten Zahlschmerzen im Jahr 1676. Zwei Jahre später hatte er einen Kieferabszess, Karies und »geballten Eiter«. Brenneisen mussten eingesetzt werden, mindestens 17 mal. 1686 plagte ihn eine Zahnfistel im linken Oberkiefer. Es wurde eine barbarische Operation: »Sämtliche Zähne waren ihm auf dieser Seite gezogen, und es war danach ein Loch im Kiefer zurückgeblieben, durch das bei jedem Trinken und Gurgeln das Wasser aus der Nase wie aus einer Fontäne herauslief.« Bald darauf emittierte Ludwig »üblen Geruch des schleimigen Sekrets, das er ausschneuzte.«

Schließlich war die Mundhöhle seiner Majestät gänzlich zerfressen. Gründe: von »bourbonischer Gefräßigkeit« war damals die Rede und von seinem Hang zu Wein und Süßigkeiten. Auf dem Höhepunkt seiner Macht, mit 50 etwa, war Ludwig XIV. längst zahnlos. Eine Prothese, fand Weidmüller heraus, habe ihm »nicht behagt«. Und so weist die Aachener Doktorandin quasi als Beweis für des Sonnenkönigs Zahnlosigkeit auf ein großes Ölgemälde hin, das heute in Versailles hängt. Dort könne man »die stark eingefallene Mundpartie« des 53-jährigen Königs sehen.

Als Folge seiner Zahnkrankheiten ging es schließlich mit der gesamten königlichen Gesundheit steil bergab. Ludwigs Hofärzte notierten: chronische Entzündung der

Nasennebenhöhlen, starke Kopfschmerzen, Entzündungen der Augen, Fieber, Gelenkschmerzen, Drehschwindel, Migräne, Katarrhe, später Gicht sowie »Schaum im Stuhlgang«.

In dieser beeindruckenden, mit 52 Seiten bedauerlicherweise recht kurzen Promotion, lässt sich, leider, nicht eindeutig nachvollziehen, welche Auswirkungen die dauernden Gesundheitsprobleme auf Ludwigs Machtpolitik hatten. Hinweise aber gibt es: »Es war im Feld von Flandern«, schrieb ein Chronist, »als der König hartnäckige Zahnschmerzen hatte. Oft konnte er sich mit Nelkenöl und Thymian helfen, wenn Ludwig aber »wegen der extremen Schmerzen die Essenzen zu stark verwendete, verbrannte er sich den Mund und musste erbrechen«. An grandiose Feldzüge war da nicht zu denken, im Gegenteil: Der Kampf in Flandern gegen Wilhelm von Oranien und sein »Holland in Not« blieb weitgehend erfolglos.

Im Lichte von Ludwigs Leiden werden zwei weitere politische Taten verständlich. Das Jahr 1686, als er von seinen Ärzten offenbar besonders perfide gemartert worden war, ernannte er zum »Jahr der Fistel«. Und 1699 bekamen französische Dentisten durch ein königliches Dekret erstmals einen eigenen Stand zugesprochen.

Gerne hätte Weidmüller, wie sie schreibt, den »Schädel Ludwigs XIV für Untersuchungen verfügbar« gehabt. Doch der, musste sie erfahren, »ist in den Wirren der Französischen Revolution abhandengekommen«. Wie bedauerlich, womöglich hätte es Anlass gegeben die Geschichte ein wenig umzuschreiben. Kann ja sein, dass Ludwig in Wahrheit seine eklatant kranken Mundwerkzeuge meinte, als er sagte: »L´eclat c´est moi«.

Ute Weidmüller hat heute noch eine Zahnarztpraxis in Wiesbaden.

Vater der Falten

Das offizielle Aachen verehrt seinen Kaiser Karl und feiert 2014 dessen 1.200. Todestag. Viel bewegender als Karl selbst ist sein Hoftier: der weiße Elefant Abul Abbas. Den wird die Kulturszene der Stadt im Jubiläumsjahr würdigen.
taz, 5. Dezember 2013

Der 20. Juli 802 soll es gewesen sein, als er schweren Fußes erstmals Aachener Boden betrat: ein leibhaftiger Elefant, begleitet von einer Handvoll fremder Gestalten, beladen mit prächtigen Geschenken. Vielleicht hat er trompetet, als läge Jericho in der Voreifel. Ob die Menschen dabei an den Jüngsten Tag dachten, ob der Klang schauerlich war oder von wohltemperierter Süße – man weiß es nicht. Sicher ist nur eines: Solch ein Geschöpf hatte noch kein Mittelalter-Öcher jemals leibhaftig gesehen, wohl nicht mal von seiner Existenz etwas geahnt. Staunen und Erschrecken müssen übermächtig gewesen sein.

Abul Abbas, so der Name des Elefanten, war ein Geschenk des mächtigen Kalifen Harun al-Raschid aus Bagdad an Karl den Großen (dessen Gesandte vorher Gunstbeweise ins Morgenland gebracht hatten). Und dieser Abul Abbas soll auch noch weiß gewesen sein.

Abul Abbas, übersetzt »Vater der Falten«, lebte fürderhin in einer Menagerie (»Wildbann«) der Kaiserpfalz, einem ummauerten Wald- und Wiesengebiet (*das sich, soweit man weiß, über Burtscheid, das Frankenberger Viertel, das Ostviertel bis Haaren und eventuell weiter erstreckte*). Er sorgte für Glanz, Macht und Ansehen. Der zeitgenössische Dichter Walahfrid Strabo nannte solch exotische Tierbestände »irdisches Abbild des himmlischen Paradieses«.

Bei der Ankunft war Abul Abbas gewiss erschöpft von seinem einjährigen Fußmarsch über mehr als 5.000 Kilometer. Aber unterwegs war es wenigstens nicht immer so kalt und regnerisch gewesen wie in diesem 400-Seelen-Nest. Der Elefant, allein, ohne Artgenossen und fern seines natürlichen Habitats, dürfte an Aachen gelitten haben wie ein Schwein. Ein paar Jahre später war er dann auch schon tot.

Diese tragische Geschichte vom einsamen Rüsselriesen hat den Aachener Komponisten Florian Zintzen schon vor geraumer Zeit inspiriert. Passend zum Karlsjahr 2014 wird sein »Requiem für einen weißen Elefanten« nun erstmals im großen Stil der Öffentlichkeit präsentiert, gefördert von der Stadt Aachen. In dem Requiem ist der Dickhäuter bald nach seiner Ankunft erkrankt. Bei Hofe ringen Medicus, Heiler, Astrologin und der Herr Pastor um Ideen. Die Meldungen an Karl (»Herr, der Elefant – er frisst nicht mehr!«) werden bang und bänger. Wie nur helfen!?

Das donnernde Werk (Text: Marion Simons-Olivier) hat dadaistische Züge, einigen feinen Witz und nette historische Verdrehungen. So singt der Medicus Aachens Stadthymne »Urbs Aquensis« (mit verändertem deutsch-lateinischem Text) 400 Jahre bevor sie komponiert wurde. Es gibt Anleihen bei Goethes »Faust«, der Chor schmettert »Wer heilt, hat recht«. Am Ende sind die Gelehrten – »Ich spüre die Vergiftung seiner Seele« – einig, dass Einsamkeit, Heimweh und Kälte den armen Elefanten gefrustet und gefrostet aufs Stroh zwingen.

»Den Kulturtransfer zu Karls Zeiten fand ich immer schon wahnsinnig faszinierend«, sagt Zintzen, 40, »und die Elefantengeschichte seit meiner Kindheit sowieso. Aber niemand hat mal darüber nachgedacht, wie es dem Tier hier wohl erging.« Orchester und fast 200 SängerInnen werden das Oeuvre im Mai und Juni 2014 auf die Bühne bringen.

Gleichzeitig wird auch das Stadttheater aktiv: Eine Art Elefanten-Wallfahrt soll Anfang Juni durch Aachen ziehen, »eine einzigartige Performance mit Tanz, Musik und jeder Menge Überraschungen«. In einer Realschule texten sie schon am Abul-Abbas-Rap. Vielleicht werden die Bäcker der Stadt einen Wettbewerb mit Riesenprinten in Elefantenform (mit viel weißem Zuckerguss) ausschreiben.

Die fränkische Propaganda nutzte das Prachtgeschöpf als Beleg dafür, wie eng man mit dem sagenhaften Kalifat im Morgenlande verbunden war. Das auch als Wink an den gemeinsamen Feind: Byzanz. Für Karl war Abul Abbas eine vierbeinige Insignie der Macht; gleichsam Zepter und Reichsapfel in einem.

Und der große Karl wurde zum großen Vorbild. Nach ihm hatte Stauferkaiser Friedrich II. einen Elefanten, Heinrich III. von England legte nach, es folgten Papst Leo X. und Sonnenkönig Ludwig XIV.

Weiß aber war ein sensationelles Alleinstellungsmerkmal. »Weiß«, singt der vierstimmige Chor im Elefanten-Requiem gleich in der Ouvertüre, »ist die Farbe, die alles in den Schatten stellt …«

Weiße Elefanten gelten in vielen Kulturen als heilig, Siam (heute Thailand) hatte bis 1916 sogar einen im Staatswappen. Ein großes Problem hatten dabei alle buddhistischen Verehrer: Wer einen weißen Elefanten besaß, musste ihn den Gläubigen zeigen, musste sie beherbergen und verköstigen. Das konnte einen ruinieren. Deshalb gelten bis heute in unterschiedlichen Kulturen und Sprachen (etwa englisch) als »white elephants« Dinge oder Projekte, die nur Kosten und Ärger verursachen – wer dächte da nicht an Investitionsruinen wie den Bahnhof Stuttgart 21 oder den Berliner Flughafen BER.

Aber war Karls Elefant wirklich ein Albino? Oder einfach nur sehr hell? Dass er weiß gewesen sein soll, meint der Jenaer Mittelalterforscher Prof. Achim Hack, »habe ich in der älteren Forschungsliteratur nirgends gelesen«. Wahrscheinlich sei diese Behauptung »eine spätneuzeitliche Zuschreibung«: »Die fast uferlose populäre Literatur über den Frankenkaiser könnte der Nährboden für derartige Vorstellungen sein.«

Vielleicht war Abul Abbas auch nur etwas weniger grau als der Aachener Wolkenhimmel. Oder man war vom Elfenbein geblendet. Oder tollkühne Landmänner der Nordeifel hatten ihn beim Durchmarsch mit Mehl beworfen. Oder sein Leiden war der Grund: »Herr«, ruft der Hofstallmeister im Requiem einmal verzweifelt, »Herr, der Elefant wird täglich blasser!«

Die offizielle Geschichtsschreibung will wissen, dass Abul Abbas am Schlachtengetümmel der Karl'schen Heere beteiligt war. Tatsächlich waren Elefanten schon früher in Kriege gezogen. Eine indische Streitmacht stellte sich einst Alexander dem Großen mit einer Armee aus 200 Kampfdickhäutern in den Weg, quasi als Panzer des Altertums.

In den hofnahen Reichsannalen, der einzigen originären Quelle, steht zu lesen, dass Abul Abbas im Jahre 810 »plötzlich starb«, und zwar 150 Kilometer nordöstlich von Aachen. Und was hätte er sonst dort machen sollen, außer mit Karl gegen die Normannen und dieses ungläubige Sachsenpack zu ziehen!

Heldentod eines treuen Gefährten? Nüchterne Forscher vermuten eher die Maul-und-Klauen-Seuche, die in jenen Jahren nahezu jedes Huftier dahinraffte.

Vieles spricht dafür, schreibt Achim Hack, dass al-Raschid den Elefanten, ob weiß oder nicht, gar nicht extra für diesen Karl in Indien hatte besorgen lassen, sondern dass das Tier selbst »schon damals ein diplomatisches Geschenk war«. Och, hat der Kalif vielleicht überlegt, da machen wir ein Schleifchen drum und schicken ihn diesem neu gekrönten Haudegen tief im Westen. So gesehen wäre Abul Abbas nur ein frühmittelalterliches Wichtelgeschenk gewesen. Und zugleich ein praktisches Transportmittel für die vielen anderen prunkvollen Gaben.

Für Bagdad hatte nicht mal der Frankenkaiser selbst eine besondere Bedeutung: »In der arabischen Historiografie«, schreibt der Mediävist Hack, »hat der Gesandtschaftswechsel zwischen Harun al-Raschid und Karl dem

Großen keinen Niederschlag gefunden.« Für das Kalifat war dieser Charlemagne eben ein kleines Licht. Militärisch erfolgreich, aber ungebildet und peripher – ganz anders als Bagdad, damals intellektuelles und multireligiöses Zentrum der Welt mit Universitäten und Gelehrten. »Boomtown und Weltkontakthof«, schrieb einmal die *Zeit*.

Der Elefant vom anderen Ende der Erdenscheibe ist somit auch ein wenig Legendenvernichter von Karls angeblich überragender Bedeutung. Die Herrscher aus Bagdad haben ohnehin gern Elefanten verschenkt. 746 bekam der Kaiser von China einen Elefanten. Und noch ein Nashorn dazu.

Über ein Nashorn Kaiser Karls, womöglich sogar ein weißes, ist nichts bekannt.

Das neue Geld bekommt einen Geldpreis

Der Euro, kaum auf der Welt, wird in Karls Namen geehrt.

taz, 27. März 2002

Geld? Darüber wissen wir doch wirklich alles. Dass es weder glücklich macht noch stinkt, auch wenn man es wie Heu hat. Dass es als Mammon zwar schnöde sein mag, man aber dennoch den Teufel damit tanzen lassen kann. Als Money macht es die Welt rundgängig. Beim Tommy reimt es sich auf süßen Honey, im Deutschen pragmatisch auf die große Welt, die es sowieso regiert.

Zeit ist Geld. Kaum dass unsere Mark verkohlt worden ist in extragroßen Müllverbrennungsanlagen, lernen wir ganz neue Eigenschaften unseres neuen Geldes kennen.

Der Euro leistet »einen hervorragenden Beitrag im Dienste der Humanität«, er ist »nicht allein Werteinheit, sondern vielmehr Wertmaßstab« und »ein Stück gemeinsamer Kultur«. Und von wegen »Geld bringt mehr Leute um als eine Keule«, wie der russische Volksmund weiß – der Euro entwickelt »friedensstiftende Wirkung«.

In Aachen bekommt der Euro im Mai den Karlspreis, und heute schon gratulieren wir dem Direktorium zu seiner innovativen Entscheidung. Dabei ist es durchaus strittig zugegangen im hochgeheimen Wahlzirkel. Manche fanden »die Ehrung einer Währung langweilig«, die Mehrheit indes »sehr charmant«, denn listig könne man mit dem Geld »dem Personenkult entkommen«. Politiker waren »ja nicht mehr zu toppen«, sagt einer, seit Bill Clinton im Jahr 2000 Charly's Price of Aken abgegriffen hatte. Dann lieber die Unperson Euro.

Aachen lenkt unser Bewusstsein jetzt noch stärker auf Zaster, Kohle und Penunsen. Wo auch das Geld selbst jetzt seinen Geldpreis hat, erhoffen wir neue Erkenntnisse der Weltendenker (»Geist denkt, Geld lenkt«) und lebensklugen Völker mit ihren trefflichen Sprichwörtern. Her mit Euro-zentristischen Wahrheiten wie Euro makes the world go teuro … oder so. Nur besser. Feiner. So wie die Aachener Juroren: Der Euro ermögliche, »Europa wortwörtlich als bare Münze in der Tasche mit sich zu tragen«.

Das ist schön. Übrigens kriegt auch das gepriesene Geld ordentlich was zu schleppen. Denn als Preisgeld, bislang 5.000 Mark, gibt es jetzt 5.000 Euro. Somit sorgt der ausgebuffte Euro erst für Spezialinflation und profitiert dann selbst üppig davon durch übertriebene Kompensation. Das ist endgültig karlspreiswürdig.

Der erhobene Zeigefinger ist überall

Für seine Verdienste um die europäische Einigung erhält der Papst den Aachener Karlspreis. Die halbe Stadt pilgert dafür nach Rom. Unser Autor ist dabei.
taz, 6. Mai 2016

VATIKANSTADT *taz* | Jetzt. Da, die Tür öffnet sich. Da kommt er. Jorge Mario Bergoglio, 79, alias Papst Franziskus. Freitagmittag 12.05 Uhr. Augenblicklich wird Ruhe zu einer atemlosen Stille. Ist es seine Aura? Die weiß strahlende, alles absorbierende Heiligkeit? Es folgt schüchterner Applaus.

450 festlich gekleidete AachenerInnen recken in der Sala Regia des Apostolischen Palasts die Hälse zu ihm. Die Kameras von ZDF, WDR und BR recken ihre Objektive. Der Aachener Domchor singt »Gloriosa dicta sunt« – Herrliches sagt man dir nach. Der Domchor ist der älteste deutsche Knabenchor, den Karl der Große himself einstens gegründet hat.

Vorher waren die Kinder nicht aufgeregt, sagt Chorleiter Berthold Botzet, aber wehe, wenn man den Vatikan betritt: »Da hat man sofort das Gefühl, in einer Sekunde um 600 Jahre zurücktransportiert zu sein.«

1215 Jahre und ein paar Wimpernschläge ist es her, da war Karl der Große an gleicher Stätte, hier, von Papst Leo III. zum Kaiser gekrönt worden. Jetzt sind die Aachener wieder da und bringen dem Papst ein Geschenk, im Namen ihres größten Sohnes: den Karlspreis. Für die Einheit Europas. Den wichtigsten politischen Preis des Kontinents. An Franziskus, die »moralische Instanz«. Quasi als weltliche Gegenkrönung.

Eskortiert werden all die Aachener in Rom von Kanzlerin Merkel, dem EU-Triumvirat Tusk, Juncker, Martin Schulz, dem spanischen König, dem italienischen Staatspräsidenten.

Aber ein Argentinier für Europa? Franziskus mischt sich bekanntlich ein. Er sprach eindringlich vor dem EU-Parlament, war zuletzt auf Lesbos, um zu sehen, was Europas groteske Flüchtlingspolitik anrichtet. Der Preis an einen Südamerikaner gilt auch als politische Ohrfeige an einen Kontinent, dessen Repräsentanten derzeit in Reihe versagen. Und von denen niemand preiswürdig wäre.

Der Pontifex möge Lösungen andenken, sagen sie alle, Europa wachrütteln, mahnen. Er solle, so der Karlspreisvorsitzende Jürgen Linden, »ins Gewissen reden«, man erwarte »einen Impuls, ein Signal aus Rom«. Franziskus sei schließlich »eine Autorität gegenüber der Politik«. Ob die das weiß – in Polen, Ungarn, Österreich? Und: braucht man die überhaupt?

Offenbar ja. Aachens Oberbürgermeister Marcel Philipp hält seine Laudatio. Er sei »in tiefer Sorge um den Zusammenhalt Europas. Wir empfinden Hilflosigkeit.« Europa sei am Rand der Dekadenz, von Verfall bedroht: »Die Erosion des Fundaments ist beängstigend«. In den Festreden wird beschworen, gemahnt, von Visionen und Visionären gesprochen, von Moral, Solidarität, Würde, Respekt. Der erhobene Zeigefinger ist überall.

Martin Schulz sieht »Europas gemeinsame Wertebasis ins Wanken geraten«. Man stehe »vor einer epochalen Herausforderung.« Jean-Claude Juncker sagt flehentlich: »Also, ihr alten Europäer, wacht auf! Hört die Stimme von Papst Franziskus!« Vor dessen Rede hebt der Domchor an: »Jubilate Deo«. Mit »hingezaubertem, verzücktem Klang«, wie der Chorleiter verlangt hatte, »ganz, ganz fein mit meditativem Charakter«.

Sonst winken Päpste bei weltlichen Ehrungen meist ab. Franziskus' deutscher Berater in Rom, Kurienkardinal Walter Kasper, hatte dem Papst »das Anliegen dieser Auszeichnung erläutert«, sagt er. »Ich war der Briefträger.« Später erklärte Franziskus sein Ja: »Das liegt an der Dickköpfigkeit von Kardinal Kasper.« Eine der Organisatorinnen der Stadt Aachen stöhnte ein paar Tage vor dem Event:

»Die machen mich wahnsinnig im Vatikan. Alles dauert, dauert. Die rechnen nicht in Tagen, die sind in Ewigkeiten unterwegs.«

Neben den 450 Ehrengästen bei der Preisverleihung haben sich auch Privatleute nach Rom aufgemacht. Nicht beim Festakt, aber nach Rom angereist sind beispielsweise zwölf Schüler einer Gymnasialklasse 10 und ihre Lehrerin. Gleich 60 Theologie-Studierende waren per 20-stündiger Busreise für vier Tage angereist. Da es die Chance gab, über die Warteliste in die Hauptveranstaltung zu rutschen, hatte man »vorher eine Liste ausgelost«, sagt der Religionspädagoge Guido Meyer. Deshalb musste auf Verdacht festliche Kleidung ins Gepäck. Fünf schafften es schließlich sogar. Habemus papam.

Der Dresscode schrieb für Herren einen festlichen dunklen Anzug vor und für die Damen: »Dunkler Hosenanzug ist möglich; wenn Kostüm oder Kleid getragen wird, dann sollte dieses beim Sitzen eine Handbreit über das Knie gehen. Bitte Schultern bedecken. Ein Hut oder Schleier ist nicht erforderlich.« Das Protokoll verlangte ferner: »Nicht komplett in Weiß kleiden.« Denn weiß ist nur der Heilige Vater.

Die Prozession der vielen Aachener wirkte wie die Reisen Tausender Fußballfans, die ohne Chance auf eine Eintrittskarte ihren Lieblingen bei einem wichtigen Endspiel nah sein wollen. Und das Spiel im Fernseher unbedingt zwei Kilometer vom Rasen entfernt sehen wollen statt 2.000.

Dann sprach Seine Heiligkeit. 31 Minuten lang – auf Italienisch. »… *multilaterale* … *poco a poco* …« Es gibt im Saal keine Übersetzung. Im Fernsehen wissen alle simultan Bescheid, die Festgesellschaft ahnt nicht, ob Europa die richtigen Signale bekommt. »… *generositá* … Adenauer … *generale* …« Die Unruhe im Saal wächst. Gleichzeitig nicken Dutzende ein. »… *una cultura* … *grazie*!« Europa 2016: Man versteht sich nicht.

Der Papst stellte selbst Fragen: »Was ist mit dir los, humanistisches Europa, du Verfechterin der Menschenrechte, der Demokratie und der Freiheit? Was ist mit dir los, Europa, du Heimat von Dichtern, Philosophen, Künstlern, Musikern, Literaten? Was ist mit dir los, Europa, du Mutter von Völkern und Nationen, Mutter großer Männer und Frauen, die die Würde ihrer Brüder und Schwestern zu verteidigen und dafür ihr Leben hinzugeben wussten?« Und wie weiter? Martin Schulz sagte nachher, ihm habe gefallen, wie sehr der Papst den »gegenwärtigen Zynismus in Europa angegriffen« habe. Angela Merkel fühlte »Ermutigung«.

Der Pontifex hatte angeregt, »Brücken zu bauen und Mauern einzureißen«. Eine genaue Exegese seiner fußnotengespickten Rede wird noch dauern. Aber was sollte der Vatikan konkret tun? Mit der Schweizergarde den mazedonischen Grenzzaun einreißen? Alle Polen kollektiv exkommunizieren? *Glorios adicta sunt* – gerade dem Papst sagt man Herrliches nach.

40 ausgewählte Gäste durften nach der Verleihung die päpstliche Hand schütteln. Alle offenkundig ergriffen. Wie war es? Berührend, einmalig, sagten sie nachher. »Wenn man den Papst berührt«, so Chorleiter Botzet, »ist man schon beseelt.«

***

Als ich noch ein kleines Kind war, besuchten wir mindestens einmal im Monat Oma, Tante und Nichte in der Hanbrucher Straße in ihrem etwas heruntergerockten Haus, das einst die Gesindebleibe hinter der »Villa Modesta« gewesen war. Das war nicht immer prickelnd, aber meine Eltern lockten den kleinen Bernd mit einem kulinarischen Versprechen auf die Reise: Wir würden nachher Fritten essen gehen. Die waren in Duisburg noch unbekannt, wo die Salzkartoffel alleinherrschte, ergänzt höchstens um Bratkartoffeln. In Aachen aber gab es sie, dank der kulinarisch-kulturellen Nähe zum Frittenerfinderland Belgien. Mal hielten wir unterwegs an einem dieser

Straßenbegleit-Wohnwagen in Baal oder Setterich (eine Autobahn gab es noch nicht), oft an einer Imbissbude am Kaiserplatz.

In meiner Erinnerung ist sie wie ein Badezimmer komplett verkachelt gewesen und in riesigen Siedetöpfen wurden unfassbare Mengen der Kartoffelstangen goldgelb geröstet. Das Ambiente war immer von Fettschwaden vernebelt, dass es in den Klamotten nachher bis Duisburg so wohlig roch. Zuhause hatte man schon mal von Pommes gehört. Hier in Aachen sagte man Fritüren. Es gab sie immer in der Tüte! Und das für 30 Pfennig! Und immer mit Senf, der umsonst war, was mich als Kind extra beeindruckte.

Die frühkindlich-frittürale Prägung fand eine Fortsetzung fünfzig Jahre später in einem umfänglichen Frittentest, der im Euregio GastroGuide erschien und hier wiederaufgebacken erneut Appetit machen soll.

In Frittenland

Wo in der Euregio gibt es die besten Pommes Frites? Eine fast wissenschaftliche Untersuchung.

GastroGuide Euregio, Ausgabe 2012

Lange galten Pommes Frites als billige Beilage, Junk Food, als Sattmacher quasi-proletarischen Ursprungs. Erfunden worden sind sie wohl im 17. Jahrhundert, als Maas-Fischer bei Huy und Namur auf die Idee kamen statt frischer Fische geschnittene Kartoffeln in heißem Fett zu frittieren. *French Fries* sind also *Belgian Fries* und eine Erfindung am Rande der heutigen Euregio!

Das Sujet Fritte ist längst Wirtschaftsfaktor und sorgt für Guinness-Rekorde. Der neue Pächter einer Imbissstube am Haarener Markt in Aachen zahlte in den 90er Jahren beim Vorgänger eine Ablösesumme für das Currysoßen-Rezept. Die Fritüre bei Ralf in Kelmis stellte 2003 einen Weltrekord auf: eine 3,5 Meter hohe Tüte mit 1,2 Tonnen Inhalt. Mittlerweile werden Fritten zu einem Glas Champagner serviert und in Mayonnaisen-Ensembles getunkt, die teurer sind als die Kartoffel-Portion selbst. Der Präsident der Deutschsprachigen Gemeinschaft Ostbelgiens, Karl-Heinz Lambertz, schreibt den Fritten sogar eine kulturübergreifende Kraft zu: »Die Chinesen lieben sie wegen ihres perfekten Designs: Essen und Essstäbchen in einem!« Und er weiß: »Die Fritte ist wie Europa: Außen fest und innen weich, aber immer verdammt abhängig vom Öl.«

Fett ist wirklich wichtig. Während in Deutschland meist preisgünstiges und geschmacksneutrales Palmfett genommen wird, brät der Belgier gern in Rindernierenfett. Aber egal welches: »Das Allerwichtigste ist die Frische«, sagt Klaus Jörissen vom Lebensmittel-Untersuchungsamt Rheinland in Aachen, und wie oft das Fett gewechselt wird. Das Wasser aus der Kartoffel sei »chemisch der größte Fettfeind«, deshalb »beginnt mit dem ersten Braten der Zersetzungsprozess.«

11 Millionen Tonnen Kartoffeln werden allein in Deutschland jährlich geerntet. Wie viele Kilogramm Fritten jeder pro Jahr isst, weiß selbst das Statistische Bundesamt auf Anfrage nicht. Allein an Tiefkühlware (meist für daheim) sind es in Deutschland rund 300.000 Tonnen, das entspricht fast einer Milliarde Portionen mit einem Gewicht von 200.000 PKW. Kommt das gleiche noch mal in Buden und Restaurants dazu, gar ein Mehrfaches? Ist es in den Niederlanden, der Heimat von *friet special,* und in Belgien, beim wahren *hommes frites,* die gleiche Menge und wenn ja, nur relativ oder sogar absolut?

Wo gibt es in der Euregio die besten? Welche Frittenbude aus den hunderten, wahrscheinlich tausenden wollen wir testen? Wir haben bei Prominenten um Hinweise gebeten. Absagen kamen von Bischof Heinrich Mussinghoff, der »als Tippgeber nicht zur Verfügung steht«, so sein Referent. Auch Schmachtgeiger André Rieu aus Maastricht mochte »das bitte nicht machen, sorry«. Ulla Schmidt musste einräumen, dass sie nur sehr selten Fritten esse. Ein stadtbekannter Aachener Bühnenkünstler schämte sich für seine Vorliebe: »... also, äh, ich traue es mich ja gar nicht zu sagen, aber... am besten finde ich die dünnen knackigen Dinger von McDonald´s ... Tut mir leid.« Da verzichteten wir.

Sechs Fritten-Paten fanden sich. Ihre Tipps beruhen auf sehr unterschiedlichen Motiven. Neben Geschmack und kulinarischem Glück an erster Stelle waren das: Kultstatus des Etablissements, die Frittenbeigaben, das Verspeisens-Procedere, das Ambiente, das Flair der Mitesser.

Ich bin ihren Empfehlungen gefolgt – ausgerüstet mit allen Sinnen, gutem Appetit, Briefwaage, Millimeterband, mit einem NCS-Farbfächer zur Bestimmung des Bräunegrades und vielen Fragen an die Fritteure.

Hinweis: In Belgien haben selbst Sternerestaurants, ganz anders als in Deutschland, durchgängig eine Fritteuse bereitstehen, halt für hochkulinarische Sternefritten. Und die Spitzenköche können lange Fachvorträge zum Thema halten. Ich habe das selbst mal recherchiert quer durch Flandern, es war verblüffend:
www.tagesspiegel.de/themen/genuss/pommes-aus-belgien-fein-und-fettig/7791416.html

Nun aber zu den detaillierten Testergebnissen der sechs Frittenverköstigungsorte (der besseren Übersichtlichkeit halber hier im Querformat):

Location	**Fritte Marie**	**Maier-Peveling´s**	**Restaurant Exil**
	Hinter der Heck 84, B-Elsenborn Der dunkelbraune Holz-Verschlag am Ortsausgang wirkt wie drangeklebt an das unscheinbare Wohnhaus. Aus dem winzigen Verkaufsbereich innen fällt der Blick in eine betagte Frittenküche mit mobilem Heizöfchen, Wasserboiler, Neonröhren, stellenweise loser Wandverkleidung. Aber die Fritöse mit zwei Fettbottichen: neu, Edelstahl, blitzblank. Das vorgebratene Frittiergut ruht in einem blauen Wäschekorb, im Hintergrund dudeln Schlager. Ein Kunde kauft für 15 Euro zwei große Kochtöpfe voll: »Für das Mittagessen zu Hause.« – »Gibt es einen Sonntagsbraten dazu?« – »Non, wir essen seulement pommes frites.« Empfohlen von **Hubert vom Venn, Journalist und Kabarettist, Roetgen:** »*Ohne Worte. Die Fritten – unvergleichlich. Das typisch-belgische einfache Drumherum. Ein Erlebnis. Seit Jahrzehnten eine Institution in der Nordeifel.*	Kapuziner Karree, Aachen Dependance des Sternerestaurant La Becasse, Eigenwerbung: »Aachens schickste Frittenbude«. Innen geprägt von einem gut massiven Zehn-Meter-Holztisch-Ensemble mit den mutmaßlich schwersten Holzhockern der Euregio-Gastronomie. Die offene Küche ist durch einen großen Tresen abgetrennt, die Hintergrund-Musik schön dezent. Drei Kristallleuchter sorgen für angenehmes Licht. Die Bedienung ist sehr freundlich, alles blitzeblank. Das Publikum mäandert zwischen Studentengruppen und grauhaarigen Jacketträgern. Im Sommer wird der Innenhof mit zwei Biergartenensembles bespielt. Empfohlen von **Michael Schmitz-Aufterbeck, Intendant Theater Aachen:** »*Nah dran für zwischendurch, die Fritten sind einfach spitze und die Saucen einmalig, etwa die Trüffelmajonaise.*«	Schlossstraße 2, Aachen Seit Jahrzehnten die Szenekneipe im Frankenberger Vierte, diente früher mehr zur Biervernichtung, heute ist sie auch als Restaurant sehr geschätzt. Zentrum ist ein Saal mit Holztischen, Kerzen, dämmrigem Licht, roten Vorhängen, Dielenböden, vertäfelten Wänden, der großen Tageskarte an der Wand über den arg betagten Toiletten und zwei Lüstern unter golden angemaltem Stuck. Das Personal ist jung und weiblich, extrem freundlich und aufmerksam. Dezente Musik, das typische Publikum ist mittelalte Mittelschicht. Empfohlen von **Gisela Warmke, Geschäftsführerin Aachen der Carsharing-Firma Cambio:** »Knusprig köstlich in idealer Dicke und schön unregelmäßig geformt. Nicht so dünne Stiftelchen wie aus Kartoffelmehl gepresst.
Geöffnet:	Mi–So 11.45–21 Uhr	tägl. 11.30–23.00 Uhr (Fr, Sa bis 23.30)	Mo–Fr 12–15, tägl. 17–1 Uhr

Inhaber/ Pächter	Rumänisches Paar	Christof Lang	Bernd Schümmer
Philosophie	»Marie-Jean hat bis 2011 hier 32 Jahre lang die Bude betrieben. Wir haben alles gekauft und bei ihr einen Monat Praktikum gemacht. Damit alles so bleibt wie es immer war.«	»Ganz wichtig: Wie fühle ich mich danach!? Und Fritten sind nur die Basis. Dann kommt unsere Saucen-Philosophie ins Spiel. Alle sind im La Becasse selbstgemacht.	»Frische steht ganz vorn und gewissenhafte Zubereitung. Fritten werden von Hand geschnitten, sind dadurch unterschiedlich kalibriert. Deshalb sind sie so verschieden.«
Wartezeit	7 Minuten	3 Minuten	12 Minuten
Darreichung	Tüte, Dreizack-Plastikgabel. Fritten to go. Viele essen im Auto.	Kleiner weißer Geschirrteller. Besteck & Papierserviettenständer am Platz.	Weißes Geschirr, Besteck, Papierserviette.
Geschmack	Knusperschicht dünn, innen zungen-schmeichelnd weich, durchaus mit Kartoffelgeschmack, perfekt gesalzen. Krosse Eckstücke schmecken wie heiße Kartoffelsticks. Kein Hartwerden bei Auskühlen (sonst bei Rinderfett häufig). Frischer Fettgeschmack, durchaus angenehm, noch nach einer Stunde in Nuancen auf der Zunge.	Innen sehr weich, mittlere Knusprigkeit drumherum. Recht hell, einzelne dunkle Ausreißer. Große Dicke des Testguts und auffallend wenige Kleinstücke sorgen für wenig Knack im Mund. Geschmeidig im Biss. Etwas Kartoffelgeschmack, kräftig gesalzen. Auffallend fettarm, dadurch angenehm bekömmlicher Gesamteindruck.	Sehr knusprig und salzig, immer knackig im Biss, kontrastiert durch herausragend samtige Saftigkeit innen. Pures Zubeißvergnügen, durch sehr geringe Bräunungshomogenität jedes Mal anders. Verschiedenartigkeit der einzelnen Fritten sorgt für große Kurzweil.
Format (H – Höhe L – Länge) & Farbe	H = 8,5–10 Millimeter L = meist 50–60 mm viele Kleinstücke. Zartgold, dunkle Ecken.	H: 13–14 Millimeter. L: meist 65–90 mm, bis 128 mm kaum kleine Stücke. Homogen blassgold, auch Ecken.	H: 5–19 Millimeter L: sehr verschieden 15–138 Viele sichelförmige Knusperecken Goldgelb, fast bräunlich.
Schwarze Stellen	2 (hoch = Authentizitätsindiz. Maschinelles Presspüree hätte 0)	6	4

Salz (1–6)	mittel 3	Sehr stark 5–6	Stark 5
Preis	Gr. Portion: 2,00 Euro = 340 Gramm. 100 Gramm: 0,59 Euro	Einheitlich 2,40 Euro = 220 Gramm. 100 Gramm: 1,09 Euro	Einheitlich 3,50 Euro = 305 Gramm. 100 Gramm: 1,15 Euro
Saucen & Mayonnaisen	Insgesamt 11, davon viele Mayonnaisen & Remouladen; Klassiker wie Sc Andalous und Tartare aus großen Flaschenspendern. Ketchup sehr tomatig. Selbstgemachte Currysauce fruchtig-scharf.	Alles selbst gemacht: 17 Saucen, auch alle Mayonnaisen und Senfe (in 2 Schärfen). Warme Grüne Pfeffersauce mit schöner runder Schärfe. Köstlicher Klassiker: Die rauchig-säuerliche Trüffelmajonaise. Preis 0,60–1,00 Euro jew. reichliche Portion (Senf umsonst).	Klassisch: Fruchtiges Ketchup & Mayo, je 0,80 Euro im geschwungenen Schälchen. Auf Wunsch zu je 1,50 hausgemachte warme Pfeffer-, Käse- oder Estragonsauce. Oder kleiner Salat dazu.
Eigene Angaben (Sorte, Fettart, Frittierdauer, Umsatz etc.)	Nur reines Rinderfett, Marke »Fribel«: »Das ist das Beste.« Bratvorgänge: 2. Länge: »Immer nach Gefühl, und mit den Augen« Fetttemperatur: 165–170 Grad. Fettwechsel: 2–3 x wöchentlich. Keine anderen Produkte im Frittenfett. Kartoffeln: vom Bauernhof geliefert und selbst geschält und geschnitten. Umsatz: brutto 800 Kilo Kartoffeln im Winter, im Sommer bis 1.500	Vorblanchiert geliefert aus Belgien. Sorte? »Irrsinnig wechselnd je nach Jahreszeit, Kartoffeln sind eben ein Naturprodukt«. Nur Pflanzenfett. »Tierische Fette sind zu schwer verdaulich.« 2x selbst frittieren. Bei abgelesen 180 Grad. Inhaber sagt, es seien 175 (der wissenschaftlich empfohlene Höchstwert). »Mindestens 1x täglich wechseln, Schwebstoffe werden andauernd automatisch ausgefiltert.« Umsatz: keine Angaben.	Frische Bio-Kartoffeln Sieglinde, selbst von Hand geschält und geschnitten. Nur ungehärtete pflanzliche Fette, kein Palmfett. Wechseln: fast täglich. Überprüfen wie? »Farbe Frittiergut ändert sich, bräunt zu schnell.« 2x Braten, Schlussdurchgang: 160–170 Grad. Umsatz: »Betriebsgeheimnis.«
Besonderheit	Fettschmeckigste Fritte im Test und preiswerteste to go (100 gr: 59 ct)	Heißest gebratene, dickste und salzigste Fritten im Test	Schwerste Einzel-Fritte (15,5 Gramm).

Location	Frituur Reitz	Restaurant Visé	Walters Schnell-Imbiss
	Markt 75, Maastricht Seit Jahrzehnten der Klassiker in Maastricht – seit 1908, mit eigenem Wappen, ausgelegt auf schnellen Massenbetrieb. Fünf Fettbottiche sprudeln nebeneinander, darüber vielkiloweise vorgebratene Kartoffelstangen. Das Ambiente ist ältlich. Man setzt auf Retro: Die Sauerbratensoße kommt aus einem 60er Jahre Bottich im Emaille-Design, die Mayo per Holzkochlöffel mit schnellem Schlag aus einem 10-Kilo-Plastikeimer. Die Großfritöse ist erst 12 Jahre alt, »aber auch eine neue darf nicht neu aussehen«, sagt einer der fünf Mitarbeiter. Am Wochenende winden sich oft lange Schlangen nach draußen, angeblich fast nur Deutsche. Es riecht intensiv nach frischem Frittenfett.	Haasstraße 63, Eupen Von außen wirkt das Visé, als wolle es sich verstecken: Roter Klinkerbau, billiger 80er Jahre Schriftzug, biedere Blumenarrangements – wie ein banales Schnellbistro. Das Restaurant ist ein heller Schlauch, die Wände ocker oder orange, dazu grellbunte Bilder nahe naiver Kunst. Die schlichte Modernität wird mittags kontrastiert durch überwiegend älteres Publikum, vielfach Ü 70. Maitre Bernhard Visé mit langem weißem Hemd wieselt herum, klärt, erklärt. Die Visés sind eine Fritten-Dynastie in Eupen. Mutter hatte hier seit 1959 einen Imbiss, über 30 Jahre lang: »Als Kinder mussten wir jeden Samstag 500 Kilo schälen.« Er machte vor 12 Jahren aus der Bude sein Restaurant. »Mit Fritten macht mir so schnell keiner was vor.«	Weststraße 236, Aachen Der klassische Imbiss mit 20 Sitzgelegenheiten, versteckt am Parkplatz hinter Kaufland. Die drei Tische haben einen Plastik-Komplettüberzug, bis fast 1,50 Meter Höhe ist das Interieur gefließt und gekachelt. Devotionalien von Borussia Mönchengladbach allüberall: Poster, Fahnen, zwei Fan-Gartenzwerge auf der Fensterbank. Das ältere Ehepaar aus der Nachbarschaft sitzt neben Müllmännern und Bauarbeitern. Ein Handwerkertreff. Statt Musik monotoner Gesang der Dunstabzugshauben. Die geben alles – dennoch wird ein Mittagessen hier zur Ganzkörpererfahrung: Noch Stunden danach umweht einen das Parfüm der Fritösen aus allen Klamotten.

	Empfohlen von **Erik Meijer, geboren nebenan in Meerssen, Geschäftsführer Sport Alemannia Aachen:** *»Knusprige Friet, die man am besten in der perfekten Gesamtkomposition isst: mit Zuurvlees, also Sauerbraten, und dieser besonderen flüssigen Laufmayonnaise. Das zusammen aus der tiefen Tüte, bis du am Ende die Hände richtig verschmiert hast – das bringt mich in Extase!«*	Empfohlen von **Karl-Heinz Lambertz, Ministerpräsident der Deutschsprachigen Gemeinschaft, Eupen:** *»Zehn Belgier werden mit Sicherheit zehn verschiedene Antworten geben, welches die beste Fritterie ist – schließlich gelten wir Belgier als Erfinder der Fritten. Mein persönlicher Favorit im Dorado der Fritten ist hier in der Eupener Unterstadt.«*	Empfohlen von **Manni Hammers, Architekt und Strunx-Karnevalist, Aachen:** *»In der skurrilen, engen Bude hab ich das Gefühl, was vom Leben mitzubekommen – der Wirt öchert einen so schön im Pluralis Majestatis an (»Wat wollder sons noch?«) und beherrscht die typische Aachener Verniedlichungsform (»Nochn Sößchen?«). Hier bekomme ich oft Stoff für die Strunxsitzung geliefert.«*
Geöffnet:	Di– So 11–19 Uhr (Mi. bis 21.15)	Fr–Di 12–14 u.18.30–22 Uhr.	Mo 11–15, Di-Sa 11–20 Uhr
Inhaber/ Pächter	Mitarbeiter	Bernhard Visé	Herr Walter
Philosophie	»Der Begriff Pommes Reitz für unsere Fritten mit Sauerbraten & Mayo wird weltweit vermarktet. Manchmal stehen chinesische Touristengruppen hier.«	»Je regelmäßiger ich meine Stammkunden sehe, desto zufriedener bin ich.«	»Noch ein Sößchen dazu?«
Wartezeit	1 Minute 30	48 Minuten (innerhalb Menufolge)	5 Minütchen
Darreichung	Selbstgewickelte Tüte. Holzspießer Zweizack. Keine Sitzgelegenheit.	Weißes eckiges Designergeschirr, schweres Besteck, Stoffserviette	Weiße runde Geschirrschüssel, Gabel. Papierserviette. Zum Mitnehmen: Schale, Plastik-Dreizack

Geschmack	Anfangs durchaus knackig, schön knusprige dunkle Kantenstücke. Die Variante Friet a la Meijer lässt bald nur noch die pampige Mischung aus Mayoflüssen, Rindfleischstücken, Zwiebeln und der säuerlichen Sauce schmecken. Sehr eigene, wiewohl wenig kulinarische Erfahrung.	Überaus knackig im Biss. Leichte Fettnote. Sehr abwechslungsreich gefärbt und gekrümmt. Innen auffallend weiß, sehr fest. Viele bestechend knusprige, aber nie harte Kartoffelrandstücke.	Wohltuend heiß, sehr frischer milder Fettgeruch. Dünne Knabberschicht. Gern kleine Blasen an den Rändern, verstärkt Knusperfläche. Solitär recht langweilig, ideal als Beilage. Ein angenehmer Sattmacher, klassisches Frittenbanal-Gefühl.
Format (H – Höhe L – Länge) & Farbe	H: 10,5x10,5 Millimeter L: meist 60–80 mm, bis 133 mm. Farbe mäandert abwechslungsreich im mittleren Gelbgoldbereich	H: 11x11 mm einheitlich L: meist 35–65 mm, bis 126 mm variantenreich: von satt gelb über golden bis stark bräunlich	H: 10x10 mm einheitlich L: meist 60–80 mm, bis 151 mm! Sehr homogen gelb, wenige Ausreißer ins golden-bräunliche
Schwarze Stellen	Genaue Identifizierung durch viele dunkle Soßenpartikel unmöglich	0	9
Salzgehalt	Schwach 1–2	Mäßig 2	Mäßig 2–3
Preis	Groß: 3,00 Euro = 370 Gramm 100 Gramm: 0,81 Euro	Nur als Beilage, 175 Gramm. Hier im fürstlich guten und preiswerten Mittagsmenu (20 Euro inkl. Wasser, Wein, Kaffee). 100 Gramm: N/A	Groß: 1,50 = 245 Gramm 100 Gramm: 0,61 Euro
Saucen & Mayonnaisen	Ein Dutzend. Selbstgemacht 4: Zuurvlees, Gulasch- und Satésauce sowie Mayonnaise (je 0,50–1,25 Euro)	Zahllos, je nach Hauptgericht. Selbstgemachte Mayo: sehr fest und angenehm neutral im Geschmack	2 Mayos/Remouladen, 8 Saucen. Preis 0,50–1,00 Euro

Eigene Angaben (Sorte, Fettart, Frittierdauer, Umsatz etc.)	Selbst geschnitten mit Maschine, roh auf 12x12 mm. Wechselnde Kartoffelsorte, Schwerpunkt Nicola. Rinderfett, doppelt raffiniert. 2 Bratvorgänge zu 4–8 Minuten bei 155 Grad. Fettwechsel: Jeden Tag. Verbrauch Spitzentage: über 50 Kilo Fett. Umsatz Fritten: »Keine Angabe«.	Geschnitten roh vom Großhändler, »immer mehlige Sorte«. Belgisches Rinderfett (»Palmöl schmeckt doch nach gar nichts«). Mindestens 1–2x vorfrittieren, dann 2–3 Minuten 170 Grad. »Hängt von Kartoffelsorte ab. Feuchtigkeitsgrad und Stärkeanteil verlangen verschiedene Bratlängen und Temperaturen.« Umsatz ca. 130 Kilo/Monat.	Keine Angaben
Besonderheit	Salzärmste Fritten im Test	Dunkelste Fritten im Test. Gebraten im »Rolls Royce unter den Fritösen« (Visé), ein 30 Jahre alter Trumm.	Längste Einzelfritte im Test (151 mm) blasseste und preiswerteste im Sitzen (100 Gramm: 0,61 Euro)

Sport I:
Alles außer Fußball

Aachen ist zwar eine Sportstadt. Allerdings sind hier Disziplinen beheimatet, die woanders nicht unbedingt zu den ersten Publikumsmagneten zählen. Zum Beispiel der Pferdesport.

Nun kann man die mäßige Begeisterung außerhalb Aachens für die sportive Reiterei manchmal verstehen. Etwa die drei Kerndisziplinen: Springen über Hindernisse ist dem Pferd wesensfremd (sie würden immer drumherum laufen), die Ästhetik von Dressurstückchen erschließt sich einem nicht unmittelbar und Distanzreiten funktioniert nur deshalb ohne Todesopfer, weil Tierärzte und -ärztinnen die Tiere massenhaft aus den Rennen nehmen.

Auf in die Soers!

Tiriac auf Tiriac

Der Guru der Tennisbälle will auf Pferdeäpfel umsatteln.

taz, 20. Juni 1989

Reitersleut haben sich mit großem Erfolg den Stallgeruch des Versnobten und bedingungslos Erzkonservativen aufgebaut. Wie es ist, ist es gut, Hafer wird nie zu Weizen und ein Wassergraben bleibt immer nass. Immer noch hören Rösser, wie beim Reiterchampionat CHIO zu bestaunen, auf so seltsam altbackene Namen wie Wotan, Wallenstein, Schiwago, Marquis oder Prinzregent. Jetzt aber kommt ein dee jay daher, einer sitzt auf Fleet Wood Mac, einer auf dirty dancing, und gar auf the freak, der sicher einmal ein besonders hässliches, langschweifiges oder ausschweifiges Fohlen war. Jedenfalls scheint Musik gerade Trumpf zu sein im Sattel.

Doch es gibt auch einen Trend, der uns näher zum eigentlichen Thema hinführen mag. Man kassiert im Namen des Pferdes und reitet Coca-Cola Wendy, besteigt werbewirksam den prickelnden Moet et Chandon, dass nebenan im VIP-Zelt die Korken nur so knallen. Und einer dreht allen Ernstes seine Dressur-Pirouetten auf Rendezvous Spielothek.

Märkte tun sich auf, Sponsoren wollen mithöppeln – da darf einer nicht fehlen: Ion Tiriac, der Manager von Boris Becker.

Der transsylvanische Schnauzbartschurke ließ Anfang vergangener Woche sein Kommen in Aachen avisieren. Das besorgte ihm sein Geschäftsfreund Paul Schockemöhle, mit dem er zusammen im September in Bremen die fettgesponserten »german classics«, ein neues Hallenreitturnier mit lockeren zwei Millionen Investitionsvolumen organisiert. Dort will Tiriac reichlich Show zur Springerei dazumischen – er glaubt, den Pferdemenschen werde zu wenig geboten.

Und dann kam er am Sonntag grimmig heranstolziert und huschte passenderweise auf die Teilnehmertribüne. Die wenigen, die seinen Auftritt mitverfolgen durften, reckten ihre Hälse, als sei Winklers Halla wiederauferstanden. Paul Schockemöhle, der Welt größter Pferdehändler, platzierte sich in permanentem Palaver gleich neben seinen neuen Co und erklärte ihm vieles. Das war nötig, hatte Tiriac doch vorher beteuert, er wisse von Pferdchen »kaum mehr, als dass sie vier Beine haben«.

Der Vermarktungsguru tat sehr beeindruckt und apostrophierte Aachens Turnier höflich als »das Wimbledon der Reiter«. Zufrieden stellte der Finsterling fest, dass es bei einem Reitturnier weniger um jene vierfach behufte Spezies geht, sondern mehr um eine riesige Fress-, Sauf- und Verkaufsmesse vom Alleredelsten, für ein entsprechend Portemonnaie-potentes Publikum.

Allerdings muss auch Tiriac aufgefallen sein, dass so ein Freiluft-Reitstadion einen Centre Court an Größe um ein Mehrfaches übersteigt: Wo will er da seine Showeinlagen platzieren, ohne jedem ein Opernglas schenken zu müssen?

Doch Möglichkeiten bleiben. Slothaak auf Mercedes, Klimke auf Klosterfrau, und Neckermanns Jupp, der auf Kaufhof ins Dressurquadrat geschoben wird, live bei RTLplus. Tiriac (setzt) auf Tiriac. Hindernisse werden nur noch in Form von Litfaßsäulen aufgestellt, und der Borismacher selbst kommt als Neptun mit Reklame-Sandwich aus dem Wassergraben. Das Fernsehen wird gezwungen, stundenlang zu übertragen oder eben ausgeschlossen, und Aachen wird jedes Mal für eine Woche in Aachen-Münchener umgetauft.

Der Versicherungsgigant hatte gemeinsam mit dem Aachener Rennverein im vergangenen Jahr schon für clevere Ansätze gesorgt. Man kassierte 80.000 Mark Steuergelder für den werbenden Namen »Großer Preis der Stadt Aachen« (Sieger am Sonntag: ein Walzerkönig), sahnte beim Versicherer noch mal 135.000 Märker ab, gab dem Gehopse gleich zwei Namen, und verbuddelte die städtischen Preisgelder bestimmungswidrig für eine neue Kanalisation.

Solch ein Deal könnte es gewesen sein, der einen Tiriac auf neue Ideen gebracht hat. Er will jetzt bessere Trickvorschläge einreichen.

So richtig gekesselt hat es bei Tiriac dann doch nicht. Jedenfalls ist er nie im Pferdesport eingestiegen. Tiriac betreute Bumbum Becker bis 1993, später andere Tennisprofis. Danach stieg er unter anderem ins Auto-, Kaviar- und Reisegeschäft ein, gründete Tiriac Air und verschlechterte sein Image durch exzessive Feudaljagden. Sein Vermögen wird auf eine Milliarde US-Doller geschätzt. Er lebt heute, über 80 mittlerweile, mit Frau und 350 Oldtimern in seiner Heimat Rumänien.

Kleine Lahmheit hinten

160 Kilometer hoch zu Ross: Bei der Generalprobe der Distanzreiter für die Weltmeisterschaft 2006 in Aachen kommt wegen epidemisch häufiger Unpässlichkeit nicht mal jedes dritte Pferd ins Ziel.
taz, 13. Juni 2005

Man könne »nicht einfach losreiten, den Tempomaten einschalten, und irgendwann ist man im Ziel«, hatte die Deutsche Meisterin Melanie Arnold vorher erklärt. Vielmehr komme es auf Taktik und Geduld an, auf Kraft und Kondition. Der Belgier Leonard Liesens wollte »in und auf das Pferd hören«. Und die Niederländerin Yvonne van der Velde stellte klar: »Man muss unterwegs wie in Trance in das Pferd hineingehen.«

Nach 90 der 160 Kilometer wickelt die 42-jährige van der Velde ihrer Claire du Rose Eisbeutel um die Fesseln, trocknet das klitschnass geschwitzte Tier und sagt nur: »Ganz kleine Lahmheit hinten.« Das war schon das Aus gewesen. Einer der Aufsichtsveterinäre hatte den Daumen gesenkt. Da nutzen beste Trance, Horchenskraft und geduldige Taktik nichts. Die Reiterin sah bedröppelter aus als ihr Pferd, das schon wieder emsig graste.

Morgens um fünf Uhr waren in der Aachener Soers 73 Pferde gestartet, die meisten klein und drahtig dünn, manche mit neckischem Zopfgeflecht in der Mähne. Munter geht es über Wiesen und Äcker, Forstwege und Asphalt. Hoch zum Dreiländereck, herab ins konditionsfressende belgische Hügelland. Distanzreiten. WM-Generalprobe für 2006. Endurance der Pferde, über Stock und Stein. 60 Prozent der Strecke legen die besten im Galopp zurück.

Die meisten Entscheidungen fallen, wenn nicht geritten wird, bei den Tierärzten in den sechs »Vetgates« unterwegs. Da muss der Pferde Puls schnell unter 64 Schläge gebracht werden (mit Eiswassermassage, Wärmedecken, Strohrascheln, Beruhigungsgeflüster). Dann werden Dehydrierung überprüft, Darmgeräusche abgehorcht, Gang und Trab beäugt. Die dauernden »Mechanik-Checks« sind für die einen ein Zeichen, wie ernst die Gesundheit der Tiere genommen wird. Andere sehen darin den Beleg dafür, wie wesensfremd dem Pferd ein Vierfachmarathon ist. 53 der 73 Starter sind am Ende aus dem Feld genommen worden.

Als Favoriten hatte die Starterfamilie derer von Maktoum aus den Vereinigten Arabischen Emiraten gegolten. Doch Seine Hoheit Mohammad Sheikh Mohd bin Rashid war von den Tierärzten bald genauso ausgebremst worden wie seine fünf Scheichsöhne. Eines ihrer edlen Rasserösser hatte sich sogar eine Fraktur am Knöchel zugezogen und kippte im Wagen der Veterinärambulanz um. Dem armen Tier drohte ein Schicksal als rheinischer Sauerbraten.

»Was soll ich jetzt zu Hause berichten?«, fragte traurig der Reporter von Abu Dhabi TV. »Die Zuschauer wollen doch Sieger sehen. Ich glaube, unsere Leute wollten nur mal die Strecke für die WM 2006 kennen lernen. Die gefällt ihnen übrigens gar nicht.« Warum, zu wenig Sand? Er lächelt: »Ja, das kann sein.«

Im lauschigen Aachener Wald hatten tierquälerische Scherzbolde ein Richtungsschild umgedreht und gut ein Dutzend Reiter für fast einen Kilometer Länge einen steilen Aufstieg hinaufgeschickt. »So was passiert«, zuckte Mitopfer van der Velde die Schultern. Der letzte der 20 Finisher war schließlich nach 21 Uhr ins Ziel gekommen. Bei größerer Hitze als am Samstag, spekulierten Fachleute, wären es noch deutlich weniger gewesen.

Auch bei der WM 2006 schied die hochfavorisierte Mannschaft der Emirate aus vier Söhnen von Al Maktoum beim 160-Kilometerritt früh aus.

Die WM 2006 war eine der Superlative: die Piaffen und Passagen wurden im großen Stadion geritten, 45.000 ZuschauerInnen jubelten. Das war Weltrekord fürs Dressurreiten. Vor allem: Die Menschen tobten ob der spektakulären Goldkür der Niederländerin Anky van Grunsven auf Salinero. Hatte man das schon einmal in einem anderen Sport erlebt: Deutsches Publikum rast vor Begeisterung, wenn Holländer gewinnen?

Neun Jahre später hatte die deutsche Reiterei bei der Europameisterschaft in der Soers ihren eigenen Megastar am Start:

Totilas und sein Finale

Der Wunderhengst schwächelt. Hängende Mundwinkel in fast Merkel'scher Perfektion.
taz, 15. August 2015

Die deutschen ReiterInnen haben eine formvollendete Dressurkür hingelegt. Wertungskategorie Hängende Mundwinkel – fast mit Merkel'scher Perfektion. Schuldzuweisungen – eine muntere Kür querbeet. Versteinerte Gesichter – bühnenreif. Gesten der Ratlosigkeit – in Vollendung. Nur schäbige Blechbronze in der Mannschaftswertung der Dressur hatte es bei der Reit-EM gegeben – weit unter der Würde der edlen deutschen Reiterei; die Niederlande gewannen vor Großbritannien. Vor allem der vorgebliche Wunderhengst Totilas hatte eine müde, fehlergespickte Runde hingelegt.

Dressurreiten ist eine fürwahr sonderbare Welt. 71 Rösser samt ihrer stocksteifen ReiterInnen mit Zylinder auf dem Kopf zeigen das immergleiche Pflichtprogramm von je sechs Minuten. Und Tausende gehen hin, das Fernsehen ist live dabei, wenn diese Kaskade von gewaltsam antrainierten Kunststückchen dargeboten wird. Da wird, so die Fachsprache, aus der Schulter herausgetanzt, eine Trabverstärkung vollführt, das flotte Fußen und die aktive Hinderhand gelobt.

Von Totilas, 15 Lenze alt, für viele nicht weniger als Furys leibhaftiger Wiedergänger, hatte die Fachwelt eine engelsgleich schwebende Performance voller Anmut und gezügelter Wucht erwartet. Dann verpatzte er unter Matthias Rath mehrere Einerwechsel, zeigte seine Piaffen nicht in kraftvoller Vollendung wie sonst, die Tritte im Trab gerieten zwischenzeitlich ungleichmäßig, die Traversalen waren ohne letzten Esprit, ein Galoppteil misslang, das Tier wirkte unruhig.

Woran lag es? Lahmheit am linken Hinterbein, die manch einer schon beim Einreiten entdeckt zu haben glaubte? Mangelnder Fitnesszustand? Haben die Veterinäre vorab nicht aufgepasst? Es gab kritische Stimmen: War der Druck der Vermarkter auf einen Start zu groß und somit ein krankes Tier ins Viereck gehetzt worden? Fast wäre der schwarze Riese, dessen Trainern ohnehin besonders grenzlegale Trainingsmethoden nachgesagt werden, noch zum Streichergebnis in der Mannschaftswertung geworden.

Die Groteske am Rande: Bei keinem Pferd gingen die Wertungsnoten auch nur annähernd so weit auseinander wie bei diesem Totilas: Sie spreizten sich um achteinhalb Punkte von 71,6 bis 80,1 Prozent. Ausgerechnet die deutsche Jurorin hatte genau hingeguckt und sich nicht von Raths demonstrativen Jubelgesten am Schluss blenden lassen – sie wertete Totilas weit nach unten.

Was als eine Art Vaterlandsverrat angesehen wurde in der beleidigten deutschen Equipe, denen Totilas' verpasste Punkte zur Titelverteidigung fehlten. Nur Reiterin Isabell Werth schaffte später gute Noten in der Disziplin

Galgenhumor: »Es war unser Ziel, Dritter zu werden, da es ganz schön langweilig ist, immer zu gewinnen.«

Ein Kommentator sprach von einem »unbegreiflichen Kapitel im Buch der sieben Siegel«. Rath, 31, meinte bokkig: »Zig Leute sagten, dass es gut war, und da sind keine Amateure um mich herum.« Zunächst wollte er im Einzelwettbewerb antreten, befragte dann jedoch den Tierarzt. Ergebnis: Totilas wird »aus gesundheitlichen Gründen« nicht mehr in Aachen starten. »Wir haben zum Wohle des Pferdes entschieden«, so Equipechef Klaus Roeser.

Von Totilas sind keine Worte überliefert. Er kommt jetzt erst mal in die Klinik. Tierschützer freuen sich für ihn. Ob der verletzungsanfällige Ex-Star, für Eigentümer Paul Schockemöhle die teuerste Fehlinvestition seines Geschäftswirkens, überhaupt noch mal ins Sandviereck muss oder kann, steht in den Sternen.

Totilas' Kollegen und Kolleginnen dürfen heute und morgen in der Einzelentscheidung weitertänzeln, wenn sie an scharfen Gebissen gezogen werden, ihr Kopf artfremd herunter- und schiefgezogen, die Augen manchmal angstvoll aufgerissen. Und das so fachkundige Aachener Publikum wird beim Jubel vergessen, dass Piaffen, Passagen und Traversalen vom natürlichen Bewegungsverhalten eines Rosses so weit entfernt sind wie Furys Broken Wheel Ranch von der Aachener Soers.

Ein paar Tage später wurde beim lendenlahmen Totilas in einer belgischen Tierklinik per Kernspinresonanz (wie kriegt man eigentlich so ein Pferd in die Röhre?) ein Knochenödem im linken Hinterhuf diagnostiziert. Hatte im Goldrausch angeblich niemand gemerkt. Jedenfalls war »der lackschwarze Tänzer mit den weißen Ballettschuhen« (ARD-Reporter Carsten Sostmeier) am Karriereende angekommen.

Totilas, diese »Majestät auf Hufen« (Süddeutsche Zeitung), wurde Deckhengst. Über die Herkunft seines Tieres hatte Trainer und Reiter Matthias Rath einmal gesagt:

»Wir haben Totilas aus dem Frischspermaeinsatz genommen.« Totilas reüssierte jetzt selbst in der Disziplin Tiefgefrierspermaeinsatz (so heißt das wirklich). Die Decktaxe für ihn betrug damals 4.000 Euro vorab plus noch einmal 4.000 bei Trächtigkeit. 2020 war die Decktaxe laut Schokkemöhle-Website auf 2.800 Euro gefallen.

Kurz vor Weihnachten 2020 starb das Tier nach einer Kolik, 20 Jahre war er da alt, das ist ein früher Tod für ein Pferd. Eine letzte Heldengeste war dabei: »Er wollte nach der OP aus der Narkose aufstehen und ist dann plötzlich tot umgefallen.« So schilderte es Investor Paul Schockemöhle, der ihn einst für nie dementierte 10 Millionen Euro gekauft hatte: »Unterm Strich hat er einige Top-Hengste gestellt, er war jetzt in der letzten Saison wieder ausgebucht mit 200 Stuten. Leider gibt es nicht mehr viel Tiefgefriersamen von ihm.«

***

Aachens erfolgreichste Sportart ist – Lacrosse. Hier spielen Männer wie Frauen in der Bundesliga. Vielleicht liegt der Erfolg an der allgewaltigen katholischen Kirche in Aachen begründet, denn Lacrosse ist ein:

Spiel mit Bischofsstab

taz, 31. Mai 2019

Lacrosse, 1. Bundesliga West der Frauen, letzter Spieltag. VfL 05 Aachen gegen die Mainz Musketeers, Kellerduell: Es geht darum, wer den Klassenerhalt schafft und wer in die Relegation muss. Aachen braucht einen Sieg mit sieben Toren Differenz.

Das Spielzeug ist gelb, aus Hartgummi und knapp tennisballgroß. Die Schläger, Sticks genannt, mit dem Pocket obendran, dem Fangkörbchen, sind zwischen gut 1 Meter und 1,83 Meter lang. Gespielt wird auf einem Kunstrasen-Fußballplatz, die Tore von winzigen 1,83 mal 1,83 Metern stehen jeweils in der Nähe der Strafraumlinie, so kann wie beim Eishockey auch dahinter gespielt werden. Es geht 10 gegen 10; Besonderheit: Immer drei Spieler müssen in der eigenen Hälfte bleiben. Der Ball darf beliebig lange im Pocket getragen werden, ansonsten gepasst und aufs Tor ge-, ja was: geworfen, geschossen, geschleudert, gepocketet? Egal: Hauptsache, rein in die Kiste.

Lacrosse ist in den USA und vor allem in Kanada sehr populär, heute dort zum Teil Profisport. Es wurde von amerikanischen Ostküstenindianern erfunden und war 1904 und 1908 sogar olympisch. Erstmals in Europa erwähnt wurde es im 17. Jahrhundert von einem französischen Jesuitenmissionar. Er nannte es wegen der Spielstäbe *La Crosse*, übersetzt: Bischofsstab.

Die neun Spielerinnen pro Team tragen obligatorischen Mundschutz, manche einen speziellen Augenschutz, die *Goggle*-Brille. Das Fang-Pocket der teilgepanzerten Torhüterin ist pizzagroß. Drumherum reichlich Gekreische der Reservespielerinnen (es wird ständig fliegend gewechselt) und vielleicht zwei Dutzend Fans. Einmal schreitet die Schiedsrichterin ein: Anfeuern ja, aber bitte keine abfälligen Gesänge über die Gegner, man sei nicht beim Fußball, sagt sie streng, sonst könne es sogar Zeitstrafen geben. Die Gesänge klingen offenbar wie Musik: Von draußen kommt die Meldung, Nachbarn hätten sich beschwert, die Musikanlage solle leiser gedreht werden. Großes Gelächter.

Halbzeit: 5:5, weil die Mainzerinnen eine vorzügliche, zudem sehr voluminöse Torhüterin dabeihaben. Aachens US-Trainer Niles fordert in der Pausenansprache »more pressure« und »more to the dome«. Ist in der Bischofsstadt der Dom stets das Ziel, selbst der Lacrosserinnen mit den Bischofsstäben? Nein, sagt Viktoria (23), Dome heiße einer der einstudierten Spielzüge.

Aachen führt bald, Dome sei Dank. Beim Wechseln schreit eine: »Los, wir brauchen nur noch sechs, und die sind müde!« Eine Mainzerin kriegt wegen Rüpelei sogar eine Zeitstrafe, trotzdem reicht es dem VfL nur zum 12:9-Sieg.

Wir sind mit einer Gruppe Kicker der ehemaligen Bunteliga-Legende Partisan Eifelstraße vor Ort. Bevor an diesem Doppelspieltag die Männer dran sind, schnappt sich Torwart Toni einen Schläger und fängt die zugeworfene Kugel souverän im ersten Versuch. »Tja«, freut er sich, »als Torwart weiß man halt, wie das geht.« Toni kann seine Fangkünste erklären: In seiner ersten WG seien zwei Zwergfinken dauernd aus der Voliere ausgebüxt. »Und ich musste sie mit dem Käscher des Aquariums immer wieder eingefangen.« Die Tiere bringen uns zu einem Vergleich: Lacrosse ist wie dynamisches Schmetterlingfangen als Mannschaftssport.

Bei den Männern des VfL gegen den SC Frankfurt 1880 geht es noch einmal ganz anders zur Sache. Weil die Regeln das erlauben. Bei den Frauen, erklärt Viktoria, pfeifen die drei Referees alles ab, was gefährlich ist, bei den Männern erst, was verletzungsgefährdend sein könnte. Also wird hier teils wüst gecheckt, gerempelt, gerauft, gefightet. Das sei wie Feldhockey hier, Eishockey dort, vergleicht unsere Analystin. Die Männer tragen auch Helme. Zwischendurch verblüffend präzise Steilpässe in Günter-Netzer-Länge. Die Würfe aufs Tor erreichen bis zu 120 Stundenkilometer, manchmal schnellt die Pizzatasche noch hoch. Da staunt nicht nur der Toni.

Aachens Männerteam ist sicherer Dritter der Bundesliga. »Es geht um ein gutes Gefühl für die Playoffs«, sagt einer vorher. Der Gegner würde bei einem Sieg noch Staffelsieger. Nach dem ersten Viertel steht es saftig 0:8; einem Frankfurter gelingt dabei ein spektakuläres Tor wie ein Kempa-Trick im Handball: hoher Pass vors Gehäuse, im Sprung fangen und rein das Ding. 0:8 muss nichts heißen beim Lacrosse, am Ende wird es tatsächlich noch spannend, Frankfurt gewinnt so gerade 14:12.

Rollendes Reck, kullernder Barren

Das Rhönrad: Aus Jux erfunden, von den Nazis als Propagandagerät missbraucht, mit Biedermann-Image behaftet. Jetzt trafen sich die Besten zur WM im Aachener Grenzland.

taz, 9. Mai 2005

Fast jeder kennt das kuriose Gerät aus zwei Stahlreifen mit Tritten und Griffen dazwischen. Und hält Rhönradeln für das gemächliche Tun von Figuren aus Großvaters Zeiten, die den Turnvater-Jahn-Gedächtnispreis ausrollen. Vergangene Woche fand die 6. Weltmeisterschaft der Rhönradturner statt – mit 150 Teilnehmern aus 18 Nationen gemeinsam und grenzübergreifend in Aachen und im ostbelgischen Bütgenbach.

Freitagabend, Sporthalle Nord in Aachen, die Einzelfinals: Da drehen sie sich, schleudern im Spagat, richten sich im Überschlag auf, wirbeln und kurven als Spirale herum in einem der seltsamsten Fortbewegungsmittel, das das menschliche Hirn je erfand. Immer bekämpft die Schwerkraft den Gleichgewichtssinn anders. Das muss hängend, drehend, stemmend ausgeglichen werden – kraftvoll und akrobatisch, möglichst lächelnd und elegant zu fetziger Musik. Wie sich ein Mensch sogar in einem still liegenden Rad in die Senkrechte kreiseln kann, will schwer mit physikalischem Grundlagenwissen korrespondieren.

Das Rhönrad wirkt wie eine Mischung aus rollendem Reck, kullerndem Schwebebalken und ständig wechselnd geneigtem Barren. Und bei so einer WM geht es tatsächlich zu wie im ganz großen Sport: strengblickige Wertungsrichter, Medaillen, Hymnen, Klatschmärsche, Fanchoräle und ein Siegertreppchen mit handgemalter 1, 2, 3. Auf deutsch und englisch kommt die Durchsage: »Die Delegationsleiter bitte zum Sofa.«

Achus Emeis, Student für Sportmanagement in Köln, durfte dreimal ganz oben aufs hölzerne Podest. »Unglaublich«, sagt der 28-Jährige, »bislang war ich nur einmal Zweiter.« Das Tolle am Rhönrad? »Dass man immer neue Übungsteile aus dem normalen Turnen übertragen kann auf ein bewegliches Gerät. Und immer wenn sich alle zwei Jahre die Besten treffen, kommen wieder welche mit ganz neuen Ideen, Stilen und Inspirationen.«

Erfunden hat das Gerät vor rund hundert Jahren ein Junge namens Otto Feick. In Großvaters Schmiede hatte er zwei Weinfassreifen durch Querstäbe verbinden lassen. Kopfüber rollte der kleine Otto damit einen Abhang hinunter, um, wie ein Chronist schreibt, »unten durchrüttelt und zerschunden anzukommen«. Die Dorfjugend soll begeistert gewesen sein. 1925 ließ Feick sein Rhönrad in 30 Ländern patentieren – als »Gerät für Belustigungszwecke«. Heute könnte man es auch Artistik-Objekt für Staunzwecke nennen. Wo sonst gibt es eine Disziplin, bei der sich die Athleten fast immer komplett in ihrem Sportgerät befinden?

Aktive wie Achus Emeis wissen, wie wenig des Rades Besonderheiten geschätzt werden. »Rhönrad, wie bieder!«, höre er oft, »manche rümpfen auch die Nase, Stichwort Nazi-Propaganda, Olympia 1936.«

Trainingsaufwand? »Sieben Tage die Woche, jeweils zwei bis drei Stunden.« Geld? Emeis lacht: »Vom DTB bekommen wir die Trainingsanzüge. Sonst nichts. Sponsoren Fehlanzeige. Nur bei Show-Galas von Firmen, da gibt es ganz gutes Honorar.«

Der Otto Feick von heute heißt Oswald Zimmermann. Er ist Schlossermeister im Taunus und baut fast den gesamten

Rhönrad-Weltbedarf, »rund 160 Stück im Jahr, Preis ungefähr 900 Euro«, erzählt er auf der Zuschauertribüne. Davon könnten zwei Mitarbeiter und er leben, gerade hätten sie »Teilnehmern aus Israel, USA und Japan« neue Räder mitgebracht. »Mit meinem Beruf Rhönradbauer hätte ich bei Robert Lembke das Schweinderl bestimmt vollgekriegt.«

Spät am Abend konnte sich auch Freddy Bruell, 33, einer der ehrenamtlichen deutsch-belgischen Organisatoren und selbst Vierter in der Kür Gerade Linie, besonders freuen: »Endlich mal ne andere Hymne.« Nach lauter deutschen Titelträgern hatte »völlig überraschend« (Bruell) die Japanerin Takako Hiwa in der Disziplin Sprung gewonnen. Und die kleine Frau wusste unter tosendem Applaus der 500 Rhönrad-Enthusiasten vor lauter Glück nicht, ob sie hemmungslos weinen oder Lachanfälle bekommen sollte. Sie entschied sich paritätisch für beides, immer abwechselnd.

Wenn der Rubel noch einmal rollt

Angelina Grün beendet ihre Episode in Aachen und spielt schon am Mittwoch für Dynamo Moskau.

Stuttgarter Zeitung, 20. Dezember 2011

Sie biss sich verlegen auf die Unterlippe, als sie vor Spielbeginn zum letzten Mal vorgestellt wurde: »Mit der Nummer 15: Angelina Grün.« Die gleiche Geste gab es kurz nachdem sie, der große Star des deutschen Volleyballs, den Matchball zum 3:1 ihrer Aachener gegen den SC Potsdam mit einem krachenden Schmetterschlag verwandelt hatte. Ausgerechnet sie. Wie inszeniert. Diese dynamische Urgewalt.

Die rund 1000 Zuschauer jubelten ihr noch einmal zu – und alle wussten: das war's. Damit war ein besonderes Kapitel im deutschen Frauenvolleyball beendet.

Ja, sagte Angelina Grün, 32, »das alles berührt mich schon«. Eine tolle Zeit gehe vorbei, »die sehr schöne Episode Aachen«. Dabei waren es gerade mal 100 Tage und neun Ligaspiele (fünf Siege). Mitten in der Saison ist »Grüni«, schwupps, schon wieder weg. Vor 14 Tagen kam plötzlich ein Riesenangebot von Dynamo Moskau. Der Ruf des Geldes. Champions League statt deutsche Schulsporthallen. 13 Stunden nach dem Matchball am Samstagabend hob die Aeroflot-Maschine ab.

»Miss Volleyball« heißt Grün seit einem Jahrzehnt, sie hat fast 300 Länderspiele absolviert, war neunmal Volleyballerin des Jahres. Nach dem Start in Münster spielte sie sieben Jahre bei den großen Teams in Europa: Modena, Bergamo, Istanbul. Zweimal gewann sie (mit Bergamo) die Champions League. Dann entschwand sie, mäßig erfolgreich, 2009 zum Beachvolleyball. Und heuerte zur großen Überraschung der Szene im Sommer bei Alemannia Aachen an, nicht eben eine Topadresse. Aber sie lebt in Köln, und nebenan in Düren baggert ihr Lebenspartner Stefan Hübner in der Bundesliga. Da passte das schon.

Grün musste sich wieder umstellen auf die Halle: Das Teamspiel, das sie »sehr vermisst« hatte, der harte Boden und wie viele Leute da kreuz und quer flitzen (einmal kollidierte sie am vergangenen Samstag heftig mit Alemannias Stellerin und entschuldigte sich lachend). Aachen war Übungsterrain zur Reintegration, Grün wurde schnell Leaderin mit gestenreicher Kommunikation, etwa ihrem typischen extrovertierten Kopfnicken nach Punktgewinnen. Schon im September war sie fit für das Comeback im Nationalteam bei der Europameisterschaft in Serbien. Da verloren die Deutschen nur das Finale hauchdünn gegen die Gastgeberinnen und wurden

Vizeeuropameister – Angelina Grüns größter Erfolg mit dem deutschen Nationalteam.

Bundesliga-Volleyball der Frauen ist sportlich eine prickelnde Angelegenheit, voller Dynamik, Spannung und beeindruckendem Drumherum: Die Ballkinder in Aachen heißen »Helferlein«, es gibt Blechkuchen, kalte Schnitzel, Flaschenbier und sogar eine kleine VIP-Lounge (Schnitzel umsonst, Bier vom Fass). Während der Auszeiten schickt ein Sponsor (örtlicher Kanalreiniger) ein kühnes Ökowortspiel mit Grün durch die Lautsprecher, und der Hallensprecher fordert beim dröhnenden »Rockin' all over the World« auf: »Wenn Sie eine Luftgitarre dabeihaben, holen Sie sie raus.« Ansonsten erklärt er mal eine Regel und heizt zum Staccato-Klatschen an.

Angelina Grün sagte nachher, diese »tolle moderierte Form von Stimmung« gebe es so wohl nur in der Bundesliga, die »animierten Gesänge, gemeinsam mit dem Publikum den Rhythmus eines Matches aufzunehmen«. Das werde sie in Moskau vermissen, wobei: »Ich hab noch nie so wenig darüber gewusst, was mich erwartet.« Halle, Stimmung, das Team? »Keine Ahnung, ich weiß nur, ein großer Club mit etlichen russischen Nationalspielerinnen.« Die Kultur ist ihr jedoch nicht fremd: Grün wurde 1979 in Duschanbe, heute Tadschikistan, geboren, sie kann passabel Russisch und hofft, dass alte Freunde ihrer Eltern ihr in Moskau etwas helfen.

Fast übrigens wäre der Transfer noch geplatzt. In Grüns Reisepass war nur noch eine Seite frei, das Düsseldorfer Konsulat verweigerte das Visum, und die Vielgereiste musste beim Botschafter in Frankfurt vorsprechen. Einer aus dem Teamumfeld scherzte zum Abschied in hartem Ostdeutsch: »Wenn Russland ruft und 500.000 Euro bietet, dann würde ich mein Büro hier auch zumachen für ein halbes Jahr.« Wobei: ob es wirklich 500.000 Euro Gage sind oder nicht einmal die Hälfte bis zum Saisonende im Mai, weiß niemand. Im deutschen Frauenvolleyball sind 3000 Euro im Monat schon ganz gut.

Am Dienstag ist schon das erste Training, am Mittwoch steht die Champions-League-Premiere in Belgrad an. Und dann kommt etwas ganz Neues, nach einer langen Karriere quer durch die Welt in beiden Spielarten des Stellens und Schmetterns: Dynamos erstes Meisterschaftsspiel, nächsten Samstag. »Nee«, sagte Angelina Grün, »am Heiligen Abend habe ich noch nie gespielt.«

Grün spielte ein Jahr in Moskau (Pokalsieg) und ein weiteres in Baku/Asarbaidschan (Landesmeistertitel). Nach Babypause ließ sie ihre Karriere im Eifelstädtchen Nettersheim ausklingen. Heute lebt sie dort mit ihrem Mann Stefan Hübner und Sohn Jakob.

»Das wirkt natürlich unnatürlich«

Tanzsport ist harte Arbeit, scheinbekokstes Entfernungsgrimassieren und vor allem giftiger Dauerneid auf die bitterböse Konkurrenz.

taz, 17. März 1998

»Vor und seit und Wechselschritt ... Und vor und rück und Wie-ge-schritt«. So ging Tanzen doch, oder? Beim Tanzen in der Bundesliga, Abteilung Lateinformation, quirlen 8 plus 8 Figuren übers Parkett – mit »von oben nach unten drehenden Pirouetten in zwei vierfach scherenden Doppeldiagonalen«, dazu in »basicorientierter Rumba-Technik: Voltas, Linksrollen, Running Promenades, Capa-Aktionen, Twist Turns«. So steht es in der Kür-Choreographie des TSC Schwarz-Gelb Aachen, dem amtierenden Welt- und Europameister.

Bundesligafinale in Aachen. Letzter von sechs Spiel-, besser: Tanztagen. 300 Quadratmeter Edelparkett, leihverlegt in der Schulsporthalle, gleißendes Flutlicht, ein paar Werbeschilder, discolaute Musik, Schinkenbrötchen, Sponsorenkölsch und euphorische 2.000 (eher schick gemachte als schicke) Zuschauer. Acht Teams, je zweimal sechs Minuten Volldampf mit Kombinationen der fünf Lateinklassiker Rumba, Samba, Cha-Cha-Cha, Jive und Paso doble. Zack und Wusch, Schleuder, Dreh, Wumm und Schwumm. Der TSC schließt mit »artistischer Beinrondenaktion der Damen«. Tosender Applaus. Dancing ovations. Optik total: Die Damen sind voluminös zwangsdékolletiert, als latinaartige Femmes fatales hochgetakelt, Perücken überall und riesige falsche Wimpern. Die Herren alle mit schwarzgefärbtem und gegeltem Haar, als gecken- und galanhafte Latin Lover zurechtgestylt. Dann: Blicke losschmachten lassen, die Zahnreihen gebleckt, das Fassadenlächeln freigelegt, und das Rudel rast los.

Ist das ästhetisch? Ansichtssache.

TSC Aachen und die TSG Bremerhaven sind seit Jahren das Maß der meisten Dinge im Tanzsport weltweit. Edler Tanz – heile Welt? Von wegen: Zwischen Bremerhaven und Aachen herrscht blanker Hass – »seit wir 1990 Bremerhaven erstmals abgeschossen haben«, sagt Aachens Offizieller Ernst Knops, »das konnten die nicht haben«. Der Bremerhavener Trainer Horst Beer: »So niveaulos, ohne Benehmen.« Als Bremerhaven 1994 bei der WM nur Dritter wurde, hat Knops beobachtet, hätten die »ihre Bronzemedaillen ins Klo geworfen«.

Am Abend werden die Animositäten voll bestätigt. Unten tanzen die Aachener, oben am Stankett stehen ein paar Bremerhavener mit demonstrativ bornierten Visagen und tuscheln sich gestenreich spöttische Bemerkungen zu. Als sie später selbst dran sind, wird die Musik vom Aachener Veranstalter falsch eingespielt. Das ist wahre Feindschaft. Neid, Missgunst, Leberwurstdasein. Es war immer so und ist eben so.

Tanzsport ist Knochenjob. Drei- bis viermal pro Woche wird jeweils vier Stunden trainiert, oft das Wochenende dazu. Die meisten Aktiven sind junge StudentInnen und SchülerInnen. Ältere Zeitgenossen, zumal Berufstätige, hätten für ein solches Extremhobby kaum Zeit. Rund 150 Lateinformationen gibt es im Lande.

Sport? Show? Kunst? Aachens Cheftrainerin Petra Heiduk definiert: »Thematische Idee, Musik und Choreographie sind Kunst. Die gesamte Präsentation ist Sport. Formationstanzen ist nicht sportliche Kunst, sondern kunstvoller Sport.«

Alle sind Vollamateure. 200.000 Mark pro Saison für Reisen, Trainerstab, Musik, opulente Kleidung und tonnenweise Schminke pro Team wollen erst mal refinanziert sein. Fernsehgelder? Minimal, wenn überhaupt. Aachens Hauptsponsor, eine Beauty Company mit »hauttypenspezifischer Systemkosmetik«, trägt eine Hälfte des Budgets, der Rest muss vornehmlich durch Showauftritte eingespielt werden. 5.000 Mark Gage sind bei Sportgalas und Konzernfeiern drin. Immerhin 20.000 Mark bleiben bei einem Liga-Event wie am Samstag übrig.

Tanzen ist Wertungssport. Kein Sieg, der nicht böse von den Zweiten kommentiert würde. Als Aachen bei der WM 97 in München triumphierte, maulte Bremerhavens Trainer Beer: »Ein eklatantes Fehlurteil.« Das TSC-Programm sei »bloße Effekthascherei«, zudem 90 Prozent der Ideen geklaut. Bei ihm! »Schlechte Verlierer«, höhnen die Champions zurück: Geklaute Effekthascherei? Vier Wochen später, zum Bundesligastart, wird Aachen nur Dritter. »Ein politisches Urteil«, jammerten sie zickig.

Dennoch, sagt Aachens Ernst Knops, sei Tanzen »wie eine große Familie«. Dabei ist die Heimatpresse praktischerweise adoptiert – Knops darf unter Tarnkürzel selbst lange Artikel schreiben mit Überschriften wie »Einige Richter brauchen wohl Nachhilfe«. Oder werbende Texte wie am Freitag, damit sich seine Halle fülle: »Soviel Fairness und Begeisterung, die morgen zu erwarten sind, gab es bei keinem der bisherigen Bundesligaturniere.« Dank solch Lockungslyrik war der Abend tatsächlich ausverkauft.

Doch Aachen wurde nur Dritter, der Todfeind Zweiter. Es gewann Düsseldorf, mit einer weniger hochkompliziert durchstrukturierten Show, dafür erotisch hinreißend, scharf, witzig. Aachens hibbelige Coacheuse Heiduk erklärte sich tief gekränkt: »Vielleicht haben wir die nationalen Wertungsrichter mit unserer Choreographie überfordert.« Schmallippig steht sie am Ende neben Feindkollege Beer auf dem Parkett. Beide würdigen sich keines Blickes, applaudieren demonstrativ jeweils nur den anderen Teams. Die Nasen hoch.

Der Kampf geht weiter – aber bei der EM dürfen nur Aachens Rivalen ihr starräugiges Entfernungsgrimassieren mit aufgerissenen Mäulern vollführen wie ein luftschnappender Schwarm vollgekokster Fische kurz vor dem Ertrinken. Knops lächelt bei dem Drogen-Vergleich. Das höre man immer mal wieder, aber diese Posen seien antrainiert für die Wertungsrichter weit oben auf den Tribünen. Aber zugegeben: »Je näher man dran ist, desto unnatürlicher wirkt das natürlich.«

Heute ist Tanzsport in Aachen nur noch zweitklassig.

Piranhas mit Doppelbadehose

Schäumende Gischt in Aachens Osthalle: Beim Wasserball will schon das Zugucken weh tun.

taz, 22. Oktober 2019

»Gut Nass« sagen Wasserballer und kneifen zu. Pokalmatch, 2. Runde, erstmals trifft der heimische Zweitligist ASV in einem Pflichtspiel auf ein Bundesligateam: auf Duisburg 98, den siebenfachen Meister. Draußen auf dem Parkplatz gibt es fast einen Stau. Ein Ansturm, als spielte Alemannia mal wieder gegen den 1. FC Köln. An die 150 ZuschauerInnen sind schließlich gekommen. »Schuhe aus!«, schallt es auf dem Weg zur Tribüne durch die Sammelumkleide der Osthalle. Wasserball ist der einzige Ballsport, bei dem man zwangsbarfuß zuguckt oder sich Adi- respektive Nikeletten mitnehmen sollte.

Die Aachener haben den ersten Pfostentreffer, Duisburg wirft die ersten Tore. 1:4 steht es nach dem ersten Viertel. Der Duisburger SV 98 war zuletzt 2013 Meister. Das Maß aller Dinge sind hierzulande die Wasserfreunde Spandau 04. Seit 1979 haben die Berliner 37 Titel geholt, also fast immer, da wird Uli Hoeneß gelb vor Neid.

Irgendwer hat mal gesagt, wenn Hunderte TriathletInnen ihren Massenstart machen, wirkten sie wie ein Schwarm Piranhas. Beim Wasserball sind zwar nur 14 solch blutrünstiger Fische unterwegs, aber der Kampf um den Ball, vor allem bei Konterangriffen, macht das Geschäume und Gespritze nur umso intensiver. Es ist schwülwarm in der Halle, als wäre man tatsächlich am Amazonas.

Auf Englisch (und in vielen anderen Sprachen) heißt Wasserball seltsamerweise Water Polo. Als wären Pferde dabei. In London wurden 1870 auch die ersten Regeln fixiert. Man redet sich mit »Liebe WaBas« an, kurz für WasserBaller, und wünscht sich »Gut Nass«. Dann wird hingelangt.

Was die da offensichtlich abkriegen im Kampf um die Kugel – aber anscheinend machen die Spieler das alles freiwillig. Wasserball ist gnadenlos. Vor allem unter der Wasseroberfläche: da wird gezogen, gekniffen und getreten, dass es den Beobachter schon in der Vorstellung schmerzt. Der Nachbar zur Linken ist vom Fach. Er war 1975 mit Aachen Deutscher Hochschulmeister. Er erklärt, dass alle Akteure zwei Badehosen trügen, damit man bei einem fetzenden Unterwassergriff nicht gleich nackt dasteht. Und klar, alle trügen Suspensorien, diese Schutzkorsetts für Männer.

Der Mann war also in einer Zeit aktiv, als er Hagen Stamm noch am Gemächt hätte zupfen können. »Nein«, sagt er, »der war doch eine andere Liga.« Weltklasse halt. Hagen Stamm ist so was wie der Franz Beckenbauer des Wasserballsports: Der nasse Kaiser bestritt 323 Länderspiele (750 Tore), holte mehr als ein Dutzend Meisterschaften mit Spandau, zwei EM-Titel, die Bronzemedaille bei Olympia 1984 und war vierfacher Europapokalsieger. Seit 2000 ist er, heute 59 Jahre alt, mit einer kurzen Unterbrechung Bundestrainer (*bis Anfang 2021*). International ist Ungarn das Maß aller Dinge: neun Olympiasiege. Wasserball ist seit 1900 olympisch.

Spektakulär lenkt Aachens Goalie einen Wurf aus kürzester Distanz über die Latte. Tosender Applaus. Den Eckwurf verwandelt der Wurfversager mit Schnitt direkt. Diese abgezockten Erstligisten. 2:14 steht es nach drei Vierteln. »Nur noch 12«, ruft einer. »Das wird aber schwer«, kommt als Antwort. Die Stimmung ist gut.

Es gibt so viele tolle Sportarten mit Ball. Warum geht man ausgerechnet ins Wasser damit, zumal der Mensch eindeutig ein Landtier ist? Der fachkundige Nachbar argumentiert erwartungsgemäß dagegen: Wenn man schon schwimme, sei es doch besser, das Terrain zum Spielplatz zu machen statt nur Bahnen zu ziehen. Auch wahr.

5:18 heißt es am Ende, enttäuschend deutlich. Fast hätte die Heimelf wenigstens das letzte Viertel noch gewonnen. Zwei Lattentreffer und ein vergebener Fünfmeter sprachen dagegen. Aachener Wechselspieler tauchten dafür auffallend eleganter und spritzerfreier ins Nass als die Ruhrpottschwimmer, die auch mal per Arschbombe in den Nahkampf gingen. »Das liegt sicher daran«, raunt der Nachbar zur Rechten, der auch erstmals so einem Piranhakampf beiwohnt, »dass Aachen Turmspringerstadt ist.« Nur, eine weitere Pokalrunde gab es für die B-Note nicht. Es gab auch keinen Trikottausch.

Hechelnd unterwegs mit Joschka Fischer

Ein Interview im Laufen am Dreiländereck: Trennung von Muskeln und Mandat.

taz, 13. August 1998

Tagtäglich joggt der bündnisgrüne Joschka Fischer, 50, vor Wahlkampfauftritten. Jeden Tag Wahlkampf, das heißt für den rasenden Oberrealo Fischer auch: jeden Nachmittag laufen vor Ort. In Aachen hatten sich am Montag bei 35 Grad rund 150 MitläuferInnen eingefunden. taz-Autor Bernd Müllender ist mit Tonband und gerade ausreichender Kondition mitgehechelt.

Kilometer 0, Start.

Können wir ein Interview machen – beim Laufen?

Dann müssen wir langsamer laufen.

Für den Antwortenden?

Ich schätze: für den Frager.

Kilometer 2. … Es geht ziemlich steil bergauf. Fischer, umgeben von vielen Läuferinnen, eilt allmählich davon, die eigene Puste reicht nicht. Abreißen lassen. Das passiert auch vielen anderen … Schon gut 50 Meter ist er weg … Endlich oben. Ganz allmählich arbeite ich mich wieder näher heran. Kilometer 5.

Da, pfff, bin ich wieder, pfff. Sind Sie, pfft, schon oft während des Laufens interviewt worden?

Ich hasse es, weil ich beim Laufen gern meine Ruhe habe.

Aber hier laufen 150 Leute mit. Das ist doch Wahlkampfjoggen.

Ja, aber die halten die Klappe. Und die Presse läuft eh hinterher.

Nebenher, Herr Fischer, nebenher! Laufen Sie vor irgendetwas weg beim Laufen?

Nein, man löst was: Stress, den Griff der Probleme um die Seele, körperliches Unbehagen. Ich habe mit Laufen eine der schwersten Krisen meines Lebens bewältigt.

Von 100 auf 70.

Von 110, pfft, auf 75, ideales Kampfgewicht.

Ich habe mit Ihnen mal ein Interview gemacht beim Fußball im Frankfurter Ostpark. Sie sagten: Kicken sei wie eine Schreitherapie. Da spare man den Therapeuten ...

Ganz richtig. Ich kicke ja auch noch, jetzt als Laufwunder im Mittelfeld. Laufen im Wald aber ist anders: Das hat was Meditatives. Es ist die Entdeckung des eigenen Ichs/Nichts [Tonband undeutlich]. Ich kümmere mich dabei nur um mich. Und wenn ich was mache, dann richtig, volle Brezel. So 'ne Art persönlicher Extremismus ist das. Dazu muss ich mich bekennen.

Sind Sie laufsüchtig?

Nein, Sucht ist was anderes.

Wollen Sie manchmal nicht faul sein? Artenschutz für den inneren Schweinehund!?

Nein. Der Schweinehund ist weggeschrumpft. Ein Vorteil des Alters. Ich ziehe das eben jeden Tag durch, so eine Stunde. Vor jeder Abendveranstaltung. Dann bin ich frisch beim Reden.

Kilometer 6, großes Transparent: »Joschka, du läufst für die Publicity, Flüchtlinge laufen um ihr Leben.«

Das stimmt nicht. Das stimmt nicht. Der erste Satz.

Sie sind kürzlich in Hamburg Ihren ersten Marathon gelaufen: 3:51 ...

3:41!

O, Entschuldigung.

(Der Fehler war Absicht – ich wollte wissen, ob er in die kleine Falle der Eitelkeit läuft. Tat er. Hihi.)

Hilft das Joggen auch in den Bundestag – als Laufschuh-Minister?

Ach was, Politik und Sport trennen wir mal ...

Kilometer 7,5. »Dreiländereck«, ruft einer.

Wir sind jetzt oben, Herr Fischer, 322 Meter, am Europapunkt, im Volksmund: Dreiländereck. Ein Stichwort ...

Nehmen wir die Niederlande – als Vorbild im Fußball, beim Abbau von Arbeitslosigkeit und Staatsverschuldung und bei den Ökosteuern!

Heftiger Applaus ringsum. Es geht bergab. Fischer zieht an.

Noch eine Frage, Herr Fischeeer ...

Weg ist er. Kilometer 9: Erster Mitläufer kollabiert. Krankenwagen heult heran. Kilometer 12: Ziel. Laufzeit weniger als eine Stunde. Pfft, die Strecke hatte es in sich.

Herr Fischer, das Wahlvolk murrt: Sie seien zu schnell gewesen. Keine Basisnähe, heißt es.

Unsinn, ich bin eben so schnell. Laufen ist kein Parteitag.

Strenge Trennung von Mandat, Macht und Muskeln!

Außerdem sind hier zwei Frauen aus Aachen so fix vorneweg gelaufen. Die haben das Tempo angezogen. Wie bei uns Grünen. Da haben eben die Frauen die Nase vorn.

Womöglich brachte auch das Wahlkampfjoggen politischen Erfolg. Jedenfalls gewann rot-grün die Bundestagswahl ein paar Wochen später. Joschka Fischer wurde Außenminister.

Im Jahr darauf erschien sein Buch ›Der lange Lauf zu mir selbst‹. Zum Aachener Auftritt stand da: »... heiß, hart, Berg. Die Strecke war hügelig, die Temperatur gnadenlos und das Tempo sehr hoch. Das Tempo wurde von zwei Frauen gemacht, die einen wunderbaren Stil liefen, der fast schwerelos wirkte.« Der heroische, wenig schwerelose Kampf des keuchenden taz-Reporters am Dreiländereck fand leider keine Erwähnung.

Heute, als Privatier und Elder Statesman, ist Fischer wieder beleibt wie einst.

Buntes Aachen I:
Auf dem Friedhof, in der Schule und im Knast, bei den Bunteliga-Fußballern und einem Pfirsichbeißer

Ningbo? Klar, das ist doch eine der zehn Partnerstädte Aachens, die mit Abstand größte und (mit dem russischen Kostroma) politisch die heikelste. Seit über 35 Jahren gibt es die Kooperation mit der chinesischen Hafenstadt von der 35-fachen Größe Aachens (gut 9 Millionen Einwohner). Heute erinnert in Aachen die Ningbostraße im Neubaugebiet am Grauenhofer Weg an die Kooperation und eine schäbige Glasvitrine mit allerlei Nippes und vergilbten Texten neben der Elisabethhalle.

Aber wie kam es dazu? Oberbürgermeister Kurt Malangré hatte den Deal 1986 sehr naiv und blauäugig eingefädelt. Die ungewöhnlichen Ereignisse waren der taz sogar die Titelgeschichte wert.

CDU unterstützt Aufbau in Nicaragua

Was das kleine Aachen, ein Sägewerk der revolutionären Sandinista und die chinesische Millionenstadt Ningbo verbindet.

taz, 25. Juli 1986

Seit Mittwochabend unterstützt die CDU-Mehrheitsfraktion im Aachener Stadtrat die sandinistische Revolution in Nicaragua. Mit den Stimmen aller Parteien beschloss der Rat, für den Wiederaufbau eines Sägewerks in Nicaragua 200.000 DM aus dem Stadtsäckel zu bezahlen.

Die Geschichte – wie gern sähen wir den CDU-Generalsekretär beim Lesen – begann allerdings ganz woanders: in der chinesischen Stadt Ningbo nämlich. Dorthin waren Oberbürgermeister Kurt Malangré und Oberstadtdirektor Heiner Berger (beide CDU) Anfang diesen Jahres gereist, um mit den Chinesen die anvisierte Städtepartnerschaft unter Dach und Fach zu bekommen. Die Ningboser Stadtoberhäupter wollten das Projekt von den Aachener Gästen gleich an Ort und Stelle unterschrieben sehen.

Die westlichen Gesandten erklärten, dass noch ein ferner deutscher Stadtrat sein Ja-Wort geben muss. Immerhin aber rangen die Chinesen den Unionspolitikern das Versprechen ab, für einen einstimmigen Beschluss zu sorgen. Weil die Chinesen das eben so gewohnt seien, erklärte Malangré später zu Hause.

Die Aachener Ratsgrünen aber sagten: Mit uns nur, wenn die Stadt endlich die Städtefreundschafts-Initiative mit Rama in Nicaragua unterstützt. Die SPD schloss sich später der Forderung nach diesem Koppelgeschäft an. Die CDU saß in der Zwickmühle: Im Hauptausschuss im Mai wollten sie den Ernst der Lage noch nicht erkennen. Die Rats-Christen wiesen empört zurück, dass sie Revolutionshilfe leisten sollten – für so ein unfreies und undemokratisches Land. Der Widerspruch der Grünen muss gewirkt haben: So reinrassig demokratisch und frei nach westlichem Idealbild gehe es wohl in Ningbo auch nicht zu.

Die Klemme wurde enger, als sich eine chinesische Delegation für den Herbst ankündigte. Der hämische Einwand, ausgerechnet Grüne seien für ein Sägewerk, hatte längst seine Argumentationskraft verloren. Die CDU musste einsehen, dass es die Höflichkeitsversprechen an die neuen Freunde im Reich der Mitte zwingend erforderlich machten, sich den einstimmigen Ratsbeschluss mit einem mittelamerikanischen Sägewerk abkaufen zu lassen.

***

Die beiden folgenden Texte beschäftigen sich mit dem Sterben, mit den anonymen Bestattungen auf dem Friedhof Hüls und dem letzten Leben im Hospiz, während gerade Fußball-Weltmeisterschaft ist

Mitten unter uns

Erinnerungskultur: Die Stadt Aachen veranstaltet Trauerfeiern für vereinsamt Verstorbene: ohne Familie, ohne Angehörige, manche auch ohne Freunde – aber mit einem letzten würdevollen Gedenken.
Publik-Forum, Heft 12/2016

»Wolli lebte immer allein, er hatte keine eigene Familie, die Eltern sind lange tot«, sagt Uwe Wichmann. »Wir kannten uns an die 40 Jahre. Zu Studentenzeiten haben wir Ende der Siebziger in der Katholischen Hochschulgemeinde immer die Partys organisiert. Wolli hat die Platten aufgelegt.« Jetzt ist Wolfgang Steinbusch mit 61 Jahren gestorben. »Plötzlich«, sagt der 58-jährige Elektroniker Wichmann, »kam dieser Anruf. Es hat mir die Beine weggehauen.« Man wisse bis heute nicht, sagt Ehefrau Carmen, »wie es zu Wollis Tod kam«. Nein, kein Verbrechen. Details gerne später in Ruhe.

Jetzt haben die Wichmanns erstmal in der angenehm hellen Trauerhalle 2 am Friedhof Hüls Platz genommen. Rund um das Redepult stehen Fächerpalmen und hohe Kerzenleuchter, dazwischen sind weiße und rote Rosenblätter gestreut, ein großes Fotomotiv zieht die Blicke in die Mitte: eine leuchtende Strandlandschaft mit Meeresblick ins Unendliche. Ein Kinderchor singt glockenhell »And The Glory of The Lord«.

Draußen teilt ein Schild mit: »Beisetzung 18 Uhr Trauerfeier Ordnungsamt.« Die Stadt Aachen gibt 133 besonderen Menschen mit einer öffentlichen Gedenkfeier samt ökumenischem Gottesdienst ein letztes, würdiges Farewell. Es sind die Verstorbenen der vergangenen zwölf Monaten, bei denen keine Angehörige ermittelt werden konnten oder niemand für die Beisetzung aufkommen konnte. Das Ordnungsamt hatte im Laufe des Jahres die Bestattungen organisiert und bezahlen müssen.

Die gut hundert Plätze sind vollbesetzt. Die Trauergäste sind Freunde, Nachbarn, ferne Verwandte, Kneipenbekanntschaften. »Sie haben mitten unter uns gewohnt«, sagt Bürgermeisterin Hilde Scheidt in ihrer Ansprache. »Es ist so wichtig, wenn jemand auf die Welt kommt. Genauso wichtig ist es, wenn er geht.« Ihre Stadt, betont sie, wolle »zeigen, wie sehr wir auf unsere Menschen achten«, deshalb eine Feier wie diese. »Die Würde ist unantastbar, auch über den Tod hinaus.« Eric Claptons »Tears in Heaven« erschallt.

Nicht viele Städte händeln das Sterben der Vereinsamten wie Aachen. Krefeld macht es ähnlich, auch Leipzig, Köln oder Osnabrück. Viele andere Gemeinden bestatten weiterhin gedenkenlos. Wer sein Leben fast anonym beendet hat, geht auch anonym, unbemerkt, preisbewusst eingeäschert: Loch in die Erde, Urne rein, Grasnarbe drüber, fertig. »Ratz-Fatz entsorgt« nennt das der Kölner Bestatter Brian Münchhausen. Solches Verschwindenlassen ohne Namen und Worte war bis vor einigen Jahren Usus auch am Rhein. »Gut, dass dieser Nummernbetrieb hier ein Ende hat«.

In Aachen fragt der katholische Pastor Markus Frohn in seiner Ansprache: »Was war das wohl für ein Mensch ohne Verwandte, ohne Freunde manchmal?« Er antwortet sich selbst: »Wir wissen es nicht. Aber ein Urteil steht uns auch nicht zu.« Pfarrerin Bettina Donath-Kreß gelingt im Anschluss eine unerwartete Volte, passend zum großen Bild hinter ihr: »Wir wollen heute auch derer gedenken, die ihr Grab bei der Flucht über das Mittelmeer gefunden haben.«

In einer Nachbarkommune Aachens, berichtet die katholische Pastoralreferentin Gabriela Eichelmann, mache man quasi »geheime Anonymbestattungen, morgens ganz früh vor dem regulären Betrieb. Damit keiner was mitbekommt. Absolut fürchterlich.« Sie hat die Erfahrung gemacht, dass »Pflicht zur Bestattung und Trauer vollkommen zweierlei sind«: Es gebe »normale Selbstzahler, viele Kränze, aber aalglatt. Da bin ich manchmal fast erfroren.«

Und auf der anderen Seite »engagierte Menschen wie die Enkeltochter der Freundin einer mittellos Verstorbenen. Die hat sich rührend gekümmert.« Und sie erzählt von »einer größeren Gruppe aus Stammgästen einer Kneipe. Da hat der Wirt einen Strauß roter Rosen mitgebracht, für jeden eine.«

Unter Regenschauern geht es in einer stillen Kerzenprozession zum Feld der Reihengräber; mühsam müssen die kleinen Lichter am Flackern gehalten werden. Die Felder mit den Holzkreuzen in Reih und Glied sehen in ihrer Uniformität aus wie Kriegsgräberstätten. Schön ist anders. Drumherum reichlich geschmückte Familiengräber, Mahnmale, weites Grün, blühende Bäume.

Muße für Uwe Wichmann, von Wolfgang Steinbuschs letzten Wochen zu berichten. »Ende Dezember sagte Wolli am Telefon, er habe was am Rücken und müsse ins Krankenhaus.« Dramatisch habe das wahrlich nicht geklungen. »Am 10. Januar kam noch ein Anruf, ihm gehe es nicht gut.« Vorsorglich wollten ihm die Wichmanns Klamotten ans Krankenhausbett bringen. Im Klinikum hieß es: Intensivstation. »Bitte was?« Kein Besuch möglich. Vor allem: Keine Auskünfte an Nichtverwandte, und kein Aber. »Ich musste einfach wieder weg«, sagt Freund Uwe Wichmann. »Wir haben gewartet, gewartet. Ahnungslos, voller Sorgen.«

Etwa 2.500 Euro aufwärts kostet die Stadt eine »Bestattung von Amts wegen«. Bei 133 Verstorbenen macht das an die 350.000 Euro per anno. »Und die Fälle«, sagt Elke Wartmann vom Ordnungsamt, »nehmen gut zu. In den vergangenen vier Jahren, seit wir das so machen, um mehr als 50 Prozent«. Die Gründe? »Naheliegend«, meint sie, »immer mehr Familien gehen auseinander, man lebt in der ganzen Welt verstreut, dazu die wachsende Altersarmut. Und insgesamt steigt die Vereinsamung ganz offensichtlich erheblich«.

133 im Jahr klingt nicht viel für eine Viertelmillionenstadt wie Aachen, indes betrifft das schon jeden 18. aller

pro Jahr Verstorbenen. In Köln ist es schon jeder 12., in Berlin jeder 9. Das sind in der Hauptstadt pro Tag fast 10 vereinsamt Verstorbene. Offenbar nimmt mit der Größe einer Stadt die Anonymisierung auch über das Leben hinaus zu, fast exakt mathematisch berechenbar.

Welche Schicksale verbergen sich hinter den 133 Kreuzen? Angemessen langsam waren die Namen der Verstorbenen vorgelesen worden: »Herr Artur Siegfried Masur … Herr Dr. Ahmed Muddathir … Frau …« Irgendwann: »… Herr Vladimir Shmidt … Frau Nina Shmidt …« Offenbar gemeinsamer Suizid. »Vermutlich, aber ganz genaues weiß ich auch nicht«, sagt die Frau vom Amt. Und wenn, dürfe sie nicht.

Kleine persönliche Gaben wollen die Eintönigkeit des schlichten Kreuzwaldes aufbrechen. Eine verwelkte Blume hier, ein stilisiertes Plastikengelchen dort, ein selbstgebasteltes Drahtherz, Buddhafiguren, ein Foto in Folie geschweißt, eine herzförmige Tonschale für eine 100-Jährige. Die meisten Gräber aber haben nichts als das hellbraune Kreuz. Erstmals hat die Stadt durch Spenden von Bürgern und vor allem der Steinmetze einen handgroßen Pflasterstein mit eingemeißeltem Namen für jeden machen lassen. Sie werden heute eingeweiht.

Noch einmal singt der Kinderchor. Eine jüngere Frau sagt, sie sei aus Neugier gekommen: »Ich wollte mal sehen, wie die das hier machen. Und es ist sehr gut. Sehr passend.« Eine Rechtsanwältin erzählt: »Ich habe die auffällige Anzeige mit den 133 Verstorbenen in der Tageszeitung überflogen – und mir sind die Namen von gleich zwei ehemaligen Mandanten in die Augen gesprungen. Das hat mich jäh bewegt.« Tja, da habe sie sich aufgemacht. »Ich bin froh, dass es das gibt. Das ist sehr würdevoll«, lobt sie.

Uwe Wichmann und sein Freund Paul standen zehn Tage nach dem erfolglosen Besuch in der Intensivstation »gerade zufällig vor unserem Physik-Institut, da kam ein Anruf: Ich sah, wie dem Paul das Gesicht runterfiel und das Handy fast dazu: Wolli sei tot, das habe jemand irgendwo auf Facebook geschrieben.« Wie, Facebook, was …? Wichmann fuhr auf der Stelle zum Klinikum. »Da hat mir eine Schwester bestätigt, ja, Herr Steinbusch ist heute Morgen um 6 gestorben, an einer Sepsis, also Blutvergiftung.«

Ehefrau Carmen sagt, man habe »in den ersten Wochen viel spekuliert, was ist da nur passiert? Wir wissen es bis heute nicht.« Eine Sepsis habe doch nichts mit Rücken zu tun. Das klinge doch mehr, sagt sie, »nach diesen Krankenhauskeimen«. Die absurde Situation: Hier findet gerade die Trauerfeier für 133 vereinsamte Menschen statt, aber einer von ihnen, um den sich jahrzehntelange Freunde kümmern wollten, durfte in seinen letzten Tagen nicht näher bekümmert werden. »Tja«, sagt Uwe Wichmann, »so ist die gesetzliche Lage«.

Wichmanns konnten von der Stadt den Namen des Bestatters erfahren, auch den Beerdigungstermin Ende Januar. Und sie fanden in alten Mails des Verstorbenen eine cc-Liste von Freunden und Bekannten. »Die haben wir alle informiert. Dutzende Mails kamen zurück, alle fragten: wie?, weshalb??, warum???« Zur Beisetzung im Januar waren dann gut 30 Leute gekommen. »Und wir haben für eine eigene kleine Grabplatte gesammelt«, erzählt Uwe Wichmann, »mit stilisierter Schallplatte unter dem Namen; Musik war ja Wollis großes Hobby. Diese Holzkreuze sehen ja nach einem Jahr schon schrecklich verwittert aus.«

Im Kalenderjahr 2015 waren es 133. Im Jahr 2020 mussten in Aachen schon 203 Verstorbene ohne Angehörige beigesetzt werden. Auf der Hüls soll bald ein neues Gräberfeld angelegt werden, das alte ist voll.

***

Während der Fußball-WM 2006 gab es in der taz *eine Serie »90 Minuten mit …«. Es ging darum, mit einem Prominenten oder einem außergewöhnlichen Menschen ein WM-Spiel zu gucken. Viele AutorInnen waren beteiligt.*

Mein Termin war der wohl ungewöhnlichste der Serie: Im Sterbehospiz mit jemandem gucken, der weiß, dass er den Weltmeister wohl nicht mehr kennenlernen wird:

90 Minuten mit …

Herrn Charié im Aachener Hospiz Haus Hörn.

taz, 22. Juni 2006

Das Hospiz Haus Hörn in Aachen ist seit 20 Jahren ein Ort der letzten Tage, »für die Lebensendphase«, wie es hier heißt. Ja, sagt am Telefon Jeannette Curth, die Pflegeleiterin, wer es noch könne, sich für Fußball interessiere, der gucke auch hier die WM. Herr Charié besonders. Er freue sich, mit einem Reporter Deutschland – Ecuador zu gucken.

Tags drauf geht es Hans Charié, gerade 80 geworden, seit WM-Beginn im Hospiz, nicht gut. Ein hagerer Mann mit buschigen Augenbrauen und aristokratisch fein geschnittenem Gesicht liegt im Bett. Der Händedruck ist fest. Mühsam versucht er, zum Fernseher zu gucken. »Voll bei der Sache bin ich nicht«, entschuldigt er sich, »als schwer kranker Mensch.« Gleich das 1:0. »Ja, schön«, sagt Herr Charié. Eine Ahnung von Lächeln. Dann atmet er tief und döst ein wenig ein.

Mit dabei ist sein Bruder Friedrich, 75: »Noch vor zwei Tagen«, sagt der, »hat mir Hans am Telefon erzählt, wie schwer sich Frankreich gegen Korea getan hat.« Und gestern habe man noch so schön zusammen gelacht. »Aber jeder Tag ist anders. Heute Morgen hat er sich noch so aufs Spiel gefreut.« Hans Charié macht wieder die Augen auf, sieht sich um, lächelt kurz, trinkt etwas. »Gegen Polen, das war ein heißes Spiel«, sagt er, »Mensch, und dann die letzte Minute.«

Die Hospizabteilung von Haus Hörn hat Platz für 17 Gäste. Man sagt »Gäste«, nicht »Patienten«, hatte Jeanette Curth erläutert. Patienten seien die im Krankenhaus, »da steht die Gesundheit im Vordergrund, der Kampf ums Leben. Bei unseren Gästen nicht mehr«, sagt sie mit einer leisen, ruhigen Stimme. »Wir wollen ihnen helfen, die letzten Tage des Lebens würdevoll zu verbringen, sie begleiten, ohne Schmerzen, ohne Qual, ohne Aufregung. Als wären sie zu Hause.« 14 Gäste sind meist da, durchschnittlich bleiben sie noch 10 Tage in Haus Hörn. »Wir haben gute Arbeit gemacht, wenn die letzten Tage richtig rund laufen.« Fußball gucken, sagt Curth, gebe manchen »ein bisschen Lebensfreude und Kraft«.

»Tor«, sagt Bruder Friedrich. 2:0. »Hast du gesehen, Hans? Wieder Klose.« Hans Charié öffnet die Augen. »Ja, ja, habe ich im Nachhinein gesehen.« Er meint die Zeitlupe. »Schön. Ist schon gut.« Und dann ein »Ach« mit einer wegwerfenden Handbewegung. Er schließt wieder die Augen. Und ballt im Schlaf kurz die Fäuste. »Ach, Hans«, sagt Friedrich. »Gestern wäre er noch aufgestanden und man hätte gedacht, er wollte mitspielen.«

Nicht allen Gästen ist bewusst, warum sie im Hospiz sind. Hans Charié, der frühere Generalvertreter für Bestecke und Porzellan, weiß es. »Als wir unten vor der Tür ankamen«, erzählt der Bruder, »hat Hans einen kleinen Moment innegehalten und gesagt: Hier gehen die Leute zum Sterben hin.« Und sei hineingegangen. »Schreiben Sie, ich bin sehr besorgt um meinen Bruder.«

In Berlin toren die Helden. Auf den Straßen toben die Herden. In Haus Hörn gehen Leben zu Ende. Herr Charié schnarcht eine leise Melodie. Den neuen Weltmeister wird er wohl nicht mehr kennen.

So war es auch. Die Todesanzeige stand kurz vor den Halbfinals in den Zeitungen. Also konnte Herr Charié noch in der Hoffnung auf einen deutschen Titel seinen letzten Atemzug tun, vor dem 0:2 in Dortmund gegen Italien.

***

Der Aachener Alfred Gerhards alias Globo, geboren 1951 in Broichweiden, war lange Jahre als Clown und Pantomime unterwegs, ausgebildet unter anderem bei Milan Sladek und an der Amsterdamer Fools School (Jango Edwards). Heute arbeitet er als Trainer für Kommunikation und Körpersprache. Er ist Mitgründer von HumorCare Deutschland e.V., Hauptthema: therapeutischer Humor in Kranken- und Senioreneinrichtungen, auch mit Sterbenden in Hospizen. Zeit für ihn, seine schillernd bunte Lebensgeschichte mal aufzuschreiben – und wie!

Mausezähnchen im Fruchtfleisch

Der Komiker Alfred Gerhards, vielen besser als Globo bekannt, hat seine Biografie geschrieben: »Der Pfirsichbeißer«.

Aachener Nachrichten, 9. Januar 2021

Alfred Gerhards alias Globo hatte nach Goa geladen. Um sich dort, wie es im Vorwort heißt, »mit einer Schar illustrer Persönlichkeiten, wie sie unterschiedlicher kaum sein können, bei ausgiebigen Strandspaziergängen auszutauschen.« Anwesend waren schließlich »ein Postbeamter, ein Verkaufsfahrer für Wurstwaren, ein Bäckereigehilfe, ein Seemann, ein Medizinisch-Technischer Assistent, ein Tierfotograf, ein Clown, ein Kellner, ein Werbemodel, ein Humorberater und ein Kommunikationstrainer.« Es sollte um »gemeinsame Erinnerungen, Erlebnisse und Erfahrungen« gehen. Globo schreibt, er habe es sogar geschafft, das gute Dutzend in einer gemeinsamen klitzekleinen Ferienwohnung unterzubringen.

Das Rätsel sei schnell gelöst: MTA, Briefträger, Matrose und Co. – das war immer er selbst: Globo, der Mann mit den vielen Berufen, Berufungen und Lebenswenden.

Bekannt ist Globo seit Beginn der 70er Jahre in Aachen und Umgebung als Clown, Pantomime, Kabarettist, Schauspieler. Bald war er weltweit auch als Unterhalter an Bord vieler Kreuzfahrtschiffe unterwegs, schließlich wurde er Humortherapeut, Körpersprachelehrer und Sterbebegleiter und zog 2013 nach Hamburg.

Mit seinem Erfolgsprogramm »Das Lächeln am Fuße der Bahre« tourt er seit bald 20 Jahren durchs Land. Premiere war 2002 im Beerdigungsinstitut Bakonyi in Aachen. In der *Süddeutschen Zeitung* stand damals, dass die Besucher Probe liegen konnten in einem Sarg mit Smiley drauf und geschlossenem Deckel: »Eine junge Frau klopft von innen. Kichern. Lachen. Als sie dem Sarg entsteigt, lächeln alle. Aber nicht albern, sondern nachdenklich, würdevoll. So gefällt es Globo.«

Der kleine Mann (1 Meter 64) mit der Glatze erzählt fesselnd von seinem regenbogenbunten Leben. Ganz früh wurde er zum Pfirsichbeißer. Auf dem Weg in den Kindergarten, Mitte der 50er, stand der Nochvielkleiner-Alfred »wie hypnotisiert vor der Pfirsichkiste« des Kaufladens von Herrn Schepers in seinem Geburtsort Broichweiden. Pfirsiche! Einzeln aufgebahrt in nachtblaue Seidenpapiermanschetten: »Wie gern hätte ich meine Mausezähnchen in das Wonne versprechende Fruchtfleisch geschlagen.« Eines Tages schnappte er sich eine Frucht, biss zu und »war wie berauscht von dem köstlichen Geschmack«. Dann legte er das corpus delicti zurück, Bissstelle sorgsam nach innen. Geburtsstunde eines Schelms.

Und, erwischt worden? Nein, sagt Globo auf Nachfrage, »aber ich hatte immer ein schlechtes Gewissen, wenn ich mal im Laden war. Ob der Herr Schepers wohl was ahnte ...« Er sei sogar, beichtet Alfred Gerhards mit mildem Schuldbewusstsein, »ein kleiner, anonymer Serientäter« gewesen. Bestimmt drei- oder viermal habe er einen solchen Schnellbiss später wiederholt. Inklusive routiniertem Zurücklegen ins nachtblaue Kissen. Pfirsiche liebt er bis heute.

Das Buch ist von erstaunlicher schreiberischer Qualität. Verschweigt er uns Schreib-Workshops, gab es einen Ghostwriter? Alfred Gerhards verneint eisern und freut sich über das Lob: »Es hat mich tatsächlich selbst überrascht, was mir aus der Feder floss, da war wohl noch ein unentdecktes Talent in mir. Aber Sprache hat mich immer angemacht.« Er sei eben »ein fanatischer Wortergründer« und schon immer Vielleser. Die Niederschrift sei eine Performance eigener Art gewesen: Globo durchwühlte Berge von Tagebüchern, Kladden und uralten Skizzen, schrieb per Kuli alles zusammen und seine Frau Adelheid, gleichzeitig seine congeniale Managerin und Muse, tippte es auf Goa satzfertig ab.

Auch ein anderer merkt etwas zu Globos Sprachkraft an: Eckart von Hirschhausen. Der Arzt und Kabarettkollege hat – neben dem Vorwort des großen slowakischen Wortlosmimen Milan Sládek – einen kurzen Begleittext geliefert: »… Wusste gar nicht, dass jemand, der mal Pantomime und Körpersprache unterrichtet hat, so viel in Worten ausdrücken kann!«

Und der lerngierige Mann hat gerade mal Hauptschulabschluss. Tja, erzählt Globo, er sei Arbeiterkind mit fünf Geschwistern, der Lehrer habe die Eltern bekniet, die aber hätten auf Berufsausbildung bestanden, Geld verdienen, flugs was Handfestes lernen.

Alle Lebensstationen, Wendungen und auch Bühnenerfolge sind wunderbar uneitel niedergeschrieben, voller Überraschungen, pointierter Erinnerungen an lange vergangene Aachener Jahre und ganz nebenbei voller Lebensweisheiten: »Das lasse ich mir von mir nicht mehr bieten«, ist eine von Globos Handlungsmaximen, wenn er sich etwas nicht traut, wenn er zögert, hinausschieben will. Und er streut die Sottise mal zwischendurch ein, dass man sie fast überlesen hätte. Elegantes en passant.

Wir lernen einen Instinktmenschen kennen, einen Tausendsassa voller Kraft und Schelmereien, von wohltuender Nachdenklichkeit und manchmal Weisheit: »Die richtige Lebensenergie entsteht nur, wenn Ernst und Spaß gemeinsam zustande kommen.« Bühnencleverness gehört auch dazu: Wenn er mal unsicher ist, etwa bei einer Vortragspremiere, bittet er das Publikum am Anfang um Fragen, die er bestimmt nicht beantworten könne. »Dann ist man doch viel entspannter«, sagt er, »was man befürchtet, sollte man sich wünschen.« Funktioniert offenbar: Entweder weiß er es doch oder er weiß keine Antwort. Dann kann er die Frager loben; und weiß er später etwas nicht, kann er rügen: »Das hätten Sie mal am Anfang fragen sollen.« Win-win mit Witz.

Selbst aus seinem Vornamen lässt sich Honig saugen. In Seminaren und Trainings erläutere er gern: »Der Name Alfred bedeutet »Ratgeber der Elfen«. Und schon erfüllen Seufzer des Entzückens und Wohlbehagens den Raum. Diese Eröffnung setze ich vorwiegend bei sozialen, pflegerischen und therapeutischen Berufsgruppen ein, bei denen die metaphorische Assoziation des Elfenwesens mit anerkennender Bestätigung aufgenommen wird.« Mit seinem Publikum muss man spielen können, Globo war darin schon auf der Theaterbühne ein Meister. Alfred heißt übrigens auch: »der von den Elfen Beratene«. Und das passt genauso gut. Alfred und die Elfen – ein Topteam.

Wie gern würde man die Zeit zurückdrehen und dabei gewesen sein, als Globo als hochpreisig bezahlter Comedian in einem Luxushotel an der Algarve unter bornierten Düsseldorfer Reichen so herrlich scheiterte. Und sich heute mit viel Selbstironie daran selbst begeistert. Immerhin, schreibt er lakonisch, war das Honorar üppig für zweimal 30 Minuten erfolgloses

Langeweilebeseitigungs-Programm bei freier Anreise, feinster Kost und Logis.

Oder bei der Geschichte mit der Peitsche. In Stuttgart suchte er einmal hektisch kurz vor Beginn eines Seminars zum Thema Körpersprache einen Parkplatz. Eine Bucht war frei, »Nur für Mitarbeiter«, egal, nix wie rein. Als er zurückkam, blockierte ihn ein quergestellter Wagen. Auf einem Zettel stand, er solle sich bei Autohalterin Frau Müller melden. Gerhards überlegte, fand eine Domina-Peitsche in seiner Utensilienbox und suchte die ungehaltene Dame auf: »Guten Tag, mein Name ist Gerhards, und ich stehe auf Ihrem Parkplatz«, habe er zur Begrüßung gesagt. »Daraufhin überreichte ich ihr die Peitsche, ließ mich auf allen Vieren vor ihr auf den Boden nieder, drehte den Kopf nach oben und forderte sie auf, es mir ordentlich zu geben – so wie ich es verdient hatte.«

Irritiert habe Frau Müller, »mit der Neunschwänzigen in der Hand«, wie versteinert auf seinen Rücken gestarrt. Dann: schallendes Gelächter, eine Einladung zu Kaffee und Kuchen mit nettem Gespräch. »Paradoxes Umkehr-Prinzip« nennt Alfred Gerhards das: Statt sich erwartet reumütig zu geben, habe er gefordert: Ja, bitte bestrafen Sie mich. »Die Absurdität wird auf die Spitze getrieben, dass das Gegenüber entwaffnet wird, indem ihm eine Waffe in die Hand gegeben wird.«

Oder man möchte sich ins Theater Aachen Anfang der 90er Jahre beamen, wo Globo in der Vorstellung von Pippi Langstrumpf einen tölpelhaften Polizisten gab. Wie er glaubhaft versichert, haben einige verzückte Kinder vor Glück auf die Theatersitze gepinkelt. In diesem Jahr will Alfred Gerhards, sobald es die Corona-Lage zulässt, zur Lese-Performance seines Buches nach Aachen kommen. Plastikschutz mitnehmen!

Alfred Gerhards, Der Pfirsichbeißer. Die Lebensgeschichte des Komikers Globo, HCD-Verlag Tuttlingen, 340 Seiten, 19,90 Euro

Die Rettung der Kinder

Schulsozialarbeiter sind Psychologen, Manager und Kummerkasten zugleich. Der Beruf gilt als schlechtest bezahlter akademischer Job. Zum Beispiel Brigitte Thull an der Gesamtschule Aachen-Brand.

taz, 8. November 2015

Um 18.18 Uhr macht Brigitte Thull den PC aus. Eine nennenswerte Pause hatte es in elf Stunden Arbeitszeit nicht gegeben. Kurze Momente nur für sich hatte sie auch erst am späten Nachmittag.

Ein ganz normaler Arbeitstag für die 54-jährige Schulsozialarbeiterin an der Gesamtschule Aachen-Brand. Um 7.20 Uhr, lange bevor die ersten Schüler angeschlurft kamen, hatte Thull ihr Büro im Erdgeschoss aufgeschlossen. »Wir sind immer vor den Kindern da«, sagt sie, »manche sind froh, wenn gerade morgens jemand zum Ansprechen da ist.« Um 7.55 Uhr sind die ersten Aufgaben verteilt: »Okay, Marie*, machst du die Spieleausleihe in der Pause? Tim, heute Schüler-Café?« Fünftklässlerin Nina hilft bei den Matten im Theaterraum.

Erstes Gewimmel im Büro. Tobias wird kurz in den Arm genommen. »Seine Eltern haben sich gerade getrennt«, sagt Thull.

8.05 Uhr: Klasse 5.4, Wahrnehmungstraining im »Stille-Spiele-Raum«. 26 Kinder liegen auf dem Rücken. »Das Wichtigste ist«, sagt Brigitte Thull freundlich-bestimmt, »dass du auf deiner Matte ganz bei dir bleibst.« Der Gong erklingt, es ist tatsächlich schlagartig ruhig. 30 Minuten Fantasiereise für 10- und 11-Jährige.

Es geht um Körpergefühl, Konzentration, Koordination. Bein aufstellen, Schultern kreisen lassen, tief atmen. Manche verwechseln Schultern mit dem ganzen Arm, andere lechts und rinks. »Es hat sich so frei angefühlt«, sagt nachher einer. »Ich habe das Blut durch die Adern fließen gefühlt«, meint eine. Brigitte Thull lächelt.

8.57 Uhr: Klasse 5.3, Fragebogenaktion. Was gefällt mir, was nicht, Skala von 1 bis 10, wie sind die Jungs (»cool«), die Mädchen (»oft sehr unterhaltsam«); wie wichtig ist der Klassenverbund (»sehr«)? Viele Kinder sind unruhig, quasseln – und schreiben dann: »Es ist oft zu laut.«

Auf dem Weg zurück ins Büro alle paar Meter ein Kurzgespräch: »Frau Thull, kannst du mal? … Brigitte, machen wir das Treffen lieber um 14.45?« So wird das den ganzen Tag gehen. »Du kommst nie ohne etwas von hier nach da.«

Die Diplom-Sozialpädagogin, Spitzname Bre (»das steht für Brigitte ohne igitt«), macht den Job seit zwanzig Jahren. »Ich hatte mehrfach andere Ideen und Angebote. Aber das hier ist mein Ding«: Schulsozialarbeit, der, wie Thull sagt, »am schlechtesten bezahlte akademische Beruf«. Neben dem Fulltimejob arbeitet sie in eigener Praxis als Gesprächs- und Gestalttherapeutin, Kinesiologin, Heilpraktikerin.

10.00 Uhr: Leon ist der erste im Einzelgespräch heute. Der 14-jährige Schlacks artikuliert gut, hört aufmerksam zu, wirkt sehr höflich, fast partnerschaftlich. Doch, seit den Therapiestunden laufe es deutlich besser, sagt er, er habe sich mehr unter Kontrolle. Thull redet ihm gut zu. Ein ganz lieber Kerl, oder?

»Problemschüler«, sagt Thull. »Leon hat 'ne lange Akte. Im Gespräch ist er gut. Aber er hat andere gepiesackt und böse beleidigt, auch geschlagen.« Beim Gespräch sollte der Vater auf Leons Wunsch nicht dabei sein, »weil der mich vor allen immer nur fertig machen will.« Thull sagt: »Dem Leon fehlt 'ne männliche Identifikationsperson. Aber wir sind auf einem guten Weg.«

Schule heute: Klassische Familienverbände funktionieren immer seltener, die Ansprüche an die Lernanstalten werden größer. Die Elternhäuser sind zunehmend das

Problem, nicht die Lösung. Zudem hätten »die Kinder nach der Grundschule immer unterschiedlichere Fähigkeiten – geistig, körperlich, sozial. Immer mehr Kindern fehlen Basics wie Konzentrationsfähigkeit, Durchhaltevermögen, Empathie.« Und dann seien da, sagt Thull, »superintelligente Kinder mit Sprachproblemen« – wegen Zuwanderung. »Eigentlich bräuchten wir viel mehr Leute.«

10.25 Uhr: Große Pause. Für Thull nicht mal 'ne kleine. Sie macht Pausenaufsicht, weil die eingeteilte Lehrerin aufgehalten worden ist. Zwischendurch Medikamentenausgabe; vereinzelt ist auch Ritalin dabei. Um 10.50 Uhr Schnelldurchsicht der Umfrage aus der 5.3. Der Klassenlehrer stöhnt: »Puuuh, das klingt sehr problematisch mit Ben.« Den hatten viele Mitschüler als nervig, störend und beleidigend eingestuft: »Sehr akresiv« sei der und beschimpfe einen »mit du Misstgebut oder so«. Ben schrieb: »Ich fühle mich unwohl in der Klasse, weil mich die anderen immer hänseln.«

Brigitte Thull sagt: »Wir werden ein Konzept entwickeln, mit Einzel- und Elterngesprächen und Konzentrationstrainings in, wie wir das nennen, persönlichkeitsstärkenden Gruppen.« Es gilt, den Kreislauf zu stoppen: zurückschlagen, zurückhänseln und -treten. Lernziel: Frustrationstoleranz. Oft, sagt Thull, könnten die Kinder wenig dafür: »Vater weg, Alkoholprobleme zu Hause, Arbeitslosigkeit, Krankheit – das ganze Feld.« Es folgten Essstörungen und Ängste, auch Verwahrlosung.

11.00 Uhr. Gespräch mit Maik (11). Der sagt, er könne sich mittlerweile »besser untermischen in der Klasse«. Und wenn die Aggressivität wieder in ihm aufflamme? »Dann«, der Junge tippt an seine Schläfe, »weiß ich: roter Alarmknopf; aber den brauche ich immer seltener.« Thull lobt ihn. Probleme? Ja, sagt Maik, der Vater seines Freundes habe ihn neulich rausgeworfen und bis auf die Straße brüllend verfolgt. »Aber der ist doch psychophren.« Thull müht sich, nicht loszulachen bei dem Begriff. »Ein

Kind hat mal gesagt: Ich geh zum Psychopathen statt zum Psychologen.«

Schnell den dringenden Anruf beim Jugendamt erledigen wegen Ina: »Vater heroinabhängig, Wohnung gekündigt … die hat wohl kein Geld für 'ne Winterjacke …, ja, Hilfeplangespräch.« Dann kommt Ayshe (11). Die ist massiv gemobbt worden wegen ihres Übergewichts. Nun hat sie 15 Kilo abgenommen in fünf Monaten. »Es war hammerhart ohne die Süßigkeiten, aber es geht!«, sagt sie und strahlt kokett hinter ihrer schicken neuen Brille. »Die hat sich toll gemacht«, freut sich Thull nachher. »Anfangs saß sie nur heulend vor mir. Missbrauch. Aber der Vater ist jetzt raus.«

In Deutschland gibt es 11,1 Millionen Schüler an 34.000 Schulen mit 800.000 Lehrern – und 7.000 Schulsozialarbeiter. Ihre Finanzierung gleicht einem Flickenteppich: EU-Fonds, Bund, Länder und Kommunen schieben die Verantwortung gern weiter. Die Folge ist Bildungspolitik nach Kassenlage, gern mit befristeten Stellen. Michael Töpler, Vize des Bundeselternrats, sagt: »Schulsozialarbeit ist kontinuierliche Beziehungsarbeit und geht über den Schulalltag hinaus. Dafür sind Beständigkeit und Verlässlichkeit erforderlich.«

Andere Länder haben das verstanden: In Großbritannien, Finnland und Holland sind Lehrer-Sozialarbeiter-Teams selbstverständlich. Thull sagt, erst »Schulsozialarbeit mit seinen direkten, niederschwelligen Angeboten« könne »den Lebensraum Schule zur Gänze ausfüllen«.

13.25 Uhr: Mittagspause, fast 15 Minuten heute. Brigitte Thull nimmt einen Salat in der Mensa. Dabei kauend Networking mit Lehrern: »Verdacht auf Depression – gut, wir leiern da was an …«

13.40 Uhr: Ab ins Fitnesscenter nebenan. Ein Dutzend Schülerinnen macht Zumba. Über Wochen guckt sich Thull alle Schul-AGs an. Talente-Casting für das Schulfest. »Doch! Das wird 'ne tolle Nummer. Machen wir, klar.« Beim Fest sollen alle auf die Bühne: Fast 1.300 Schüler, 120 Lehrer. Im Büro legt Thull die DVD von 2014 ein. Ein Schüler aus der 11 hat den Film gemacht – sehr witzig, schnelle Schnitte, tolle Musik. »Ja, wir haben richtig kreative Kids dabei.«

14.25 Uhr. Stippvisite beim Schulleiter. Andreas Lux findet die Frage nach der Wertschätzung von Schulsozialarbeitern geradezu lästig. »Was soll man da noch sagen! Ich würde auf viele Lehrer verzichten können, aber nicht auf sie.« Die Arbeit reiche auch »locker für vier Leute«. Thull sitzt daneben und nickt. »Aber«, sagt der Schulchef, »wir sind mit zwei Stellen ja noch gut aufgestellt.«

Andreas Lux setzt noch einen Hieb auf so manches Gymnasium: »Durch Selektion gut zu sein kann jede Schule. Da brauche ich mich nicht um Problemkinder zu kümmern. Das ist bei uns anders. Wir können nicht alle Kinder retten, aber viele.« Und an die Schulbehörden – »Ich muss aufpassen, wie ich formuliere« – gerichtet: »Alles soll besser werden, aber alles ist gedeckelt. Es kommt immer mehr von außen und wir als Schule müssen immer mehr leisten.«

15.40 Uhr. Anruf einer Lehrerin. Mara (12) hat mehrere Jungs angegrabscht, mehrfach, offensiv. »Was machen wir?« Die Eltern informieren? »Ich würde das wissen wollen als Mutter«, sagt Thull. Hmm. Vertagen auf morgen. Zwei Sechstklässlerinnen warten zum nächsten Casting. Sie singen im Duett, witzig, empathisch, gekonnt. »Machen wir!«

17.15 Uhr. Jetzt noch Mails, Berichte schreiben, für die Stadt ein paar Statistiken. »Und die Zeiterfassungskarte ausfüllen.« So heißt Stechuhr auf schulbürokratisch. Zusätzliche Hausbesuche, Jugendamtstermine und große Konferenzen stehen erst wieder in der nächsten Woche an. Was machen eigentlich Schulsozialarbeiter? Alles, außer Pausen. Und dabei viel Kaffee trinken.

* *Alle Schülernamen geändert.*

Nach Erscheinen des Textes, zumal auch in den Aachener Blättern, gab es Ärger im Kollegium. Schulleiter Lux musste sich rechtfertigen für den Satz »Ich würde auf viele Lehrer verzichten können, aber nicht auf sie.« Das fanden manche Lehrer und Lehreinnen empörend, weil sie sich nicht ausreichend wertgeschätzt fühlten vom Chef. Sie konnten aber wieder beruhigt werden. War ja auch nicht gegen die Kollegen und Kolleginnen gemeint, sondern für die unterschätzte Schulsozialarbeit.

***

2019 habe ich zusammen mit der Filmemacherin und Videokünstlerin Anka Schmid aus Zürich einen Bildband über Haare verfasst. In den Texten ging es um Haarstatistik, das Haar in der Kriminalistik, um die oft skurrilen Namen von Coiffeursalons (»Haarscharf«) oder um Rodungsmode (Schamhaarfrisuren). In drei Kapiteln spielte auch Aachen eine Rolle: So gab der Hautarzt Dr. Henning Lichtenstein (Aachen/Eschweiler) ein Interview über dermatologische Zusammenhänge, in der Rubrik »Haariges ohne Haare« war auch Ortsteil Haaren aufgeführt samt Haarbach, Haarbachtalhalle und Haarbachtalhallenwart.

Und da war das Kapitel über haarige Begriffe und Redensarten in 18 verschiedenen Sprachen und drei Dialekten.

Einer der drei Dialekte war Aachener Platt:

Haarige Horigkeit

Der Co-Autor dieses Buches hört daheim *op Öcher Platt*, also in Aachener Mundart, *Hore* statt Haare. Und

Lebensweisheiten wie diese: *Sorjen an Johre maache jriis Hore* (Sorgen und Jahre machen graue Haare). Pleitiers haben *mieh Schold wi Horen opene Kopp*. Der j-reiche Neujahrswunsch beginnt mit: *Jlocksellig Nojjjohr! D'r Kopp vool Hor, d'r Monk vool Zang ...*

Ansonsten heißt die Haarpflegerin *Frisös*, der Pony schreibt sich *Ponni*, das Haarteil ist die *Prock*, dichtes und wirres Haar: der *Flous*, die uppige Frisur: *Flockebull*, der Haarknoten: *et Knuddelche*. So launig das vielleicht klingt, Aachener Haare haben auch fiese Fallen. Hochdeutsches haarig heißt *horig*. Leider gilt das nicht umgekehrt, sonst klänge der Liebesschwur der Printenstädter: *Isch bin disch haarisch.*

Nachdruck mit freundlicher Genehmigung des Verlags.
Anka Schmid/Bernd Müllender: Haarig! Revolte, Magie, Erotik – Geschichten vom feinsten Körperteil. Edition Zeitblende im at-Verlag Aarau/Schweiz, 280 Seiten, 2019, 36 Euro.

Adieu, AachenMünchener!

Der altehrwürdige Versicherungsname wird liquidiert. Die Stadt Aachen hat einen Werbefaktor weniger.
taz, 30. September 2019

Versicherungskonzerne sind meist hochkomplexe, verschachtelte Gebirge, deren Wirken auf Wahrscheinlichkeitsrechnung beruht. Sicher ist, dass in ihrer Geschichte immer, kaum kannte man ihren Namen, eine die andere übernahm, wieder ausschied, neu gebar, man sich umgruppierte, umtaufte oder: eine Konzernmutter ihre Tochter schluckte, wie es im Jargon so seltsam blöd heißt. Zum

Beispiel jene deutschlandweit bekannte Gesellschaft, deren Ende mit diesem Montag gekommen ist: Die Aachen-Münchener Versicherung AG, zuletzt nur noch Aachen-Münchener genannt.

Sie ist hervorgegangen aus der Aachener Feuerversicherung von 1825, gehört schon seit 1998 mehrheitlich der italienischen Generali Group, war dort eine Marke unter vielen und wird ab dem 30. September 2019 endgültig umfirmiert. Auf gut Deutsch: der Name erlischt. Liquidiert.

Die AachenMünchener war wegen ihres Namens immer auch ein Werbefaktor für die Stadt Aachen, ein Stück Stadtgeschichte sowieso und sorgte für eine Spur Heimatgefühl. Die AM war jahrelang Hauptsponsor der Alemannia, zeitweilig war sogar eine Umbenennung des Tivoli-Stadions im Gespräch. Die Stadt spendierte als Gegengeschenk Aachen-Münchener-Platz und -Allee. Das sind jetzt Erinnerungsstücke. Eine Assicurazioni-Generali-Allee ist bislang nicht vorgesehen.

Alles, was schwarz-gelb in AM-Farben gestaltet war (passend zur Stadt und dem Fußballklub), erscheint nun in Generali-Rosso: rote Schilder, Fahnen, Teppiche, Inneneinrichtung. Alles? Nein, das schwarz-gelbe Direktionsgebäude selbst, 2010 zentral in Aachens City neugebaut, muss zum Leidwesen von Generalis Corporate-Designern außen schwarz-gelb bleiben. Denn das steht, bis dahin unbeachtet, im Kleingedruckten der Architekten-Verträge. Ästhetik und Baukunst gehen vor Marketing-Strategien im Haifisch-Kapitalismus.

Versicherungen waren zu Gründungszeiten lokale Firmen wie Nürnberger, Gothaer oder die HUK-Coburg. Typisch sind auch regionale Kombinationen wie die Leipziger-Hallesche oder die Aachen-Potsdamer. Die Hamburg-Mannheimer ist besonders bekannt, weil sie ab 1972 ihren Werbeschauspieler Herrn Kaiser auf die Bildschirme schickte. Der Ruf »Hallo Herr Kaiser« verschallte erst, als 2009 die Ergo das Unternehmen kaufte.

Die gewerkschaftsnahe Volksfürsorge brachte es sogar zu gereimter Berühmtheit: »Keine Sorge – Volksfürsorge«. Auch sie hat der Branchenriese Generali vom Markt geschluckt.

Die AachenMünchener hatte seit 2003 eine Werbespotserie: Mit dem großen Schauspieler Mario Adorf, der mal als Mafiagangster, mal als Westernschurke auftrat. Der Spot spielte jeweils bei einem Filmdreh. Adorf bekam Anweisungen, dieses und jenes Waghalsige zu tun, und er antwortete immer: »Mach' ich«. Nur in der Schlussszene nicht, da sollte Adorf mit einem Geldschein die dicke Ganovenzigarre anzünden. »Nein«, widersetzte sich da der Mime, »das mache ich nicht.« Denn: »Mit Geld spielt man nicht.« Das war über lange Jahre der Slogan der Versicherung.

Nein, mit Geld spielt man nicht, mit Geld wird halt ganz gezielt gezockt, gekauft, übernommen und abgestoßen. Gerade im Assekuranzgewerbe: Mit Versicherungen spielen viele gern.

Eines tat die AM noch für ihre Stadt. Im Sommer wurden auf Initiative des Vorstandsvorsitzenden Christoph Schmallenbach Radentscheid-Unterschriftenlisten für die rund 1.700 Mitarbeiter wochenlang in der Cafeteria der Firma ausgelegt. Diese unerwartete Unterstützung durch einen der größten Arbeitgeber der Stadt war ein Coup der Verkehrsinitiative und ein Stich ins Herz des automanen Establishments. Mehrere hundert AMler trugen mit ihren Autogrammen dazu bei, dass am 1. Oktober rund 35.000 Unterschriften (etwa 60 Kilogramm Papierlisten) an die Stadt übergeben werden konnten.

Vielleicht fahren über den Aachen-Münchener-Platz in einigen Jahren nur noch Räder. Sicherer wäre es.

***

2006, kurz vor der Fußball-WM der Männer, hatten der Fotograf Andreas Teichmann aus Essen und ich die Idee, wichtige Frauen im deutschen Fußball vorzustellen. Wir fuhren unter anderem zur Designerin des WM-Balls nach Herzogenaurach, zu HSV-Managerin Katja Kraus, trafen Carmen Thomas (»Schalke 05«) und die erste Torschützin des Monats, Bärbel Wohlleben. Die Alltagsarbeit an der Basis repräsentierten zwei Frauen in Aachen.

Die Serie lief in einem halben Dutzend Zeitungen, auch in den Aachener Nachrichten *und zum Beispiel im Berliner* Tagesspiegel*:*

Kicken Waschen Siegen

50 dreckige Trikotsätze jede Woche: Mutter und Tochter rocken die Jugendabteilung eines kleinen Vereins in Aachen.

Tagesspiegel, 17. April 2006

Ein Ascheplatz in Aachen. Es nieselt und windet. Beim Nachmittagstraining der F-Jugend des VfL 1905 e.V. wieseln Kinder hinter dem Ball her. »Ihr spielt ja wie die Bambini«, ruft die resolute Trainerin. Sie will die Achtjährigen bei ihrer Ehre packen – Bambini sind nämlich erst sechs oder sieben. »Einmal stoppen, abspielen, freilaufen.« Die rotwangigen Junioren nicken. Und erliegen umgehend wieder der Magie der rollenden Kugel: Alle rennen wild drauflos. Immerhin, nach einer Stunde ist es besser: »Prima so«, sagt Trainerin Kathi Zipprath. Am Zaun warten die Mütter auf ihre dreckverschmierten Kleinhelden.

Fußball an der Basis. Zipprath, 41, ist fast jeden Tag auf dem Platz: Bambini, zwei Mädchen-, zwei Jungengruppen. »Manchmal ist es schon viel und schwer. Aber was man gibt, kriegt man dreifach zurück.« Ähnlich formuliert es auch ihre Mutter Sigrid Staat. Die 63-Jährige leitet die Jugendabteilung – das bedeutet: »Alles organisieren, planen, den Verein repräsentieren und auch Wäsche waschen, manchmal 50 Trikotsätze in der Woche.«

Mutter und Tochter bitten nach nebenan ins Vereinsheim. Pokale in Reih und Glied, Zeitungsartikel im Wechselrahmen, Wimpel, ein weiter Tresen. Man glaubt das Bier zu riechen; jetzt rattert die Kaffeemaschine. »In vielen Vereinen können Kinder nur trainieren und sitzen beim Spiel frustriert auf der Bank. Weil nur die Besten spielen. Das geht doch nicht! Kinder sollen Spaß haben und spielen«, sagt die gelernte Schneiderin Sigrid Staat. Beim VfL laufen alle auf, auch Kinder mit motorischen Schwierigkeiten, auch ein herzkrankes Kind. Mitmachen können alle ab drei Jahren. Unter zwei Bedingungen: Sie müssen sich eine Stunde von der Mutter trennen können und dürfen keine Windeln mehr tragen.

Sportliche Erfolge sehen dann bisweilen so aus: »Vor ein paar Jahren«, erzählt Kathi, »haben unsere Ältesten, die C-Jugend, eine Klatsche nach der anderen gekriegt. Da haben die gesagt, wir versuchen wenigstens, weniger als hundert Tore reinzukriegen in der Saison.« Stolz ergänzt sie: »So einen Humor hatten die.« Und geschafft haben sie es auch. Aber der VfL 05 ist nicht automatisch ein Hort geborener Loser: »Die jetzige F-Jugend hat bis auf die Spiele gegen Alemannia alles gewonnen.«

Sigrid weiß: »Natürlich gehen die Kinder manchmal gefrustet vom Platz. Aber verlieren muss man auch lernen.« Vor zehn Jahren haben die beiden die VfL-Jugend neu aufgebaut. »Ich kann gut mit Kindern«, sagt die Mutter, »und wollte das gern versuchen, wir haben passende Co-Trainer gesucht und dann kamen schon die Kinder.« Es gibt Regeln im kleinen Paradies: »Soziales Verhalten ist sehr wichtig. Ohne Disziplin geht nichts. Ich kann härter sein als andere. Das wissen die Kinder. Aber sonst bin ich ihr bester Kumpel.« Alle duzen sich hier. Ungewöhnlich, wenn Achtjährige zur stattlichen Frau Staat Sigrid sagen.

Beide sind mindestens 20 Stunden die Woche hier beschäftigt. »Wir haben uns noch nie gestritten«, sagt die Tochter. »Ich muss sie manchmal bremsen«, ergänzt die Mutter. Die gelernte Konditorin Kathi, beim Printen-Giganten Lambertz beschäftigt, war als Kind selbst Straßenkickerin, »das einzige Mädchen, das mitspielen durfte«. Heute sagt sie: »Ich liebe die Begeisterung, mit der die Kinder dabei sind.« Als die F2 neulich »ihr erstes Tor der Saison geschossen hat, bei einer richtig hohen Niederlage, da haben sie den kleinen Torschützen jubelnd vom Platz getragen. Und die Gegner haben so was von blöd geguckt.«

Oder da war jener fünfjährige Bambino, »so ein ganz Kleiner«, der sich nach seinem ersten Spiel bitterlich bei ihr beklagte: »Das ist so gemein, Kathi. Ich werde die ganze Zeit von meinem Gegner verfolgt!« Auf dem Platz hat Kathi auch manches über Männer und Frauen gelernt. »Mir als Frau gegenüber verhalten sich gegnerische Trainer viel freundlicher als sie zu anderen Männern sind. Da fehlt denen wohl der Konkurrenzkampf.«

Muss man als Frau besser sein in der Männerwelt Fußball? Sigrid sagt: »Man muss sich beweisen und deutlich machen, dass man was vom Metier versteht. Männer sind oft automatisch Respektspersonen.« Vielleicht aber, fügt sie nachdenklich hinzu, »glauben wir Frauen auch nur, dass die Männer so skeptisch sind«.

Jetzt die Weltmeisterschaft: »Danach erwarte ich einen Haufen neuer Kinder. So eine WM ist immer ein Selbstläufer«, sagt Sigrid Staat, »wie ein Magnet.« Also noch mehr Training als für derzeit 140 Nachwuchskicker, mehr Termine und Dreckwäsche, mehr Taktikschulungen im Nieselregen, gemeinerweise verfolgte Minis und jubelnde Verlierer.

Mutter Sigrid hat sich mittlerweile aus Altersgründen aus der Vereinsarbeit des VfL 05 am Jahnplatz zurückgezogen. Tochter Kathi macht die Organisation jetzt allein.

In Aachen gab es jahrelang die größte bunte Fußballliga der Republik (bis zu 70 Teams in den 90er Jahren), sie versteht sich bis heute als Alternative zum Vereins-Fußballbetrieb. Zu Pfingsten gibt es bis heute ein bundesweites Turnier, die DAM: die Deutsche Alternativfußball-Meisterschaft.

Der Spiegel wollte sehr früh eine Geschichte über diese anderen Fußballer, hier einige Auszüge:

Kombinat Kleinhirn

In wilden und bunten Ligen kickt die alternative Szene: undogmatisch, links und nach sonderbaren Regeln.

DER SPIEGEL 28/1988, Seite 139ff.

Jürgen Nendza, 30, Doktorand der Philosophie, ist Freizeit-Mittelstürmer. Doch das schlichte Erfolgsrezept seines Vorbild Gerd Müller (»Den Ball nicht am Torwart vorbei, sondern einfach ins Tor schießen«) langt dem studierten Vollstrecker nicht.

Nendza hat »weitergedacht« und im Unterschied zum einstigen Bomber der Nation ein, wie er sagt, »pluralistisches Verhältnis zum eigenen Torschuss« entwickelt. Offensichtlich mit Erfolg: Seit Jahren ist er Torschützenkönig beim Aachener Bunteligateam Juventus Senile.

Wie Nendza kicken ungezählte Hobbyspieler in wilden und bunten Ligen. Bei der 3. Alternativ-Fußballmeisterschaft in Nürnberg traten Mannschaften mit so klangvollen Namen an wie Partisan Eifelstraße (Aachen), Flamengo Rosenau (Nürnberg) oder Gib mich die Kirsche, ein Krefelder Café-Kollektiv. Für Partisanen-Teamchef Achim Blickhäuser schufen die abendlichen Palaver beim Bier eine »erträgliche Schwerelosigkeit des Daseiseins«, während die Aachener Sozialwissenschaftler von Roter Stern Sowiso die eigene Diskutierfreude als Manko betrachteten: Es werden »zu viele Spielzüge erdacht, die nie zur Ausführung kommen.«

Wenig Interesse besteht an der Kooperation mit dem Deutschen Fußball-Bund DFB. Spaß am Spiel ist den Fußball-Autonomen wichtiger als Vereinstreue und Kameradenseligkeit, als Trainingsstress, autoritäre Fußballlehrer und selbstherrliche Funktionäre. Manche Alternativen jedoch nehmen die Torejagd zu ernst. Wer einmal im Verein unter Oberhoheit des DFB nach Ball und Gegner trat, so Partisan Blickhäuser, »ist meist leicht auszumachen und vom Leistungszwang nur schwer zu resozialisieren.«

Dass die bunten Ligen tief im linken Milieu verwurzelt sind, führt zu Argwohn, mitunter auch Störmanövern. Die Stadt Aachen zum Beispiel ziert sich, genügend Plätze zur Verfügung zu stellen. Deswegen zog jetzt eine Hundertschaft Protestierer »mit Fußballschuhen, Trillerpfeifen und entblößten Waden« (taz) vor das Rathaus (und rief dem Oberbürgermeister zu: »Malangré, wir wollen – Platz für unsere Stollen.«)

1986, bei der 1. Bolz-Weltmeisterschaft zu Kassel, hatte sich eine englische Militärmannschaft unter falschem Namen eingeschlichen – für Petermann Stadtgarten aus Köln damals ein Grund, sofort abzureisen. »Wir können doch nicht mit Berufssoldaten friedlich Fußball spielen, die in Nordirland Schießbefehl haben«, sagte Rainer Osnowski, nebenher Büchermacher beim Kölner Volksblatt-Verlag.

Petermann war ein Schimpansen-Männchen, das vor drei Jahren aus dem Kölner Zoo ausgebrochen war und »auf dem Weg in die Freiheit« den Direktor krankenhausreif gebissen hatte. Als einer »der wenigen wahren Anarchisten in der politischen Larifari-Stadt Köln«, habe Petermann, wie sich Osnowski »ganz sicher erinnert«, die »linke Faust in den Abendhimmel gereckt, als er von hinten erschossen wurde«.

Gegen diesen Heldenmythos war in Nürnberg sogar die gefürchtete Aachener Partisanentaktik erfolglos. Petermanns Freunde sicherten sich mit einem glatten 2:0 im Finale die Meisterschaft ´88.

P.S.: Partisan holte dann 1991 in Freiburg den Titel, später auch die Roten Nullen aus Aachen; und wenn ein Aachener Team Ausrichter war, fand die Deutsche Meisterschaft meist nebenan in Holland auf den Sportvelden Lemiers statt.

1999 kam es zu einem ganz besonderen Ligaspiel auf einem sehr besonderen Platz:

»Schieß doch, Bulle!«

Cops gegen Knackis: Nach dem Bunte-Liga-Spiel der JVA-Mannschaft gegen das Polizeiteam Aachen Bulls verhindert nur der rechtzeitige Einschluss eine dritte Halbzeit.
taz, 1. Oktober 1999

Die Aachen Bulls konnten sich vor ihrem Auswärtsspiel in der Justizvollzugsanstalt Aachen des Mitgefühls sicher sein: Der lokale Hörfunksender meldete, die Polizei-Elf würde mit der Häftlingsmannschaft endlich »auf ihren natürlichen Gegner treffen«. Knackies gegen Bullen, ein fantasiebeflügelndes Match: Knacki X tackelt blutgrätschend den Kripobeamten Y, der ihn damals beim Bankraub überwältigte. Oder hat Kommissar Z noch eine Rechnung zu begleichen?

Als die Meldung vom nächsten Gegner im Polizeipräsidium eingetrudelt war, reichten die spontanen

Kommentare von »Nein! Das ist ein Scherz, oder?« bis »Du lieber Gott, wirklich?« Weiter oben im Hause habe es schon Naserümpfen gegeben, nur weil man neulich mal gegen »Wim Kifft Berti Kokst« spielte. Was in der Bunten Liga aber auch für Teams mitmachen! Und jetzt das! Achim Schmitz, Sportbeamter der JVA, musste einräumen: »Gegen die Polizei, das hat schon Brisanz.«

JVA Aachen, Männerknast, ein riesiger Neubau, 510 Plätze, dauerhaft ausgebucht mit »überwiegend längerfristigen Häftlingen«, wie es offiziell heißt; »Langzeitdiättreibende« im zynelnden Justizlerjargon. Ein weiter Weg bis zum Sportgelände: unzählige Gänge, neondurchflutet düster, insgesamt 19 Türen. Eine nach der anderen aufschließen, durchgehen, warten, zuschließen. Und weiter.

Beim Umziehen sagt ein Kripo-Kicker: »Unterwegs hab ich schon einen gesehen, den ich mal eingelocht habe.« Einer befürchtet rüpelhafteste Häftlingsattacken: »Dann sagt der Schiri: Beim nächsten Foul sind Sie draußen! Sagt der: Aber gern!«

Die Knackis sind verblüffend offen. Fast alle erzählen von ihren Delikten, keiner hat etwas gegen Fotos, sie nennen ihre schier ewigen Jahreszahlen. Selim (23), harmloses Jungengesicht: »Warum ich hier bin? Ja ... Mord.« Dirk: »Gefangenenbefreiung. Missglückt, leider.« Flapsig grinsend ein anderer: »Wegen schlechtem Anwalt.« Und Bulut erzählt von seiner Flugzeugentführung, Air Malta, Köln-Wahn 1997, als der Papstattentäter Ali Agca freigepresst werden sollte. Bei der Mannschaftsbesprechung wollen sie allein sein. »Sonst kennen die Bulls unsere Foltermethoden schon vorher«, sagt der Coach.

Aschenplatz. Rundum Zaun und hohe Mauern wie woanders die Tribünen. Alter Joke: Wer drüberschießt, muss holen. Die Liga hat den fair gehandelten Ball gestiftet. Gemeinschaftliches Mannschaftsbild, ein Justizbeamter knipst fürs Familienalbum. Der Knastchef macht Ehrenanstoß. Es gelingt. Ein Knacki applaudiert.

Es wird ein ganz normales Fußballspiel zwischen den wannengrünen Bullen und den Knastlern in freiheitsneidendem Gelb. Engagiert, hart, manchmal giftig zu sich selbst und dem Ball. Ein Aufsichtsbeamter kommt zu spät. »Wie steht's?«, fragt er. »2:1 – für uns«, sagt ein Knacki. Identifikation durch Fußball: »Wir« in der JVA. »Schieß doch, Bulle!«, feuert einer den Gegner an. Als ein Beamter den Ball arg in den Magen bekommt und niedersinkt, kriegt er zu hören: »Das muss ein Bulle doch abkönnen!«

Kurz nach der Pause zwei überfallartige Konter der Villas, und Hamid (Überfall) trifft zweimal. Heftiger Jubel. Neben der Seitenlinie, in Haus 3, kommen ein paar Insassen an die Gitterfenster ihrer Zellen. Das vierstöckige Gebäude als Haupttribüne, beste Sicht. Die Zellen als VIP-Logen. Für Very Important Prisoners.

Die überlegenen Knackis haben zahllose Torchancen. Aber wie das so ist im Fußball: Zwei überraschend erfolgreiche Bullenschüsse in der Schlussphase, Abpfiff, 4:4. Und: Alles ist gut gegangen, natürlich. Ganze drei Fouls im völlig fair gehandelten Spiel. Alle sind zufrieden. Lachen, feixen, zwei gehen als Kunterbulls-Pärchen Arm in Arm vom Platz.

Eine gemeinsame dritte Halbzeit beim Bier? »Naja, das können wir hier leider nicht bieten«, sagt der Knastchef. Duschen. Umziehen. Zelle. »Einschluss« ist um 21 Uhr. Die meisten Knackis wollen Champions League gucken.« Micha von den Bulls sagt noch: »Das hier hätte man live übertragen sollen, und als Co-Kommentatoren mal richtige Experten: Maurizio Gaudino (Hehlerei) und Erwin Kostedde (Raubüberfall).«

Abschied von den vordergründig netten Jungs. Die endlosen Neongänge zurück. Wieder 19 Türen. Eine kracht endgültiger ins Schloss als die andere. Zurück in der Villa bleibt der gestiftete Ball.

Villa Kunterbunt: Mohammed (32, Drogendealer), Michael (34, organisierte Kriminalität) – Christian (30, Drogen),

Luis (36, »hab' Scheiße gebaut«), Cetin (42, Drogenhandel), Ercan (39, keine Angabe), Abdennabi/Kapitän (31, Betäubungsmittel) – Dirk (33, missglückte Gefangenenbefreiung); Huseyin (30, Mord); Hassane (30, k.A.), – Safak (27, Raub), Hamid (26, Überfall), Hafid (34, Körperverletzung), Selim (23, Mord), Bulut Nusret (28, Flugzeugentführung). Coach: ShotGun (39, »habe halt gesündigt«)

Aachen Bulls: Dirk (33, Schutzpolizist) – Karl (50, Zivilist) – Dieter (42, Kripo), Heinz (41, Kripo) – Ralf M. (42, Schupo), Michael (40, Mordkommission), Ralf C. (34, Kripo), Ralf B. (39, Kripo) – Jürgen (32, Schupo-Azubi), Michael (29, Zivilist), Wilfried (35, Autobahnpolizist), Walter (41, Playing Käpt'n)

Alle Angaben zu Tätigkeit/Delikt beruhen auf persönlichen Angaben. Fliegender Wechsel, Spielzeit: 2 x 35 Minuten.

Schiedsrichter: Franz (58, räuberische Erpressung)

Zuschauer: 50

Tore: 1:0 Huseyin (2.), 1:1 Karl (13.), 2:1 Selim (19.), 2:2 Jürgen (40.), 3:2 Hamid (42.), 4:2 Hamid (45.,) 4:3 Ralf M. (60., Foulelfmeter), 4:4 Ralf M. (64.)

Villa Kunterbunt ist nach wie vor im Einsatz in der Bunten Liga Aachen und jetzt schon über 20 Jahre auswärts ungeschlagen. Auf die Bunte Liga kommen wir am Ende des Buches noch einmal ausführlich zurück, wenn es um den Papst und den langjährigen DFB-Präsidenten Egidius Braun geht.

Drumherum I: In der Region

Gucken wir in die Umgebung – nach Würselen, Aldenhoven, in den Hambacher Forst, nach Herzogenrath oder in den Hürtgenwald:

Die Pilgerstätte des Grauens

In den Hürtgenwald kommen in diesen Jahren die letzten noch lebenden US-Veteranen, die bei der fürchterlichen Schlacht 1944 dabei gewesen sind.
taz, 3. Januar 2004

Das Frühjoggen der Gäste um halb sechs ist schon lange her. Ihr erster interner Vortrag über Kriegsmedizin auch. Jack Freedman, der überraschende Besucher, wird erst in einigen Stunden auftauchen – in diesen Minuten steht der alte Mann noch am Kölner Dom, auf den »gleichen Stufen wie in den Trümmern im Frühjahr 45« – wie er später bewegt berichten wird. Und am Abend werden sich sogar noch zwei der hohen US-Offiziere ein französisches Bett teilen müssen. Es wird ein selten ereignisreicher Tag im Eifelnest Vossenack.

Jetzt ist es 9 Uhr 30. Zwei Dutzend US-Besucher haben sich auf dem Parkplatz neben dem Hotel »Zum Alten Forsthaus« versammelt. Recht frisch ist es hier oben und dunstig, wie so oft in der Nordeifel. Alle haben Anoraks angezogen und wollen loswandern in den Hürtgenwald. Doch erst gibt es »wichtige Sicherheitshinweise«. Man möge, sagt der Reiseleiter, »bitte gemeinsam auf einer Straßenseite gehen und zusammenbleiben, damit keiner verloren geht«.

Die banale Warnung hat eine bizarre Note. Hürtgenwald ist tatsächlich einmal grauenvoll gefährlich gewesen, vor allem für Amerikaner. Hier oben ließen 55.000 GIs bei der »Schlacht im Hürtgenwald« im Winter 1944/45 innerhalb weniger Wochen ihr Leben, so viele wie im ganzen Vietnamkrieg, der über zehn Jahre dauerte. Es war das größte Desaster in der Geschichte der US-Army, und das inmitten der so erfolgreichen Invasion gegen Hitler-Deutschland.

Die Gruppe stapft los, um »eine Idee zu kriegen vom Battlefield im Hurtgen Forest«, wie Gruppenleiter John Taber sagt, Oberstleutnant und Veterinär bei der Sanitätsbrigade Heidelberg. Ihm folgen Divisionsärzte, Brigadekommandeure, Sanitätspersonal, Kriegshistoriker, der Logistikchef der US-Krankenhäuser in Europa. Sie sind auf kriegsgeschichtlichem Fortbildungsausflug.

15 Minuten später steht Taber mitten im Wald im Laubbett eines alten deutschen Verteidigungsgrabens und erzählt vom »miracle in the west«. Wie die US-Truppen hier, rund 30 Kilometer südöstlich von Aachen, stecken blieben beim Marsch zum Rhein. Selbst für Eifelverhältnisse herrschte wochenlang ein besonders grausiges Wetter. »Regen, Schnee, Sturm ununterbrochen. Alles war knietief verschlammt«. Der 50-Jährige rudert mit den Armen und vergleicht das »unerwartet heftige Feindfeuer« mit Spielszenen des American Football. »Alles«, sagt Taber, sei »in diesen Wäldern des Horrors wochenlang absolutely chaosed« gewesen. »So etwas hatten US-Truppen noch nicht erlebt.« Die Verluste waren enorm. »… and they didn't have Goretex«, lässt sich Taber zu einem Witz hinreißen.

Auch die Versorgung klappte nicht. Der Funkverkehr brach zusammen. Viele tausend Soldaten starben elend an Hunger und Kälte. Doch es war nicht der unerwartete Frost und der überraschend konzentrierte Widerstand der Restwehrmacht. Es war vor allem ein unverzeihlicher strategischer Fehler, durch das unwegsame und unterschätzte Eifelgelände vorzurücken, statt über das flache Rheinland nebenan, sagen Historiker heute.

Noch viele Jahre danach sah das zerschossene, niedergebrannte und völlig verwüstete Stück Land aus wie ein Meer aus abgeknickten Streichholzstümpfen. Noch heute verweigern Schreinereien Holz aus Hürtgenwald: Zu gefährlich, weil es bisweilen noch voller Granatsplitter ist. Noch heute müssen bei jedem Neubau in der Gemeinde zuerst Minensucher ran – eine Hamburger Firma hat im Dorf Vossenack eine Dependance. Und neulich noch »haben Bauarbeiter in einem Vorgarten eine amerikanische Kriegsleiche ausgebuddelt«, erzählt der Vossenacker Hotelier Reiner Gübbels.

Der 51-Jährige führt seit 1974 das Alte Forsthaus. Seit einigen Jahren, berichtet er, kommen alle paar Wochen US-Veteranen oder Angehörige aus den USA auf Besuch; manchmal machten »ganze Busladungen voll« bei Europatrips Halt in seiner gutbürgerlichen 3-Sterne-Bleibe mit dem wuchtigen dunklen Mobiliar und den Zwölfendern an der Wand. Und immer wieder seien, erzählt Gübbels, Gruppen aktiver Soldaten zu Gast. »Hürtgenwald steht bei der US-Armee heute noch auf dem Reißbrett. Die können sich immer noch nicht erklären, warum sie hier noch so einen drüber gekriegt haben.«

Taber führt von der Pfarrkirche Vossenack – »zeitweilig ist die Frontlinie in der Kirche vertikal verlaufen; unten saßen die Deutschen, oben im Glockenturm unsere Leute« – herunter ins Kalltal mit seinen teuflisch steilen Einschnitten. Hier haben sich die schlimmsten Dramen abgespielt, »Tank auf Tank« war, wie Taber erläutert, im Schlamm stecken geblieben, die US-Armee aufgerieben, in der Falle, Zielscheibe. Das hieß Nahkampf über Wochen, pausenloser Artillerie- und Granatwerferbeschuss der Wehrmacht, die Hänge übersät mit Leichen. Ein Konzentrat des Grauens: »Stellungskrieg im ursprünglichsten Sinn«, sagt Taber.

Die Offiziere erreichen den Platz der ehemaligen »Kall Trail Aid Station«, klettern den Berg ein Stück hoch und machen Fotos. Hier waren einst die Rettungstruppen im Einsatz. Einmal wurde extra eine Feuerpause eingelegt, damit Sanitäter beider Seiten gemeinsam Opfer vom Schlachtfeld schleppen konnten. Berühmt in US-Medizinerkreisen ist das Gemälde »Time for Healing«, das den todesmutigen Einsatz der Rettungskräfte heroisiert. »Das Bild hat jeder von uns zu Hause«, sagt Taber. Auch im kleinen Vossenacker Friedensmuseum hängt eine Kopie.

Im Hotel sitzt am Mittag plötzlich Jack Freedman am Tisch. Er ist 77 und stammt aus Huntsville, Alabama. Er ist eben angekommen, unangekündigt, ohne Reservierung. Nach fast 60 Jahren sei er das erste Mal wieder »in Wosnic«, wie er zu Vossenack sagt. Mitte November 44 war er »hierher verlegt worden, als Ersatz, you know«. Ersatz hieß Kanonenfutter. Sechs lange Wochen war der 18-Jährige geblieben. Der wache alte Mann schüttelt den Kopf. Man merkt, wie er sein Leben sortiert: »Die Wälder, dieser Hunger, die Kälte. Uns sind beim Waschen die Augenbrauen eingefroren. Und all die Toten überall. Wissen Sie, dieses Wosnic war ein Schlüsselwort in meinem Herzen mein ganzes Leben lang. Wosnic, Germany.«

Und Jack Freedman erzählt von diesem Leben. Dass er als Ingenieur am Apollo-Programm mitgearbeitet hat. Und ein halbes Jahrhundert lang »Wosnic« gesucht habe in Atlanten, auf Karten. »Ich dachte das heißt so. Ich wusste nur, es war bei Cologne und Duren, irgendwo.« Die Tochter hätte dann Vossenack im Internet gefunden. »Warum ich damals eigentlich hier war? Loyalty for my country? – Pah!« Für einen Amerikaner eine fast vaterlandsverräterische Bemerkung.

Auch Ernest Hemingway, damals als Frontberichterstatter dabei, hat die blutige Eifelschlacht beschrieben. Im Roman »Über den Fluss und in die Wälder« berichtet er von der Wehrmacht, die »mit ihren Mörsern alles zu Klump hämmerte« und von hochnäsigen Generälen, die immer mehr GIs »stur wie Maultiere in die Hölle« führten, wo es »Pferdescheiße satt« zu essen gab, »bis man schwer verwundet ist oder getötet wird oder verrückt«. Aber Hemingway beobachtete nicht nur: »Einmal habe ich einen besonders frechen SS-Kraut umgelegt. Ich schoss ihm dreimal schnell in den Bauch und in den Schädel, so dass ihm das Gehirn aus dem Mund kam, oder aus der Nase, glaube ich.«

Am Nachmittag steht das Friedensmuseum auf dem Plan der Besucher. Freedman, der Zeitzeuge, ist ein echter Glücksfall für die US-Offiziere. Sie fragen ihn nach Sanitätern und Ärzten im Krieg. »Oh, we loved the medics.« Die Mediziner lächeln: Das Lob ist wie ein kleiner Orden für das in den USA gern verdrängte Eifel-Waterloo ihrer Armee. »Immer wieder«, fährt Freedman fort, »schrie einer irgendwo: ›Medics to the front. Medics to the front.‹ Wir …«, Freedman bricht in Tränen aus. Betreten sehen die Offiziere zu Boden. Jack Freedman hatte nach langer Zeit nur mal vorsichtig gucken wollen. Jetzt steht der Veteran da und heult.

Besonders bedrückt steht Oberst Johnny West vor den blassen Schwarz-Weiß-Fotografien und Dokumenten der Todesfabrik Hürtgenwald. Sein Vater habe damals mit Glück überlebt, sagt er. »Er wollte aber nie davon erzählen, zu grausam, zu schmerzhaft« seien die Erinnerungen gewesen, und »never-ever wollte er noch mal zurück«. Was wird er ihm jetzt berichten? »Dad ist im November gestorben.«

Am Abend ist Jack Freedman von seiner Wanderung in die Vergangenheit zurück. John Taber hatte ihm die Wege gezeigt und Freedman hat »viele Stellen wiedererkannt«. »Auch diese Kirche, die war damals ja nur noch ein Stumpf.« Es sei »so moving« gewesen, sagt der alte Mann, »moving, just moving« – einfach bewegend.

Nein, weiterfahren will Freedman heute nicht mehr. Er fragt nach einem Zimmer. Sorry, sagt Hotelier Gübbels, man sei restlos ausgebucht. Schulterzucken. Zwei Oberste bekommen Wind vom Problem, räumen ein Zimmer und teilen sich kurzerhand ein Doppelbett. Eine schöne Geste.

»Ich hätte es nicht gewagt, so ein Angebot abzulehnen«, sagt Freedman beim Abendessen. Die Hotelchefin sieht es pragmatisch: »In der Kaserne schlafen die doch auch immer zusammen auf einer Stube.«

Alles ist gut, in diesem fürchterlichen Wosnic an diesem friedlichen Abend.

***

Im Text oben war von 55.000 getöteten US-Soldaten die Rede. Es ist mittlerweile zweifelhaft, ob diese Zahl nicht deutlich zu hoch gegriffen ist. In alten Dokumenten ist von »victims« die Rede, doch offenbar waren damit alle Opfer gemeint, also auch Verletzte, nicht nur Todesopfer. Historiker gehen heute eher von 10.000 bis 20.000 toten GIs aus.

Auch in der Hamburger Zeit hatte ich kurz zuvor einen langen Text über eine Wanderung durch die Nordeifel geschrieben, mit ähnlicher Überschrift; daraus einige Auszüge:

In den Wäldern des Horrors

Die Zeit, 16. Oktober 2003

(…) Aus Lammersdorf, von Kirchgasse über Kirchstraße, geht es in Richtung Rollesbroich, Steckenborn und Woffelsbach. Wo sich rechts ein besonders schönes Reststück zugewilderter Westwall zeigt, windet sich links ein verträumter Wanderweg talwärts, gesäumt von vielerlei Gebüsch, von Stieleichen, Schwarzerlen und manch mächtiger

Buche. An den Hängen recken sich »Prüüßeböüm« dem grauen Himmel entgegen – Preußenbäume, wie die Eifeler zur ortsfremden Fichte sagen, die im 19. Jahrhundert angepflanzt wurde und bis heute in Reih und Glied die Kulisse verschandelt. Kein Mensch begegnet uns.

Die Kall kommt bei Konzen aus dem Hochmoor Hohes Venn hervorgetröpfelt. Von diesem Örtchen her, beim putzigen Wettbewerb »Unser Dorf soll schöner werden« mehrfach ganz vorn dabei, kamen im Herbst 1944 auch die alliierten Truppen. Aachen war im Oktober als erste Großstadt des Reiches gerade befreit. In Lammersdorf schien noch alles nach Plan zu laufen. Die US-Verbände rückten stur weiter nach Osten in Richtung Rhein vor, immer geradeaus, auch weiter hinunter ins Kalltal – in den tiefen, unwegsamen Hürtgenwald.

Mit dem ersten Wolkenbruch erreichen wir nach knapp zehn Kilometern das Örtchen Simonskall. Wir hechten ins erste Wirtshaus, die Talschenke. Ein authentischer Ort zum authentischen Wetter: Das Mobiliar sehr schwer und dunkel, das Schmiedeeisen sehr geschwungen. Zur Sülze mit Petersilienkartoffeln und Mayonnaise quillt gut gelaunter deutscher Schlager aus dem Radio.

Viele Besucher der heutigen Sommerfrische Simonskall mit ihren 29 Bruchsteinhäusern, den Cafés und Pensionen wissen wenig von der Kriegsgeschichte. Selbst die Sommerakademie-Teilnehmer der Grünen-nahen Heinrich-Böll-Stiftung, mehrheitlich historisch und politisch kenntnisreiche Menschen, mussten im August beim Gedankenaustausch zum deutsch-amerikanischen Verhältnis erst erklärt bekommen, warum man sich gerade in Simonskall traf. Die Schlacht im Hürtgenwald hat es nie zu Prominenz geschafft: Die Deutschen können nicht stolz sein auf die verblendeten Vorfahren. Und die Amerikaner verdrängen das Eifel-Waterloo gern.

Für einen Schriftsteller war Simonskall nicht Trauma, sondern Rettung gewesen. Gut 20 Jahre früher. Das Haus des Gastes mit dem mächtigen Fachwerkgiebel beherbergt eine kleine Ausstellung der »Kalltalgemeinschaft«, Kölner Maler, die hier von 1919 bis 1921 »als eine Art Landkommune« lebten und sich als Konstruktivisten einen Namen machten. In dieser Künstlerkolonie fand aus Angst »vor dem sicheren Todesurteil« einer der führenden Köpfe der Münchener Räterepublik Unterschlupf: der Anarchist Ret Marut, ein Revolutionsgenosse von Erich Mühsam. In Simonskall bereitete Marut seine Flucht nach England und Mexiko vor, wo er später als B. Traven Romane schrieb wie *Das Totenschiff* und *Die Baumwollpflücker*.

Simonskall ist der einzige bewohnte Flecken auf dem Talweg hinunter zum Fluss Rur ohne h, wie sie hier so gern sagen. Unterwegs erreichen wir im milchigen Dunst die Mestrenger Mühle. Im Kriegschaos 1944/45 ein strategisch wichtiger Ort: Hier wechselten innerhalb weniger Wochen mindestens achtmal die Besetzer. Heute lädt ein nettes Restaurant mit Forellenteich vor der Gartenterrasse und Hühnerställen gleich daneben zu »Wild, garantiert aus heimischen Wäldern« ein. Draußen gibt es Kaffee auch in Tassen und für 1,05 Euro ein Gläschen Mühlen-Els. Mit seinem Els, einem Kräuterschnaps, trinkt sich der Eifeler eifelweit sein Schmuddelwetter erträglich.

Das Grauen ist auch in der Mestrenger Mühle gegenwärtig geblieben. Eigentümer Peter Dohr sei, steht auf einer versteckten Gedenktafel am frisch geweißelten Fachwerkhaus, »tödlich verunglückt am 5. April 1945 durch Mineneinwirkung«. Die ganze Wahrheit ist besonders tragisch: Der Mann war im eigenen Keller von einem Blindgänger, Herkunft unbekannt, zerfetzt worden. Am Tag seiner glücklichen Rückkehr.

»Gebt den Kindern das Spiel zurück«

Selbst unter den Jüngsten arten Fußballspiele mitunter zu gewalttätigen Veranstaltungen aus. Rabiate Fußballeltern machen Druck. Trainer auch. Die Fair-Play-Liga hält mit einer friedfertigen Idee dagegen.

Publik-Forum, 13. Juni 2014

Ein frühsommerlicher Nachmittag, ein idyllischer Platz in Aachen. Ein paar 12- bis 13-jährige Jungen spielen Fußball. D-Jugend, Meisterschaftsspiel. Der Schiedsrichter im Trainingsanzug gibt sich mit schriller Pfeife autoritär. Die beiden Vereinstrainer haben je eine Seitenlinie für sich und brüllen, dass es in den Ohren schmerzt: »Arbeiten, Jungs!«, »Weiter! Gas geben …«, »Looos! Angreifen, Druck machen …«

Der Burtscheider Turnverein 1873 e.V. aus Aachen spielt gegen den SV Bergwacht Rohren/Kalterherberg aus der Eifel. Als ein BTVler für eine Schwalbe einen Freistoß bekommt, wird das mit einem anerkennenden Augenzwinkern belohnt. »Wenn sich von den anderen keiner beschwert …«, sagt der Trainer vergnügt. Ein andermal ruft ein Betreuer seinem Schützling zu: »Drauf, angreifen! Der kann nix!« Darf man so gemein über einen 12-Jährigen der Gegnermannschaft urteilen?

Fußball. Leistung zeigen. Besser sein als die anderen. Der Vereinsfußball gilt als Schule der Nation. Aber wird man im Klub zum Teamplayer, zum Fairness-Freund oder zum Arschloch? Das komme, wie bei allen Sportarten, entscheidend auf die Trainer und die Vereine an, sagt Ralf Klohr. »Grundsätzlich lernt man im Fußball Teamplayer zu sein, Fairness-Freund wird man nicht unbedingt. Schummeln ist beim Fußball normal. Und Arschlöcher gab es schon immer.«

Ralf Klohr ist ein sehr wichtiger Mann im deutschen Fußball. Obwohl ihn kaum jemand kennt. Der heute 51-Jährige hat die Fairplay-Liga erfunden, unermüdlich beworben, entwickelt und verbreitet. Die Kernidee: Die angeblich unverzichtbaren Erwachsenen beim Kinderfußball stören nur. Zuvörderst: keine Schiedsrichter mehr bei den Jüngsten. Auch 7-Jährige können im Spiel alles allein regeln – angeleitet, unterstützt und zurückhaltend beaufsichtigt von ihren Trainern, die sich in einer gemeinsamen Coachingzone aufzuhalten haben. Es geht um maximale Freiheit für die Kleinen, um eigenverantwortliches Lernen.

Und es soll Ruhe herrschen: Eltern haben zum Spielfeld respektvoll Abstand zu halten, mindestens 15 Meter. »Ich will Eltern in ihren Emotionen stören«, sagt Klohr. Deren Aggression, Anfeuern, Reinrufen löst oft Kettenreaktionen aus. »Dieser Zündstoff muss raus.« Stattdessen: »Liebe zum Kind braucht Abstand, Vertrauen und Zutrauen.«

Ralf Klohr ist auf Mission. »Fußball, besonders Kinderfußball, ist eines der komplexesten Dinge überhaupt. Leider nimmt das niemand so richtig ernst. Das Thema bebt in mir.« Klohr, selbst Vater zweier Fußballsöhne, lange Jahre Jugendleiter in einem Verein in Herzogenrath, hatte »durch langes Nachdenken« die Idee Fairplay-Liga Stück um Stück entwickelt. Auslöser war 2006 der Zeitungsbericht über Randale bei einem Kinderspiel im Nachbarort. Im Kreisverband Aachen gab es anfangs vereinzelt Hinweise der Art: »Kinder sind doch überfordert ohne Schiedsrichter.« Diesen Skeptikern hat Klohr geantwortet: »Auf Millionen Bolzplätzen weltweit sind sie es nicht.«

2007 gab es bei 7 bis 9-Jährigen in Aachen die ersten Pilotprojekte, mittlerweile spielt die F-Jugend fast bundesweit schiedsrichterbefreit. Auch die E-Jugend, die 10- bis 11-Jährigen also, sind im Verband Mittelrhein weitgehend als Fairplay-Liga unterwegs. Erst in der vorpubertären D-Jugend kommt der Schiedsrichter dazu – noch.

In der Kölner D-Jugend und in der Kreisliga der Männer in Flensburg-Schleswig gibt es die ersten Versuche, die Verantwortung zumindest zu teilen: Der Schiedsrichter entscheidet über Abseits, Hand und Foul; die Spieler entscheiden über Einwurf, Abstoß, Eckstoß.

Ralf Klohr hat im trägen Tanker des Deutschen Fußball-Bunds (DFB), dem größten Einzelsportverband der Welt, vielleicht mehr verändert als so mancher Bundestrainer und Präsident zusammen. Er redet viel in seinem südwestdeutschen Restidiom, eigentlich dauernd, wenn man ihn nicht bremst. Manchmal springt er im Thema, ein Aspekt ist Vorlage für den nächsten. Noch Tage nach dem Treffen schickt er Mails, alle aus der Rubrik: »Ich hab da noch was sehr Wichtiges vergessen.«

Die Szene hat ein Umdenken dringend nötig. Im spanischen Leon wurde noch im März ein 16-jähriger Schiedsrichter vom Vater eines Spielers krankenhausreif geschlagen. Im holländischen Almere traten 2012 drei Jugendliche einen Linienrichter tot. Woche für Woche werden auch auf hiesigen Fußballplätzen Eltern, meist Väter, rabiat. Sie empören sich über vermeintlich unfaire Gegenspieler oder maulen andere Eltern an, nur weil deren Kinder ein anderes Trikot tragen.

Oliver Zeppenfeld, der Jugendbildungsrefent des Verbands Mittelrhein in Hennef, war diesen Winter Augenzeuge bei einem Hallenturnier für 5- bis 6-Jährige, als zwei Väter plötzlich kurz vor der Schlägerei waren: »Die standen sich Nase an Nase gegenüber. Da hat nur ein Funke gefehlt. Wegen irgendeiner Banalität. Unglaublich.«

Aber funktioniert die Fairplay-Liga wirklich? Ein F-Jugendspiel des Jahrgangs 2006 im Kreis Aachen, DJK Armada Euchen-Würselen gegen Blau-Weiß Burtscheid: Vor dem Anstoß erklären die Trainer den Kids am Anstoßpunkt das Procedere: Untereinander bitte einigen bei Einwurf und Ecke, Handspiel zugeben, kein Streit, keine

Meckerei, fair bleiben. Die Kleinen nicken, ein paar kreischen: »Jaaa!«

Alles läuft geschmeidig. Bald jedoch fällt auf, dass die Euchener Kids als Heimteam fast jeden Einwurf wie automatisch selbst ausführen und die Gegner zwar schon mal kurz maulen, sich aber fügen. Entscheidet eine zufällige Gruppendreistigkeit? Sind kleine Kinder auswärts schüchterner? Immerhin geht es 6:6 aus, und alle sind am Ende zufrieden. Nur Blau-Weiß-Stürmer Lionel murrt, sein Schuss an die Lattenunterkante sei »sicher drin gewesen. Ein guter Schiedsrichter wie in der Bundesliga hätte das gesehen!«

Tja, sagt Ralf Klohr, wenn es tatsächlich informelle Machtspiele gegeben habe, hätten die Trainer nachher darüber reden müssen, auch mit ihren Kindern. »Aber wenn die sich nicht übervorteilt gefühlt haben, ist es doch okay.« Und vielleicht hat der parteiische Lionel-Vater das nur falsch beobachtet mit den Einwürfen?! Fußballväter sind, auch bei der Recherche, manchmal nicht ganz bei Sinnen.

Ralf Klohr ist Klimatechniker. Pädagogik hat er im Verein gelernt. Er sieht »das Problem im Kinderfußball in der Projektion der Wünsche von Erwachsenen auf die ihnen anvertrauten Kinder«. Diese Projektion nehme »den Kindern ihre Realität, und sie werden behandelt wie kleine Erwachsene. Das sind sie aber nicht; sie sind Kinder, die Zeit zur Entwicklung brauchen und ein Recht auf Ausbildung haben.«

Eine Woche später das nächste Fairplay-Match. Unablässig brüllt der Kindertrainer des SV Eilendorf während des Spiels dermaßen auf seine 7-jährigen Schützlinge ein, dass sich Jürgen Klopp und Christian Streich, die größten Springteufel an den Seitenlinien der Bundesliga, geschämt hätten: »Weiteeeeer … nicht pennen! …, loooooos …, angreifeeeen …!« Sogar ein »Weiter, Männer …« erscheint ihm offenbar nicht absurd. Eltern forderten ihn nachher zum Gespräch. Ihm sei das gar nicht aufgefallen, sagte der

Mann. Soll nicht mehr vorkommen. »Der war ja nervig«, sagt auch Stürmer Lionel.

Kinder, sagt Ralf Klohr, wüssten sehr genau, ob sie etwas Verbotenes getan haben. Wenn eine Schiedsrichter-Autorität dabei ist, lerne man nur das Abschieben von Verantwortung und das Schummeln. Foulen sei zwar nicht erlaubt, das oberste Gesetz aber laute: sich nicht erwischen lassen. Der Profifußball bietet die Vorbilder: »Wenn ein Ball ins Aus geht«, sagt Klohr, »heben oft beide Beteiligte den Arm, um den Einwurf für sich zu reklamieren. Da weiß man doch schon: Einer lügt. Kinder lernen das schnell.«

Mittlerweile bekommt Klohr Bürgerpreise und wichtige Verbandsmedaillen. Stolz ist er darauf, dass seine Idee jetzt auch in den Niederlanden umgesetzt wird. Im Frühjahr ernannte der Landespräventionsrat des NRW-Justizministeriums die Fairplay-Liga zum »Projekt des Monats«.

Der Verbandsfußball indes hätte sich schon vor 25 Jahren vor der eigenen Haustür umgucken können. Die Bunte Liga Aachen kennt seit jeher keine Schiedsrichter. Bei Partisan Eifelstraße, Juventus Senile oder Nothing Toulouse regelt man alles untereinander. Das Motto: »Schiedsrichter sind eh nur zum Bescheißen da.«

Meist klappt das auch, nur manchmal, etwa bei Abseitsstreitereien, ist die hehre Theorie grau. Auffällig: Fast immer sind es ehemalige Vereinsspieler, die eigene Fouls oder Handspiele nicht zugeben wollen. Großes Gelächter erntete einer, der einmal nach einem vermeintlichen Rempler des Gegenspielers theatralisch zu Boden sank und noch im Fallen »Schiriiii!« rief. Hallo, welcher Schiri? Der Schummler wurde so rot wie sein Trikot.

Ralf Klohr lacht über diese Episode: »Ja, so krank ist Fußball manchmal. Und das hat dieser wunderbare Sport nicht verdient.«

Oliver Zeppenfeld, der Mann vom Verband Mittelrhein, sagt beiläufig einen erstaunlichen Satz: »Mit der Fairplay-Liga wollen wir den Kindern das Spiel zurückgeben.«

Nur, wer hat es ihnen genommen? »Wir Erwachsenen«, sagt Klohr mit Inbrunst, »wir haben den Kindern unseren Fußball aufgedrückt, mit Tabellen, mit Ehrgeiz, mit Vergleichen. Damit hat das Elend angefangen. Wir brauchen kindgerechten Wettspielbetrieb. Wir müssen das Spiel loslassen, die Kinder einfach weitgehend ungestört ihre Spiele spielen lassen.«

Der aus der Hose springt

Pfarrer Charles Cervigne aus Aldenhoven wurde niedergeschlagen, vermutlich von Rechtsradikalen. Das befeuert ihn noch mehr in der Flüchtlingsarbeit: »Ich wiegele jetzt auf.«

Publik-Forum, Heft 13/2016

Als es am 13. Februar kurz nach 23 Uhr an der Wohnungstür von Pfarrer Charles Cervigne klingelte, öffnete der 56-Jährige ohne Arg. Er bekam einen massiven Schlag ins Gesicht, außerdem Pfefferspray. Überall war Blut und Schmerz. In der Notaufnahme der Uniklinik Aachen gab es dann zum Glück Entwarnung für das verletzte Auge. Um 4 Uhr morgens war Cervigne wieder zu Hause in Aldenhoven, um 10 Uhr leitete er den Sonntagsgottesdienst.

Heute nennt er den Überfall eine »symbolische Episode«. Solche Angriffe gebe es doch jeden Tag irgendwo. Die Solidarisierungswelle danach, sagt er, »war irre«. Und: »Mich hat das nur stärker gemacht.« Auch weil die Flüchtlinge nach der feigen Attacke »so viel Liebe gezeigt haben«.

Die Flüchtlinge. Seine Flüchtlinge. Derzeit leben vier auf dem Gemeindegelände der evangelischen

Auferstehungskirche im Kirchenasyl: zwei Eritreer, ein Pakistaner, ein Iraner. Dazu kommen die anderen Asylbewerber des 7000-Seelen-Ortes, die in der Gemeinde ihre erste soziale Anlaufstelle haben. Cervigne spricht nicht gerne von »Flüchtlingen«. »Ich sage lieber Neubürger«, äußert der Pfarrer in Schlabberhemd, Sandalen und mit uneitel unfrisierten Haaren, den alle Charlie nennen.

Zu Mittag isst Cervigne an diesem Tag nicht mit seiner Frau und den fünf Söhnen im Pfarrhaus, sondern im Gemeindesaal —gemeinsam mit acht Senioren aus dem Ort, alle über achtzig. Zusammen zu tafeln ist schöner als alleine. Und sie reden dabei auch über die Weltlage: »Diese Rechten«, schimpft einer, »sind nur für Altdeutschland.« Und: »Wenn die Rassisten eine Demo machen, machen wir eine Gegendemo.« Die anderen nicken, Cervigne lächelt. »Die bleiben sehr wach hier«, sagt er.

Die Gemeinde ist seit vielen Jahren Anlaufstelle für Benachteiligte, nicht nur für Flüchtlinge. Es gibt eine Tafel, ehrenamtliche Sozialhelfer, Not-Schlafplätze, anwaltliche Hilfe. Im vergangenen Jahr lebten dann zeitweilig dreißig Personen im Kirchenasyl, manche für Tage, manche für Monate. »Und bei allen hat es sich gut geregelt«, berichtet der Pfarrer. Sie erhielten Bleiberecht. Asyl. Starteten ins neue Leben.

»Wir müssen ungehorsam sein«. Doch die Asylgesetze werden verschärft, immer mehr Länder zu vermeintlich sicheren Herkunftsstaaten erklärt. »Das regt mich auf. Da spring ich aus der Hose«, sagt Cervigne. »Klipp und klar: Wenn der Staat das Menschenrecht auf Asyl verweigert, müssen wir ungehorsam werden.« Und kommt in Fahrt: »Wir als Kirchen sind seit Jahren Erfüllungsgehilfen dieses Systems. Haben die Situation ruhig gehalten und geholfen, dass es wenigstens etwas Integration gibt.« Jetzt werde immer mehr Menschen das Recht auf Asyl verweigert: »Die Kirchen protestieren höchstens leise, aber das System unterstützen sie.« Schluss damit, findet er. »Soll es unsere Aufgabe sein, nur mitleidig zu winken am

Flughafen, wenn sie abgeschoben werden?« Für Cervigne ist es Zeit für Anderes, Widerständigeres: »Wir müssen die Flüchtlinge hier in Deutschland beschützen.«

Der Mann ist beseelt von seinem Tun: »Wir haben die tolle Aufgabe, Menschen beim Start in ein neues Leben zu helfen.« Gegenwind aus der Bevölkerung gebe es keinen. Der Angriff auf ihn war ein Einzelfall. Die Täter wurden nie ermittelt. Aus dem Ort waren die nicht, ist Cervigne überzeugt. Ein paar junge Neonazis gebe es zwar, aber von denen sei das keiner gewesen. Bei einigen NPD-Sympathisanten habe er die Kinder getauft. Nein, da sei kein Potenzial für so einen Überfall.

Am Nachmittag sitzt Cervigne in seinem Büro mit dem Maximum an Chaos von Papieren, Heften, Bücherstapeln: »Ich beginne jetzt aufzuwiegeln – um der Menschen willen. Es ist bald Zeit für die Bekenntnisfrage: Ist dieser Staat noch in der Lage, ein christliches Menschenbild zu berücksichtigen?« Er holt tief Luft. Die Bundesregierung werde bei ihrem restriktiven Asylkurs bleiben, fürchtet er. Aber von den Landeskirchen fordert er »klare Unterstützung gegenüber denen, die ungehorsam werden wollen«. Solche an der Basis wie er. Und in den vielen anderen Aldenhovens. »Das erwarte ich! Solidarität!«

***

Tja ..., fünf Jahre später liest man den Text und denkt: christlicher, menschlicher ist unser Land nicht eben geworden. Vor fünf Jahren war eine solche Reizgasattacke Anlass für ein Portrait. Überfälle auf die Helfer von Geflüchteten, Pöbeleien, Hassmails – all das ist heute alltäglich. Deutschland hat derzeit nur eine sehr mäßige Sozialprognose.

Dann kam die Welle der Geflüchteten aus der Ukraine, die dem Kriegsverbrecher Putin entkommen waren. Deutschland staunte über sich selbst, über die riesige Hilfsbereitschaft. Und die vielen vielfach angefeindeten

Flüchtlinge aus Eritrea, Syrien und Afghanistan staunten auch, nur anders.

***

2017 war Martin Schulz Spitzenkandidat der SPD für die Bundestagswahl. Wo kommt der her? Wür-se-len? Es galt die Republik über Aachens Nachbarstadt aufzuklären, die außer einem früher erfolgreichen Fußballer als Politiker noch so viel mehr zu bieten hat:

Ein Ort, gesprochen wie ein Verb

Würselen: Wo Martin Schulz herkommt.
Südkurier Konstanz, 1. Februar 2017

Würselen, jene 39.000-Seelen-Gemeinde gleich bei Aachen, ist städtebaulich, sagen wir es dezent, von der Muse nur flüchtig geküsst. Geklinkerte Ödnis dominiert, eine satireverdächtige Radwegführung und Gesichtslosigkeit bis zum Horizont mit den Abraumhalden im ehemaligen Aachener Steinkohlerevier. Immerhin, es gibt fünf Hotels, einen Sportflughafen, Reo in Burkina Faso als Partnerstadt und »ein Gewässer 2. Ordnung: Wurm«, so die Stadtinfo.

Die Wurm heißt das Flüsslein übrigens, nicht »der« und mäandert sehr romantisch dahin. 1967 brachte es Würselen zu bundesweiter Berühmtheit, als der Ortsteil Bardenberg das Finale der europäischen TV-Schmierseifengroteske »Spiel ohne Grenzen« (ja, mit Moderator Camillo Felgen) gewann. Der Goldpokal steht immer noch im Rathaus. Die Bürgermeister heute heißen Nelles und Bülles.

Würselen, das sich Würseln spricht, als wäre der Ort ein Verb, hat andere Stärken. Es gibt eine merkwürdig fußballaffine Würze in den Stadtgenen: Torsten Frings ist hier geboren (79 Länderspiele, Vizeweltmeister 2002) ebenso wie Jupp Kapellmann (Bayern München, Weltmeister 1974) und Joachim Löws Vorvorvorvorvorgänger Jupp Derwall. Hinzu kommen Alemannia Aachens Legenden Jupp Martinelli und Günter Delzepich. Und in Würselen reicht offenbar schon ein bekannter Fußball-Name, um zumindest regional prominent zu werden: Wie zum Beispiel Willi Lemke, ein surrealistischer Maler und Bildhauer.

Und die kleine Stadt beheimatete einst einen großen Fußballverein: SV Rhenania Würselen 05. Die Rhenanen spielten von 1948 bis 1950 sogar in der höchsten deutschen Spielklasse der damaligen Zeit: Oberliga West; in einer Liga mit Größen wie Dortmund, Köln, Rot-Weiss Essen und Schalke. Das entscheidende Tor zum Aufstieg 1948 hatte ein noch minderjähriges Talent mit Namen Jupp Derwall geschossen. Im Vereinslied heißt es bis heute: »… sogar der Schalker Kreisel wurde hier geknackt, auch die Alemannia wurde hier vernascht …« Und einmal 5:1 auf dem Aachener Tivoli gewonnen. 5:1!

Jupp Derwall brachte es bald zum Nationalspieler, war dann sechs Jahre Bundestrainer und coachte die DFB-Elf zum Europameistertitel 1980 und zum Vizeweltmeister 1982. Bei Galatasaray Istanbul (zwei Meistertitel) wurde er heftig verehrt und initiierte einen Boom deutscher Trainer am Bosporus (Daum et al). Würselen gedenkt seiner heute mit einer Jupp-Derwall-Straße.

Der wahrscheinlich besonderste Rhenania-Trainer war Emanuel Schaffer, ein polnischer Jude, geboren 1923. Seine Eltern und drei Schwestern wurden 1940 in ihrer Wohnung von Nazis ermordet, während Emanuel zufällig noch in der Schule war. 1958 war er nach seiner aktiven Zeit als Fußballer (sechs Länderspiele für Israel) nach Köln gezogen und machte bei Hennes Weisweiler an der

Sporthochschule sein Fußballlehrerdiplom. Um Praxiserfahrungen zu sammeln, trainierte er den Verbandsligisten Rhenania Würselen (3. Liga damals), intensiv und hart, wie es heißt; nebenbei machte er Weisweiler mit seiner späteren Ehefrau Gisela bekannt.

Schaffer wurde Israels Nationaltrainer und schaffte bis heute Einmaliges: Sein Land qualifizierte sich für eine WM (1970). Als Weisweiler, mit dem Schaffer bald eine Freundschaft verband, Trainer bei Borussia Mönchengladbach war, gelang den beiden ein besonderer Coup. Borussia flog zur Vorbereitung auf die WM im Februar 1970 als erste deutsche Elf zu einem Freundschaftsspiel nach Tel Aviv. Borussia gewann 6:0, und die Zuschauer feierten Netzer und Co. mit Standing Ovations. »Also, ich verstehe die Welt nicht mehr«, soll ein Vertreter der deutschen Botschaft schon in der Halbzeitpause gesagt haben, »wir mühen uns jahrelang in kleinen Schritten um Wiederherstellung des Vertrauens zu uns Deutschen, wohingegen Sie nur 45 Minuten benötigen, um einen Freudentaumel auszulösen.«

Bald wurde Schaffer wegen seiner Trainerakribie »der Deutsche« genannt, ein bemerkenswerter Titel für einen Shoah-Überlebenden. 2012 starb Schaffer mit 89 Jahren. Die *Jüdische Allgemeine* schrieb, er sei ein Mann gewesen, »der durch seine Liebe zum Fußball Grenzen überwand und das Verhältnis Israels zu Deutschland entscheidend geprägt hat«.

Ein paar Jahre nach Schaffers Würselener Zeit trat bei Rhenania auch der fußballverrückte Schüler Martin Schulz nach dem Ball und wurde 1972 als Linksverteidiger mit der B-Jugend westdeutscher Vizemeister. Beim 1:7 im Finale gegen Schalke schoss sein Gegenspieler Rüdiger Abramczik, in der Bundesliga später als Flankengott gefeiert, allerdings fünf Tore, weshalb ein früherer Mitspieler heute freundlich lästert: »Wir waren nicht wegen Martin so gut, sondern trotz Martin.« Eine schwere Knieverletzung bald danach beendete alle Träume des Martin Schulz, einmal Spieler von der Güteklasse Abramczik stoppen zu können.

Ohnehin stellte der Würselener SPD-Kanzlerkandidat kürzlich klar: »Für Profifußball hätte es bei mir sowieso nie gereicht.«

Mit Rhenania ging es steil bergab. Heute kickt der Klub in der Kreisklasse A – das ist Liga 9. Das Stadion mit überdachter Sitzplatztribüne könnte 2.000 Besucher fassen. Ein Niedergang, der zu Martin Schulz' Biografie (frühe Fußballkarriere, Schulabbruch, Alkoholismus, Bürgermeister, EU-Großpolitiker) ebenso passt wie zu seinem glühenden Fantum zum 1. FC Köln – jenem Verein, der wie kaum ein anderer für hemmungslosen Absturz und gloriosen Aufschwung steht und den Schulz »eine lose verkoppelte Anarchie« nennt.

Jetzt aber scheint Würselens Renaissance vielfältig eingeleitet: Die Geschwister Anna (18) und Yannick (22) Gerhardt, geboren ebenda, spielen beide Bundesliga (sie: FC Bayern, er: VfL Wolfsburg). Die Firma GoalControl, die als erste die rechnergesteuerte Torlinientechnik im Fußball einsetzte (WM 2014), hat in Würselen ihren Sitz.

Neben der aufgelebten Fußballszene gibt es mittlerweile eine tolle Freilichtbühne (»Burg Wilhelmstein«) und die angeblich »größte Wanduhren- und Standuhrenausstellung der Welt«. Das städtische Gymnasium hat im Januar den 1. Preis für das beste digitale Unterrichtsprojekt (»iPad-Klasse«) in Deutschland gewonnen, und Rhenania das letzte Spiel. Für Würselens endgültige Auferstehung muss jetzt nur noch dieser Exkicker Schulz zum deutschen Fußballkanzler gewürselnt werden.

***

Die Auseinandersetzung um den Hambacher Wald hat ihren Niederschlag in Dutzenden Texten gefunden, viele in der taz, einzelne auch anderswo. Es waren Reportagen aus dem Wald, der Undercover-Besuch bei einer Inhaftierten in der JVA Köln-Ossendorf, ein halbes Dutzend Gerichtsprozesse. Und manchmal auch nur Kopfschütteln aus der Ferne:

Musik ist gefährlich

Eine junge Frau trommelte bei Protesten im Hambacher Forst. Sie wurde festgenommen, kam in U-Haft – und wurde jetzt verurteilt.
taz, 3. August 2018

Deutschland – Land der Künste, der Komponisten, Chöre und Orchester? Alles Legende. Musik ist gefährlich. Singen, Gitarre spielen, Trommeln schlagen: Zur falschen Zeit am falschen Ort musiziert, schon geht es für Monate in den Knast.

Im Hambacher Forst, wo Hunderte Menschen den RWE-Braunkohletaliban trotzen, sollen im März Böller auf Bundespolizisten geflogen sein. Eine junge Frau trommelte dazu. Sie wurde festgenommen, kam in U-Haft, am Dienstag ist sie verurteilt worden.

Wollte man den Straftatbestand einführen, hieße er wohl »Rhythmische Unterstützung einer terroristischen Vereinigung«. Strafgesetzbuch Paragraf 129a, irgendwo zwischen Köchelverzeichnis acab-Moll und Hass-Dur. Das Urteil des Amtsgerichts Kerpen: 9 Monate Freiheitsentzug ohne Bewährung. Klare Sache, Landfriedensbruch und Beihilfe zur versuchten gefährlichen Körperverletzung. Die Angeklagte habe selbst nichts geworfen, so ein Gerichtssprecher, aber die böllernden Aktivisten »trommelnd unterstützt«. Die Strafe sei schuldangemessen, solle zudem »generalpräventiven Charakter« haben, meinte Richter Peter Königsfeld. Nicht, dass bald jemand ins Jagdhorn bläst oder mit der Triangel aufwiegelt. Der Name Königsfeld passt – fast. Königsberg hieß die Schießbudenfigur, die als Vorgesetzter Horst Schimanski das Leben schwer machte.

Ebenfalls in dieser Woche waren Beamte erneut zum, wie es heißt, »Aufklärungseinsatz in den Forst gegangen«. Sie wurden von 15 Vermummten mit einem großformatigen

Banner umkreist, um sie, so die Polizei, »am Verlassen des Waldes zu hindern«. Mit einem leibhaftigen Stück Stoff! Als Barrikade gegen hochgerüstete Einsatzkräfte. Womöglich hat jemand noch ein fröhlich aufwiegelndes Lied geträllert. Zwei Transparentterroristen wurden vorläufig festgenommen.

Erstaunlicherweise ist im Strafgesetzbuch der Genderrepublik Deutschland, gerade im Paragrafen 129a, nur von »Hintermännern« die Rede. Kann eine Frau als Hintermann getrommelt haben? Ob das ein Revisionsgrund ist, muss der Anwalt klären. Bis dahin gehört das Schlusswort der Trommlerin: »Indem sie mich einsperren, versuchen sie euch zu sagen, dass ihr aufhören sollt zu kämpfen. Ich möchte, dass ihr weiter vorwärtsgeht mit erhobenem Mittelfinger.« Trommelwirbel.

Trommelwirbel? Den gab es nur wenige Wochen später für den ganzen Wald. Die große Räumung begann, begründet mit Brandschutzverordnungen – die Baumhäuser könnten brennen. Das hatte während des Hitzesommers 2018 niemanden interessiert, aber jetzt im Herbst ist das plötzlich anders. Schnell war klar, dass der Brandschutz nur eine rechtlich kühne Krücke war, für RWE das Gelände freizulegen. 2019 zeigte dies das veröffentlichte interne Gutachten zweifelsfrei, und einmal redete sich Regierungschef Armin Laschet in Rage bis hin zu diesem unmissverständlichen Satz: »Ja, ich brauch doch einen Vorwand, sonst kann man doch nicht tätig werden. Ich wollte den Wald räumen.« 2021 erklärte das Verwaltungsgericht Köln den Räumungseinsatz schlicht für illegal und rechtswidrig: Brandschutz sei nur ein Vorwand gewesen.

Alles Gemauschel also und Trickserei. Kein Wunder, dass Kritiker längst vom Zwitter NRWE sprechen. Es wurde einer der größten Polizeieinsätze in NRW der Nachkriegszeit. Nach zehn Tagen Räumung gab es einen fürchterlichen Todesfall. Ich stand zufällig direkt daneben.

Der Schock nach dem Absturz

Ein Augenzeugenbericht aus dem Hambacher Wald nach dem tödlichen Unfall des Filmemachers Steffen Meyn.
taz, 21. September 2018

Am Donnerstagmorgen brennen überall Kerzen – an der Mahnwache kurz vor dem Wald und seit dem Abend auch drinnen unter den Baumhäusern. Die Menschen im Hambacher Wald befinden sich im Schockzustand. Die Tweets von @HambiBleibt haben ein schwarzes Logo. Am Morgen läuft ein stummer Film, 30 Minuten lang, leise Schwenks aus einem Baumhaus über die Wipfel: »Hambacher Forst: Sonnenaufgang und Schweigen«. Der News-Ticker ruht.

Am Mittwoch um 15.45 Uhr war Steffen Meyn aus rund 20 Metern Höhe von einem Baumhaus in den Tod gestürzt. Ich war zufällig Augenzeuge.

Plötzlich war da so ein Krachen im Geäst, das da nicht hingehörte. Den Kopf gedreht, da fällt etwas, nicht mehr als 20 Meter entfernt, waagerecht, ausgestreckt. Was ist das? Eine Puppe, ein Dummy? Wahrscheinlich, so meine späteren Gedanken, kam ich auf diese Vermutung, weil es keinen Schrei gab, kein Armrudern, nichts. Dann der harte Aufschlag. Rundum ein Atemzug Stille. Dann sofort Schreie »Hilfe, Sanitäter … Unfall … Notarzt …«.

Rettungskräfte sind nach einer Minute da. Wiederbelebungsversuche. Weggucken oder hingucken? Das kann doch alles nicht … Ein Sichtschutz kommt. Eine Menschentraube aus Sicherheitskräften drumherum. Nach fast fünf Minuten immer noch Wiederbelebungsversuche.

Aus dem Wald rundherum Entsetzensrufe, schrill und panisch. Knapp zwanzig AktivistInnen kommen schreiend angelaufen. Wutreflexe: »Verpisst euch, Bullen …, ihr Mörder, Mörder …« Kurz danach verstummt alles. Die

Schreier sitzen. Auch sie, so nahe dran, in Schockstarre. Eine Frau weint.

Dabei hatte der Tag so beschaulich begonnen. Am späten Vormittag lernte ich die BewohnerInnen der Baumhaussiedlung Kleingartenverein kennen. Natürlich könne ich da mal eine Nacht schlafen, sagt der freundliche Moses, so sein Name hier, charmante Idee, findet er, mal den Alltag bei permanenter Räumungsdrohung zu dokumentieren. Schlafsack dabei, Isomatte? »Klar.« – »Willkommen!«

Mit Klettern, fragt Moses noch, ganz oben ins Baumhaus RentnerInnenglück? Ich bin unschlüssig, lieber im halbhohen Haus, das mit Strickleitern erreichbar ist. Oder doch klettern? Gerade gibt hier eine junge barbusige Frau einen Kurs. Ein junges Paar macht das behände mit: »Ihr seid echt gut«, lobt sie die beiden. Sie kommen, schon auf zehn Meter Höhe, ganz bedächtig und vorsichtig wieder runter. Die beiden erzählen, sie wollten im Wald einziehen. Ein paar Bäume weiter werden gerade unverdrossen zwei neue Häuser gezimmert. Bis heute Abend, Moses.

An der Unglücksstelle ist der Abgestürzte mittlerweile im Notarztwagen. Alle Räumungsaktivitäten sind abgebrochen. Überall Hektik und bedrückte Gesichter, auch manche der Polizisten scheinen momentweise nicht so recht zu wissen, wohin mit sich. Nach einer halben Stunde fliegt an der Rodungskante ein Rettungshubschrauber ein. Gleichzeitig setzt sich der Notarztwagen die vielleicht 300 Meter in Bewegung.

Neben mir gibt es jenseits der Einsatzkräfte fünf andere mittlerweile registrierte Zeugen des »Vorfalls«, wie die Polizei den Absturz ungewollt zynisch nennt. Der leitende Beamte einer Hundertschaft aus Bochum bittet uns eindringlich, zu bleiben. »Zeugenaussagen sind unmittelbar danach am wertvollsten. Wir müssen eine Dienststelle suchen, die nicht am Einsatz hier beteiligt ist.« Wegen der Objektivität, dass es keinen Anlass zu Mauschelvorwürfen geben könne. Leicht wird das nicht: Allein am Mittwoch waren Einheiten aus Bochum, Gelsenkirchen, Essen, Aachen, aus Hamburg, Bayern, Baden-Württemberg und andere vor Ort.

Unter den ZeugInnen ist auch eine sehr junge Berlinerin, die zehn Minuten zuvor gleich daneben von einer Hubbühne in aller Ruhe ohne jeden Widerstand heruntergeholt worden war, keine 30 Meter entfernt. Sie steht jetzt unter Schock und braucht Betreuung. Ein Zeuge berichtet, er habe gesehen, wie ein SEK-Mann, der an der Räumung beteiligt war, unmittelbar vor dem schrecklichen Absturz an Seilen gerüttelt habe, die zum Baumhaus hoch gingen. Das ist ein Vorwurf, der kaum schwerer wiegen könnte.

Eine andere Zeugin, eine Fotojournalistin, berichtet von einer Situation tags zuvor. Da habe ein Baumhausbewohner auf einer Holztraverse, ungesichert hoch oben, gedroht zu springen, wenn die Einsatzkräfte nicht abrückten. »Gleichzeitig wurde ein Stück weiter mit Motorsägen ungerührt weitergemacht. Ich habe einem RWE-Mann gesagt, die sollten sofort damit aufhören. Das triggert den doch nur.« Der RWE-Mann habe nur geantwortet: »Ach, springen – das sagen die doch immer alle …«

Der Hubschrauber steht immer noch da. Kann das ein gutes Zeichen sein? Nach anderthalb Stunden, kurz vor 18 Uhr, fliegt er davon, Richtung Köln. Da geht's in die Uniklinik? Gleichzeitig kommt die Todesnachricht. Steffen Meyn, ein Journalist, sei seinen schweren Verletzungen erlegen. Neuer Schreck: Steffen? Nein, *der* Steffen?

Ein paar Mal war ich Steffen im Forst begegnet, zuletzt am Beginn der Räumungssaison. Und vor drei Tagen noch telefoniert. Markenzeichen war sein rötlicher Bart, die zusammengeknoteten langen Haare mit dem kleinen Pferdeschwänzchen hinten und die markante schwarze Brille. Immer war er mit Helm und einer kleinen Helmkamera darauf unterwegs. Ein erfahrener, umsichtiger Kletterer, sagen alle. Er lebte nicht im Wald, höchstens einmal für eine Nacht zwischendurch, aber er war seit Jahren immer dabei. Ganz nah dran, überall, für eine Langzeitdokumentation, wie er einmal erzählt hatte. Deshalb war er am Mittwochnachmittag auch oben. Ein leiser, unaufgeregter Mensch, immer sachlich, keiner der gebrüllt hätte gegen die Rodung, gegen die Polizei.

Jeder im Wald kannte Steffen Meyn. In der Sache sicher einer von ihnen. 13 Minuten vor seinem Sturz hatte er von oben einen letzten Film gepostet. Auf seinem Twitteraccount nannte er sich »Regisseur/Künstler/Journalist«; sein Name dort war, wie furchtbar, Vergissmeynnicht.

Bereits kurz nachdem die Nachricht vom Unfall auf Internetplattformen auftaucht, gibt es zahlreiche Beileidsbekundungen – aber auch geschmacklose Kommentare. Manche machen auf Anhieb den Energiekonzern RWE für den Tod des Mannes verantwortlich, andere die Polizei – noch ehe überhaupt geklärt ist, was genau vor sich gegangen war. Noch pietätloser: Offenbar aus rechten Internetforen erstürmten Twitter-Bots und Trolle manche Kommentarzeilen – und spotten über den Toten im Hambacher Forst. Wir verzichten auf Zitate.

Nach fast zweieinhalb Stunden erklärt die Polizei, sie werde auf absehbare Zeit die Zeugenbefragungen nicht mehr schaffen. Wir dürften gehen. Mönchengladbach habe die Ermittlungen übernommen, aber aus unbekanntem Grund, sagt der umsichtige Bochumer Einsatzleiter, schafften es die Kollegen nicht in den Wald. Wir gehen.

Die Ermittlungen von Polizei und Staatsanwaltschaft laufen. Schnell war auf ein paar fehlende Bretter auf der Traverse gleich neben dem Baumhaus verwiesen worden. Die erste Pressemitteilung der den Einsatz leitenden Aachener Polizei von Mittwoch, 18 Uhr, ist nachweislich unwahr: Zum Unglückszeitpunkt, heißt es da, »fanden keine polizeilichen Maßnahmen in der Nähe der Unglücksstelle und am genannten Baumhaus statt«.

Doch »Maßnahmen« fanden sehr wohl in unmittelbarer Nähe statt. Zumindest kühn ist die Aussage des Aachener Polizeisprechers: »Es gab keinen Zusammenhang hinsichtlich der Räumung.« Immerhin sagte er noch, es werde »gegebenenfalls ein Ermittlungsverfahren eingeleitet, wenn Fahrlässigkeit bestand«.

Gleichzeitig hat am Mittwoch der Arbeitsbühnen-Verleiher Gerken aus Düsseldorf bekannt gegeben, seine Geräte aus dem Hambacher Forst ab sofort abzuziehen. Man sei vom Auftraggeber vorher nicht über den geplanten Einsatzzweck informiert gewesen. »Da auch wir mit der Vorgehensweise im Hambacher Forst absolut nicht einverstanden waren und sind, haben wir heute beschlossen, dass wir unsere Geräte dort stilllegen«, schreibt die Gerken-Geschäftsleitung. Man wisse um den Vertragsbruch und müsse halt »mit hohen Regressansprüchen unseres Kunden« rechnen. Diese Entscheidung war gut eine Stunde vor dem Todessturz bekannt gegeben geworden.

Am Abend zurück im Kleingartenverein. Gut 20 Leute sitzen im großen Kreis auf alten Holzbänken, auf Isomatten und dem ausgestreuten Stroh. Der Versammlungsplatz unterhalb der Baumhäuser drumherum. Viele halten sich im Arm. Gegenseitige Trostsuche. Es ist still. Und wenn doch jemand ein Wort sagt in großer Ruhe, dann flüsternd fast. Klar, Steffen Meyn kannten hier alle. »Der hat sich doch immer vorbildlich gesichert …«

Nebenan, keine dreißig Meter entfernt, steht mit laufendem Motor eine Polizeiwanne und bewegt sich wie auf Pirsch auch mal ein paar Meter weiter. Plötzlich brüllt eine Frau los und rennt drohend in Richtung Polizei: »Verpisst euch, ihr Schweine. Lasst uns wenigstens in Ruhe trauern.« Dann bricht sie zusammen. Kauert auf dem Boden.

Wut braucht ein Ventil. Sie schluchzt und kriegt viel Trost von den anderen.

Alle Räumungen sind ausgesetzt. Kann RWE einfach an einem Tag X sagen, heute geht es wieder los – Neustart vor Steffens Beerdigung oder erst danach?

Grablichter flackern, Blumen sind abgelegt. Auf einem Holzschild steht: »Zündet Eure Kerze, Singt Euer Lied! Zeigt ihm, dass hier niemand aufgibt!«

Die Hambach-Aktivisten schreiben: »Wir fordern die Polizei und RWE auf, den Wald sofort zu verlassen und diesen gefährlichen Einsatz zu stoppen. Es dürfen keine weiteren Menschenleben gefährdet werden.« Schon am Morgen hatte die Landesregierung ihre Forderungen gestellt: Die BaumhausbewohnerInnen, so NRW-Innenminister Herbert Reul (CDU), sollten jetzt freiwillig ihr Zuhause verlassen, »dann wäre ja gar kein Problem mehr«.

Die Staatsanwaltschaft Aachen vermeldet am nächsten Tag, es lägen nach den bisherigen übereinstimmenden Zeugenaussagen »keine Anhaltspunkte für Fremdverschulden« vor.

***

Ermittlungen gegen möglicherweise tatbeteiligte Polizeibeamte verliefen im Sande. Als Zeuge wurde ich nie vernommen, trotz meiner ausdrücklichen Nachfragen. Ein Sprecher der ermittelnden Polizeidienststelle Mönchengladbach sagte am Telefon, der Absturzhergang sei durch die Helmkamera des Opfers lückenlos nachvollziehbar: Kein Hinweis auf Fremdverschulden. Wobei die Frage blieb: Wie kann man etwas ausschließen, was man da zufällig nicht sieht?

Vier Tage gewährte die NRW-Landesregierung Räumungspause. Dann ging es wieder los, bis alle Baumhäuser vernichtet waren. Wenige Tage später verhängte das

OVG Münster einen Rodungsstopp. Alles war also unnötig gewesen.

2020, nach Einsatz der »Kohle-Kommission«, erklärte die Landesregierung den Hambacher Wald als gerettet. Theoretisch mag das stimmen: Er wird nicht mehr gewollt abgeholzt und weggegraben. Aber die RWE-Bagger haben sich ihm im Jahr 2019 ohne Not bis auf 50 Meter genähert. Folgen: Massives Austrocknen. Zudem soll zum Teil drumherum weiter gegraben werden – es bliebe ein trockener Halbinsel-Hambi.

Falls der einst so mächtige Wald nicht komplett vertrocknet, könnte dieser Reisebericht aus dem Jahr 2030 wahr werden:

Gollum stellte einst die Weichen

Ein Besuch im rheinischen Landschafts- und Freizeitpark Hambach 2030.

taz, 10. Oktober 2020

Hambacher Wald, September 2030: Mild weht der Spätsommerwind über die weiten rheinischen Lande. Es ist freundlich warm und wolkenlos. Feldlerchen jubilieren, im Innern des dichten Waldes sind strahlend schön weite Maiglöckchen-Flächen zu sehen. Irgendwo oben in den Stieleichen hört man zwei Schwarzspechte beim Höhlenbau. »Das klingt, als wollten sie die Bäume fällen«, scherzt Eva Töller, die Vorsitzende der Stiftung Rheinischer Landschafts- und Freizeitpark Hambach, in ihrer Begrüßungsansprache.

Heute vor fünf Jahren ist der Naturpark am Rande des früheren Braunkohlegebiets eröffnet worden. Umgehend wurde er »zum Erfolg, fast wie Disneyland in Paris«, so am heutigen Feiertag die Klimaministerin der Landesregierung, Antje Grothus. Täglich kommen tausende BesucherInnen. Das liegt auch am neuen ICE-Halt Buir Hbf und dem kostenlosen Shuttle mit selbstfahrenden E-Bussen, die fast lautlos vom Bahnsteig zum zwei Kilometer entfernten Wald gleiten. Das gesamte Terrain wurde jetzt mit dem Ecological Award in Gold der UN ausgezeichnet.

Der Heimatvernichtungskonzern RWE Power AG ist längst Geschichte, die Kraftwerke sind stillgelegt, die Braunkohlebagger verschrottet. Eine alte Baggerschaufel hängt als »Mahnmal des Größenwahns« zwischen Wald und dem tiefen Loch als riesige, stählerne Hollywoodschaukel.

Zur Jubiläumsfeier ist auch Michael Zobel gekommen. »Schon verrückt, der ganze Wahnsinn damals«, sagt der mittlerweile 71-Jährige, der als Waldpädagoge seit 2014 bis heute Sonntagsspaziergänge durch den Wald macht und viele zehntausend Menschen für das Thema sensibilisierte. Der Träger des Naturverdienstkreuzes am waldgrünen Bande hat gerade seinen 197. monatlichen Sonntagsspaziergang hinter sich und will so lange weitermachen, bis »ich selbst einmal ältester Teilnehmer meiner eigenen Führung bin«.

Im Wald gibt es gut besuchte Kletterkurse des Alpenvereins Düren, ehemalige AktivistInnen haben hier eine Anstellung gefunden. Oben in den Wipfeln laufen Bauseminare für Baumhäuser. »Wir haben sogar eine brandschutzrechtliche Genehmigung«, scherzt Jazzy, eine der Ex-Bewohnerinnen des Waldes. Die Feier heute ist auch eine Art Veteranentreffen: Winter und Clumsy, zwei ehemalige BesetzerInnen, haben ihre beiden Kids mitgebracht, Spring und Ösina. Aktivistin Eule, fast noch der Punk von früher, lästert allerdings: »Die erzählen jetzt ihre Heldengeschichten wie früher mein Uropa, als der 1944 aus Russland zurückkam.«

Das große Loch ist geblieben. Natürlich gibt es keinen riesigen Freizeitsee, wie RWE immer zukunftsgeprahlt hatte. »Dazu müsste man einen Kanal von Rhein graben, das haben wir schon damals gewusst«, sagt Michael Zobel. »Die Pumpen abstellen und alles volllaufen lassen dauert so lange, dass unsere Enkel hier als Greise noch nicht mit ihren Segelbooten anlegen werden.«

Von der Abbruchkante kann man heute Golfbälle weit in die Tiefe schlagen. Der neue Volkssport erfreut sich großer Beliebtheit, zumal mit dieser ersten »Ecological Golf Driving Range« Gutes getan werden kann. Die Bälle aus Hochdruck-Presshumus sind vollständig verrottbar und verfüllen ganz allmählich das Braunkohleloch. »Allerdings würde es auch bei intensiver Nutzung unserer 60 Abschlagboxen noch an die 5.000 Jahre dauern, bis das Loch voll ist«, sagt der Betreiber von Natureswing. »Aber jeder Ball ist ein Stück aktive Renaturierung.«

Gegenüber des Kohlelochs ist die Silhouette der Sophienhöhe zu sehen, das Gebiet wurde jetzt zum »Unwald des Jahres« gewählt. Das künstlich aufgeforstete Gebilde aus Abraummaterial, mit dem die damaligen Kohlefresser sich ökologisch positionieren wollten, hat nur eine Population vom Reißbrett. »Der Naturfaktor liegt nahe null. Eine umfassende Reökologisierung wäre eine Herkulesaufgabe«, sagt der Ehrenvorsitzende des Verbands Softtourismus Rureifel Gotthard Kirch: »Und es war sehr solidarisch von der Bechsteinfledermaus, sich allen dortigen Ansiedlungsversuchen seitens RWE zu widersetzen. Dieser Konzern-Kunstwald ist so etwas wie die früher beliebten Steinvorgärten deutscher Reihenhaussiedlungen neben den gepflasterten Garagenzufahrten.«

Die einst vom Aussterben bedrohten Fledermäuse sind heute, wenn es romantisch dämmert, in erheblichen Vorkommen im Hambacher Wald zu beobachten. RWE hat sich durch strategisch kluge Insolvenz 2022 bekanntlich aller Verantwortung entzogen.

Weitgehend wiederaufgebaut ist das Ruinendorf Morschenich nebenan, das durch den Kohlekompromiss 2019 soeben noch den Baggern entging. Gleich um die Ecke des 2017 von RWE-Horden abgegrabenen Dorffriedhofs hat ein stattliches Heimatmuseum Heimat gefunden. Zu sehen sind in der *Hambach Heritage* eine Sammlung Kletterausrüstungen der 10er Jahre, Baumhausmodelle der damaligen Zeit, von schlicht gezimmert bis schöner Hochwohnen, und eine Gedenkstätte für den 2018 abgestürzten Filmemacher Steffen Meyn (»Vergissmeynnicht«).

Besonders gern benutzt wird die legendäre, dampfende Stahlstatue »Hau den Laschet« aus der Kölner Stunksitzung 2019. Für 1 Eurasio darf hier jeder mal zutreten oder zuschlagen. Mit dem Geld werden Aufforstungsprogramme finanziert. »Laschet, Armin«, erklärt eine Infografik neben dem längst verbeulten Rost-Œuvre, »war ein CDU-Politiker, der einmal Ministerpräsident war und dann kurzfristig sogar Bundeskanzler werden wollte. Die CDU war einmal eine Partei.«

Im Nebengebäude darf man die »Fotogalerie der Schurken« bestaunen, Ex-Innenminister Herbert Reul und der gewesene RWE-Boss Rolf Martin Schmitz sind hier die Stars. Daneben hängt eine Robe des früheren Kampfrichters Peter Königsfeld, der im Amtsgericht Kerpen mit harschen Urteilen knapp neben der Rechtsstaatlichkeit gegen Widerständler für Recht und Ordnung sorgen wollte.

Einige Stücke Braunkohle darf man sogar anfassen und gegen Klimaspende erwerben.

Auch Todde Kemmerich ist heute gekommen, der neue NRW-Justizminister, um die Kohlestücke zu signieren. Filmemacher Kemmerich war 2016 eines der Opfer grotesker Polizeigewalt in den bleiernen Jahren der Unvernunft. »Der Prügelbulle Dieter Z.« (Ausstellungstext) wurde später zu drei Jahren Sozialökodienst im Wald verurteilt.

Im Videoraum des Museums erfreut sich der zauberhafte Trickfilm »Enderde Hambach« größter Beliebtheit, vor allem bei Freunden von Tolkiens Mittelerde-Märchen »Der Herr der Ringe«. Darin ist die Geschichte des endgültigen Rodungsstopps als Narrativ von Gollum aufgebaut, der, so heißt es, genau hier nach Jahrmillionen in der Tiefe plötzlich von »Drachen mit riesigen Metallzähnen herausgeschaufelt wurde«, wie er das nannte.

Das zwiegespaltene Wesen (»Ich war Gollum, jetzt bin ich Braun-Kohlum«) erzählt die Geschichte vom Feuerberg Mordor, der zu Zeiten von Mittelerde genau über dem späteren Braunkohlegebiet existierte. Mordors böser Herrscher Sauron habe die Vernichtung aber überlebt und sei, so Gollum, mit aufgeregter Stimme, mit dem Ring durch unterirdische Tunnelsysteme unter den verbliebenen Rest des Hambacher Walds gekrochen. Schon an dieser Stelle des Films setzen Buhrufe und gespielte Entsetzensschreie ein.

Unter dem Wald, so die Geschichte von Gollum/Kohlum, aber lebe Sauron weiter, »unterstützt damals von den rücksichtslosen RWE-Heeren aus Essengart in Ruhrerde unter Führung von Schmitz-Saruman«. Würde der Wald abgeholzt, das Gelände abgegraben, käme »Der Eine Ring« wieder an die Macht – mit vernichtenden Folgen. Der Schicksalsberg der Menschheit im rheinischen Revier – da konnten alle Gerichte (»die Verwaltungsweisen aus dem Münsterwald«) nur mit sofortigem Rodungsstopp reagieren! Prasselnder Applaus braust nach dem Film auch heute auf.

Lachsalven gibt es immer an der Stelle des Films, wenn Laschets frühere Bauministerin Ina Scharrenbach abwiegelnd sagt: »Lodernde Feuer in Hambach-Mordor? Unmöglich mit unserer Brandschutzordnung und der tapferen Feuerwehr Kerpen.« Michael Zobel fährt sich im Zuschauerraum durch seinen langen grauen Bart: »Heute kann man sich gar nicht mehr vorstellen, welche Schießbudenfiguren damals als Knechte von RWE Politik gemacht haben.«

Im Hambacher Urwald ist oben in den Baumwipfeln ein Klettergarten angelegt, wieder dicht belagert heute. »Papa«, kreischt ein Knirps von oben, »ich bin jetzt ein Waldbesetzeeeer …« Die Route von Baumhaus zu Baumhaus ist den einstigen Originalen der Siedlungen Oaktown, Gallien und Lórien nachempfunden. Rund um den Hambi führt eine Radcrossstrecke mit spektakulärer Route auch durch das frühere Kieswerk Collas. 2033 soll hier sogar die Querfeldein-WM stattfinden. »Der Wald selbst«, so Ministerin Grothus, »ist für Fahrzeuge aller Art tabu, und das wird auch ausnahmslos akzeptiert.«

Eine Extraschleife der Crossstrecke führt zu den nur sechs Kilometer entfernten »Raserei-Ruinen von Sindorf«, zu jener Kartbahn, auf der Michael Schumacher und andere aus seiner Sippe sich schon als Knirpse im stinkenden Kreisfahren übten. Hier hängt auch in zehnfacher Vergrößerung der Originalbeschluss von 2023, mit dem die Vereinten Nationen den Formel-1-Irrsinn weltweit verboten hatten. Ein beliebtes Fotomotiv. Die jungen Leute von heute, die meisten mit staatlichem Klimaabitur, schütteln den Kopf, was ihre Eltern und Großeltern hier angerichtet haben: »Kartkult, Automanie, Heimatverstromung, Giftkraftwerke – was hat die Menschen nur getrieben damals?«

Und, fragt bang ein junger Mann, ob Sauron wirklich noch da unten existiert …? »Das weiß niemand mit Sicherheit«, antwortet seine Nachbarin, »aber eines weiß man: Wir müssen alle immer sehr wachsam bleiben!«

Radeln und weniger Gas geben: Die mühsame Straßenverkehrswende

Womit wir umweglos von den Schumi-Rennbahnen bei der Verkehrspolitik landen, insbesondere beim Radverkehr in Aachen. Ihn stiefmütterlich behandelt zu nennen, wäre eine Beleidigung der ohnehin mäßig beleumundeten Stiefmütter. Oder ein Affront gegenüber den putzigen kleinen Blumen. Oder beides.

Rad ab!

taz, 23. März 2019

»Das hätte ich nicht für möglich gehalten. Das ist ja völlig verrückt. Und so was in unserem schönen Aachen.« Die CDU-Vorsitzende des Bezirksausschusses Mitte steigt entsetzt vom Sattel, als wir den nächsten grotesken Radwegabschnitt in der Innenstadt queren. Der markierte Weg endet, bei vorbeibrausendem Autoverkehr, abrupt vor einer Warnbarke. Sie schiebt. »Das ist mir zu gefährlich.«

Acht Mitglieder aus dem 19-köpfigen Gremium sind meiner Einladung gefolgt, eine Radtour durch Aachen zu machen. Um unmittelbar zu erleben, welch unsinnige und teils lebensgefährliche Radwege angelegt sind. Wenn es welche gibt.

Wir strampeln weiter, über unübersichtliche Pisten mit jahrzehntealten Schlaglöchern und wackelndem Gestein, über Radwege, die wie ein Trichter verschlankend in eine vielbefahrene Fahrspur übergehen, die in einer Bushaltestelle enden oder ansatzlos in einer Rechtsabbiegespur für Autos. Vor einer Ampel ist ein Sozialdemokrat fassungslos: »Hier überkreuzen sich bei Grün ja zwei Radwege. Das ist«, er ringt nach Worten, »wie Hilfestellung zum Unfall. Wer denkt sich so was aus?« Niemand antwortet.

Am Ende zählen wir durch: Alle sind durchgekommen. »Puuuh«, sagt die CDU-Frau.

Die Radtour mit den politisch Mitverantwortlichen hat es nie gegeben. Es sollte sie geben, nur: auf meine Einladung reagierte zunächst niemand; erst auf Nachfrage, ob man Angst habe vor Unfall oder vor Blamage, antworteten genau zwei. Der junge Mann von den Piraten schrieb, er sei sich als passionierter Radler der »Unzulänglichkeiten der Radverkehrsinfrastruktur durchaus bewusst«. Der Abgeordnete der Linken meldete, dass er »vom Naturell her ungern Fahrrad fahre«. Ein Blick auf sein Bild: So dick ist er gar nicht. Vielleicht heißt Naturell: Überlebenslust statt Hasardeurtum.

Am 12. Februar wurde mitten auf einem Radweg eine 53-jährige Psychologin von einem rechts abbiegenden Sattelschlepper getötet. Die Polizei sprach von »Kollision mit einem Lkw«. Madeleine B. war Aachens viertes Radopfer binnen gut zwei Jahren.

Ihr Leben endete auf einem abgestrichelten Radsicherheitsstreifen. Die sind beliebt, weil schnell gepinselt, preiswert und Fürsorglichkeit vorgaukelnd. Nur: Radsicherheitsstreifen führen oft direkt längs parkender Automobile. Geht eine Tür abrupt auf, ist man schnell Dooring-Opfer. Fährt man zur Sicherheit weiter links, spürt man die Wut der Automobilisten schon bevor sie hupen. Dann quetschen sie sich vorbei, um schneller die nächste rote Ampel zu erreichen. In Flandern heißen diese Radsicherheitsstreifen Moordstrookje: Todesstreifchen. Moordstrookje wurde dort zum Wort des Jahres 2018 gekürt.

Bernhard Schlag, 68, Seniorprofessor für Verkehrspsychologie an der TU Dresden, ist Aachener. Die Dauerfehde zwischen Zwei- und Vierrädern sei »ein klassischer Ressourcenkonflikt«, sagt er, befeuert durch »gegenseitige falsche Wahrnehmungen, weil jeder den anderen verdächtigt, ihm Räume wegzunehmen«. Folge: Neid, Stress, Aggression. »Der Staat hat die Pflicht, Verkehre sicher zu gestalten, verantwortungsvoll an die Geschwindigkeit der langsameren Verkehrsteilnehmer angepasst.«

Schlag publizierte schon 2010 die Idee, innerorts höchstens Tempo 30 zu erlauben (»selbst das kann noch zu viel sein«) und Tempo 50 nur, sofern ein ausgebauter, abgetrennter Radweg angelegt ist. »Wir brauchen eine Umkehrung der Beweislast. Eine verantwortungsbewusste Stadt muss erst belegen, dass eine Straße sicher genug ist für mehr als Tempo 30.«

Der Verkehrssicherheitsrat, erzählt Schlag, sei damals sehr interessiert gewesen. Aber: »Umgesetzt hat die Idee niemand.« Warum? »Politik hat immer Angst vor Gegenwehr, weil jede neue Regel als Einschränkung interpretiert wird. Verwaltungen sind oft beratungsresistent, auch da herrschen Bedenken und Angst vor Veränderungen.« Fazit: »So kommt nichts in die Gänge.«

In Deutschland investieren die Kommunen meist weniger als fünf Euro pro Kopf pro Jahr in die Radinfrastruktur (Aachen 3,40 Euro). In Kopenhagen sind es 35, im niederländischen Venlo waren es zuletzt 60. In Deutschland starben 2018 fast 450 RadfahrerInnen, das ist jeder siebte Verkehrstote. Die Zahl stieg um 13 Prozent. Aachen muss bei verunglückten RadfahrerInnen 22 Prozent Plus vermelden.

Die Städte gehören längst nicht mehr den BewohnerInnen. Fußgänger oder Zweiradfahrer sind nur Hindernisse des lärmenden und stinkenden Blechs. Viele AachenerInnen sagen: Vom Naturell her würde ich ja sehr gern Rad fahren. Aber auf diesen Straßen? Bei dem Autoverkehr? Ich bin doch nicht lebensmüde! Sie haben völlig recht. Sicherlich braucht man vielerwegs Mut und eiserne Nerven. Sicher ist auch: Gäbe es eigene Radtrassen, viele Autos blieben in den Garagen.

Bernhard Schlags Wunsch: »Autofahrer müssen lernen, dass sie Gast sind in den Städten. Und dass das nicht das eigene Biotop ist.«

Die existierenden Radwege scheinen nur angelegt, um Dritten zu dienen: als Zwischenablage für Mülltonnen und Straßenschnee, als Zwischenparkplätze sowieso und als Habitate von Verkehrsschildern, Laternen, Bushäuschen und Stromkästen. RadlerInnen in Aachen machen seit Jahren elf Prozent des Verkehrs aus – in gleichgroßen Unistädten sind es 34 Prozent (Freiburg) und 38 (Münster).

Typisch in Aachen sind vierspurige Straßen mit schmalen Bürgersteigen, die zudem oft beparkt werden. Und da will man mehr von diesem Störenfried Radverkehr zwischenquetschen? Und wenn, werden Radwegstücke gestrichelt. Das gilt nur als Bitte freizuhalten, ist also fast sinnlos: Wenn, bremsten nur durchgezogene Linien die Autolenker aus. Und selbst neue Ummarkierungen gibt es nur, so ein Verwaltungspapier, wenn »die Spitzenbelastungen des Kfz-Aufkommens dies zulassen«. Das ist Kotau, keine Wende. Aachen ist stolze zertifizierte »EU-Klimaschutzkommune«, dazu Mitglied der »Arbeitsgemeinschaft Fahrradfreundlicher Städte und Kreise in NRW«.

Man könnte auch die lächerlichen Parkgebühren erhöhen, derzeit ein Viertel verglichen mit dem angenehm autobefreiten Maastricht nebenan. Die Verwaltung schlug neulich zwei Euro pro halbe Stunde vor. Empörung allerorten. Die CDU argumentierte, dann zahle keiner mehr, weil Verwarnungsgelder kaum noch teurer sind.

Wahrscheinlich hat sie sogar recht. In Holland kostet Falschparken zwischen 50 und 140 Euro, bei uns bekommen »Parksünder« für schlanke 10 Euro ihre Absolution. Aachens FDP hatte eine besonders bizarre Idee: Gebühren in den Parkhäusern runter. Dann gäbe es weniger Parkplatzsuchverkehr.

Homo Blech regiert. Wie passend, dass der Vorsitzende des Aachener Mobilitätsausschusses auch noch Ferrari heißt. Aber gut, Achim Ferrari von den Grünen tut, was er kann. Aachens Grüne, bis 2013 mit der CDU in der Mehrheit, verantworten allerdings auch Rechtsbruch – für heiligen Parkraum, gegen Sicherheit und Inklusion. Parken ist laut Straßenverkehrsordnung vor abgesenkten Bordsteinen (§ 12, Abs. 3.5) verboten. In der Zollernstraße wurden genau an einer solchen Stelle zwei neue Parkplätze ausgewiesen. Für 300 Meter neuer Radschutzstreifen, so ein grüner Stadtrat lapidar, sei das eben der Preis gewesen. Radler bekamen dafür eine bizarre und gefährliche S-Kurve. Soll irgendwo auch nur ein Parkplatz wegfallen, heulen CDU, FDP und Einzelhandel um die Wette.

So wie 1989, kaum dass erstmalig Rot-Grün das Sagen bekam: Da machte Aachen Teile der City dicht. »Autofreie Innenstadt« hieß das, wurde bundesweit bestaunt, war eine Wohltat für Zweiräder und Flaneure – und wurde nach wenigen Monaten auf Druck der Händlerlobby gekippt. »Aachen ist nicht mehr erreichbar, die Kunden bleiben weg …«, hieß es da.

Radverkehr ist in den Köpfen oft gar nicht existent. Sackgassen-Schilder sind meist nur Hinweise für Autos, ein kleiner Aufkleber (Rad- und Fußverkehr frei) könnte helfen. Es gibt ihn nur selten. Zu einer neuen Baustelle steht in der städtischen Mitteilung: »Für die Dauer ist die Strekke komplett für den Verkehr gesperrt.« Fragt man nach, ob »komplett« auch für Fußgänger und Radler gelte, kommt fast immer: Äh, die müssten durchkommen können … »Verkehr« und »Autos« scheinen Synonyme zu sein.

Verkehrspsychologe Schlag hält »neue Akteure« jenseits von Politik und Verwaltung für »sehr hilfreich, wenn sich etwas ändern soll«. So wie die Umwelthilfe oder den ökologisch orientierten Verkehrsclub Deutschland, »die treiben Verantwortliche vor sich her.« Vor allem setzt er auf Bürgerbegehren, »die ein positives Narrativ aufbauen können für attraktive Veränderungen«.

Auch in Aachen soll jetzt, wie vielerorts, ein Bürgerbegehren Abhilfe schaffen. Vorbild ist der Erfolg der Berliner Initiative Volksentscheid Fahrrad. Gefordert ist »ein schlüssiges, sicheres und flächendeckendes Radkonzept, das zügig umgesetzt wird«. Es müsse Schluss sein, sich nur »als lebende Luftfilter durch die Straßen zu bewegen«. Im April soll es losgehen.

Nach Madeleine B.s Todesfahrt hat die Stadt Sofortmaßnahmen angeordnet. Die rote Markierung, die sinnfrei auf ihrem Todesstreifchen mittenmang endete (genau da bog der Lkw ab), wurde ein Stück verlängert. Zudem bekommen Radler an dieser Kreuzung demnächst fünf Sekunden früher grün. Aber nur hier, nicht an ähnlich gefährlichen Stellen.

Für jeden Tropfen auf den heißen Stein muss es erst Tote geben. Vor 20 Jahren starb ein kleiner Junge bei Grün auf seinem Rad an einer Kreuzung, die Ampelschaltung wurde getrennt. Ein Radler wurde 2016 an einer Vorfahrtstraße umgenietet, Folge: Stopp-Schild, rote Farbe auf ein paar Metern und eine Bodenwelle – wohl, weil man dem Stopp-Schild nicht traut. Kontrollen? Keine. 2017 überfuhr ein Bus eine junge Frau beim Rechtsabbiegen (Polizei: »Radfahrerin gerät unter einen Bus«), die Stadt spendete genau elf Meter roten Radweg, der mitten auf der Kreuzung endet. Die Verantwortlichen gehen mit Warnfarbe so sparsam um, als müssten sie die Wege mit ihrem eigenen Blut markieren.

Verkehrspsychologe Schlag wünscht sich einen Rechtsanspruch auf Sicherheit. »Saubere Luft kann man einklagen, wenn es auch kompliziert ist. Da gibt es Grenzwerte. Warum nicht etwa bei Opferzahlen? Ist eine Kommune unfallträchtig, muss sie umbauen oder bestimmte Wege für Autos sperren.«

Neulich, ein Freitagabend: Die Critical-Mass-Tour mit fast 200 Rädern schlängelt sich durch die Stadt, von Ghostbike zu Ghostbike für die Opfer. Critical Mass heißt: Eine Gruppe von mindestens 16 Rädern (§27 Straßenverkehrsordnung) darf sich auf der Straße statt auf dem Radweg bewegen, und: als wäre man ein Fahrzeug. Fährt der erste an der Ampel bei Grün, darf der ganze Verband queren, auch bei Rot. »Wunderbar. Wie ein Ausflug ins Paradies«, sagt eine.

Der Alltag in Aachen ist schnell zurück. Sonntag, zwei Tage danach: Eine Radfahrerin wird auf einer Kreuzung umgefahren, das Auto hatte Rot. Montag: ein schwerverletzter Radler, beim Abbiegen übersehen. Mittwoch: Rennradfahrer übersehen, Notarzt, Krankenhaus. Gleicher Tag, gleiche Zeit: Messwert Wilhelmstraße Innenstadt 121 Milligramm Stickstoffdioxid pro Kubikmeter statt des Grenzwertes 40. Atemmasken fehlen. Ein Radstreifen ist aufgepinselt.

***

Ende 2019 hatte die Bürgerinitiative Radentscheid fast 40.000 Unterschriften gesammelt. Im November wurde der Radentscheid vom Stadtrat fast einstimmig beschlossen. Bis 2027 müssen zum Beispiel 40 Kilometer abgetrennte Radwege an Hauptverkehrsstraßen gebaut, Kreuzungen umgestaltet, Radparkhäuser errichtet werden. Das bedeutete umgehend: Ängste der Autofahrer und Autofahrerinnen vor Parkplatz- und Wegeraub, es setzte giftige Debatten. In der Sache tat sich fast nichts: Politik und Verwaltung planen viel, verhedderten sich in Debatten mit renitenten AnwohnerInnen betroffener Straßen, setzten aber binnen gut zwei Jahren fast nichts um.

So wurde es Zeit, Anfang 2022 eine erste Bilanz zu ziehen. Fun fact am Rande: Der verantwortliche Redakteur hatte kurioserweise die gleiche Idee zur Überschrift wie knapp drei Jahre vorher: Rad ab.

Er versprach, es beim nächsten Mal anders zu machen.

Rad ab!

An der niederländischen Grenze endet ein Radweg – aber nicht nur dort. Aachen hat den Bürgern eine Fahrradstadt versprochen. Das Ergebnis frustriert.
taz, 19. Januar 2022

Wer aus den Niederlanden nach Aachen radelt, erreicht an der Grenze unmittelbar eine andere Welt. Eben, im Städtchen Vaals, fuhr man noch über einen feuerrot markierten Radweg, abgetrennt mit einer durchgezogenen Linie und fast nie illegal beparkt (weil kontrolliert und teuer). Ab der Staatsgrenze, jetzt im deutschen Ortsteil Vaalserquartier, ist die verkehrliche Bronx erreicht. Der Radweg endet abrupt, gut zehn Meter weiter führe man in ein Potpourri aus Pollern und Verkehrsschildern. Hoffentlich geht das Einfädeln in die enge Autospur gut.

Dabei hat dieses Vaals für niederländische Verhältnisse sogar noch sehr bescheidene Radwege. Und Aachen, die »fahrradfreundliche Stadt« (Eigenwerbung), kennt noch ganz andere Grotesken, unzumutbar, lebensgefährlich und zum Fremdschämen.

Das sollte sich alles ändern. Aachen hat beste Voraussetzungen, um die anvisierte radkonforme Verkehrswende zu vollziehen. Zum einen kann man vom großen Vorbild Niederlande nebenan lernen. Und zum anderen haben Aachens BürgerInnen 2019 den erfolgreichsten Radentscheid Deutschlands hingelegt.

38.185 Menschen hatten damals das Bürgerbegehren unterzeichnet, knapp 20 Prozent der Unterschriftsberechtigten, das höchste Quorum aller rund 50 deutschen Radentscheide bislang. Die Forderungen: ein durchgängiges Radwegenetz, der Bau von fünf Kilometern geschützter Wege an Hauptstraßen pro Jahr, der rad- und fußgängersichere Umbau dreier Kreuzungen jährlich und der Ausbau von Radparkplätzen. Bis 2027 sollte das Projekt abgeschlossen und Aachen eine Radlerstadt geworden sein.

Der Stadtrat hat das Bürgerbegehren Ende 2019 fast einstimmig angenommen, auch mit den Voten der »Hubraumparteien CDU und SPD«, wie die *Aachener Nachrichten* notierte. Mit diesem robusten Mandat verpflichtete sich die Stadt zur Umsetzung.

Doch passiert ist seitdem – fast nichts. Ja, es gibt langfristig vage Planungen und große Worte. Ja, es existieren jetzt ein paar hundert neue Radbügel. Ja, entstanden sind auch schon 111 Meter abgetrennter, sicherer Radweg, eine launige Zahl für eine Karnevalsstadt. 111 Meter statt 10.000.

Jetzt aber steht ein Umbau ebenjener Vaalser Straße ab Grenze an, für jeweils 250 Meter. Die Verwaltung schlug geschützte Radwege nach Radentscheid-Vorgaben vor. Die Mehrheit im Rat – Grüne, Linke, Volt, Piraten, SPD – hob den Daumen.

Aber: Drei Dutzend Parkplätze sind akut bedroht. Deshalb begehrten AnwohnerInnen auf. Die CDU schloss sich an. Dabei gibt es direkt an der Grenze einen großen Parkplatz für 70 Kraftfahrzeuge – der jedoch wird indes kaum genutzt, weil er pro Stunde einen vollen Euro kostet, das Tagesticket sechs. Viele kostenfreie Parkbuchten werden seit jeher gern von Niederländern zugestellt, weil es bei denen direkt nebenan kosten würde.

Und so trafen sich CDU-PolitikerInnen im Frühherbst, um mit AnwohnerInnen über die Parkplatznot zu diskutieren – auf dem leeren Parkplatz, ein groteskes Bild. Anschließend rügte die CDU im Stadtrat die fehlende Bürgerbeteiligung und legte per Geschäftsordnung ein Veto zum Umbau ein – ein Novum in der Nachkriegsgeschichte Aachens. Für ein paar Meter Radweg.

Die Vaalser Straße ist ein Musterbeispiel für die Komplexität politischer Prozesse und die Eitelkeiten lokaler PolitikerInnen. Wo immer seit Anfang 2020 neue Radinfrastruktur auch nur angedacht wird, setzt es Widerstand, FDP-Gestrige vorneweg, oft die Bezirks-CDU huckepack.

Gern schimpfen Anrainer dabei über geplante »Radautobahnen« Und viele glauben, es fahre ja vergleichsweise kaum jemand mit dem Rad. Dabei sorgen sichere Radwege umgehend für massiv mehr Velonutzung und also für weniger Autos. Das ist wie ein Naturgesetz, überall bewiesen, ob in Kopenhagen, Brüssel, Gent oder Paris, in den Niederlanden sowieso.

Und da ist der kleinmütige Nimby-Effekt – die Abkürzung steht für »not in my backyard«, also »nicht in meinem Hinterhof«. Wegen der bequemen Parkplätze.

Andere finden fantasievollere Argumente. Kommen Paketboten noch durch, Pflegedienste, Taxis, Müllabfuhr, gar Rettungsdienste? Mäßig realistisch, dass die Feuerwehr ein Haus niederbrennen lässt, weil sie einen Radweg queren müsste. Und was sei mit der alten Dame nebenan, die sei doch aufs nahe Auto angewiesen!

Eine Aachener Leserbriefschreiberin meinte: Je mehr Radwege, desto weniger Autospuren, die Folge: in der nicht mehr erreichbaren City herrsche bald Trostlosigkeit allerorten, am Ende drohe sogar Hungersnot: »Alle Geschäfte bleiben leer, dann haben wir zwar gute Luft in der Stadt, aber nix zu fressen.«

»Größte Bremse«, sagt Radentscheid-Mitgründerin Almuth Schauber, seien »Mutlosigkeit und Inkonsequenz« bei Politik und Verwaltung. Veränderung müsse halt »immer wieder erklärt werden, wie man Aachen zu einer lebenswerteren Stadt für alle machen« wolle, heißt: mehr Aufenthaltsqualität, weniger Blech, Lärm, Gestank, Gefahr. Stattdessen bekämen die Entscheider sofort »kalte Füße, wenn es ans Eingemachte geht«, beklagt sich Schauber.

Manche Aachener mutmaßen, bei einem Stellplatzverlust würden Umwege und Parkplatzsuchverkehr zunehmen, also gebe es am Ende sogar mehr Schadstoffausstoß. Andere drohten, bei einem Parkplatzraub ihren Vorgarten zu asphaltieren. An der Vaalser Straße behauptete eine Architektin, dass Handwerker vertraglich verlangen würden, einen Parkplatz vor der Tür zu garantieren. »Sonst lachen die und kommen nicht. Die haben ja genug zu tun.«

Sogar bedrohte Bäume werden gegen die Radler ins Feld geführt. Wenn Planungen einzelne Baumfällungen vorsehen, beschweren sich Anwohnende über die Zerstörung der Natur. Dass Ausgleichspflanzungen mit klimawandelresistenteren Arten vorgesehen sind, gilt nicht: Die kuschelige Baumreihe vor der Haustür, zwar ständig zugeparkt und wegen massiver Bodenverdichtung erkrankt – die zählt.

Oberbürgermeisterin Sibylle Keupen (parteilos, für die Grünen angetreten), im Amt seit Ende 2020, spricht gerne davon, »alle mitnehmen« zu wollen. Gemeint ist: keinem wehtun, also die Quadratur des Kreises. Massiv blamiert hatte sich die Stadtverwaltung schon im Sommer. Auf einer Kreisstraße im Ortsteil Forst, wo eine Radvorrangroute aus Randbezirken entlangführen sollte, fand man nach Parkplatz-Protesten für 400 Meter Strecke keine Lösung. Also bekommt die Route eine Lücke, die routinierten RadlerInnen mögen wie gehabt die enge Straße befahren, die ängstlicheren halt durch das Wohngebiet nebenan kurven. Solches Versagen nennt die Stadt »duale Führung«.

Auch bei vorläufigen Pop-up-Bikelanes, wie sie vor allem in Berlin ab 2020 gebaut wurden, haben Politik wie Verwaltung in Aachen bislang abgewunken. Nein, wenn schon, dann »grundhaft herangehen«, so die Leiterin des Dezernats Stadtentwicklung. Dabei blieb es dann. Die Folge in der Radszene, so Almuth Schauber: »Ernüchterung, Verdrossenheit, Unverständnis und auch Wut.«

Private Parkplätze im öffentlichen Raum halten viele Aachener offenbar für ein Grundrecht. Deshalb solle die Stadt zunächst einmal Quartiergaragen bauen, heißt es. Zudem müsse das Busnetz ausgebaut werden. Auch müssten die Tickets billiger werden.

Eine besondere Logik entwickelte diese Anwohnerin: Die dichte Parkreihe in ihrer Straße müsse bleiben, weil sie Kinder auf dem Bürgersteig vor dem Autoverkehr schütze. Parkblech also als Schutzwall vor dem Fahrblech! In der

Autorepublik Deutschland können uns nur Autos vor Autos schützen.

Bei der nachgeholten BürgerInnen-Anhörung Vaalser Straße in der vergangenen Woche setzte es noch einmal neue Argumente: Was passiere, wenn man mal einen Container abstellen will? Wie bei beengten Straßen eine Rettungsgasse funktionieren solle? Geschütze Radwege könnten zudem »Autofahrer verwirren«. Besser, so das Argument, sei es doch, Radwege generell auf Nebenstrekken zu verlegen. Ein Arzt sagte: »Die Patienten kommen zu uns wegen der guten Parkplätze«, und da seien auch »lebensbedrohlich erkrankte Patienten« dabei. Ein anderer Mediziner sekundiert: »Wo können unsere behinderten Patienten dann parken, wenn die Parkplätze wegfallen?«

Zu erwarten ist, dass die Politik wieder einmal nach einem Kompromiss fahnden wird, der niemandem gefällt. Auch Almuth Schauber ist enttäuscht über endlose Mühsal. Die Verkehrsverwaltung spreche, sagt sie, wolkig von »einem Knaller«, der bis Ende 2023 bevorstehe. »Niemand weiß, was das sein soll. Besser wäre es, eine Vision konkret zu machen.«

Vor allem, sagt Schauber, seien diejenigen Städte bei der Verkehrswende bislang erfolgreich gewesen, in denen Verantwortliche alle Pläne »persönlich zur Chefsache erklärt haben, ob Paris, Oslo, Kopenhagen, Vancouver. Da klappt es.« Ein indirekter Hinweis an Aachens Oberbürgermeisterin Keupen, die zwar selbst passionierte Radfahrerin ist und sogar die »Modellstadt der Nachhaltigkeit« versprach, aber in den Dauerdebatten wie abgetaucht wirkt. Schauber: »Wer im Wahlkampf damit wirbt, muss dann auch Verantwortung zeigen.«

Die Zahl 38.185

Wie es weitergeht mit der Aachener Verkehrspolitik? Das steht, zumindest als literarische Fantasie, in meinem Roman »Die Zahl 38.185«. Das Buch ist Ende 2021 ebenfalls im Eifeler Literaturverlag erschienen und spielt ab 2022/23, Social Fiction also.

In Aachen herrscht längst Straßenkampf zwischen Speichenheinis und Asphaltimperialisten. Die Wegewut wächst, der Frust auch, die Verwaltung setzt, wenn überhaupt, den Radentscheid nur meterweise in Zeitlupe um. Manche Menschen verzweifeln.

Zwei Beteiligte suchen Hilfe beim Psychotherapeuten. Einer engagiert sich großmäulig bei der heimlichen Initiative Autoentscheid, er ist ein ausgewiesener Radhasser. Der andere ist einer der Aktivisten vom Radentscheid, der in eine besondere Art Verfolgungswahn geraten ist:

Hell und einladend wirkt der Besucherraum in der Therapeutenpraxis von Dr. Friedensreich Darjahn. An den großen Fenstern kuscheln sich einige sorgsam gepflegte Zimmerpflanzen zu einem kleinen Indoor-Dschungel. Ein Ensemble von Impressionistendrucken hängt an den weißen Wänden, dezent gerahmt, dazwischen einige übervolle Bücherregale bis unter die hohen Decken. Ein paar geschickt gesetzte Strahler sorgen für mildes, indirektes Licht. Hier geht man gerne hin, hier soll man sich entspannt fühlen und wohl. In seinem angenehmen Drumherum das eigene Drinnen loslassen und anschauen – das war immer Darjahns Motto.

Hier, im größten Raum seiner Altbauwohnung in der Triebelsstraße mit den stuckverzierten Decken, stand seit bald 20 Jahren Seelenreinigung an, vielfach durchaus erfolgreich, wenn Darjahn auf seine lange Zeit als Gesprächstherapeut zurückdachte. Helfen war sein Job, Blockaden lösen, Zweifel beseitigen, Selbstwertgefühl aufbauen und verstetigen, Menschen über Hürden helfen, das ganze Programm.

Auf dem Schreibtisch im Eck hinten zog eine mächtige Art Deco Lampe alle Blicke auf sich, ein Schnäppchen vom Flohmarkt Paris, 11. Arrondissement. Darjahn dimmte sie an und schaute auf seine Liste: Cornelius Schaffrath war sein erster Klient heute, er kam das erste Mal. Am Telefon hatte Schaffrath durchaus verzweifelt geklungen. Schlafstörungen und Ängste hatte sich Darjahn notiert.

Schaffrath war pünktlich. Er sah sich kurz suchend um. »Wo darf ich mich hinlegen?«

Darjahn kannte das: Viele Klienten glaubten, alle Seelenzergliederung geschehe auf einer Couch. »Ach nein, nehmen Sie doch hier Platz.« Er wies auf einen großen dunkelblauen Sessel.

Man ging kurz ein paar biografische Daten durch. Alter: 48, Inhaber eines Sanitärfachgeschäfts, verheiratet, zwei Kinder.

»Ihr erstes Mal bei einem Therapeuten wie mir?« Schaffrath bejahte.

»Was beschäftigt Sie denn, Herr Schaffrath? Nur zu.«

»Ja, ähmmm …« Er zögerte. »Also, ich bin zeitlebens stolzer und begeisterter Autofahrer, und jetzt … Wissen Sie, ich schlafe seit Monaten so schlecht, diese furchtbaren Albträume. Ich komme nicht mehr vorwärts. Ich fahre mit meinem Wagen von Bildchen kommend die Lütticher Straße runter in die Stadt, aber bald neigt sich die Straße umgekehrt, es geht hoch, immer höher. Wo ich doch in den Talkessel will, völlig irre. Ich stecke fest. Das ist doch verrückt.« Und nach einer kurzen Pause. »Herr Doktor, seien Sie ehrlich: Liegt's am Gehirn?«

»Natürlich nicht. Mit dem Auto nicht mehr weiterzukommen, das klingt nach Einschränkung der Selbstständigkeit. Das kann schmerzen und verunsichern. Ein Klient berichtete mal, als er mühsam aus seinem Auto ausstieg, hörte er einen ohrenbetäubenden Krach von Fahrradklingeln.«

Schaffrath schreckte hoch. »Genau, genau. Ja, das war bei mir auch. Lachende Radfahrer fuhren an mir vorbei, und alle bimmelten wie verrückt. Ich kam im 1. Gang nicht mehr weiter, aber die fuhren einfach weiter. Für die schien es keine Berge zu geben.«

»Sehr gut, Herr Schaffrath.«

»Und noch was: Im Autoradio lief dabei *Bicycle Race* von Queen. Da mag ich ja die Textstelle *You say Rolls, I say Royce …*, aber das Lied wurde immer lauter, je leiser ich es drehte. Ausschalten ging nicht. Es war der reine Horror. Und immer wieder Glong neben mir, Glong, glock, klingel, srrrrr, – Wahnsinn …«

Beide schwiegen einen Moment. »*You say Rolls, I say Royce …* – ich hasse es mittlerweile.«

Darjahn ergriff das Wort: »Auto steht für uns, mittlerweile fast schon genetisch, für Fortkommen, für Bewegung. Wenn man glaubt, man würde daran gehindert, fühlt man sich amputiert, behindert, festgesetzt. Das setzt Ängste frei. Und nachts verarbeiten Sie die Ängste.«

Darjahn hatte einen Vorschlag. Schaffrath solle selbst mal mit dem Rad durch Aachen fahren. Radfahren als Therapie, der Störung des Wohlbefindens vorsichtig entgegentreten. Manchmal helfe es, sich den Dingen offensiv zu stellen, das löse Blockaden. Mit der Reizkonfrontation könnte eine Desensibilisierung in Gang gesetzt werden, so seine Hoffnung.

Entsetzt hatte ihn Schaffrath angesehen. »Meinen Sie wirklich? Radfahren? Ich? Und wenn mich da jemand sieht!?«

[…]

»Und, wie geht es Ihnen?« Sie sahen sich heute zum dritten Mal.

Cornelius Schaffrath berichtete, selbst Rad zu fahren habe er nicht geschafft. Aber er habe das Rad seines Sohnes angefasst und in der Garage sogar unbeobachtet ein paar Meter hin- und hergeschoben. Darjahn lobte ihn. Das sei doch der erste Schritt.

»Aber diese Träume!« Einmal sei eine ganze Kolonne Radfahrer unter seine Bettdecke gestrampelt, alle mit Stacheln, die aus ihren Helmen rauswuchsen; ausgerechnet an dem Wochenende, als er allein zu Hause war. Da habe er mitten in der Nacht laut geschrien, und der Nachbar von gegenüber habe geschellt, ob er Polizei oder Rettungswagen rufen sollten. »Nein, es sind nur diese Radfahrer überall«, habe er gesagt und noch schlaftrunken unter seine Bettdecke gezeigt, »da …, überall, überall, riesige Radfahrer, wie Zombies.« Der Nachbar sei nur mit Mühe abzuhalten gewesen, das Alexianer zu alarmieren. »Ich bin doch kein Fall für die Klapse, oder?«

Darjahn bemühte sich die Stirn glatt zu halten. Das waren Merkmale von Panikattacken. Aber das Wort wollte er vorsichtshalber für sich behalten. »Wir sehen uns in zwei Wochen, einverstanden?«

Der nächste Klient klingelte, kaum dass Schaffrath gegangen war. Adel Trabelsi stand vor der Tür. Der junge Mann, kaum dreißig, IT-Entwickler, hatte am Telefon etwas von Verfolgungswahn erzählt.

Adel Trabelsi klipste seine Reflektor-Hosenklammern ab, zog die Bikerjacke aus, legte seinen Helm neben den Sessel und nahm Platz. Darjahn dachte noch: Ob die Begegnung mit einem leibhaftigen Radfahrer im engen Treppenhaus für den armen Herrn Schaffrath ein Problem war und ihn womöglich zurückwirft nach seinen homöopathischen Fortschritten? Na, hoffentlich nicht. Und: Immerhin mal jemand, der nicht als Erstes nach der Couch fragt.

»Oder gibt es hier eine Couch?«

Darjahn holte tief Lust und nahm die Personendaten auf. »Gut. Was bedrückt Sie? Erzählen Sie mal.«

»Also, wissen Sie, ich bin ja leidenschaftlicher Rennradfahrer. Und ich habe gelernt, mich im Leben zu wehren, wenn Unrecht geschieht und andere rücksichtslos sind.«

»Das ist sicher sehr richtig«, ermunterte ihn Darjahn.

»Nun, ich glaube«, er zögerte einen Moment, »ich habe mittlerweile einen Verfolgungswahn.«

Aha, da war dieser Begriff schon wieder. »Wer, glauben Sie denn, verfolgt Sie?«

»Niemand, nein. Ich verfolge. Es ist wie eine Obsession.«

»Wen verfolgen Sie denn?«

»Na, Autofahrer.«

Eine kurze Pause entstand. Darjahn dachte, wenn der als Radfahrer Autos verfolgt, dann hat er aber ganz schön was zu strampeln, auch mit Rennrad. Und bei der Vielzahl von Autos hätte er ohnehin eine Menge zu tun. Denkbar ungünstig. Am Ende ein Fall nicht für den Therapeuten, sondern für den Kardiologen.

»Na, Autofahrer gibt es aber ganz schön viele …«

»Das ist es ja. Es gibt Unmengen, die falsch parken. Besonders gern auf Radwegen. Und die zeige ich an, also nicht die Radwege, sondern die Falschparker. Verstehen Sie? Ich fahre ja viel herum, zu Kunden und auch privat. Und permanent steht wieder so ein Auto auf dem Radweg. Das ärgert mich, das nervt mich zunehmend. Und wissen Sie was: Ich bin ja ein routinierter Radfahrer. Aber wer weiß, wer eine halbe Minute hinter mir kommt, vielleicht jemand, der etwas unbedacht nach links zieht. Und wumm. Also schütze ich auch andere.«

Darjahn nickte. Trabelsi erzählte ihm von Meldeportalen wie Stadtpate und Wegeheld. Dass es ganz einfach sei. Foto machen, Daten in die Website-Maske und – absenden. Drittanzeigen heißt das im Ordnungsamtssprech.

»Erst waren es einzelne, aber mittlerweile jage ich sie. Manisch, wie getrieben. Ich bin zum Blockwart geworden. In der tunesischen Wüste sagt man, du kannst ausdauernd wie ein Kamel gegen den ewigen Sand anrennen, aber du wirst ihn nie besiegen. Ich verfolge Falschparker, als wären sie Sandkörner, die man wegschaffen muss. Deshalb sage ich Verfolgungswahn. Habe ich eine Zwangsstörung?«

»Na, lassen Sie mir mal die Fachbegriffe«, insistierte Darjahn. »Nein, das glaube ich nicht. Ihr Vergleich mit dem Sisyphos im Sand ist doch sehr schön.«

Adel Trabelsi sagte, manchmal fahre er nur noch herum, um Autofahrer zu erwischen. »Ich opfere meine Freizeit, fotografiere eine oder zwei Stunden Falschparker. Mein Tagesrekord sind 23.«

Darjahn notierte »Ohnmachtsgefühl, Suchttendenzen, Manie und Kontrollverlust«. »Ich verstehe, dass Sie sich bedrängt und gefährdet fühlen. Sie versuchen überaktiv zu kompensieren, um dadurch wieder Zugriff auf die Situation zu bekommen. Gleichzeitig wissen Sie als intelligenter Mensch auch, dass Sie allein das nie schaffen.«

»Ich will da ja rauskommen! Dass das endlich aufhört, diese permanente Rücksichtslosigkeit und – wie sagt man? – ja: Borniertheit. Und gleichzeitig bin ich selbst borniert und selbstgerecht. Das macht mich kirre.«

Darjahn schlug seinem Klienten eine milde Entwöhnungskur vor. Er solle versuchen, ganz bewusst mal einen ganz bestimmten Falschparker Falschparker sein zu lassen. Erstmal wirklich nur einen. Zu wissen, der ist Täter, der macht mir Stress, der nervt – aber ich fahre souverän und gelassen vorbei. »Als wäre er wirklich nichts als ein Sandkorn.«

Adel Trabelsi fand die Idee gut und war gegangen.

Der Radentscheid, dachte Darjahn, so gut und richtig die Idee war, er frustrierte die Menschen zunehmend, weil da etwas lockt, das aber einfach nicht kommt. Wie bei dem Hund, dem man an einem Stöckchen ein Stück Wurst vor der Schnauze baumeln lässt, der er dann hinterherjagt, aber sie einfach nicht einholt. Der Radentscheid wie Tierfolter.

Tja, was die Hoffnung um diesen Radentscheid nur mit den Menschen anrichtet. Da geht es doch nur um die Aufteilung von Straßen, um einen kleinen lokalen Baustein von Verkehrswende, um mehr Sicherheit. Und genau diese Aussicht auf mehr Sicherheit verunsicherte die Menschen über alle Maßen. Sicherheit verunsichert, was für ein Paradox.

Darjahn sah auf die Straße. Unten fuhr eine Radlerin ganz entspannt Richtung Bismarckstraße. Nicht lange

– recht schnittig kam ihr ein Golf entgegen, mittig auf der engen Straße. Lichthupe. Hupe. Und er bremste sie schwarzpädagogisch auch noch aus. Wieso können manche Autofahrer immer noch nicht verstehen, dass Einbahnstraßen wie diese hier nur für Autos welche sind! Und dieses Zweirad war doch nun offensichtlich kein Auto.

Seltsam, diese Aggressivität – als wären Radfahrer Aliens. Der Radentscheid hatte alle Stimmung hochgeschaukelt. Vielleicht sollte er einen Fachartikel für *Verkehrspsychologie heute* schreiben.

***

Von App nach B

Wie macht man vernetzte Mobilitätsangebote so attraktiv, dass Menschen nicht mehr automatisch ins Auto springen, wenn sie irgendwo hinwollen?

2019 habe ich für das Magazin Login *der* regio iT *die Mova-App getestet und bin damit durch die Stadt gecruist. Klappte alles leicht und gut, ob Infos und Ticketbuchung auf dem Handy für Bus und Bahn, für einen Cambio-Leihwagen, für eines der robusten Velocity-Pedelecs oder um mal mit so einem E-Scooter herumzugleiten – alles sehr kundenfreundlich und bequem. Ein paar Erkenntnisse blieben: E-Scooter sind auf dem in Aachen häufigen Kopfsteinpflaster die Hölle, so sehr wird man da durchgerüttelt. Von allem gibt es zu wenig (häufiger getaktete Busse), der Umbau (etwa Radwegenetz) geht viel zu langsam, um die Menschheitsgeißel Eigenes Auto stehen zu lassen.*

Größtes Problem bleibt das Stadt-Landgefälle – etwa zwischen Simonskall und Berlin:

(…) Aber funktioniert das auch, wenn man von außerhalb kommt? Ich suche eine Route mit dem Start Simonskall nahe Hürtgenwald, Ziel: Klinikum. Simonskall kennt das System nicht. Jörg Rohlen, Geschäftsführer von Better Mobility, der Firma, die Mova vertreibt, erklärt später: »Das liegt daran, dass keine Bus-Haltestelle in der Nähe ist. An der Stelle wären E-Tretroller und Elektroräder verkehrspolitisch sinnvoll« – als schneller Anschluss zur nächsten Haltestelle. Auf dem Land ist nicht die letzte Meile das Problem, sondern die erste. Und Simonskall ist überall.

Der prominenteste Mova-Nutzer Aachens ist Oberbürgermeister Marcel Philipp: Mal bucht er den städtischen E-Smart, auf den er Erstzugriff hat und den er ansonsten für andere Mitarbeiter freischaltet. Mal auch einen E-Tretroller: »Mit Anzug und Krawatte auf bergigen Strecken ist das manchmal besser als das Rad.« In Berlin, erzählt Philipp, war bei einem Besuch wegen einer Demo alles dicht: »Nichts fuhr. Es war knapp. Ich musste vom Hauptbahnhof nach Tegel.«

Die Lösung: Er buchte per App einen E-Tretroller und fuhr damit »ein paar Kilometer raus, dann Taxi. So hat mir ein Roller den Rückflug gesichert.« Und beim E-Bike in Aachen: »Es ist mir schon ein paar Mal passiert, dass ich die Fahrzeit überschätzt habe und mit dem schnellen Elektrorad zu früh beim Termin war.« (…)

***

Die große Begeisterung fürs Automobil hat mich nie recht gepackt. Warum muss man 1,5 Tonnen Materialmix bewegen, um 80 Kilo Mensch vor eine Bäckerei zu fahren, wo man dann 2 Brötchen (80 Gramm) ersteht? Und dabei Lärm macht, öffentlichen Raum zustellt, im schlimmsten Fall andere gefährdet, zumindest viele ängstigt und immer einen schönen Cocktail aus allerlei giftigen Stoffen in die Welt pustet. Nicht, dass ich nie führe, aber einen eigenen Wagen habe ich seit Mitte der 90er Jahre nicht mehr. Und wenn es mal Auto sein muss, kann man sich bequem eines stundenweise leihen.

Andere Autofahrer und -fahrerinnen beobachte ich bisweilen mit Skepsis und Kopfschütteln. Dazu zwei Glossen, die ich für das Mitgliedermagazin des Aachener Autoverleihers Cambio schrieb. Und ein Text aus der taz über die skurrile Oldtimerwelt:

Groteskes Theater mit Logensicht

Cambio Magazin, Dezember 2004

Ich wohne weit oben, 4. Stock Altbau. Das gibt gute Rundumsicht auf einen großen, eng beparkten Platz. Ein ständiges An-, Weg- und Herumrollen. Parkplatzsuche halt.

Allerlei Sorten von Helden treten hier auf. Vorhang auf für groteskes Theater.

Der Selbstzweifler fährt die locker ausreichende Lücke an, bleibt daneben stehen, zögert, schaut – und braust aus Angst vor Blamage extraenergisch weiter. Darsteller 2 ist das Sensibelchen, es erschrickt bei quietschendem Reifenkontakt mit dem Bordstein und entschwindet beschämt. Alle schätzen ihre Dinos noch größer ein als sie sind; auch Typ 3, der tragisch Scheiternde: Er scheitert vorwärts, gräbt sich halb von hinten ein, verfehlt die erhoffte Kurve und bricht nach dem zweiten ebenso lächerlichen Versuch endgültig ab. Hinten fehlt es meist komplett an Gefühl. Ab einem Meter Abstand nagt die Angst vor des Hintermannes Stoßstange.

Darsteller Typ 4 kommt im Duett. Einer, meist eine, steigt aus und weist ein. Das ist Realkabarett: Halt, weiter, winkewinke, noch so viel ..., Vorsicht, Stoooppppp. Rolle Nr. 5 übernimmt der beamtenhaft Korrekte, der nach vollzogenem Abstellakt die Räder immer exakt geradestellt, wohl weil es seinen Blechkumpel in Schrägstellung sonst über Gebühr schmerzt.

Mir ist indes der Narr der liebste: Umständlich windet er sich in die ausreichend große Lücke, bleibt aber, wie unschön, einen halben Meter vom Bordstein und versucht sich dann, erfolglos, hin- und herfahrend, garniert mit hektischen Bremstritten, näherzuruckeln. Bis oben höre ich sein stilles Seufzen: Ach, könnte man ein Automobil doch seitwärts lenken. Nur einmal.

Applaus-Applaus. Autofahrer sind brillante Darsteller ihrer selbst. Im Zeitraffer sähe die Gesamtbühne aus wie ein Riesenpuzzle, bei dem ein trotziges Kind ständig falsche Teile einzufummeln versucht. Aber egal, bestimmt sind die Motorhelden auf Autobahnen alle schon bei 160 km/h viel souveräner. Nur fehlt mir da die Sicht.

Engel der Straße

Cambio Magazin, März 2010

Die ersten Passanten sind schnell am Tatort. Der Mann überhört die bissigen Kommentare, nur mich guckt er irritiert an »Meinen Sie das etwa ernst?« – »Natürlich«, sage ich. Als autoloser Anwohner gefällt es mir, wenn emsige Ordnungsamtler wie er hemmungslose Eckenzuparker und Gehwegblockierer abschleppen lassen. »Prima, weiter so! Guter Job«, feuere ich ihn an. Dann hängt der Wagen schon am Haken.

Autofahrer betrachtet Stadträume gern als ihr privates Eigentum. Häuser sind ihnen bewohnerfreie Straßenbegleitkulisse und Fußgänger marodierende Hindernisse. Und dann diese Parkzettel-Abzocke! Willkür! Und alle stricken empört Legenden: Aachener etwa glauben in Bad Knöllchen zu leben – wegen der besonderen Strafzettelflut. Unfug: Aachen ist statistisch unteres Mittelfeld. Oben steht Offenbach, gefolgt von Köln und Ulm.

Mein Nachbar ist ein besonders passionierter Wege-Blockierer. »Wo soll ich sonst hin?«, fragt er. Ja, wo? Vielleicht, wo Platz ist? Das Kennzeichen seines Dienst-Benz beginnt ominös mit »E CK«. Damit will er womöglich ein Recht auf Eckenzuparken andeuten. Der Mann frönt seinem Hobby besonders gern zu später Stunde. Nachts kommt der Abschlepp-Service nie.

Politessen ermuntere ich gern beim Strafzettelschreiben. »Geben Sie alles!« Solche Sachen. Und: »Gehen Sie bis ans Limit, oder noch darüber!« Erst gucken auch sie immer ungläubig. Und dann sind sie so dankbar für Solidarität und Beistand. Niemand scheint diese tapferen Frauen je zu loben, alle sehen in ihnen wegelagernde Feindinnen der freien Welt.

Eine erzählt vom dicken BMW, den sie zwei Dutzend Mal nacheinander abschleppen ließ. »Am nächsten Tag stand er trotzig wieder im gleichen Halteverbot.« Wir spekulieren: »Warum schmerzen tägliche 200 Euro nicht? – Geht wohl aus der Schweizer Schwarzgeldkasse. – Aber wenigstens das dauernde Abholen müsste doch nerven! – Dafür haben solche Leute sicher einen Laufburschen.« Dann bin ich weiter gegangen zur cambio-Station. »E CK« geht heute mit 'nem Zehner durch.

Holt den Oldtimer raus aus der Stadt!

Mit dem H auf dem Nummernschild sparen Altauto-Halter jede Menge Steuern – und entern sogar Umweltzonen. Die Lösung? Einfach klauen!
taz, 20. November 2015

Der ADAC jubelt, dass 63 Prozent der deutschen Männer »sich freuen, wenn sie Oldtimer auf der Straße sehen.« Ich bin ein empathischer 37-Prozenter. Ob Oldtimer oder Youngertimer – Autos sind die Pest. Sie haben unsere Städte okkupiert, parken, lärmen, giften alles zu, gefährden Unverblechte und verhindern mit ihren grotesken Verstauungen den Radverkehr.

Zugegeben, keine sonderlich originelle Erkenntnis. Doch dann liest man: Wieder ein Oldtimer geklaut, am helllichten Tag, mitten in der Stadt, ein Ford Mustang. Reflexgedanke: Gut so, eine weniger von diesen extrastinkenden Kultkarren. Seit Mai ist in und um Aachen herum gut ein Dutzend Oldtimer gestohlen worden. Die Polizei vermutet, sie werden bandenmäßig Richtung Niederlande gelenkt. Wiedergefunden wurde keiner.

Der ferrarirote Mustang aus den 70er Jahren war »ein Familienmitglied«, jammert der Eigentümer via Lokalzeitung, das er »länger als seine Frau habe«. Der Wagen habe einen »frisierten Hochleistungs-Fünfliter-V8-Motor, Boss 302, 400 PS«. Der arme Mann habe sich, schrieb die Zeitung, »erheblich länger und intensiver mit seinem Auto beschäftigt, als es die meisten großen Schriftsteller mit ihren Büchern oder die meisten Maler mit ihren Gemälden getan haben.« Ein »Lebenswerk«.

Geht's noch? Ich schreibe einen Leserbrief, meinen ersten seit Neunzehnhundertnochwas. Tenor: Jeder geklaute Oldtimer verbessert die Luft unserer smoggeplagten Talkesselstadt. Jenseits kleinlicher strafrechtlicher Betrachtungen sei der Schwund der CO2-Monster uneingeschränkt zu begrüßen. »Deshalb Dank an die Diebe und: durchatmen!« Es folgte ein schimpfender Gegenleserbrief. Ansonsten: Viele, die ich unter 63-Prozent-Verdacht geführt hätte, nahmen mich beiseite, noch Wochen später. Tenor: Super, toll, endlich sagt es jemand, dieser Autoschwachsinn!

Zu einem umweltpolitischen Skandal werden die Oldtimer durch die staatliche Alimentierung. Jedes Auto über 30 Jahre, das einigermaßen in Schuss ist, bekommt das Nummernschild mit dem H hinten. H steht für historisch und spart hunderte Euro Steuern per annum. Oldies gelten als »historisches Kulturgut«. Seit 1997 subventioniert Autovater Staat die Halter. An die 400.000 der gepamperten Stinker fahren mittlerweile umher, jährlich werden es gut 10 Prozent mehr.

Im Februar bekommt Aachen die Umweltzone. Die Kaufleute fürchten weniger Kunden aus dem Land der mutmaßlichen Autodiebe. Grotesk: H-Autos dürfen in die Umweltzonen fahren, egal mit welchen Auspuffcocktails sie uns vergiften. Klauen die Holländer die Oldtimer, um ab Februar damit zum Shoppen wiederzukommen?

Nun ist es dem Weltklima ja egal, wo Autos ihr Gift ausstoßen. Bringt der Oldtimerklau also ökologisch nix? Von wegen: Die Polizei glaubt, dass die Diebe aus unserem aufgeklärten Nachbarland die Wagen zerlegen, weil die Einzelteile wertvoller sind als die ganze Kiste. Großartig! Also, liebe Holländer: Helft! Denn noch mehr als 1.000 Mustangs, 911er Porsches, Alfa Spiders und Mercedes-Karossen warten in Aachen und um Aachen herum. Am Ende bliebe ein einziger zusammengepuzzelter Rest-Oldtimer als Mahnmal übrig.

Nebenan in Köln hatte im Hungerwinter 1946/47 der legendäre Kardinal Josef Frings den Nahrungsmittelklau abgesegnet: »Wir leben in Zeiten, da in der Not auch der Einzelne das wird nehmen dürfen, was er zur Erhaltung seines Lebens und seiner Gesundheit notwendig hat.« Seitdem gibt es im Rheinland den Begriff »fringsen«.

Autoentsorgung à la hollandaise wird man später mal umweltfringsen nennen.

*Die Folgen waren gravierend. Schließlich hatte ich der Deutschen Automobil angegriffen, ihr größtes Heiligtum. Es setzte Haue aus dem Springer Verlag: Auto-*Bild *überreichte den Orden »Polemik des Monats«. Das machte mich stolz. In der Ordensbegründung hieß es: »... Seinem Auto-Hass lässt Bernd Müllender von der* taz *freien Lauf: Er ruft zum Oldtimer-Diebstahl auf ... wendet er sich an jene organisierten Banden, die für viele Oldtimerdiebstähle in der Region Aachen verantwortlich sein sollen ...«*

Aufgerufen? An die Banden gewandt? Egal – die Welt, *auch aus dem Hetzerhause Springer, sekundierte tapfer:* »taz-*Autor ruft zum Oldtimer-Klau auf«.*

Die Diebstähle von Oldtimern sind später zurückgegangen. Vielleicht waren auch alle schon weggeklaut.

Das Erbe der Nazizeit

In den Nachbargemeinden in den Niederlanden und in Belgien wird das Ende der Nazi-Terrors im Herbst 1944 jedes Jahr ausgelassen und würdig gefeiert. Aachen geht mit dem Gedanken die Befreiung immer schon sehr ignorant um, ob nach 40, nach 50 oder 70 Jahren.

Aachen verschläft seine Einmaligkeit

21. Oktober 1994: Heute vor 50 Jahren wurde Aachen als erste deutsche Stadt von der Nazi-Herrschaft befreit – und vergisst fast ganz das Feiern.

taz, 21. Oktober 1994

Der Markt ist schwarz von Menschen. Die Polizei schätzt ihre Zahl auf 10.000. »An diesem ganz besonderen Gedenktag« (Bundespräsident Herzog) ruht in Aachen die Arbeit. Schulen und Geschäfte sind geschlossen. Die ARD überträgt den Festakt live. Fahnen überall, Musikgruppen, ergreifende Reden. Ein erster Höhepunkt war die Grußbotschaft von Präsident Clinton, zu der sich auch CNN zuschaltete.

Seit den Morgenstunden läuten im Dom die Freiheitsglocken, McDonald's schräg gegenüber vom Rathaus hat heute den Peaceburger im Angebot. Gerade spricht ein Aachener Deserteur über die letzten Tage des Terrors. Mit Spannung wird für den Nachmittag die Rede des designierten Bundestags-Alterspräsidenten Stefan Heym erwartet.

Kein Scharping, Kinkel oder Fischer hat in den vergangenen Wochen auch nur halb so viele Interessierte anlocken können. Aber was ist schon ein Bundestagswahlkampf gegen den Anlass dieses Tages: Heute vor 50 Jahren, am 21. Oktober 1944 und damit über ein halbes Jahr vor

Kriegsende, befreite die US-Army Aachen als erste deutsche Stadt vom Nazi-Faschismus.

Das Szenario oben ist mit keinem Wort übertrieben. Es ist erfunden. Der große Tag, der 21. Oktober, ist in Aachen – Alltag. Außer ein paar kleinen Alibiveranstaltungen passiert nichts.

Wie anders in den belgischen und niederländischen Gemeinden nebenan, die sich seit Wochen bis ins kleinste Dorf gegenseitig überbieten mit Umzügen, Volksfesten und Feiern. Lüttich, Spa, Maastricht, Kerkrade, Eupen – die Fünfzigjahrfeiern näherten sich seit August zügig der alten Reichsgrenze. In Aachen ist Schluss. Ist Aachen, wie ganz Deutschland 1944/45, also wirklich »befreit« worden? Oder empfinden die Menschen das Kriegsende bis heute als militärische und moralische Niederlage? Aachen in den vergangenen Wochen wirft ein erhellendes Licht auf dunkle deutsche Befindlichkeiten.

Am 8. Juni 1994 schrieb die grüne Ratsfraktion einen Brief an die Stadtführung: Oberbürgermeister Dr. Jürgen Linden (SPD) und Oberstadtdirektor Dr. Heiner Berger (CDU) mögen »als Repräsentanten der Stadt und der Bürgerschaft die Federführung übernehmen«, dass der 21. Oktober »seiner Bedeutung entsprechend gestaltet« wird.

Genau 61 Tage brauchten die Stadtoberen für ihre Antwort: Man habe »Kenntnis genommen«. Man habe versucht, »amerikanische Befreier namentlich ausfindig zu machen und einzuladen. Leider vergeblich.« Man halte »andere adäquate Alternativen« nicht für realisierbar: »Bei aller Wertschätzung, die auch wir der Bedeutung dieses Ereignisses beimessen, möchten wir Sie deshalb um Verständnis bitten, dass wir eine besondere Veranstaltung zu diesem Tage nicht vorsehen.«

Die Absage verursachte keinerlei Aufregung. Wichtigeres stand an: Neben dem Bundestags- war vor allem der Kommunalwahlkampf in seine entscheidende Phase gegangen. »Wir haben gemerkt«, sagt Grünen-Sprecher

Günter Schabram, »der Termin 21. Oktober kommt wegen des Wahlkampfs allen ungelegen.« – Hätten die Amis mit der Befreiung damals nicht noch etwas warten können?

Die Aachener Presse empörte sich unterdessen über die Holländer: Maastrichts Stadtregierung hatte entschieden, zu ihrem großen Befreiungsfest ausdrücklich keine deutschen Repräsentanten einzuladen. Dann sorgten die *Aachener Nachrichten* selbst für Unmut, mit dem Abdruck einer zweimonatigen Serie »Aachen vor 50 Jahren«. In einer Art Kriegstagebuch ging es rein militärisch und skurril einseitig zu: Die Deutschen verteidigen aufopferungsvoll, die Angreifer, »Roosevelts Schlächter« oder schlicht »Feind« genannt, »nahmen« und »eroberten« Dörfer und Vororte auf dem Weg ins bedauernswerte Aachen, »stießen vor« trotz des »erfolgreichen Widerstandes« der braunen Wehrmachtshelden.

»Nationalistischer Landser-Dreck in Reinform«, kommentierte das Stadtmagazin *Klenkes*. Der Chefredakteur ordnete nur »vorsichtiges Gegenlesen« an. Ein Redakteur: »Geändert hat sich dadurch nichts. So ungeheuerliche Sätze wie – das holländische Maastricht sei von den Amerikanern ›erobert‹ worden – blieben drin. Und dann kamen auch noch erschreckend viele positive Reaktionen von den Lesern.«

Die letzten zehn Tage im Kampf um Aachen waren an Grausamkeit kaum zu überbieten. Mit aller Macht wollten die Nazis verhindern, dass die erste Stadt auf Reichsgebiet in die Hände der Alliierten fiel. Der *Westdeutsche Beobachter* im September 1944: »Unerbittlicher als je zuvor sind wir Deutsche entschlossen, den stolzesten Vorbildern nationalen Widerstandes nachzueifern, wo immer die bolschewistischen Horden oder die anglo-amerikanischen Gangster deutschen Boden besudeln, deutsches Volk zu erniedrigen versuchen sollten.«

Aachen – eine Stadt verschläft ihre einmalige geschichtliche Rolle. Dabei könnte man wachrütteln und erinnern – und damit vor allem auf die Ewiggestrigen und den neudeutschen braunen Geist zielen. Die Grünen immerhin haben auf die schnelle eine kleine Feier für den heutigen Abend zusammengebastelt. Gespräche mit Zeitzeugen stehen im Mittelpunkt. Aber sonst: Fehlanzeige.

Die PolitikerInnen winden sich. Aachens First Freidemokratenlady Meike Thüllen beklagt den »verdammten Wahlkampf« und sagt: »Das Verhältnis zu den Nachbarländern ist so gut, dass es keinen Sinn macht, diese Dinge wachzuwecken. Wir sehen kein Muss, da was aufzuarbeiten aus der Vergangenheit. Wir Liberale sind sowieso mehr zukunftsgerichtet.« Indes dank Wählers Votum seit Sonntag nicht mehr im Stadtrat.

»Was ist denn am 21. Oktober?« – Dem Fraktionsvorsitzenden der CDU, Rolf Einmahl, muss erst Nachhilfe in Heimatkunde gegeben werden. »Ach so; nein, als Fraktion gehören wir ja gemeinderechtlich zur Stadtverwaltung. Da ist die verantwortlich.« Intern gebe es aber »einen Meinungs- und Erfahrungsaustausch mit den älteren Parteimitgliedern«. SPD: »Ach ja, 1944«, stöhnt ein Parteisprecher: »Wir wollen keine Konkurrenzveranstaltung zum Empfang unseres Oberbürgermeisters.«

Es ist nämlich doch noch etwas geplant (gewesen) im OB-Büro. Pünktlich in der Woche vor den Wahlen, hieß es freudig, sei eine bedeutende Kontaktaufnahme gelungen: mit der Frau des US-amerikanischen Gefreiten, der damals als »Parlamentär« mit der geschulterten weißen Fahne die Aufforderung zur Kapitulation überbracht hatte. Der Mann befinde sich – welch Glück – gerade auf Europa-Trip im Schwarzwald und solle nun am 21. Oktober die Wegstrecke durch die Stadt mit Fahne noch einmal nachgehen.

Doch kaum stand die gute Nachricht am nächsten Tag in der Zeitung, war die Idee mit Fahnenträger Kenneth Kading aus La Grange/Illinois schon wieder Makulatur. Er saß nämlich im Flugzeug nach Hause. Besonders peinlich: Er hatte sogar in Aachen logiert, indes drei Wochen zuvor und inkognito. Ein Mitarbeiter im OB-Büro sagt bedauernd: »Was an Bewusstseinsbildung in 50 Jahren versäumt worden ist, kriegt man in ein paar Wochen auch nicht mehr hin.«

Winfried Casteel ist Fachbereichsleiter Politische Bildung an der Volkshochschule. Er klagt, bei seiner VHS-Reihe »Denk-Male« (Vorträge, Ausstellung, Dia- und Filmabende zu Aachen 1933–1944) hätten ihn Politik und Verwaltung allein gelassen: »Wir haben den Fraktionen das Programm im Sommer vorgestellt. Man hat es zur Kenntnis genommen; das war's.« Casteel nennt das »eine weitgehende Unbedarftheit im Umgang mit Geschichte. Es hat hier schon Tradition, einfach nichts zu machen, genau wie zum 40. Jahrestag auch.« Jetzt sei in aller Eile die OB-Feierstunde »mit heißer Nadel zusammengestrickt« worden – Casteel erwartet »ein Höchstmaß an Peinlichkeiten«.

Auch Schriftsteller Stefan Heym (*damals Bundespolitiker der PDS*) kommt nicht. Wieso überhaupt der? Weil Heym der wahrscheinlich prominenteste noch lebende Befreier ist, den jeder Aachener Oberschüler, der im Geschichtsunterricht aufgepasst hat, für das Oberbürgermeisterbüro hätte »namentlich ausfindig machen können«. Der ostdeutsche Schriftsteller, vor den Nazis geflüchteter Jude und engagierter Antifaschist, war als Soldat der US-Armee aus dem Exil zurückgekehrt und damals als einer der ersten im zerbombten Aachen.

Aber Heym, die rote PDS-Socke, einladen? Bei den Grünen gab es wenigstens eine heftige Debatte. »Ich war dafür«, sagt Sprecher Schabram, »ihn als Schriftsteller und Zeitzeugen einzuladen. Aber einen Heym als Spitzenkandidaten der PDS zum Star zu machen, das hätte wochenlang Ärger gegeben.« Also war die Mehrheit dagegen. Die SPD ist eindeutig: »Kein Thema.« CDU: »Solche Ideen hat es nie gegeben!« Das OB-Büro: »Eigentlich eine gute Sache« – aber was man sich damit mitten im Wahlkampf angetan hätte!

So kommt also kein Stefan Heym. Er schrieb einmal über die Zeit kurz vor der Befreiung: »Aachen in den

Händen der Amerikaner, der Symbolwert wäre kolossal: Deutscher als Aachen geht's nicht.«

***

So war das 1994. Zehn Jahre zuvor, zum 40. Geburtstag der Befreiung, hatte ich bei Ratsleuten herumtelefoniert, was man denn am 21.10. zu feiern gedenke. Mehrfach kam als Antwort: Ääh ..., 21. Oktober, was ist denn da, was gibt es da zu feiern ...? Das Datum war einfach nicht präsent.

Und 20 Jahre später, 2014?

Bunker und Abrissbirne

70 Jahre Kriegsende: Die Kaiserstadt tut sich schwer mit dem Gedenken – das bekannteste Symbol der Kämpfe wird derzeit zerstört.

Kölner Stadt-Anzeiger, 21. Oktober 2014

Mitten im schicken Gründerzeit-Wohngebiet am Aachener Lousberg liegt ein atemberaubender Trumm in Schmutzigbeige. Die Betonwände sind an die zwei Meter dick und höher als ein fünfstöckiges Haus, an einer Seite mit stählernen Staub- und Schallschutzwänden. Halb ausgeweidet ist der alte Kriegsbunker in der Rütscher Straße schon, er wirkt wie ein riesiger, offener Schrein. Seit einem Jahr wird er Stück für Stück abgerissen; überall gewaltige Schuttberge, Schrotthaufen, bedrohliche Überhänge aus den Resten des äußeren Mauerwerks. Dazwischen wuseln ein paar Bauarbeiter. 26.000 Tonnen Beton gilt es abzutragen.

Im Inneren dieses Betonmonsters nahm das Ende seinen Anfang. 199 Tage vor der Kapitulation des Deutschen

Reiches, am 21.10.1944 um 12.05 Uhr, verlässt Wehrmacht-Oberst Gerhard Wilck den Steinklotz. Der Stadtkommandant übergibt nach sechs Wochen fürchterlicher Bombardierungen und Häuserkämpfe die Kapitulationsurkunde an die US-Amerikaner.

Hans-Joachim Geupel steht vor der Großbaustelle und ist weniger erschüttert als erwartet. »Keine Wertung« will er abgeben, dass dieser Erinnerungsort vernichtet wird – für 40 Luxus-Wohnungen. Im Nachhinein habe der Abriss sogar sein Gutes. »Ohne die heftigen Proteste vor zwei Jahren wären wir wahrscheinlich gar nicht auf das Projekt gekommen.« Wir – das ist die kleine Bürgerstiftung Lebensraum Aachen, deren Vorsitzender der 62-jährige Ex-Bahnmanager ist. Das Projekt: letzte Zeitzeugen-Interviews, die Aufarbeitung durch Historiker, ein bewegendes Buch und eine große Gedenkveranstaltung am 70. Jahrestag.

Aachen, 21.10.1944: Die erste deutsche Großstadt war in der Hand der Alliierten. Ein großes Symbol. Ein Weltereignis damals. In Aachen interessiert das heute wenig. Über Jahrzehnte wurde der Bunker als monumentales Friedenssymbol missachtet. Ein Hochschulinstitut hatte ihn jahrzehntelang nutzen dürfen und baute innen so intensiv um, dass Denkmalschutz zuletzt nicht mehr infrage kam. Investoren erwarben die Immobilie, die Stadt erteilte die Baugenehmigung. Proteststürme. Anwohner klagten, erfolglos. Sie mussten sich gegen den Vorwurf verteidigen, es ginge ihnen nur um Baustellenbelästigung. »Die Stadt hätte am Gedenktag nichts weiter gemacht«, glaubt Geupel. Tja, sagt Geupel, dann müssen eben die Bürger ran: »Um darüber nachzudenken, wo diese scheinbar selbstverständlichen Werte wie Freiheit und Frieden ihren Ursprung haben.«

Irgendwann habe das offizielle Aachen gefragt, ob man sich nicht beteiligen könne. Geupel lächelt: »Die große Stadt bittet unsere kleine Stiftung.« Immerhin: »Jetzt unterstützen sie uns sehr.« Alexander Lohe, der Referent des

Oberbürgermeisters, formuliert griffig: »Damit reflektiert wird, was wir gewonnen haben, als wir den Krieg verloren haben.« Die Bürgerstiftung hat für ihr Buch »70 Jahre Frieden und Freiheit in Aachen« 14 Zeitzeugen aufgetrieben. Sie berichten von den überwältigenden Ängsten, vom Darben, von den Toten überall. »Wir wussten ja gar nicht, wie das ist, wenn kein Krieg ist«, so heute ein damals 7-Jähriger. Dann die Erlösung und die Dankbarkeit für die Befreier. Welche Art Leben nach dem Überleben kommt, weiß niemand zu ahnen. Mehrere Zeitzeugen schreiben, dass sie im Oktober 1944 zum ersten Mal einen Farbigen sahen: »Was hatte man nicht alles über die gehört, dass das Menschenfresser waren und so weiter.« Ein Mädchen erinnert sich: »In einem Gemüseladen gab es plötzlich Obst, und meine Mutter kaufte mir eine Traube! Die wollte ich teilen, für uns beide. Aber sie sagte nur: Nein, die ist jetzt nur für dich!« »Leider«, erzählt Geupel, »haben wir keinen der Befreier mehr gefunden.« Die wären heute auch 90 und älter.

Wohl aber fanden sie zwei Aachener, die als Kinder selbst im Lousberg-Bunker waren, zusammengepfercht, in Todesangst unter ständigen Bombardements: »Der ganze Bunker wankte und schien sich aus den Fundamenten zu erheben –wie bei einem Erdbeben«, erinnert sich einer. Als die Wehrmachtführung kapitulieren wollte, so schreibt eine damals 11-Jährige, suchte man im Bunker vergeblich nach einem weißen Laken. Indes: »Da auch einige Babys da waren, fanden sich doch noch weiße Tücher.« Kriegsende dank Babywindel.

Das Thema treibt die Menschen um. Ein Zeitzeuge schlug vor, die Straße vor dem Bunker in »Große Freiheit« umzubenennen. Auch ein 81-Jähriger meldete sich. Mit seiner Familie sei er damals bei Fürth evakuiert gewesen, in großer Angst, was aus ihrem Haus in Aachen geworden sei. In Fürth trafen sie einen US-Soldaten, der perfekt Deutsch sprach: Er sei neben dem markanten Haus stationiert gewesen und kürzlich noch dort gewesen – alles okay.

»Der Mann stellte sich als Henry Kissinger vor. Damals sagte uns das ja nichts, aber bis heute läuft es mir bei dem Namen noch kalt den Rücken runter«, berichtet der alte Mann aufgeregt.

An diesem Dienstagmittag ab 12 Uhr werden in Aachen alle Glocken läuten. Eine Idee nicht der Stadt, sondern der Bürgerstiftung. Die Kirchen waren schnell angetan davon, berichtet Geupel. »Ich bin sehr gespannt, wie berührend das wird; Trauer, Dankbarkeit, Verpflichtung für die Zukunft – jeder wird etwas anderes empfinden.« Glockenläuten indes, meinte ein Stifter, das werden doch die vielen bassbeboosterten Autofahrer gar nicht mitbekommen. Warum nicht alle Ampeln für fünf Minuten auf Rot stellen?

Der rote Knopf im Verkehrsamt und die zugehörige Mitarbeiterin waren bald identifiziert. Es gab auch Befürworter bei der Stadt. Aber Oberbürgermeister Marcel Philipp (CDU) sagte Nein. Glocken, so seine Begründung, seien doch genug.

Vergangenen Mittwoch fragte der OB-Referent den verdutzten Geupel, ob die Gedenkveranstaltung nicht etwas später starten könne. Grund: Der OB müsse vorher dringend einen anderen Bunker besuchen, einen des Konsums, die neue Shopping-Mall »AquisPlaza« habe Richtfest. Geupel teilte mit, 12.05 Uhr sei nun mal die geschichtlich unveränderbare Zeit. Jetzt will sich der OB beeilen.

Am Lousberg-Bunker surrt derweil die automatische Betonsäge weiter. Mit Wasserberieselung, wegen des Staubs. Es ist eine sehr archaische Konstruktion über wacklige Bänder und windschiefe Seilzüge und damit eine Technologie, die auf bizarre Weise zu 1944 passt.

Im Frühjahr soll der Klotz Geschichte sein. Immerhin ist man auf der Baustelle historisch sensibler als der Oberbürgermeister: Auf Vorschlag Geupels werden die Arbeiter während des Glockenläutens ihre Meißel, Hämmer und Hydraulikzangen niederlegen. »Dazu bedurfte es nur eines ganz kurzen Telefonats.«

Der Oberbürgermeister, so viel zu seiner Ehrenrettung, schaffte es tatsächlich vom Konsum-Bunker pünktlich zur großen Gedenkveranstaltung der Bürgerstiftung ins Alte Kurhaus. Der Bunker wurde nach vielen Protesten, jahrelanger Lärm- und Staubbelastung der AnwohnerInnen, nach großer Mühe wegen der sehr widerstandsfähigen dicken Betonmauern schließlich mit großer Verzögerung erfolgreich erlegt. Heute stehen an der Rütscher Straße hochpreisige Eigentumswohnungen vom Reißbrett. An die Vergangenheit erinnert ein kleines, kaum auffälliges Schild: »Hier endete am 21.10.1944 für Aachen die Naziherrschaft und es begannen Freiheit und Demokratie«.

Der Konsum-Bunker Aquis Plaza steht noch, mit nicht eben berauschender Nutzung und schon so mancher Geschäftsaufgabe. Um ihn herum ist das Viertel wegen Spekulationsstrategie der Hauseigentümer dermaßen abgerockt, dass sich Bewohner der Bronx heimisch fühlen würden.

***

Das Erbe der Nazi-Diktatur bleibt natürlich. 1995 flog an der RWTH eine deutschlandweit einmalige Doppelidentität auf: Prof. Hans Schwerte, der ehemalige Rektor, war in Wahrheit ein ganz anderer: Hans-Ernst Schneider, der als Rasseforscher im »Dritten Reich« zum persönlichen Stab des Reichsführers-SS Heinrich Himmler gehört hatte. Damals hatte ich schon mehrfach über das dreiste Chamäleon berichtet, das sich 1945 erst für tot erklären ließ und bald danach mit gefälschter Identität seine angebliche Witwe erneut heiratete.

Zum Holocaust-Gedenktag 2021 habe ich seine Geschichte noch einmal aktualisiert aufgeschrieben, weil sich endlich auch eine Historikerin für ihre Doktorarbeit mit Schneiderschwertes Leben akribisch beschäftigt hat.

Erst nach 50 Jahren enttarnt

Lange lehrte die SS-Größe Hans-Ernst Schneider an der Technischen Hochschule Aachen. Nur zögerlich stellte man sich dort der Aufarbeitung.

taz, 27. Januar 2021

Als alles aufflog, 1995, war der Mann schon 85 und längst emeritiert. Professor Dr. Hans Schwerte hatte als namhafter Literaturwissenschaftler gelehrt und war 1970 bis 1973 Rektor der Technischen Hochschule Aachen gewesen. Nur war er nicht der, als der er sich seit 1945 ausgab.

Schwertes wirklicher Name: Hans-Ernst Schneider, SS-Hauptsturmführer, tätig in führender Position in Heinrich Himmlers »Ahnenerbe«, der scheinwissenschaftlichen Forschungsorganisation der Nazis. Schon 1940 gehörte Schneider zum persönlichen Stab des Reichsführers SS. Er arbeitete für dessen berüchtigten Sicherheitsdienst in Den Haag und requirierte an niederländischen Universitäten medizinische Apparate für Menschenversuche und die vielhundertfachen Morde der »Ahnenerbe«-Abteilung im KZ Dachau.

Nach dem Krieg war Schneider angeblich verschollen, dann von seiner Frau Annemarie für tot erklärt worden. Gleichzeitig hatte er sich eine zweite Identität als Hans Schwerte, geboren in Hildesheim, zugelegt. 1947 heiratete er seine eigene Scheinwitwe, adoptierte die leibliche Tochter und startete eine zweite wissenschaftliche Karriere.

Das perfide Doppelleben lief schnell gut an, etwa in Salzburg: Da hatte er als zeitweiliger Leiter der SS-Außenstelle die Bibliothek des jüdischen Schriftstellers Lion Feuchtwanger plündern lassen, jetzt, im Zweitleben, wurde der Literaturforscher Schwerte hier Honorarprofessor. 1965 kam er nach Aachen und avancierte endgültig vom Germanen zum Germanisten. Schwerte war Faust-Fachmann mit, ach, zwei Seelen in der Brust. Er gab sich ausgewiesen fortschrittlich und linksliberal, galt als Grandseigneur des Fachbereichs, absolut integer, bei den Studierenden überaus beliebt.

1995 flog die Doppelidentität auf. Die Gerüchte hatten zugenommen. Sowohl Studierende als auch ein niederländisches Fernsehteam recherchierten beim Einwohnermeldeamt Hildesheim, seinem angeblichen Geburtsort. Ergebnis: Hans Schwerte? Unbekannt. Auch die Hochschule hatte dort nachgefragt, aber nur nach einem Schneider, nicht Schwerte. Ob fahrlässig oder absichtlich, weiß man nicht.

Schließlich war der Skandal monströs. In der Hochschule erklärten sich alle tief erschüttert und hintergangen. Wer wusste von Schwertes Doppelleben? Professoren-Namen als Mitwisser fielen, empörte und eitle Dementis folgten, Beschimpfungen, Verleumdungsklagen. Wer hat wen womöglich erpresst, wer ist durch Schweigen höher geklettert im Elfenbeinturm? Die Untersuchungen der RWTH in der Causa Schneiderschwerte verliefen schleppend zwischen Peinlichkeit, Bemühen und Angst um Reputationsverlust.

Die junge Aachener Historikerin Angelina Pils stellt in diesen Tagen ihre Doktorarbeit über sein Leben fertig. Dafür hatte sie im Deutschen Literaturarchiv Marbach auch Einblick in Schneiders Nachlass, vor allem in seine Tagebücher 1942 bis 1999. Es gebe darin, so Pils, »keine Einträge reflektierter Reue. Er hat die NS-Zeit einfach abgetrennt.« Nach dem letzten Tagebucheintrag in Berlin am 1.4.45 »zog er einen Doppelstrich quer über das Papier und begann darunter den nächsten Eintrag zuerst mit Ort und Datum: Lübeck, 3.5.45.« Schlussstrich gezogen: Symbolischer und aussageloser geht es nicht.

Die über 50 Jahre geführten Tagebücher, so Pils, »lassen an verschiedenen Stellen den Schluss zu, dass sich Schneider/Schwerte über die permanente Gefahr im Klaren war, jederzeit enttarnt werden zu können«. 1993 wurde es ernst. Tagebucheintrag am 20.10.: »Die zweite Zusendung aus Aachen … Jemand muss die Akten Ahnenerbe in die Hand bekommen, abgelichtet haben.« Als die Maske fiel, sei er »von der Heftigkeit der Reaktionen auf seine Enttarnung überrascht« gewesen.

Und die Reaktionen der Hochschule selbst? Pils hat festgestellt: »Handfeste Gerüchte über die SS-Vergangenheit von Schwerte gab es bereits in den 80er Jahren, weit vor dessen Enttarnung. Die Ignoranz, mit der viele Professoren darauf reagierten, ist erschreckend.« Immerhin, zum 150. Hochschuljubiläum in diesem Jahr, gebe es »eine offensive, selbstkritische Auseinandersetzung« – ihre Arbeit ist Teil davon. Gleichwohl sei das Wissen um den Mann »auch heute noch überraschend wenig präsent«. Ein Blick auf die TH-Website bestätigt dies. Dort wird immer noch ein »Hans Schwerte« als Ex-Rektor geführt.

Geändert hat sich, Beispiel Aachen, bis heute nur punktuell etwas beim Ahnen-Erbe der Nazizeit: Bisweilen wurde ein ehrender Straßenname für nazinahe Ex-Professoren entfernt – meist aufgrund von Protest aus der Bevölkerung. Aber bis heute gibt es im Univiertel einen Eckertweg zur Erinnerung an Geografie-Ordinarius und Dekan Max Eckert-Greiffendorf, der schon 1933 öffentlich zur Wahl Hitlers aufrief. Neben dem »Studentenwohnheim Eckertweg« hat die Studentenverbindung Wiking ihren Sitz im »Wikingerhaus«, das zufällig 1933 gebaut wurde.

Und Paul Röntgen ist bis heute Ehrensenator. Der Metallurg, Rektor nach dem Krieg, stand für die »Gratwanderung deutschnationaler Funktionseliten und ihre Einbindung in die NS-Politik«, wie TH-Historiker 2005 in einem Gutachten feststellten. Gleich 1933 hielt er bei einem Hochschul-Festakt Propagandareden gegen »die bolschewistischen Horden«. Nach 1945 stellte Röntgen seinen schwer mit dem Vorwurf des Antisemitismus belasteten ehemaligen Rektorenkollegen Alfred Buntru und Otto Gruber Gefälligkeitsgutachten aus, die als Persilschein für weitere wissenschaftliche Taten qualifizierten.

Schneiderschwerte wurde 1995 der Professorentitel aberkannt, Beamtenbezüge und -pension zurückgefordert. Das Bundesverdienstkreuz 1. Klasse musste er zurückgeben. Die Staatsanwaltschaft leitete noch ein Verfahren wegen Beihilfe zum Mord ein, wegen der Beteiligung an medizinischen Experimenten im KZ Dachau. Das Verfahren wurde eingestellt. Seinen gefälschten Lebenslauf kommentierte S.-S. noch mit den zynischen Worten »Ich habe mich doch selbst entnazifiziert« und starb schließlich 1999 in einem bayerischen Seniorenheim.

Während ihrer Dissertation stieß Angelina Pils, wie sie sagt, auf »eine Reihe überraschend ähnlicher Lebenswege« ehemaliger SS-Größen in die Demokratie. Diese hätten sich erst »für den Kriegseinsatz der deutschen Geisteswissenschaften« engagiert und sich dann »flexibel an neue Anforderungen angepasst«.

So wurde aus der »Grenz- und Volksdeutschtumsforschung« des SS-Hauptsturmführers Hans Schwalm nun eine »Geographie Osteuropas«, die er als Professor in Tübingen schrieb. Und aus »volkskundlichen Feindstudien« wie bei Karl Heinz Pfeffer ließ sich eine »Soziologie der Entwicklungsländer« anknüpfen, die er in Münster unter Helmut Schelsky erforschte.

Neue Identitäten waren da gar nicht nötig.

***

Auch die Justiz muss sich mit dem NS-Erbe beschäftigen. 2010 fand vor dem Landgericht Aachen einer der letzten großen Prozesse in Deutschland gegen einen Kriegsverbrecher statt. Dabei kam neben einem ekelhaft desinteressierten Angeklagten viel über deutsch-niederländische Kollaboration von 1940 bis 1945 auf den Tisch:

»Peng, peng, dann war es passiert«

Der SS-Mann Heinrich Boere hat in Holland Zivilisten erschossen und später unbehelligt als Rentner gelebt. Heute soll der 88-Jährige verurteilt werden.
Sächsische Zeitung Dresden, 23. März 2010

Das Verhältnis zwischen Niederländern und Deutschen ist seit jeher angespannt. Noch Ende der 90er Jahre ließen Umfragen aufschrecken, in denen Jugendliche in Holland die verhassten Moffen mehrheitlich als herrschsüchtig, fremdenfeindlich, humorlos und arrogant einstuften. Die Aufregung darüber hat sich gelegt, aber geblieben sind vielfältige Frotzeleien und giftige Schmährituale vor allem beim Fußball.

Woher kommt die spezielle Antipathie? Klar, da war der Überfall im Mai 1940, die brutale Besatzung. Grotesk verniedlichend heißt es im niederländischen Sprichwort, die fiesen Duitsen hätten damals der Oma das Fahrrad geklaut. Und bis heute nicht zurückgegeben.

Im Mordprozess vor dem Aachener Landgericht gegen den 88-jährigen SS-Mann Heinrich Boere hat sich seit Oktober sehr deutlich gezeigt, wie albern solche Banalitäten sind. Deutsche und Holländer, das belegen Archivfunde, haben in der zutiefst traumatisierenden Zeit von 1940 bis 1945 vielfach als Rassisten zweierlei Nation einträchtig zusammengearbeitet. Nirgendwo im besetzten Europa gab es mehr Kollaborateure. Heinrich Boere als Sohn eines Niederländers und einer Deutschen, 1921 bei Aachen geboren, seit 1924 mit den Eltern in der Nähe von Maastricht lebend, steht mit seiner Vita für die verdrängten Gemeinsamkeiten.

In einem der letzten großen NS-Prozesse ist Boere angeklagt, im Sommer 1944 in Holland als Mitglied des SS-Sonderkommandos Feldmeijer bei drei abscheulichen

Fememorden an Zivilisten beteiligt gewesen zu sein. Boere bekam jedes Mal einen Namen mit einer Adresse, angeblich Widerständler, klingelte dort, ließ sich – Ordnung muss sein – den Ausweis zeigen und schoss sein Opfer kommentarlos nieder. Diese Taten hat er mehrfach zugegeben (»Peng, peng, dann war es passiert«). Allerdings berief sich der Ex-Bergmann immer auf Befehlsnotstand. »Ich habe nie das Gefühl gehabt, etwas Unrechtes zu tun, und habe die Aufträge, Personen zu liquidieren, immer als militärische Befehle angesehen«, ließ er während des Prozesses seine Anwälte verlesen.

Der Besatzungsalltag war voller Angst und hinterhältiger Grausamkeiten. Politische Chamäleons verschafften sich Vorteile und verrieten Juden, Denunzianten und Doppelspione gingen bei Geschäftemachereien über Leichen. Es gab nicht nur die faschistische Partei NSB (National Socialistische Beweging), sondern auch viele niederländische Freiwillige – allein in der deutschen Waffen-SS über 20.000.

Verhörprotokolle aus der Nachkriegszeit gaben Einblicke in erschütternde Details. Selbst ein niederländischer Reichsbeamter aus dem Haager Finanzministerium schmiss seinen Job und heuerte bei der SS an. Der Mann gehörte zu Boeres Feldmeijer-Kommando und erklärte der Polizei 1946, er habe »Repressalmaßnahmen durchgeführt« und dabei eben »einige Personen erschossen«. Einmal wurden Streichhölzer gezogen, wer zum Zivilisten-Hinrichten ausrücken darf. Aber es ging auch anders: Ein Holländer (»Ich bin in die Waffen-SS eingetreten, weil ich Schwierigkeiten in der Ehe hatte«) warnte potenzielle Opfer. Keine gute Vorlage für Heinrich Boere. Befehlsnotstand? Man konnte sich um Mordbefehle offenbar auch drücken.

An vorderster Front der Gräueltaten agierte die Waffen-SS, in die auch Boere gleich 1940 eingetreten war. Ihr Chef in den Niederlanden, Hanns Albin Rauter, schrieb im

Januar 1944 (»Geheime Reichssache«) an seinen Reichsführer Heinrich Himmler von zunehmenden Überfällen, unter anderem sei einer seiner Leute vom »Rade heruntergeschossen worden«. Man habe deshalb umgehend »50 Hetzer festgenommen« und »fünf gleich auf der Flucht erschossen«. Die SS, sagt ein Nebenkläger in Aachen, der einen von Boeres Opfersöhnen vertritt, »war eine Mörderbande mit betont eigener Initiative«.

Der Name Heinrich Boere steht für ein ekelerregendes Versagen der Nachkriegsjustiz. Boere war 1949 in Amsterdam in Abwesenheit zum Tode verurteilt worden (später in lebenslänglich umgewandelt). Lange untergetaucht, lebte er seit 1954 plötzlich wieder in Eschweiler, unbeachtet. 1980 stellten die Niederlande einen Auslieferungsantrag. Den lehnte ein deutsches Gericht ab, mit dem ausdrücklichen Verweis auf einen Erlass Adolf Hitlers, nach dem ein Freiwilliger in der Waffen-SS automatisch die deutsche Staatsangehörigkeit besitze. 1984 weigerte sich der Dortmunder Generalstaatsanwalt Hermann Weissing, Jahrgang 1930, eigene Anklage zu erheben: Boeres Morde seien Kriegshandlungen gewesen, also »zulässig und rechtmäßig«.

Der Zeugenstuhl mitten im Landgerichtssaal A 020 blieb ungenutzt. Ein Symbol: Welcher Zeuge sollte nach 65 Jahren noch befragt werden? Nur einer lebt noch, Jacobus Bestemann, ebenfalls 88, auch er Freiwilliger der Waffen-SS, Ostfrontkämpfer und bei einer der drei Morde Boeres Partner. Bestemann, der nach dem Krieg 13 Jahre Haft verbüßt hatte, wurde aus einem Rotterdamer Gerichtssaal per Videoschaltung vernommen. Eine Groteske: Bald zwei Stunden sagte ein schmächtiger alter Mann ausdauernd, er wisse das alles nicht mehr genau. Insgesamt 82 Mal. Boere guckte auffallend wach, als er seinen Mords-Kumpel nach über 60 Jahren erstmals wiedersah, zeigte aber, wie während aller 19 Verhandlungstage, keinerlei äußere Emotion.

Eine Ausnahme gab es – indirekt: Als Boere zuvor bei seiner einzigen persönlichen Aussage vom

SS-Ausbildungslager in München über das »Länderspiel im Fußball« zwischen deutschen und niederländischen Freiwilligen berichtete. Wer gewonnen habe, fragte der Richter beiläufig. »Die Holländer haben gewonnen.« In diesem Moment schnellte das oranje-farbene Blutdruck-Kästchen, mit dem ein Arzt ständig Boeres Verfassung kontrollierte, vom sonst stets konstanten Wert um 100 auf plötzliche 145.

Viel Aufklärungsarbeit ist den Kölner Nebenklägern Detlef Hartmann und Wolfgang Heiermann zu verdanken, die umfängliche Funde aus Maastrichter Polizei-Archiven präsentierten. Die Archivfunde schredderten Boeres Lebenslauf. In vorderster Front hat der scheinbare Mitläufer (»Ich als kleiner Soldat«) als hinterhältiger Spion mitgewirkt und lieferte, so die Nebenklage, »mit krimineller Energie mindestens sieben weitere Menschen ans Messer«. So hatte er sich in einem Bauernhof undercover als vermeintlicher Flüchtling verstecken lassen – und die Helfer danach umgehend denunziert. Über 50 Personen wurden verhaftet, viele landeten im KZ, sieben Opfer verstarben dort. Boeres Angaben vor Gericht, er habe diese Zeit an der Ostfront und verletzt in Lazaretten verbracht, erwies sich als erfunden. »Ein eifriger und engagierter Nationalsozialist, heimtückisch und widerwärtig«, so die Nebenklage.

Boere war zudem, so die Quellen, Mitglied im NSB, später freiwillig in der paramilitärischen Landwacht und arbeitete ein Jahr als Zählerableser in Maastricht. Dabei bekam er vielerlei Einblick in Häuser, Keller, Verstecke von Untergetauchten. Nach seinen Einsätzen wurde er befördert, bekam für einen der drei Morde aktenkundig ein halbes Monatsgehalt als Kopfprämie und firmierte sogar als »Leiter des Sturms der Germanischen SS«. Gerichtsbelüger Boere korrigierte daraufhin seinen Lebenslauf: »Dürfte richtig sein ... ist durchaus möglich ... ja, die Erinnerung ...«

Heute wird das Gericht sein Urteil fällen. Lebenslänglich hat die Staatsanwaltschaft gefordert. Die Verteidiger verzichteten überraschend auf einen Antrag auf Freispruch wegen Befehlsnotstand, halten aber sieben Jahre als Strafe für ausreichend.

Noch ist nicht entschieden, ob der durchaus rüstige, aber herzkranke Mann im Rollstuhl eine Strafe überhaupt antreten müsste (und wenn in einem Justizkrankenhaus) oder ob er in seine Seniorenresidenz »Meerblick« zurückkehren kann. »Wichtig ist die Schuldfeststellung«, sagt Oberstaatsanwalt Ulrich Maaß, »und ein rechtskräftiges Urteil. Das sind wir den Opfern schuldig, und den Angehörigen als Trost und als Anerkennung ihrer Leiden.«

Einer der vielen niederländischen Prozessbeobachter berichtet, das Verfahren habe in seinem Land tatsächlich »viel angerührt«. Es gebe »ein sehr großes Echo, vor allem bei den letzten Zeugen der damaligen Zeit«, aber nirgendwo »neue Antipathien gegenüber den Deutschen«. Man wisse doch: »Boere ist selbst ein halber Holländer, und wir haben schmerzlich gelernt, dass auch viele Holländer Nazis waren oder kooperiert haben.« Wahrscheinlich beruht viel niederländischer Deutschenhass auf einer Art psychologischem Schuldtransfer. Damit kann man die Opferrolle kultivieren und davon ablenken, wie emsig man sich zwischen 1940 und 1945 gemeinsam die Finger schmutzig gemacht hat.

Zwei Opfersöhne, beide über 70, wollen zum Urteilsspruch nach Aachen reisen. Eine Verurteilung wird, wenn man das so flapsig sagen darf, wie die Rückgabe eines Fahrrades sein. Ein Opfer war übrigens – wie zynisch – tatsächlich Fahrradhändler. Dessen Sohn, heute 77, trägt die Pistolenkugel, mit der Boere seinen Vater auslöschte, seitdem immer bei sich.

***

Boere wurde zu lebenslanger Haft verurteilt. Nachdem der Bundesgerichtshof die Revision zurückgewiesen hatte, musste noch seine Haftfähigkeit geklärt werden. Sie wurde von einem Gutachter bejaht. Ende 2011 wurde Boere aus seinem Altersheim in die JVA Fröndenberg verlegt. Dort starb er im Dezember 2013 im Gefängniskrankenhaus im Alter von 92 Jahren.

Worte des Bedauerns sind nicht überliefert.

Deserteur in Deutschland – ein Leben lang Außenseiter

Stefan Harder hatte großes Glück: Er überlebte im Nationalsozialismus sein Todesurteil als Deserteur. Er schwieg sein ganzes Leben. Bis eine Ausstellung über Deserteure im Bunker Junkerstraße eröffnet wurde.

taz, 22. November 1989

»Sollte das deutsche Volk, wie einst behauptet, wirklich einer eigenen Rasse angehören, dann muss die absolute Unfähigkeit, die Leiden der Opfer eigener Verbrechen zu begreifen, ein besonderes Rassemerkmal sein. Das deutsche Volk, welches das Kriegsende nicht als Befreiung vom Nazismus, sondern als bedauerliche militärische Niederlage empfindet, wird die Wehrmachtsdeserteure auch weiterhin für die Niederlage mitverantwortlich machen. Wäre dies tatsächlich der Fall gewesen, ich wäre stolz darauf, einen solchen Beitrag geleistet zu haben.«

(Stefan Harder, Deserteur aus Aachen)

Es ist ein langer Schlussapplaus, der tief berührt. Die minutenlangen Ovationen der ZuhörerInnen in dem kalten Raum des Aachener Bunkers gelten einem kleinen alten

Mann auf dem Podium. Zwei Stunden hat er von seinem Schicksal als Deserteur erzählt, als jahrelang Umherirrender im Europa des Zweiten Weltkrieges, später als Gefangener, Gedemütigter, als Todeskandidat. Zum ersten Mal in seinem nunmehr 71-jährigen Leben erzählt er davon in der Öffentlichkeit, fast ein halbes Jahrhundert nach allem, was passiert war.

»Manchmal klingt es ein bisschen wie Schwejk, nicht wahr?«, schiebt Stefan Harder zwischendurch mal über eine Episode seiner waghalsigen Flucht ein. Einige im Publikum haben gelacht, nur für einen Moment und sehr vorsichtig. Augenblicke später erzählt Harder aus den langen Monaten der Gefangenschaft im Barackenlager Börgermoor im Emsland. Wie er sich einmal, abgemagert und ausgehungert, über einen Schweinefuttertrog hergemacht hat, wie wundervoll das schmeckte. »Eine Delikatesse«, sagt er und schildert den Gipfel des Erfolgs: »Kurz bevor ich wieder abkommandiert wurde, habe ich fürs Abendbrot noch schnell mit beiden Händen eine Ladung unter meine Häftlingsmütze gestopft.«

Harder ist im Mai 1942 von der Fahne gegangen. In Weißrussland muss er als 23-jähriger Wehrmachtsfunker eine Massenerschießung von 2.000 Juden miterleben. »Da habe ich mir gesagt: Nein, nicht mit mir. Nicht in meinem Namen.«

Entsetzt und angewidert beschließt Harder, »die Schanduniform auszuziehen«, streift ziellos umher, bis er das Vertrauen einer polnisch-litauischen Partisanenorganisation findet. Als einziger Deutscher und einziger Deserteur hilft er fast ein Jahr lang mit, geflohene sowjetische Kriegsgefangene und Juden zu verstecken. »Wir haben im Untergrund gewartet und waren verzweifelt: Was sagt die Kirche, was der Papst? Der Papst schwieg. Und das Internationale Rote Kreuz schwieg auch.«

Harder bekommt den Auftrag, Kontakt zum Internationalen Komitee vom Roten Kreuz in Genf herzustellen. Er schildert seinen Weg quer durch das »Reich« in einer geklauten Eisenbahneruniform, listig, aber immer in Angst. In Freiburg, »so schrecklich kurz vor der Grenze«, nehmen ihn im Frühjahr 1943 zwei Kripo-Häscher fest. Das Berliner Reichskriegsgericht verurteilt Stefan Harder wegen Desertion zum Tode. »Nach der Verhandlung sagt der Richter zu mir, auf dem Tisch sitzend und dabei so mit den Beinen herumbaumelnd: Mensch, Sie waren doch schon weg, warum haben Sie sich denn erwischen lassen?«

Rauh und krächzend spricht Stefan Harder. Ein Stimmband, entschuldigt er sich, sei durch den Krieg gelähmt, zudem die Wirbelsäule kaputt; lange sei er krank gewesen. Jetzt habe er gerade zwei Schlaganfälle hinter sich. Seine Schilderungen aber sind glasklar und pointiert, analytisch wie anekdotisch und nicht zu einer von der langen Zeit gestrickten Legende geworden.

Stefan Harder ist ein Mann, der den Nadelstreifenanzug nur zu ganz besonderen Anlässen wie diesem trägt, der sich auf der kleinen Bühne des renovierten Bunkers an Stock und Hut festzuhalten scheint und den Mantel anbehält, als wolle er jederzeit flüchten können von diesem erinnerungsträchtigen Ort der Naziherrschaft und aus der ihm ungewohnten Rolle als Hauptperson vor Publikum.

Dass Harder überhaupt gekommen ist, ist ein Zufall. Die Veranstalter einer Kunstausstellung über Deserteure hatten seinen Namen und die Adresse in Aachen erst tags zuvor erfahren. Und gefragt. Spontan hatte er zugesagt.

Nach unzähligen Tagen in der abgeschotteten Todeszelle wird Harders Strafe auf ein Gnadengesuch von Verwandten hin — »warum, habe ich nie verstanden« — in 15 Jahre Zuchthaus umgewandelt. Ein seltenes Glück. Hitler hatte in Mein Kampf Klartext geschrieben: »An der Front kann man sterben, als Deserteur muss man sterben.« Ihren Kopf retten konnten fast nur die Deserteure, die noch kurz vor Kriegsende die Flinte ins Korn warfen — aber auch von ihnen nicht alle. »Ich bin«, sagt Harder, »auf dem Höhepunkt der Macht von der Fahne gegangen, nicht erst 44 oder 45, als die Niederlage abzusehen war.«

Im »Kriminellen-Bataillon 500« soll Harder sich bewähren. Er erzählt vom Frühjahr 1945. Im schlesischen Cosel hat seine Kompanie den Auftrag in vorderster Front den Vormarsch der Roten Armee aufzuhalten. Er rettet einen schwerverletzten russischen Soldaten, zieht ihn aus dem Feuerhagel hinter die deutschen Linien. »Da hätten Sie mal die deutschen Soldaten sehen sollen. Diese Bestien, dieser Hass. Alles Schwerverbrecher, die wussten, dass sie hier verheizt werden sollten. Aber das waren die fanatischsten.« In der folgenden Nacht desertiert er erneut.

Listenreich, mit seinen polnischen Sprachkenntnissen gut getarnt, kommt er bis Lodz. Polnische Miliz nimmt ihn fest, Harder kann erneut fliehen. Offiziere des KGB überraschen ihn. Das deutsche Todesurteil in seiner Brusttasche hilft, statt ins ukrainische Arbeitslager wird er in eine Kaserne der Roten Armee gesteckt. »Da habe ich dann«, und da spricht wieder der Schwejk aus ihm, »erstmals militärische Karriere gemacht. Ich wurde zum Stubenältesten ernannt.«

Und Harder machte, wie er mit verschmitztem Stolz erzählt, »das Gesellenstück in Gefangenschaft«. Dem russischen Lagerverwalter habe er zwei Zuckersäcke geklaut, um sie dann »ganz naiv, ganz freundlich«, dessen Ehefrau in der Feldküche gegen Brot, Speck und Zigaretten einzutauschen. Mit diesem Proviant ausgestattet, haut er erneut ab.

Die Desertion hat Stefan Harders Leben als Einzelgänger, Outsider, bis heute bestimmt. 1947 in Ost-Berlin wird ihm die Fortsetzung seines Vorkriegsstudiums in Politologie an der Humboldt-Universität »wegen meiner bürgerlichen Herkunft« verweigert.

Wiedergutmachung? Er selbst habe doch keine Juden erschießen müssen, fragen ihn die Deutschen im SED-Staat, warum er da desertiert sei? Im KZ habe er auch nicht gesessen. »Mein Gott, habe ich gedacht, die gleichen Menschen wie bei den Nazis, nur unter anderer Fahne.«

In Düsseldorf, Jahre später, ist er, »weil diese Behördenhengste mich nicht als politisch Verfolgten anerkennen wollten«, gleich zum Innenminister persönlich ins Amtszimmer vorgestürmt. Dreistigkeit siegt auch hier. Harder wird als Gewissenstäter anerkannt, erhält als »Entschädigung« fünf Mark pro Tag in der Todeszelle und eine kleine Rente.

Eine bürgerliche Existenz bleibt Stefan Harder weiter verwehrt. Durch Gelegenheitsjobs als Hotelportier, Messehelfer und Kleingewerbetreibender »für Teppichreiniger und Schuhwichse und so Sachen« kommt er in den 50er Jahren nach Aachen. Die Zeitungen, so glaubt er, könnten sich für seine Erlebnisse interessieren. »Die Redakteure waren auch sehr neugierig, aber ihren Lesern, sagten sie, könnten sie so was nicht zumuten.« Einmal pöbelt ihn ein betrunkener Polizist an, einen Feigling wie ihn habe man wohl vergessen zu vergasen, worauf ihn Harder niederschlägt und vor Gericht gestellt wird. In der Nachbarschaft seiner kleinen Wohnung in einem Aachener Arbeiterviertel muss er sich anpassen oder Außenseiter bleiben. »Mit Freunden kann ich saufen, zocken, rauchen. Aber von unserer Vergangenheit, insbesondere unser aller Militärzeit, will keiner mehr etwas hören. Das ist tabu.«

Harder ist immer Junggeselle geblieben. »Auf dem Rücktransport von Freiburg 1943 wollte eine Rot- Kreuz-Frau in Berlin nur meinen beiden Aufpassern eine Suppe geben«, erzählt er dem Aachener Publikum. »Wat, der is desertiert, ein Verbrecher? Der kricht bei mir nüscht«, habe die Helferin gesagt.

Die tiefe Verachtung für die Suppenköchin hört man Harder noch heute an. Aber gleich dreht er den Dreh ins Skurrile: »Ich wusste, was ich von den deutschen Frauen zu halten habe. Und deswegen«, einen Moment lang lächelt der kleine Mann ein bisschen kokett, »habe ich nie geheiratet.« Meint er das ernst? Einige Zuhörer bemühen sich um ein Lächeln.

Von einem Denkmal für den Unbekannten Deserteur hält Harder nicht viel. »Aber wenn«, räumt Harder ein und zeigt in den Ausstellungsräumen auf eine Installation des Aachener Designers Eugen Rother, »dann so etwas: Ein Strick, an dem ein Paar Wehrmachtsstiefel baumeln, dahinter das Schild ›Ich bin ein Feigling‹. Genau das: schlicht, konkret, und der ausgelöschte Mensch fehlt.«

Verbittert ist Stefan Harder nicht. Er beklagt sich nicht und klagt nicht an, dass Menschen wie er bis heute nicht gewürdigt worden sind. In Vergessenheit weiterzuleben hat auch sein Gutes. Die Tage nach der Veranstaltung im Bunker, sagt Harder später, seien hart gewesen für ihn. »Alles, all das gelebte Leid, ist wieder so aufgewühlt worden in mir.«

Sein Hausarzt habe ihn im Bericht der Lokalzeitung erkannt. So, wie Stefan Harder dies erzählt, klingt es, als sei es beiden nicht recht gewesen. »Vielleicht aber«, hofft er, hat wenigstens jemand von den Zuhörern etwas verstanden. Aber mit dem einen Mal soll es genug sein. Die zwei, drei Jahre, die mir noch bleiben, will ich in Ruhe verleben. Meine Geschichte ist ja nichts Einmaliges, das haben Tausende von Menschen erlebt.«

Hunderttausend waren es etwa, nach neueren Schätzungen, die in brauner Zeit den grauen Rock auszogen. Über 30.000 wurden erwischt und hingerichtet. Die meisten Überlebenden haben ihr Leben lang geschwiegen, aus Angst und Scham. Und auch Stefan Harder möchte nicht, dass sein richtiger Name genannt wird.

***

Harder lebte in der Aretzstraße. Ich habe ihn Monate nach seinem Auftritt noch einmal besucht. Es schien ihm passabel gut zu gehen, »aber die Einsamkeit«, sagte er mehrfach. Raus gehe er nur zum Einkaufen. Nachbarn erzählten später, er sei immer verbitterter geworden, bisweilen aggressiv, frustriert und immer ganz allein. Ein paar Jahre später war das Klingelschild plötzlich weg.

Sport II:
Alles mit Alemannia

Alemannia – Més que un club alemany

Wohl kaum ein Thema in Aachen ist so vielschichtig wie die Alemannia, so absurd, so schräg, so rekordverdächtig und blütenreich, so skandalumwittert und triumphevoll. Und es gibt nur wenige Fußballclubs, die auch nach jahrelangem Trauerdasein in der 4. Liga so sehr die Kultur einer Stadt prägen – gefüttert durch traditionsbesoffene Erinnerungen an bessere Zeiten. Die einen haben sich den Schwarz-Gelben von den Tivolis lebenslang verschrieben, andere sagen nur Klömpchensclub und wenden sich ironisch lächelnd, gelangweilt oder angewidert ab. Die ganze Bedeutungsschwere mögen diese Worte aus der taz zusammenfassen, geschrieben kurz vor dem Abstieg in die Regionalliga:

Wenn Alemannia absteigt, so ein geflügeltes Wort in Aachen, ist das, als würde man dem Namen der Stadt ein a stehlen. Vieles spricht derzeit für Achen. Die lustigen Führungspossen lassen langfristig sogar lemnni chen befürchten.

Nun, das ist etwa der Stand der Dinge nach bald einer Dekade Regionalliga.

Seit Ende der 80er Jahre gab es sieben Auf- und Abstiege in vier Ligen, zauberhafte Pokaldramen im Dutzend bis hin zum verlorenen Finale 2004, eine berauschende Uefapokal-Teilnahme als Zweitligist und das erste präcoronale Geisterspiel im deutschen Profifußball. Und da war dieses Faszinosum, selbst nachgerechnet: Im Kalenderjahr 2005 war kein deutscher Fußballklub, auch nicht der FC Bayern, häufiger live im Free-TV zu sehen als Zweitligist Alemannia Aachen. Das lag an den vielen Montagsspielen im DSF, den Pokalthrillern, später Spiel um Spiel im Europapokal. Und wer dreimal hintereinander den FC Ruhmreich aus München abfertigt (was niemandem häufiger gelang), hat *diesen Uli Hoeneß, wie er jedes Mal rotgesichtig mit gesenktem Kopf vom alten Tivoli schlich, für immer im Kopf gespeichert. Und wird die wunderbar berauschte Überschrift der Aachener Zeitung nach dem 2:1 im Viertelfinale 2004 nicht vergessen: »Die beste Elf der Welt trifft auf eine noch bessere.«*

Da ist auch das Millionengrab Neuer Tivoli. Das Betondesaster kostet die Stadt, also uns Steuerzahler, seitdem jährlich eine Millionensumme, vermutlich bis kurz vor dem St. Nimmerleinstag.

Und all die Trainer: Da war zum Beispiel der charmante Sprücheklopfer Peter Neururer, er hatte in Aachen 1988und 1989 seine erste Trainerstation im Profibetrieb. Nach seiner Entlassung kartete er nach: er wollte erkannt haben, »dass einem alte Heiligtümer wie Martinelli und Hermandung immer wieder Minen in den Weg legen, wenn man nicht Aachener Platt spricht«.

Gehen wir chronologisch weiter. Es folgte bald das große Missverständnis Mustafa Denizli.

Türke raus!

Ein Schauerspiel in fünf Akten von der Provinzbühne Aachen.

taz, 28. März 1990

Epilog: Sekt oder Selters. Man kennt das ja aus zahllosen Aufführungen. Bei Siegen stoßen alle euphorischen Jubel aus, baden sich im Scheinwerferlicht der Erfolgreichen. Klappt's nicht, ist die Empörung groß, die Besserwisser kommen aus ihren Löchern, die Neider, die Schlauberger, die Neunzigminutenmalklugen. Dann ist der Trainer schuld. Bei den Alemannen aus Aachen wird derzeit ein besonders schmutziges Schauspiel aufgeführt.

Hauptdarsteller: die Provinzpresse und ein komplett unfähiger Verein. Nebenrollen: Trainer, Spieler, der Ball. Tragischer Held: Mustafa Denizli, der türkische Ball-Heros. Er muss zurück an den Bosporus. Türke raus! Raki oder Schmutzwasser.

1. Akt (Vorspiel): »Begnadetes Idol mit majestätischer Attitüde« nannten ihn die Medien im Herbst, oder »smarter Kosmopolit« oder »neuer Kaiser vom Tivoli«, der »in einer 1001. Fußballer-Nacht geboren« sein müsse. Da gewann die Alemannia, obwohl noch abgeschlagen Letzte der 2. Liga, mit ihrem neuen Trainer Mustafa Spiel auf Spiel mit kompromisslosem Angriffsfußball. Gemeinsame Jubel auf den Rängen bei deutsch-türkischen Fußballfesten. Der Glaube an den Retter hatte, bemerkte die FAZ, »biblische Züge«.

Hurriyet und Milliyet, jetzt immer am Tivoli, berichteten in der Türkei auf Seite 1 über den emigrierten Fußballhelden aus dem Bundesliga-Wunderland. Mit Galatasaray Istanbul schloss Alemannia ein Kooperationsabkommen. Der alte Werbepartner wurde vergrault, weil ein türkischer jetzt mehr zahlte, und ein türkischer Geschäftsmann wurde in den Vorstand gewählt.

Deutsch-türkische Freundschaft hieß es allerorten. »Für den würden wir auch Knoblauch essen«, jubelte einer der Kicker hingebungsvoll. Die Vereinsführung bekannte noch im Herbst, trotz Tabellenplatz 18, die Augen Richtung Bundesliga zu lenken. Lächerliche 11 Punkte Rückstand!

2. Akt (Drama): Dann: Verletzte und Sperren nach Platzverweisen, zwei Niederlagen in Folge, und das Gemurre nach aberwitzigen Erwartungen ging los. Leopold Chalupa, ein fachfremder Nato-Viersternegeneral, langweilte sich im Ruhestand und wurde neuer Präsident. Vorher kein Geld für eine Verstärkung, plötzlich – Existenzangst! – wurden gleich vier Spieler dazugekauft,

Folge: Stammplatzangst in einem total aufgeblähten Kader, die Kicker erklärten sich tief verunsichert. Dann eine Niederlage des neuen Clubs von Weltformat sogar in Unterhaching!

3. Akt (Realsatire): Vom »vorgeblichen ›Wundermann vom Bosporus‹« höhnte jetzt die Lokalzeitung, verdrängend, dass sie sich selbst zitierte. Im Gestochere nach Analysen die Presseerklärung: unter Denizli habe die Mannschaft nie Unentschieden gespielt, da könne was nicht stimmen.

Nur noch Hass und Hetze: Die Spielerbenotung, las man da, müsse entfallen »aus Fairness gegenüber den Aktiven«, weil sie eine falsche »taktische Konzeption nicht wie gewohnt zur Geltung kommen ließ«: »Haben sie nicht zu verantworten.« Sondern: Versager Denizli, der ja immer noch kein Deutsch könne, den man jetzt spöttisch-distanzierend einen »Cosmopoliten« (mit C) nannte – und der jetzt wegmüsse, denn »das deutsch-türkische Modell ist gescheitert«. Türke raus!

4. Akt (Finale): Lange zierte sich der präsidiale Nato-Krieger Chalupa, Denizli abzuschießen, was bei Fortzahlung von über 20.000 Mark Monatsgehalt (Zweitligarekord) für den ohnehin hochverschuldeten Club ein Fiasko gewesen wäre. Als jetzt die Spieler auch noch gegen ihn spielten (neue Niederlage ohne Gegenwehr, und der Trainer »begrüßte küssend einige Landsleute« – Lokalzeitung) »hat Herr Denizli um seine Entlassung gebeten«, so der Präsident.

Kein teurer Rausschmiss also, sondern »eine menschlich faire Lösung, bei der alle ihr Gesicht wahren können«. Dank noch, und schöne Worte für den Herausgeekelten. Immerhin habe der Türke doch – schöne Fehlleistung – »mit dem Herzen an der Sache gehängt«.

17.000 Mark, rechnete die Lokalpresse noch süffisant vor, habe jeder Punkt den Club gekostet. Da wollte ein türkischer Journalist mit empörtem Nationalstolz aber wissen, wieviel es denn beim Vorgänger Rolf Grünther, dem fast total punktelosen Totalversager gewesen seien, dessen Erbschaft die Alemannia noch heute am Tabellenende hält. Mustafa Denizli, dem immer lächelnden, grundsympathischen Mann, (»der Strahlemann«) war die Erleichterung deutlich anzumerken, das Aachener Abenteuer überstanden zu haben.

Er, der laut Lokalzeitung »in seiner Heimat immer noch als Fußball-Prophet gilt«, hat ein Traumangebot von Galatasaray Istanbul. Dort soll er den glücklosen Sigi Held ablösen. Es wäre das zweite Ende einer deutsch-türkischen Fußballfreundschaft in einem Aufwasch. Auch die Alemannia sieht sich jetzt heimatverbundener »auf dem deutschen Markt« für »das Himmelfahrtskommando« um.

5. Akt (Letzter Auftritt): Der Vorhang fällt. Alle(mannia) ab – in die Amateurliga. (ENDE)

***

Das schafften sie dann auch, Abstiegscoach war schließlich der deutsche Trainer Eckhard Krautzun (mit K).

Indes: Der »Hang zum Drama«, den der langjährige Sportdirektor Jörg Schmadtke dem Club später einmal zuschrieb, gilt bis heute. Eine der menschlich größten Katastrophen ereignete sich 1999:

»Werner, wir werden für Dich kämpfen«

Fünf Tage nach dem Tod von Trainer Fuchs schafft Alemannia Aachen den Sprung in die Zweite Liga – Tränen nach den Toren.

Süddeutsche Zeitung, 18. Mai 1999

Aachen/Erkenschwick – Spektakuläre zehn Siege in Folge, soeben den Aufstieg in die 2. Liga geschafft – und Alemannia Aachens Präsident Wilfried Sawalies war »ziemlich traurig, wie schnell die Trauer verschwunden war«. Er sprach von Ehrfurcht, von »stillem Gedenken« und von seiner Angst, dass die Fans in der Nacht womöglich »jubelnd durch die Stadt ziehen«.

Taten sie nicht. Alle wussten, welch bizarrer Triumph das 2:0 bei der SpVgg Erkenschwick war. Nur fünf Tage vorher war der hochbeliebte Trainer Werner Fuchs (50), scheinbar kerngesund, beim Waldlauf mit dem Team tot zusammengebrochen.

Es muss grauenvoll gewesen sein: Stürmer Mario Krohm versuchte Mund-zu-Mund-Beatmung; Torwart Schmidt, ein Medizinstudent, machte vergeblich Herzmassagen. Aus verzückter Aufstiegseuphorie wurde Fassungslosigkeit. Fuchs war Trainer, Sportdirektor, Planer und gute Seele in einem und hatte in Aachen den Ruf eines Fußball-Heiligen. Schweigend hatten fast zehntausend Aachener, alle mit Trauerflor am Arm, im Stimberg-Stadion Platz genommen. Als die Mannschaft auf den Rasen kam: Stille. Beim Anpfiff Schweigeminute. Und Tränen.

Sicher, danach wurde auch angefeuert und gesungen (»der Trainer hätte es so gewollt«); aber als die Tore fielen gegen einen pietätvoll zurückhaltenden Gegner, blieben so manche sitzen und heulten Rotz und Wasser. Präsident Sawalies, im Brotberuf Architekt bei einer großen Baufirma, meinte später: »Ach, ich glaube, die Fans haben doch ein sehr anständiges Bild abgegeben.«

Alemannia war einmal eine Fußballmacht, das Tivoli-Stadion galt als Festung wie der Betzenberg. Sensationell Deutscher Vizemeister 1969. Dann der Abstieg. Fast 30 Jahre lang hieß vor einer jeden Saison das erklärte Ziel: Aufstieg. Geklappt hat es nie. Und immer tauchten Zweifel auf: Die wollen ja gar nicht! Zwischendurch, 1989, ging es sogar noch eine Liga tiefer.

Und was haben die Alemannia-Freunde nicht alles ertragen müssen: erst einen Nato-Viersternegeneral als Präsidenten, dann den örtlichen Marmeladenkönig (»Zentis«). Zeitweilig die Unterwanderung der Fanszene durch Rechtsradikale, die im Vereinstrikot Nazi-Treffen besuchten.

Eine Zeit lang war in Liga 3 die Liaison zwischen dem früheren Trainer Winfried Hannes und der miniberockten Vizepräsidentin Gaby Mohné (Tribünenchoräle: »Für Gaby tu ich alles«) spannender als die tölpelhafte Kickerei. Gegner wie Jülich und Teveren wären mit dem Linienbus erreichbar gewesen. Noch im vergangenen Sommer ruinierte der Schmachtgeiger André Rieu den Tivoli-Rasen, zwei Heimspiele mussten in der Provinz ausgetragen werden.

Nun will die Stadt das schlechteste Geläuf jenseits aller Kreisligen grunderneuern. Die plötzliche Siegesserie ab März wurde begleitet von einer hochvirulenten »Alemanie« (Lokalzeitung), einer »richtigen Volksbewegung« (Präsident): Gegen Kracher wie den SC Verl kamen 17.000 und gegen Münster 22.500 (Ligarekord). Jetzt wartet eine Zweite Liga, die attraktiv wird wie nie mit den Nachbarn Mönchengladbach und dem 1. FC Köln.

Und was in dem maroden Tivoli-Fossil jetzt schon abgeht! »Tribünenathletik« attestierte das Fachblatt *Reviersport*: eine mitreißende Mischung in klaustrophobischer Enge aus pausenfreiem Schunkeln, aus Gesängen, Olas und ständigen Aufständen aller, die da Aachener sind. »You never stand alone«: Rote Feuerleuchten. Blaskapellen. Wildgewordene Ehrengäste bei der Handarbeit.

Seit Sonntagabend hängt ein großes Foto von Werner Fuchs am alten Rathaus, wo sie eigentlich alle eine Riesenparty steigen lassen wollten. Den Platz vor der Geschäftsstelle haben die Fans jetzt zu einer Art Altar umgebaut: Hunderte Blumengebinde, Grableuchten, Teddybären; davor stehen in Schweigen versunkene Anhänger, manche betend. Unbeholfene wie rührende Kinderverse sind zu lesen. Sarina und Dirk versprechen: »Hey, Werner, wir werden überall von Dir erzählen.« – »Es ist schon komisch«, schrieb einer ins Internet-Kondolenzbuch, »jemanden so zu vermissen, den man gar nicht persönlich gekannt hat«.

Am Dienstagabend endet der Aufstieg mit einer Messe im Aachener Dom. Präsident Sawalies: »Ich bin überwältigt, dass das für unseren Freund Werner Fuchs möglich ist. Eine Trauerfeier im Dom kriegt sonst nur ein Bischof.«

***

Nach dem Aufstieg in die 2. Liga, schrieb ich für die Aachener Nachrichten *eine lange Portraitserie über die Kikker – was sie jenseits des Platzes so treiben, wofür sie sich interessieren. Mit Ugur Inceman war ich in seiner Jugendheimat Kennedypark spazieren, mit Willi Landgraf Pommes essen (so sagt man zu Fritten halt im Ruhrpott), mit einem beim Bowling, mit einem anderen auf dem Golfplatz. Mit Stürmer Xie Hui ging es chinesisch essen. Das hatte Folgen: auf dem Platz – und danach, als Xie Hui und sein Interviewer plötzlich zu Hauptfiguren in einer taz-Kolumne des Kollegen Christoph Biermann wurden:*

Der Gesang des Bombers

taz, 8. Juni 2000

Das Telefon klingelte und Bernd klang ziemlich aufgeregt. Ja, er war regelrecht aus dem Häuschen. Er müsse unbedingt diese Platte von Gerd Müller haben, ich würde schon wissen. Dieses, wie heißt es noch mal? »Dann macht es Bumm«, half ich irritiert aus. Ja, genau, das würde er dringend brauchen, denn er müsse das Lied auf jeden Fall Xie Hui vorspielen. Oder es ihm am besten auf eine Kassette aufnehmen, damit der es sich immer wieder anhören könne.

Nun gehört »Dann macht es Bumm« von Gerd Müller sowieso schon zu den eher deprimierenden Erscheinungsformen des Genres singender Fußballspieler. Und warum sollte man es gerade Xie Hui vorspielen, dem chinesischen Stürmer von Alemannia Aachen? Meine leisen Zweifel machten Bernd nur noch enthusiastischer. Und als er zu erzählen begann, konnte ich ihn verstehen.

Bernd hatte einen großen Moment erlebt, wie wir Freunde des Fußballs ihn uns alle wünschen. Eine Phantasie war in Erfüllung gegangen. Denn wollen wir nicht unserem Team, unseren Helden wenigstens einmal direkt behilflich sein? Wirklich eingreifen. Nicht nur dadurch, dass wir sie im Stadion anfeuern. Für Bernd war das wirklich geworden.

In der lokalen Zeitung seiner Stadt hatte er in loser Folge die Profis der Alemannia portraitieren dürfen. Nette, persönliche Geschichten waren das, die abseits vom eigentlichen Sport spielten und einem den Menschen näherbringen sollten. Wenige Tage zuvor hatte er auf diese Weise auch Xie Hui getroffen, den Stürmer aus dem fernen Shanghai. Mit ihm zusammen war Bernd in ein chinesisches Restaurant gegangen und ließ sich von dem Fußballprofi ins Essen mit Stäbchen einweisen. Der Mann aus dem

Fernen Osten entpuppte sich dabei als ebenso intelligenter wie charmanter Gesprächspartner, wobei es die Begegnung ungemein erleichterte, dass sie sich völlig problemlos auf Englisch unterhalten konnten.

Irgendwann war das Gespräch auf Gerd Müller gekommen, dessen Mythos als großer Torjäger selbstverständlich auch Xie Hui geläufig war. Bernd erzählte, dass Müller irgendwann einmal gesagt hätte, es wäre schon viel zu spät, wenn man vor dem Tor zu denken anfangen würde. »If you start to think, it is already too late.« Das saß. Xie Hui schwieg sichtlich beeindruckt und sagte dann wie abwesend: »Genial.«

Da wäre es doch am besten, schloss Xie Hui nach etwas Bedenkzeit, wenn man das Gehirn von der Größe einer Nuss hätte: »Best is, you have the brain in size of a nut.« Da mussten beide lachen und spekulierten über die Größe des Gehirns von Gerd Müller. Sie plauderten noch ein wenig weiter und zum Abschied erinnerte Bernd den Stürmer: »Viel Glück im nächsten Spiel. Und denk an Gerd Müller.« Xie Hui antwortete prompt: »Ich denke nicht, ich schieße.«

Drei Tage später war Bernd im Fußball-Himmel. Xie Hui hatte für Alemannia getroffen und sich danach höflich bei ihm bedankt: »Thank you for your advice.« Ein anderer Alemannia-Spieler hatte Bernd zugerufen: »Kriegst einen Scorerpunkt.« Und der Pressesprecher versprach sogar eine Prämie, falls es endlich auch mal mit einem Heimtor von Xie Hui klappen würde.

In diesem Rausch der Begeisterung war Bernd dann das Lied von Gerd Müller eingefallen. Als er Xie Hui endlich die mit dem Hinweis »Against Zero Disease« (Gegen die Nullkrankheit) versehene Kassette überreichen konnte, war der Chinese jedoch leider verletzt. Ein Muskelbündel war gerissen und der Arm eingegipst worden. »Gerd Müller was a singer ...?«, fragte er Bernd ungläubig.

Etliche Wochen verstrichen, in denen Xie Hui nicht spielen konnte, offensichtlich aber aufmerksam dem Gesang des Bombers lauschte. Denn als er endlich wieder genesen war und nach der Halbzeitpause des Spiels gegen den 1. FC Köln eingewechselt wurde, schoss er sein erstes Tor im heimischen Stadion. Flanke von rechts, im Fünf-Meter-Raum hochgestiegen und schmucklos eingeköpft.

Nach dem Spiel sah Bernd den neuen Torjäger der Alemannia nur von weitem. Xie Hui winkte zu ihm herüber, lachte und rief: »Bumm!«

***

Die versprochene Prämie für mentale Hilfestellung beim Tor (ausgerechnet noch gegen Köln) hat es nie gegeben. War aber wahrscheinlich nur rhetorisch gemeint gewesen.

Xie Hui spielte zwei Jahre in Aachen (19 Ligatore) und machte 22 Länderspiele für China (9 Tore). Heute ist er Trainer in seiner Heimat.

Christoph Biermann, Journalist und vielfacher Buchautor, ist beim Fußballmagazin 11 Freunde *Mitglied der Chefredaktion. 2020 schrieb er als embedded journalist das wunderbare Buch »Wir werden ewig leben: Mein unglaubliches Jahr mit dem 1. FC Union«.*

Als Alemannia 2004 Europa rockte, hatte ich bei einem Redaktionsbesuch in Hamburg die Zeit-Reiseredakteurin gefragt, wie es mit einer Geschichte wäre über Fußballfans, die kreuz und quer ihren Lieblingen durch Europa folgen. Beispiel: Alemannia. In Sevilla. Sie war überraschenderweise angetan: Ja, machen Sie mal, so Fans in so einer großen Kulturstadt, was interessiert die da, was kriegen die überhaupt mit, wo gehen die hin außer ins Stadion? Fußball nur ganz am Rande. In diesem Sinne.

Also: Flug buchen, Fanflieger, auf nach Andalusien:

»Supersache!«

Morgens ins Flugzeug, mittags in die Kirche, abends ins Stadion. Ein 24-Stunden-Trip mit 150 Aachenern nach Sevilla.

Die Zeit, 11. November 2004

Von Herkules gegründet sei die Stadt der Legende nach und Pontius Pilatus in Sevilla geboren, erzählt der Reiseleiter auf der Fahrt vom Flughafen ins Zentrum, »nach den 700 Jahren maurischer Herrschaft segelten Kolumbus und Magellan von hier aus um die Welt«, fährt er fort, – »und jetzt«, raunt einer dazwischen, »darf sie endlich Alemannia Aachen empfangen«. Der Glockenturm Giralda sei unbedingt zu besuchen, sagt der Reiseleiter, und die Altstadt »mit ihren vielen schönen Schmiedeeisen-Arbeiten. »Sicher so stahlhart wie unsere Abwehr«, murmelt jemand.

150 schwarz-gelb gewandete und beschalte Fans des Zweitligisten Alemannia Aachen haben sich zum 24-Stunden-Trip aufgemacht: Morgens um sechs Uhr per Bus nach Brüssel, weiter im Virgin Express Alemannia Shuttle nach Sevilla, einen Nachmittag Freizeit, abends UEFA-Cup-Gruppenspiel beim spanischen Tabellendritten FC Sevilla, Rückflug noch in der Nacht, Ankunft in Aachen wieder um sechs Uhr. Komplettpreis exklusive Bier: 339 Euro. Im Flughafenterminal der Carmen-Stadt war es erstmals laut geworden: »Hurra, hurra; die Aachner, die sind da!«

In kleinen Grüppchen schwärmen sie aus zur Stadtbesichtigung. Ein Aachener Schmuckhändler will sich mit seinem Angestellten (»ich habe ihm die Reise als Sondergratifikation spendiert«) vor allem die Altstadt angucken. Ein Unternehmensberater mit Gattin freut sich auf die Tapas. Ein Fan, mit Sohn angereist, versteht die vielen einheitlich schwarz-gelben Pferdekutschen der Stadt sofort als Begrüßungsgeste: »Wir haben einem Fahrer unsere

Schals gezeigt und uns bedankt.« Komisch: »Dem war das vorher gar nicht aufgefallen.«

Die Fangemeinde ist im Prinzip diszipliniert und heterogen. Handwerker und Studenten sind dabei, ein Bankangestellter, ein Pfarrer, ein Gastronomenpaar (Frittenbude) und ein Zeitsoldat, dessen laute Stimme als Einpeitscher im Stadion besonders geschätzt wird. Ein Spanienroutinier sagt: »Freunde, eimerweise Sangria is nich, wir müssen heute Abend noch arbeiten.«

Sicher, die erste volle Bierflasche war schon morgens um halb sieben schäumend in den Gang des Charterbusses gefallen, im Flugzeug hatte eine Vierergruppe kurz den alten Karnevalsschlager Sie will ja nach Sevilla angestimmt, und der Bordchef musste zweimal sehr unhöflich und laut auf den grundsätzlichen Charakter eines Nichtraucherfluges hinweisen – »auch in den Toiletten strictly forbidden!«.

Fanreisen sind so etwas wie Basic Travel, Welterkundung in besonders komprimierter Form. Klar will man das südspanische Juwel zumindest etwas begucken. »Aber je später es wird«, sagt Grafik-Designer Wolfram in die Abenddämmerung am träge dahinplätschernden Guadalquivir, »desto schwerer fällt die Konzentration. Man denkt immer mehr nur ans Spiel.« Vor der Kneipe nebenan hat sich die erste Gruppe zum Einsingen zusammengefunden. Noch mal zehn große Bier, señor!

LigaTravel hat diese Tour organisiert. Das Reisebüro der 36 deutschen Proficlubs mit Sitz in Frankfurt am Main bedient seit 2002 einen wachsenden Nischenmarkt. Bei rund 15 Spielen mit bis zu zehn Sondermaschinen habe es »noch nie irgendwelchen nennenswerten Ärger gegeben«, versichert Büroleiter Ralf Schaar. Fans seien »wirklich ein sehr pflegeleichtes Kundenpotenzial«. Ob es an Bord Alkohol gebe, obliege den Fluggesellschaften, und auch, ob sie »besonders robustes Personal einsetzen«.

Christophs Familie hat praktischerweise eine Ferienwohnung bei Malaga. So hat man eine Reise ohne Veranstalter organisiert. Nur der Rückflug werde umständlich – über London, halber Tag Aufenthalt, dann nach Eindhoven. »Aber alles für 160 Euro statt 339.« Wencke (»Ich mach die Tage hier überstundenfrei«) findet es »faszinierend, wie nett die Leute sind; kaum angekommen, haben uns Sevilla-Fans schon zum Bier eingeladen«.

In Zeiten der Billigflüge führen viele Wege nach Sevilla. Gut 500 Aachener sind gekommen. Mal von Düsseldorf über Madrid oder von Hahn nach Jerez (»Alles zusammen für 111 Euro«), eine Gruppe ist von Köln über Mallorca angereist, eine andere über das katalanische Reus, von dort nach Barcelona per Zug und weiter mit einem Inlandsflieger nach Sevilla (»Supersache, nur 15,90 Euro pro Flug«).

Im Alemannia-Fanforum hatten sie schon vorher emsig Tipps ausgetauscht, sich die Websites der spanischen Bahn gemailt (»Jerez-Sevilla mit Andalusia Express, 5,85 Euro«) oder die Parole für die Zeit zwischen Abpfiff und Rückfahrt ausgegeben: »Durchmachen/Parkbank 23.15 bis 6.53, dann Zug nach Jerez.«

Gute Vorbereitung ist alles, das gilt auch für die Sprache. Das Alemannia-Fanmagazin In der Pratsch hatte den Reisenden Langenscheidts Fußball-Wörterbuch Europapokal zum Ausschneiden an die Hand gegeben, eine feine Parodie mit zwei Dutzend der wichtigsten »Gesänge und Beschimpfungen« in Deutsch-Spanisch: »Ohne Aachen wär hier gar nichts los« heißt »Sin el Aachen no pasaria nada aquí« und »Fiese Möpp« schlicht »perro tonto«.

Das Wörterbuch hilft sogar, Weltgeschichte zu erklären. In der gigantischen goldprunkenden Kathedrale, der drittgrößten Kirche der Welt, ist Hernando Colon begraben, »hijo de Cristoval Colon«, aha, also irgendein Verwandter von Christopher Kolumbus. Aber hijo, was heißt hijo? Kurz im Spezial-Langenscheidt nachgesehen, wo die Fußball-Verhöhnung »Hurensohn« als »hijo de puta« vermerkt ist. »Das war also sein Sohn«, weiß jetzt der Aachener Krankenpfleger, der anschließend besonders über die monströse Orgel staunt: »Ich glaube, Bach hätte vor Neid gekotzt.«

Sevilla duftet, mal nach Weihrauch, mal nach Röstmaronen, mal einfach nach Süden. In den engen Gassen mit den hübschen Palmen- und Platanen-Plätzen geben kleine Musikkapellen ihr Bestes, manche richtig gut. Hier schlendert Pensionärin Beate mit ihrem Neffen entlang. Sie ist mit 75 Jahren die älteste Schwarz-Gelbe des Tages. Die Stadt, sagt die charmante Dame mit strahlenden Augen, sei »schlicht 'ne Wucht: So viele Kulturen so eng beisammen. Schade, dass wir nur die paar Stunden haben.« Auch in Reykjavík, bei Alemannias Europapremiere im September, war sie schon dabei gewesen.

Allen kommt es wie »ein Wunder« vor und »irgendwie völlig irreal«, dass sie in Sevilla einem Europapokal-Match ihrer Alemannia entgegenfiebern dürfen. Vor gut zwei Jahren stand der Club nach einer Kaskade von grotesken Tölpeleien, Verschwendung und Steuerbetrügereien einer tumben Führungscrew vor Pleite und Lizenzentzug. Doch plötzlich ergoss sich das Glück über den Traditionsverein: Pokaltriumphe gegen 1860, den FC Bayern und Mönchengladbach, Europapokal-Qualifikation und dazu fast noch der Bundesliga-Aufstieg. Die Fans wissen vor lauter Stolz (»Europa, wir kommen«) kaum noch, wohin mit ihrem Entzücken. Und dann schlugen sie vor drei Wochen sogar Frankreichs Spitzenreiter OSC Lille mit 1:0. »Neulich noch Regionalliga, und jetzt«, sagt Clubfreund Wolfram, »fliegen wir zum Europapokal erst an den Polarkreis, dann hierher und im Dezember nach Athen.«

Übers Netz hatten sich Sevilla-Fans und ihre Gäste vor dem Spiel in der Kneipe Espumosa (»Schaumig«) zum Wettsaufen verabredet. Laut und nass war es, und es gab viele Sieger. Eifrig wurden Schals getauscht, Damian und Emilio wechselten ihre Fantrikotagen, und einer Gruppe Spanier wurde beigebracht, »Scheiß FC Köln« zu singen. Ob boomendes Reisen und einfache Kommunikation per Mausklick zu einem friedlicheren Umgang der Fans untereinander führen? »Auf einen großen Teil trifft eine solche These sicher zu«, sagt der Hannoveraner Fanforscher Gunter A. Pilz, »aber manche Dösköppe wollen immer noch Randale machen.« In Sevilla wollen alle nur feiern. Sich und das Spiel.

Pausenlos hatten die 500 Aachener unter den 40.000 Zuschauern ihre Lieblinge angefeuert. Für eine Sensation hat es nicht gereicht. Doch auch nach dem tapferen 0:2 waren alle glücklich – und ab ging es in die Busse, und mit Polizeieskorte zum Flughafen. Kurz vor ein Uhr schon sinkt ein Fan erschöpft und sichtlich angetrunken neben seiner großen gelben Trommel in den Sessel. Heiser und todernst sagt er: »Also, die Stadt fand ich ... nicht so toll.« Warum? »Zu viel maurische Einflüsse.« Was er sich denn angesehen habe? »Ehrlich gesacht: nichts ... Ja, vielleicht lag es da dran.«

Aber was ist schon mäßiges Kulturinteresse? – entscheidend is aufm Platz. Am letzten Spieltag in der UEFA-Cup-Gruppenphase gewann Alemannia sensationell 2:0 beim AEK Athen, in dem Stadion, wo Monate vorher noch Olympia stattgefunden hatte. Das hatte Folgen, rauchende und duftende, wie ich in der Financial Times Deutschland *schrieb:*

(...) Im feinen Athener Hotel Divani Apollon zündete sich um 3.12 Uhr Sergio Pinto binnen einer Stunde die vierte Stuyvesant an und gab dem Begriff Viererkette damit eine neue Bedeutung. Hemmungsloser Drogenkonsum war angesagt; Kapitän Erik Meijer hatte seinen Jungs »Alkoholinfusionen die ganze Nacht« empfohlen.

Das nächste UEFA-Cup-Spiel in Köln steht damit an. Dem eifersüchtigen Ligarivalen 1. FC wird der kleine Nachbar wohl langsam unheimlich: Selbst die exakte Athener Zuschauerzahl von 4711 (die AEK-Fans waren nach dem vorherigen Ausscheiden ihrer Elf in eisig-kalter Nacht lieber zu Hause geblieben) war ein duftender Gruß ins Kölnische.

Der beste Zweitligist in Europa war nach dem Athener UEFA-Coup gefunden. Aber auch in Nebendisziplinen erreichte Alemannia über Jahrzehnte Bestwert um Bestwert: So schaffte Erik Meijer einmal in Cottbus mit einem Schuss Latte und beide Pfosten zu treffen. Oder diese Hinweise aus der taz vom 19. Dezember 2003:

»Für Seuchenfälle bleibt Aachen allererste Adresse. Wo sonst ist mal der Präsident über Nacht verschwunden (1984), ein ander mal (1988) der Geschäftsführer auf der Jahreshauptversammlung tot umgefallen, als Kritiker Beweise für Kartenmanipulationen auftischen wollten? Wo anders ist (1998 beim Pokalmatch gegen Mannheim) ein zweiter Ball beim Elfmeterschuss auf den Platz geflogen? Wo sonst war öfter vom Konkurs die Rede (fast jährlich), wo wurden (2000/01) sechsstellige Ablösesummen cash gezahlt, wo gar keine fällig war und vom Geschäftsführer in die eigene Tasche gesteckt?«

Einen Spieler haben bis zum Bundesligaaufstieg 2006 alle geliebt: Willi Landgraf. Der Miniatur-Verteidiger hatte angeblich auch im Pokalfinale 2004 mitgespielt, er war allerdings von hoch oben im weiten Berliner Olympiastadion nicht zu erkennen, so dass man immer glaubte, Aachen spiele nur zu zehnt. In der taz vom 27. Oktober 2004 stand der kleine Mann im Mittelpunkt, Auszug:

»Kultfigur, Kampfschwein, Unikum, Frohnatur, kleinster Rasenpflug der Liga, grundehrlicher Arbeiter – was für 'ne Type. Willi Landgraf, 1,66 Meter kurz, Schuhgröße 39, hat fast schon so viele derb-freundliche Attribute gesammelt wie Einsätze. Heute läuft Aachens Rechtsverteidiger in Erfurt zum 480. Zweitligaspiel auf. Das ist neuer deutscher Rekord.

Es gibt Momente, da ist Willi Willi, sonst gar nichts. Beim ersten UEFAa-Cup-Auftritt der Alemannia, neulich in Island, war Wilfried Landgraf besonders viel Willi:

Langer Sprint über rechts, genaue Flanke mit allerletzter Kraft – und während er noch kopfüber in die Werbebande von Icelandair krachte, spitzelte Erik Meijer zum 3:0 ein. Wild verzückt über seine tolle Tat raste Landgraf los, hüpfte herum, sprang umarmend an einen Mitspieler nach dem anderen hoch – bis er plötzlich auf den Schiedsrichter zurannte; er zögerte, stutzte und drehte im letzten Augenblick ab.

»Da war mir erst aufgefallen«, sagte er später, »der iss ja gar nicht von uns.« Am liebsten wäre Landgraf noch ewig weitergelaufen vor Glück. Aber dann ist ihm eingefallen, »dass Island ja ne Insel ist«. Und mit dem Referee aus Wales habe er auch noch gesprochen: »War 'n ganz netten Kerl. So wat hatte der noch nich erlebt, dat einer auf den draufspringen will.«

Warum er bislang nie Bundesliga gespielt hat? »Um ehrlich zu sein«, sagt Willi Landgraf ernst, »ich hatte nie ein Angebot.«

Mit 508 Spielen ist er bis heute Rekordkicker der 2. Liga. Nach seiner aktiven Karriere trainierte er diverse Jugendteams beim FC Schalke. Neben Landgraf gibt es viele andere prägende Spieler dieser Zeit, zum Beispiel Erik Meijer oder Thomas Stehle: In der taz am 19. Februar 2005 stand zum Spiel in Köln gegen AZ Alkmaar im Sechzehntelfinale des UEFA-Cups (0:0):

»Alemannias Alphatier Erik Meijer hatte gegen die quicken Gegner empfohlen, »noch etwas forscher zur Sache zu gehen«. Denn der 35-jährige Heimat-Ethnologe wusste: »Ein schneller Holländer, der auf der Nase liegt, ist nicht schnell.« Und die Alemannen hatten ihrem Kapitän brav gehorcht. Insbesondere Thomas Stehle, den sie »die Axt« nennen, langte mehrfach hin, als wolle er den Gesamtbestand niederländischer Nadelbäume zu Kleinholz machen.«

38.038 Zuschauer bedeuteten Allzeit-Clubrekord für ein Heimspiel – gültig bis heute. Erik Meijer mutierte vor dem Rückspiel noch zum Wahldeutschen: »Nichts ist schöner als gegen die Scheiß-Holländer zu gewinnen.« Taten sie in Alkmaar aber nicht: 1:2, nach Führung (Tor durch Meijer). Ziemlich dramatisch (Rot für die Axt) und tränenreich (Simon Rolfes). Schluss mit Europa.

Dafür aber Aufstieg im Frühjahr 2006. Bundesliga! Einmal war Alemannia für über 19 Stunden Tabellenführer (Freitag, den 13. Oktober 2006, 22.22 Uhr bis Samstag, den 14. Oktober 2006, 17.23 Uhr) – nach einem 3:1-Sieg bei Mainz 05, wo Jürgen Klopp damals Trainer war.

Im Sommer 2007, gleich nach dem schnellen Bundesliga-Abstieg, kam ein ganz besonderer Mann, um die direkte Rückkehr des »Anderthalbligisten« (Manager Jörg Schmadtke) anzugehen: Guido Buchwald. Ein Weltmeister als Zweitliga-Trainer! Aachen war besoffen vor Glück. Ich durfte in der Aachener Zeitung /Aachener Nachrichten *eine achtteilige Begrüßungskolumne schreiben, um dem Gesinnungsschwaben das Leben im Rheinland näherzubringen und der Mannschaft das schwäbische Idiom, damit sich alle in ihren sehr verschiedenen Sprachen alsbald verstehen lernen. Daraus einige Auszüge:*

Schwäbisch – Deutsch: Schwätze mit Jido

Serie AN /AZ Frühsommer 2007

(…) Sodele, kommen wir zu Speis und Trank. Saufa tut der Schwab sehr gern, nur zur Not Käschperleswasser. Das steht für Mineralwasser, wörtlich Kasperwasser, als ein nicht ernst zu nehmendes, belustigendes Getränk.

Wer sich lange in der Kneipe rumtreibt, den nennt der Schwabe gern Früchdle. Wenn sich der Schwabe entschließt, einen ganzen Satz zu sprechen, heißt das »Du bisch mer au a rächts Früchdle«. Also nicht zu lang ins Städtchen gehen, liebe Spieler, sonst gilt man sogar als Saufaus. So nennt der Schwabe ganz trocken einen Alkoholiker.

Wichtigstes Grundnahrungsmittel des Schwaben sind bekanntlich Schbäzzle, hochdeutsch Spätzle, gerne handgschabt. Andere Teigwaren hören der Form wegen auf die Namen Bubezipfl oder Maultäschle, hochdeutsch Maultaschen. Sie heißen unter Kennern Hergottsb´scheißerle, weil die Fleisch-Spinatmischung früher auch während der Fastenzeit verbotenerweise gegessen wurde.

Der Schwabe in seinem strengen Familienverbund ist kein Nachtmensch. Schon Abendessen heißt Nachtessa. Essen tut der Schwabe gern, ob Weggle (Brötchen) oder Aidobbf (Eintopf), ob Floischkiachle (Frikadellen) oder Goggl (Hähnchen). Dazu passt unsere Lebensweisheit des Tages: »I hau scho viel Dürre sterba gseha, aber no koin Dicka blatza.« Wenn er ins Bett geht, sagt der Schwabe, er gehe ins Neschd.

Versuchen Sie mal, lieber Herr Buchwald, gerade jetzt zum Reitturnier, Aachener Sauerbraten vom Pferd (in Printensoße) mit Fritten. Oder Himmel un Äd (Himmel und Erde / Apfel- und Kartoffelbrei), das klänge auch auf schwäbisch lecker: Ebflschmarra und Ebbiera. Dazu reicht der Aachener Kulinär gebratene Blutwurst. Die heißt bei Ihnen Blonza, hier Puttes, schmeckt aber trotzdem.

Es wird Ihnen übrigens passieren, dass die Öcher Sie liebevoll mit »Au Hur« anreden. Dann nicht empört sein – das ist eine Art Liebeserklärung. Au Hur heißt spack übersetzt Alte Hure, meint aber freundlich, aufmunternd und respektvoll sowas wie Du alldächds Dräggsäggle.

Schade, dass Sie im spielfreien Januar Geburtstag haben, sonst sänge der ganze Tivoli: »Hass Jeburtstach, Au Hur! …« Wir Aachener müssen lernen, dass Hure, a You´ll never walk alone lso eine Broschdiduierde, in Ihrer schwäbischen Daimlerporscheheimat auch Mietwaga genannt wird. »Au Mietwaga« wäre indes eine kühne Verknüpfung.

(…) Sodele, kommen wir zum Trainingsalltag. Spiel Dein Ball ab, heißt »nit so oigasinnig« (nicht so eigensinnig). Die Aufforderung zum Zweikampf heißt schlicht »naganga«, wörtlich: herangehen (an den Gegner) oder gerne auch »uff d schlabba haua« wörtlich: auf den Schlappen (den Fuß) schlagen, was eine Aufforderung zum Foulspiel sein kann. Wer den Zweikampf nicht sucht, muss mit der Anrede Hosasoicher rechnen: Du Angsthase.

Höchstes Lob: »Saubrle g´macht« wörtlich »sauber gemacht«, und Sauberkeit hat im Kehrwochenland Verfassungsrang. Auch wenn ein Spieler hört »Dr Kerle ka ebbes«, darf er sich freuen: der Kerl kann etwas, verfügt über Potenzial. In Negation: Dr Kerle ka nint. Wichtig: Man muss ränna (rennen), besser noch flitza (flitzen), und im Training nie rumstanda (herumstehen) oder rumhocka (herumsitzen).

Lieber Guido Buchwald, im Stadion werden Sie *You´ll never walk alone* hören, auch eine Aachener Adaption: You´ll never walk alleng. Alleng heißt allein, auf schwäbisch aloinig. Es ist das traurigste Clublied seit Erfindung des Balles. Wenn es im Spiel mal nicht so läuft, was wir alle fast ausschließen mögen, brüllt vielleicht jemand »Wat spelt dä vür ne Makai.«

Ja, staunen Sie ruhig. Indes bezieht sich Makai nicht auf den Exbayern-Angreifer gleicher Aussprache, sondern bedeutet schlicht Quark, so wie Ihr schwäbisches Luggaleskäs. Was spielt der für nen Luggaleskäs.

***

Die Sprachhilfe wirkte keine fünf Monate. Spieler berichteten, Weltmeister Buchwald habe einfach keine Ahnung gehabt von den Niederungen einer 2. Liga, von gegnerischen Teams und Spielern, die er auch mal verwechselte. Im November war der Jido schon weder Geschichte. Adele – Adieda. Eines blieb: Unter seiner Leitung gelang der Alemannia der erste Sieg beim 1. FC Köln der Geschichte. Als Trainer ist Buchwald nur noch einmal für ein paar Wochen interimsweise bei den Stuttgarter Kickers in Erscheinung getreten.

Auf besondere Weise Schluss war im Oktober 2008 für einen anderen:

Brummbär beurlaubt

Rauswurf aus Kalkül? Kurz nach dem 2:0 gegen Mainz beendet Alemannia Aachen das Dienstverhältnis mit Sportdirektor Schmadtke.

Süddeutsche Zeitung, 22. Oktober 2008

Aus sportlicher Sicht ist die Geschichte dieses Abends schnell erzählt. Alemannia Aachen hatte begeisternd in einem hochklassigen Match gegen den entthronten Tabellenführer Mainz mit 2:0 gewonnen. Die eigentliche

Geschichte dieses Montagabends ist komplizierter und in Details noch nicht ausgeleuchtet. Sie dauert fast anderthalb Jahre und nahm kurz vor dem Anpfiff ihren Lauf.

Da war Aachens Sportdirektor Jörg Schmadtke, 44, mit großer Entschlossenheit vor die Kameras getreten und hatte verkündet, er werde seinen im Sommer auslaufenden Vertrag nach siebeneinhalb Jahren nicht verlängern. Die Trennung war hinter den Kulissen schon diskutiert worden, eine Ankündigung aber nicht abgesprochen. Schmadtkes Begründung für sein Solo: »Ich will nicht länger herumeiern, keine Geschichten erfinden. Bei einem Live-Spiel können es alle hören, fertig.«

Die Eigenmächtigkeit löste sofort Dynamik aus. Jürgen Linden, Vorsitzender der Alemannia GmbH und seit fast 20 Jahren Oberbürgermeister der Stadt, wurde per SMS alarmiert. Linden ist es gewohnt, alle Fäden in der Hand zu haben. Also Krisentreff aller Gremien sofort nach dem Spiel. Schmadtke merkte draußen noch mit leiser Ironie an, bis zum Sommer wolle er »für diese GmbH alles tun«, da hatte »die Familie Alemannia« (GmbH-Geschäftsführer Fritjof Kraemer) bereits die Daumen gesenkt. »Die Art und Weise einer solchen Kommunikation ist nicht üblich«, befand Linden. Kurz vor Mitternacht war Schmadtke fristlos beurlaubt.

Der ehemalige Bundesligatorwart (Düsseldorf, Freiburg) war 2001 über eine damals sehr belachte Stellenanzeige im *Kicker* in Aachen gelandet. Alemannia lag niedergewirtschaftet am Boden, Spieler liefen mit Sammelbüchsen durch die Stadt. Schmadtke, bald ehrfurchtsvoll »Mr. Cool« genannt, hatte ein magisches Händchen bei Spielerkäufen und gilt als Vater eines märchenhaften Aufschwungs. Schmadtkes Glückssträhne riss im Sommer 2007. Da waren die Klubgewaltigen, gegen Schmadtkes Warnungen, dem weltmeisterlichen Schwabencharme von Guido Buchwald erlegen und hatten ihn als Trainer verpflichtet. Buchwald floppte und flog nach 14 Spielen.

Brummbär Schmadtke wirkte seitdem weniger präsent und oft pampig; sein Missmut schien nicht mehr Attitüde zu sein, sondern echt. Im Frühjahr hatte Alemannia mit viel Werbetamtam die »Tivoli-Anleihe« aufgelegt – sie soll garantieren, dass das neue Stadion (Eröffnung August 2009) nicht Bitburgerbude oder Lambertz-Printenarena heißen wird, sondern ewiglich Tivoli. Schmadtkes Gesicht, ein Synonym für Alemannia seit 2001, fehlte in den Werbekampagnen. »Ich bin nie gefragt worden«, sagt er. Merkwürdig? Antwort: »Ich habe versucht, das nicht zu bewerten.« Beim Spatenstich fehlte er auch.

Offenkundig ist die Vertrauensbasis schon länger dahin. Sturkopf Schmadtke, fachlich immer unumstritten, bat im März um Auflösung des Vertrages. Alemannia lehnte ab. Stattdessen hörte man von Aufsichtsratssitzungen, die Stimmung sei eisig gewesen, die Wortgefechte auch mal laut.

Wurde Mr. Cool eiskalt abserviert oder hat er das abrupte Ende gewollt? »Die Bewertung überlasse ich anderen«, sagt er am Dienstag. Rauswurf aus Kalkül? »Ich habe niemanden provozieren wollen, aber sagen wir es so: Ich musste das einkalkulieren.« Traurig wirkte er nicht: »Ich bin weit entfernt von Sentimentalität.«

Jetzt beginnt der Rosenkrieg um eine Abfindung, die Schmadtke schon im Frühjahr wollte. Die genasführte Alemannia könnte auf die naheliegende Idee kommen, einen Volkshelden von einst, den niederländischen Stürmer Erik Meijer zu holen, oder erneut eine Anzeige im *Kicker* schalten. Textvorschlag: »Zweitligist mit hoher Traditionskultur und vielen gewachsenen wie wachsenden Mauern sucht nervenstarken Sportdirektor für garantiert langeweilefreien Arbeitsalltag. Fremdsprachenkenntnisse (Öcher Platt) und große Anpassungsfähigkeit erwünscht.«

***

Schmadtke ist nach Jahren in Hannover und Köln heute Sportdirektor beim VfL Wolfsburg. Der Stadt Aachen blieb er durchaus zugewandt: Für den Radentscheid 2019 lieferte der Hobbyrennradfahrer Schmadtke auch ein Testimonial ab – neben vielen Aachener Prominenten (Prof. Burkhard Rauhut, Prof. Hans Schuh, Prof. Achim Kampker, Rica Reinisch, Else Lenz/Sauerbratenpalast) und anderen Auswärtigen (Wettermann Sven Plöger, Basketballikone Henning Harnisch oder Kölns Stunker Didi Jünemann). Schmadtke schrieb: »Wer bei Spielen der Alemannia die vielen Fahrräder vor dem Tivoli stehen sieht weiß, dass Aachen nicht nur eine Fußball- sondern auch eine Fahrradstadt ist. Das hohe Verkehrsaufkommen in der Stadt verlangt, dass die Fahrrad-Infrastruktur für mehr Sicherheit verbessert werden muss.« Der Aachener Radentscheid wurde der erfolgreichste Deutschlands.

In der taz *erschien zu Schmadtkes Blitzentlassung übrigens der gleiche Text – mit einer ausnehmend genialen Überschrift der Reaktion in Berlin: »Er lässt sich gehen.«*

Schluss mit dem alten Tivoli war im Mai 2009.

Schlammige Heimat

Ein Stadion weniger, eine Arena mehr: Aachen sammelt die Tränen vor dem letzten Spiel am Sonntag auf dem wunderbar maroden Tivoli.

Frankfurter Rundschau, 20. Mai 2009

Die Idee hatte wirklich Charme. Und lange hatte man bei Zweitligist Alemannia Aachen über den Fanvorschlag nachgedacht, im August ein kombiniertes Abschieds- und

Eröffnungsspiel zu machen: Die 1. Halbzeit auf dem alten Tivoli, dann pilgern Spieler wie Zuschauer zur 2. Halbzeit in den Neubau nach nebenan, kaum mehr als einen weiten Abschlag entfernt. Doch »die Super-Idee« sei aus Zeitgründen »leider definitiv vom Tisch«, sagt Alemannias Projektmanager Stadionbau Stephan van der Kooi. »Organisatorisch ein Wahnsinn«, ergänzt Geschäftsführer Fritjof Kraemer.

So bleibt es beim harten Cut. Beim Kulturschock. Beim Abschied am Sonntag, gegen Augsburg, wenn das letzte Ligaspiel auf dem alten Tivoli von 1928 angepfiffen wird. Es wird ein tränenreiches Adieda, wie man in Aachen sagt, von einem heiß geliebten Stück Heimat.

Es ist ein Abschied von bröckelndem Putz, von stinkenden Latrinen, von schiefen Stufen, Zäunen und Wänden, von notorisch sichtbehindernden Pfeifern, von Eternit-Dächern und rostenden Flutlichtmasten. Eine komfortfreie Spielstatt mit Zelten als VIP-Zone, ohne Logen, ohne Champagner. Für die winzigen Umkleidekabinen mit den betagten Holzbänken (ein Klo pro Mannschaft) würde sich heute ein Kreisligist entschuldigen. In den Kabinen hat sich, so Ex-Kapitän Erik Meijer, »eine Mischung aus Schweiß, Rasen und Schimmel« eingebrannt.

Das Stadion, das mit Vornamen Mythos heißt, Legende oder Kultstätte, galt immer als Kessel, in dem es Hexen mit der Angst bekämen. Wilder Krach dominierte, die Stehhalle der Kuttenträger als Zentrum lauten Leidenschaftsgestrüpps.

Historische Aufnahmen zeigen gern einen schlammigen Platz mit dreckigen Akteuren und Fans unter Regenschirmen. War hier immer schlechtes Wetter? In der Vereinshymne von 1967 der 3 Atömchen, vor einem jeden Spiel inbrünstig gesungen, heißt es: »Regenschauer überm Tivoli – jeben für den Siesch die Jarantie«.

Nach 80 Jahren kann ein Stadion vieles erzählen. Etwa vom Oktober 1957, als über 35.000 schlanke Nachkriegskörper den Oberliga-Sieg der Kartoffelkäfer gegen Schalke sahen – heute, bei einer Kapazität von 21.300, fragt man sich, wo die nur alle waren. Sporthistorisch war die Versöhnung von Alemannias Uruguayer Horacio Troche und Uwe Seeler 1967 – den hatte der Uru bei der WM 66 noch geohrfeigt. Der Tivoli erlebte 2002 gegen Union Berlin das schnellste Tor in diesem Fußballland nach Anstoß des Gegners: Miro Spizak nach 7,7 Sekunden. Auch für die Geschichtsbücher: das erste zuschauerfreie Geisterspiel 2004. Und da sind all die Pokalsiege gegen Erstligisten – ob 1986 das Elfmeter-7:6 gegen Werder Bremen oder die Triumphe gegen die Bayern.

Tivoli-Besuch war immer eine Zeitreise ins Gestern, in die eigene Kindheit, so wie Fußball einmal gewesen war, mit dem Duft von Bratwurst, Urin, Lehm und Bier. Nirgends sonst kommen die Spieler aus einem 20 Meter langen, klaustrophobisch engen Tunnel »in dieses Bauwerk« (Trainer Jürgen Seeberger). Die dichten Baumreihen ringsum, selten geworden in deutschen Fußballstadien, geben ein zusätzliches Schüsselgefühl. Alles ist so eng und unmittelbar, dass man in England darauf stolz wäre.

Wie anders der neue Tivoli: Eine ausgeklügelt funktionale Arena wie so viele, gebaut von der Hellmich Gruppe. 32.900 Menschen werden Platz haben, mit einer Stehplatz-Wand für 10.000 Fans, 50 Millionen Euro teuer. »80 Reihen pure Emotion«, verspricht der Architekt. Der Name Tivoli, also Vergnügungsstätte, bleibt ohne Sponsorenzusatz erhalten. Einrangig, eckig, praktisch. Und auch gut? Die Macher werben knackig: »Eng, steil, laut, gelb.«

Gelb sind Dächer und die Sitzschalen. Lautstärke? Hängt von Fanverhalten und Akustik ab. Enge kann wegen gesetzlicher Vorgaben nie mehr eine Enge wie früher sein. Und wie steil die Ränge genau sind, Qualitätskriterium für stimmungsfördernde Kompaktheit, wurde bislang nirgends kommuniziert. Stephan van der Kooi sagt, man habe »das Baurecht zu hundert Prozent ausgereizt«: 31 Grad seien es im Mittel, nach oben hin etwas mehr.

Bitter: Das neue Gladbacher Stadion hat 32, Münchens Oberrang sogar 34 Grad, ähnlich wie Köln, aber da seien störende »Haltebügel vor jedem Sitz vorgeschrieben«. Die EM-Stadien in Lüttich und Charleroi nebenan in Belgien sind noch deutlich steiler, aber solch schwindelerregende Bauten sind in Deutschland nicht erlaubt.

Eine Schüssel aus Beton-Fertigteilen, noch ohne Seele. Jahrelang hatte Volkes Seele einen Stadion-Neubau mit Argwohn, gar Abscheu begleitet. Irgendwann aber verfing die wirtschaftliche Drohung, der alte Tivoli stünde quasi für »Nie mehr 1. Liga«. Die Fans haben den Neubau mitfinanziert (Anleihen für 4,2 Millionen Euro) und ließen sich während der Rückrunde mitnehmen zum inszenierten Abschieds-Countdown, Motto »Tschö Tivoli«. Als es noch acht Spiele waren, hielten alle schwarz-gelbe Schilder mit einer 8 in die Luft. Beim 1:0 gegen Kaiserslautern, dem vorletzten Akt, wurden 22.222 Luftballons mit einer Zwei drauf verteilt. Ein handgemaltes Plakat sekundierte: »Danke, Alte Hütte.«

Nicht alles geht. Vor den Baggern gerettet wird die alte, meist defekte Stadionuhr; sie kommt als Reliquie ins neue Stadion, dazu ein paar betagte Wellenbrecher, die zu Stehtischen am Bierstand umgeschweißt werden – »so was ist den Fans, wie wir bei allen Treffen feststellen konnten, ganz wichtig«, sagt van der Kooi. Auch der wohltuend sachliche Stadionsprecher Robert Moonen, 63, zieht in seinem 36. Dienstjahr um – und mit seiner Stimme die wehmütige Erinnerung an des Fußballs raue Echtheit, bevor er zum Event wurde.

***

Im neuen Tivoli, der heute schon ein mittelalter ist, gibt es 1.306 Business-Seats und 2.338 Quadratmeter Platz zum Champagnertrinken. So groß ist die Business-Lounge. Beim letzten Abpfiff im alten Tivoli am 26. Mai 2009 wusste noch niemand, dass die Alemannia ihr neues

Stadion am 17. August mit einem 0:5 gegen St. Pauli einweihen würde. Dass zwei Insolvenzen folgen sollten, und die Abstiege in Liga 3 und in Liga 4 ahnte natürlich auch noch niemand. Wer bis heute blieb, ist Stadionsprecher Robert Moonen, 75 mittlerweile und kurz vor seinem 50. Mikrofonjubiläum.

2010/11 folgte noch einmal eine tolle Pokalsaison. Die Bundesligisten Mainz und Frankfurt waren schon ausgeschaltet – und wieder ergab das Los als nächsten Gegner: den FC Bayern. Das konnte doch nur gutgehen, oder? Ein Vorbericht zum allseits erwarteten nächsten Streich:

Rekordpokalsiegerrekordrauswerfer

Alle Zahlen sprechen gegen Bayern München.
Südkurier Konstanz, 26. Januar 2011

Seit 1969 ist Alemannia Aachens Heimbilanz gegen den FC Bayern makellos. Niemand sonst hält eine so lange Serie. Es gab immerhin drei Pflichtspiele: 2:1 im Pokal 2004, ein 4:2 im Pokal 2006 und ein 1:0 in der Bundesliga 2007. Die zwei Pokaltriumphe brachten den Titel Rekordpokalsiegerrekordrauswerfer.

Die Duelle umwehen zahllose Zahlen-Mysteria. Es begann 2004 mit dem kuriosen 1:0 aus 33 Metern in der 33. Minute durch die Nr. 33 Stefan Blank. Es gilt zudem Paragraf 1.2,3 der Pokalgesetze: Einmal war der FC Bayern erstes Erstligaopfer der Pokalrunde, einmal das zweite. Jetzt kommt der Lieblingsgegner, nach Mainz und Frankfurt, als drittes Opfer. Immer war und ist der FC Bayern selbstbewusst mit fünf Spielen ohne Niederlage angereist – nie wurde er nach dem Auftritt im Printenland Meister, so wie 2011 wohl auch nicht.

Selbst das Wetter folgt einem mystischen Algorithmus: Beim ersten Spiel waren es 14 Grad, dann 4, dann wieder 14. Für den heutigen 4. Sieg in Folge (München steht passenderweise auf Platz 4) sind wieder 4 Grad Höchsttemperatur vorhergesagt. In den Generalproben vor den vier Bayern-Spielen bisher am Tivoli schaffte die Alemannia punktgenau die Serie von 1-2-3-4 Gegentoren.

Auch die Schiedsrichter sind interessanterweise involviert. Immer hatten ihre Nachnamen sechs Buchstaben, und mit Michael Weiner, er pfiff schon 2004, beginnt der Referee-Reigen heute wieder von vorn. Jedes Mal spielte die Alemannia zuerst Richtung Südwest. Wie 2006, beim spektakulärsten Sieg, ergibt die Summe aus Tag, Monat und Jahr 38 – jecke Quersumme ist 11! Oche Alaaf.

Auch personell gibt es wahrlich verblüffende Auffälligkeiten: 2007 war Alemannias Sportdirektor Jörg Schmadtke zum ersten doppelten Bayern-Dreifachinfolgebezwinger der deutschen Geschichte geworden (zum ersten Mal in den 90ern im Tor des SC Freiburg). Schon das wunderte nicht, hat Schmadtke seine Spielerkarriere doch in Düsseldorf 1985 mit einem 4:0 begonnen – gegen Bayern München. Schmadtkes Nachfolger Erik Meijer will heute in vierter Funktion siegen: Erst als Spieler, dann als Co-Trainer, dann mit Planstelle Marketing-Praktikant, jetzt als Sportchef.

Ein weiterer Garant für Münchens vierte Pleite ist Bastian Schweinsteiger. Als er (noch als Jung-Schweini) 2004 eingewechselt wurde, dauerte es keine 60 Sekunden, bis Meijer den 2:1-Siegtreffer erzielt hatte. Ein Menetekel: Schweinsteiger ist der einzige Spieler, der alle drei Pleiten auf dem Platz miterlebte. Seine zuletzt auffälligen Aussetzer sind offensichtlich der Angst vor dem heutigen Spiel geschuldet, vor dem historischen Makel. Denn vier Mal in Folge ist der FC Sonstimmerallebesiegen noch nie vom gleichen Gegner hoamg´schickt worden. Schweinsteiger bekommt die Schmach dann in die Personalakte geschrieben.

2007 wehte vor dem Spiel ein Transparent »Gott will es«. Er wollte. Die Bischofsstadt rechnet fest mit fortgesetztem Wohlwollen, dem dritten Cup-Coup und somit dem Titel: Ewiger Rekordpokalsiegerrekordrauswerfer. Schaut auf diese Stadt!

***

Es war alles bereitet. Freunde hatten am Ungarnplatz wieder Weißwürste gegrillt als schwerste kulinarische Beleidigung des Bayerntums. Auch das Schild »Gott will es« war wieder da. Aber er wollte nicht. Das Spiel endete 0:4 – aber hätte nicht Manuel Neuer den Kopfball von Tobias Feisthammel beim Stand von 0:1 nach einer Stunde so unfassbar spektakulär …

Aber er hatte und Gott wohl kurz weggeguckt.

Die Magie war dahin. Es muss doch am neuen Stadion gelegen haben, genauer: dass nicht mehr auf dem alten Tivoli gespielt wurde. Schweinsteiger entging dem Vierfachmakel und konnte dann befreit 2014 Weltmeister werden.

Mit Alemannia ging es steil bergab, der neue Tivoli verschlang Unsummen, man war bald insolvent.

Platt gemacht

Am Tivoli herrscht Endzeitstimmung. Alemannia Aachen hat Antrag auf Insolvenz gestellt. Ortsbesuch bei einem Traditionsverein, bei dem momentan niemand mehr weiß, wie es weitergeht.
11 Freunde, März 2013

Der Trainingsauftakt im neuen Jahr, morgens um 9 Uhr, passt zur Aachener Großwetterlage. Ein fieser Wind fegt über den Platz, Schwaden aus feinem Nieselregen mischen sich darunter. Manch muffeliges Spielergesicht will die Stimmung unterstreichen. Es fröstelt beim zahlungsunfähigen Traditionsklub.

Alemannia Aachen ist pleiter als jeder Geier und hat, ächzend unter akuten Millionenschulden, Ende November Antrag auf Insolvenz gestellt. Die Gläubiger – unter anderem Stadt, Sponsoren, Banken, Finanzamt, Lieferanten – müssen erst mal stillhalten. Der 50-Millionen-Palast für 33.000 Zuschauer (»Neuer Tivoli«) wurde überteuert finanziert, Rückschläge ignoriert. Schon 2010 warnten Wirtschaftsprüfer, zuletzt tauchten Forderungen erst gar nicht mehr in den Büchern auf, um scheinbar geordnete Bilanzen am Leben zu erhalten.

Zahlungsunfähigkeit an sich ist nicht das Ende und bietet durchaus Optionen. Der Antrag auf Insolvenz bedeutet laut Verbandsstatuten nicht automatisch Zwangsabstieg in die vierte Liga. Der droht erst, wenn das Insolvenzverfahren tatsächlich eröffnet wird. Die neuen Verantwortlichen glauben, dass es dem DFB gegenüber Verhandlungspotential gibt. »Wenn wir die Sanierung im laufenden Betrieb schaffen und sportlich die Liga halten«, sagt Insolvenz-Geschäftsführer Michael Mönig, ein versierter Mann im Konkurs-Business, »darf man doch nicht wegen einer unzeitgemäßen Satzung dafür bestraft werden.« Erste Gespräche laufen.

Aber egal ob entschuldeter Neustart in der dritten oder vierten Liga: Das funktioniert nur, wenn die Saison irgendwie mit irgendwelchen Leuten zu Ende gespielt wird. Also gilt: durchhalten, durchwursteln. Und das ist eine Aufgabe, die Herkules ins Schwitzen gebracht hätte. 2,5 Millionen Euro Minimum müssen bis zum letzten Spieltag im Mai irgendwo herkommen, um die laufenden Kosten (Gehälter, Strom, Abgaben, Kosten des Spielbetriebs) zu stemmen. Gelingt das nicht, muss das Insolvenzverfahren schon während der Saison eröffnet werden, was die sportliche Implosion für die Alemannia auslösen kann: Löschung aus dem Vereinsregister, Auflösung. Ein Neuanfang wäre in der Kreisliga D möglich. Das ist die elfte Liga.

Davor ist der große Optimismus des Insolvenz-Geschäftsführers Michael Mönig. »Wir können für ein halbes Jahr eine Käseglocke aufbauen und uns darunter mit der erhaltenden Sanierung selbst befreien.« Aber nur, wenn alle mitmachen. Auf Geld verzichten, die Spieler vorneweg. »Und ich sage allen: Ich pokere nicht. Wir arbeiten gläsern. Es gibt keine Alternative.« Womöglich werden einige ihren Arbeitsplatz verlieren. Und Sponsoren dürfen nicht abwarten, sondern müssen mitmachen – »Und zwar jetzt. Sonst ist der Zug in ein paar Wochen aus dem Bahnhof.« Abgefahren aufs Abstellgleis der Fußballgeschichte.

Wir sitzen in Loge 1. Die Polster sind goldfarben, das Gestühl edelhölzern, das Parkett fein gegliedert: augenfällige Dokumente des alemannianischen Größenwahns. »Ja, die Ausstattung der Lounges wäre für Bundesliga Toplevel«, sagt Rechtsanwalt Prof. Rolf-Dieter Mönning, der beigeordnete Sachwalter, der mit Mönig die Sanierung wuppen will. Mönning hat in den Akten viel »kreative Buchhaltung« entdeckt und weiß um die Absurditäten: »Wir sitzen hier ganz edel. Und die Stadt hat Anspruch auf Pacht. Aber im Moment können wir nichts zahlen.«

Beim Training auf dem überdimensionierten Parkhaus gleich neben dem überdimensionierten Stadion herrscht scheinbar business as usual. Viele unbekannte und sehr junge Gesichter sind dabei, Amateure und A-Jugendliche. An die 200 Hütchen in zwei Größen und vier Farben sind aufgebaut; es gibt Sprints auf Zeit zur »Leistungsdiagnostik«. Die Botschaft lautet: Hier wird sehr ernsthaft gearbeitet, wir spielen weiter.

Zwischendurch fliegen sogar Lachsalven über den Platz. 7 gegen 2 auf engstem Raum macht auch in der Insolvenz einen Heidenspaß. Die Verlierer des Trainingsspiels müssen sich zum Abschluss rückwärtig auf die Torlinie kauern, die Sieger feuern je einen Vollspannschuss von der Fünfmeterlinie ab. Rittlings getroffen, brüllt mancher laut auf. Chefcoach René van Eck hat dieses Machismo-Teambuilding eingeführt.

Geschäftsführer Frithjof Kraemer ist längst vom Hof gejagt, Aufsichtsratschef Meino Heyen, einst Gründer des Tec-Dax-Konzerns Aixtron, ging zwei Wochen danach freiwillig. Die Schwerpunktstaatsanwaltschaft »Wirtschaftskriminalität« in Köln ermittelt wegen Insolvenzverschleppung, Betrug, Steuerhinterziehung. Der DFB wittert geschönte Liquiditäts-Testate zum Saisonstart und droht mit zusätzlichen Punktabzügen für den derzeitigen Drittliga-Achtzehnten. Böse Zungen nennen Kraemer einen »Totenkraemer« – aber, sagen heute alle, gewusst oder zumindest geahnt, wie steil es bergab ging, haben alle seit langem.

Jetzt gilt: sparen, sparen, Kosten deckeln. Der Pressesprecher hatte beim Telefonat im alten Jahr noch gesagt: »Bis Januar – falls ich noch hier bin.« Jetzt ist er tatsächlich entlassen, die Probezeit machte es möglich. Keiner der 150 Angestellten – von den Spielern bis zur 400-Euro-Kraft – weiß, ob nicht morgen schon die Kündigung auf dem Schreibtisch liegt.

Jörg Laufenberg ist auf der Geschäftsstelle seit 2005 eine Art Mädchen für alles. Der lebenslange Herzensalemanne

(»eigentlich bin ich immer noch mehr Fan als Angestellter«) kümmert sich um Behördengänge für die Spieler, besorgt ihnen Wohnungen, macht den Liveticker und ist seit Sommer als passionierter Groundhopper auch im Scouting tätig. Gerade versucht er Stürmer Freddy Borg auf Englisch zu erklären, was eine »Beitragsbemessungsgrenze« ist. Die Stimmung, sagt Laufenberg, sei eigentlich unverändert gut. »Niemand verfällt in Panik. Wir Angestellte sind wie Patienten auf der Intensivstation. Und wir wissen, manchmal ist ein Todkranker auch 30 Jahre nach der Diagnose noch quicklebendig.«

Hoffnung und ein wenig Fatalismus wechseln sich ab. Die Empfangsdame in der weitläufigen Tivoli-Lobby hatte nach dem Begehr gefragt. »Ich habe einen Termin mit Herrn Mönig, der hier alles retten will, auch ihren Arbeitsplatz …« Spitze Antwort: »Na, hoffentlich weiß der das auch.« Yvonne Bongard, Mitarbeiterin im Veranstaltungsmanagement, hat gerade ein Elfmeterschießen mit dem Profitorwart als Gruppen-Event verkauft. Das ist wieder ein Hunderter Einnahme!? »Och, das sind schon ein paar hundert, je nach Teilnehmerzahl.« Sie grinst. »Noch sind wir ja nicht Kreisklasse«.

Auch Susanne Czennia hat Galgenhumor. Seit fast 14 Jahren ist sie Assistentin der Geschäftsführung. »Wer mir damals alles abgeraten hat«, erinnert sie sich. »Alle sagten: ›Alemannia? Lass das lieber. Die sind doch dauernd pleite.‹« Die Hängepartie jetzt sei blöd. »Jeden Tag kann Schluss sein.« Czennia ist quasi vom Fach, ihr Arbeitgeber bis 1999 war eine Baufirma, die in Konkurs ging. »Ich kannte das alles, mit Insolvenzgeld zum Beispiel. Insofern passt das jetzt ja.« Ein klein wenig lacht sie sogar.

Thomas Stehle, der Dienstälteste im Kader, will bleiben, »auch die fünf Monate für weniger Geld. Vielleicht wird es nicht so schlimm, wie man hört.« Die Lage sei halt »mega-schwierig im Klub«, eine »beschissene Situation«, wie ihm auch die Spielergewerkschaft VDV bestätigte, weil das wochenweise Weitermachen unter Insolvenz eben »kein Standardfall« sei. »Die meisten Spieler«, sagt Stehle, »haben auch keine Alternative. Wir haben ja in der Vorrunde nicht gerade auf uns aufmerksam gemacht.«

Ein anderer Kicker aber schimpft: »Jetzt geht es heiligheilig nur um Alemannia. Der Sportdirektor kann sich eine Gehaltshalbierung leisten. Das ist sein erster Job, und wenn er das gut durchzieht, steht er zukünftig prima da.« Ob die Kicker untereinander über die kargen Angebote sprechen? »Ob? Witzig! Es geht seit Wochen um nichts anderes.«

Und die Einnahmenseite des Klubs? Es hilft nur frisches Geld. 500.000 Euro netto brachte das ausverkaufte »Rettungsspiel« am 20. Januar gegen den FC Bayern. Weitere Ticketeinnahmen werden überschaubar bleiben. Also muss Vertrauensrückbau bei der vergrätzten Stadt her, deren Oberbürgermeister vor Wochen schon »kriminelle Energie« witterte. Und vor allem braucht der Klub Sponsorengeld.

In diesem Bereich gibt es eine neue Verantwortliche: Rica Reinisch, 47, übernahm mitten in der Insolvenz das Marketing. »Ja, vielleicht geht meine Aufgabe nur sechs Wochen«, sagt die dreifache DDR-Schwimm-Olympiasiegerin von Moskau 1980, später eine engagierte Kronzeugin in den Prozessen gegen Chefdoper Manfred Ewald. »Aber wahnsinnig bin ich nicht. Das hängt mit meiner Sportlerseele zusammen. Ich packe an. Geht nicht, gibt's nicht.«

Also macht sie Kontakte, fordert und redet »mit der gleichen Gradlinigkeit und Klarheit, die meine absolute Lebensmaxime ist und in diesem Klub lange gefehlt hat.« Reinisch brennt vor Tatendurst: »Es muss aus den Köpfen raus, wie hier Geld verbrannt wurde, diese ganze riesengroße Scheiße, dieser Klüngel. Damit ist Schluss. Millionengrab war gestern. Wir haben ein neues Team, der Sportdirektor, dieser tolle Trainer. Und ich sage allen: Wir packen das hier ganz neu an, komplett, bei minus eins.« Reinisch weiß um den fesselnden Charme, der ihre strukturierte

Klarheit umflort. »Klar, man kann Optimismus verströmen und mit Authentizität die Stimmung hochziehen«, sagt sie. »Aber alles straight heraus, ohne Spielchen, für die Sache, alles auf den Tisch.«

Wow. Wenn nicht diese Rica Reinisch potentielle Geldgeber zu packen kriegt, gelingt es niemandem. Und mit Schaudern denkt man an die Alternativen: Falls Alemannia zerbricht, bleibt da nicht nur der tiefe Herzschmerz Tausender und die Zerschlagung des erfolgreichen Nachwuchsleistungszentrums (Alemannias A- und B-Junioren spielen in der Bundesliga), sondern auch ein ungenutztes Stadion, das man aus Lärmschutzgründen und wegen fehlender Fluchtwege nicht mal für Konzerte nutzen kann. Mit so einer Neubau-Ruine, sagt Rolf-Dieter Mönning, läge Schilda dann in Aachen.

Jahrelang würde sich halb Aachen über die Schuldigen zerfleischen, Sündenböcke würden durch die Stadt getrieben, Sponsoring-Auswirkungen gäbe es langfristig bis tief in den Kulturbereich. Manche Aachener sagen aber auch: Dann wäre endlich mal Schluss mit diesem unendlichen Alemannia-Theater. Das Tivoli-Grab würde den Steuerzahler noch mal 30.000 Euro für Sicherung und notdürftige Instandhaltung kosten. Minimum, monatlich, unbegrenzt. Paradox: Alemannia kann zwar keine Miete mehr zahlen, hilft aber durch die Nutzung dennoch beim Kostensparen. Alternative wäre: Abriss. Den könnte es besenrein schon für zehn Millionen Euro geben.

»Jetzt zählt es, jetzt. Oder eben nie mehr«, sagt Rica Reinisch und verschwindet zum Termin mit dem nächsten potentiellen Sponsor. Dessen Gebäcke werfen Millionen ab Jahr um Jahr, und vielleicht bald Saison um Saison.

***

Die Insolvenz wurde gewuppt, später noch eine zweite. Die Stadt kaufte das Stadion für einen symbolischen Euro, seitdem trägt sie die jährlichen Kosten nahe einer Million (Sicherung, Instandhaltung, Energiekosten, Reparaturen) und bekommt eine kleine Alemannia-Pacht je nach Ligazugehörigkeit zurück. Alle staatsanwaltlichen Ermittlungen verliefen im Sande.

Der nächste Abstieg war nicht zu verhindern. Seit Sommer 2013 wird in Aachen Regionalliga gespielt. Aber auch da galt es Bestmarken aufzustellen: das Match gegen Rot-Weiss Essen 2015 sahen 30.300 Zuschauer, deutscher Viertligarekord.

Bis zum Wiederaufstieg geht es hier noch einmal zurück auf Anfang. Bei meinem ersten Text über die Welt der beiden Tivolis hatte es schwer was zu staunen gegeben. 1985 war das, es ging um Günter Delzepich, diesen Mittelfeld-Riesen, dem ich das Etikett »Zweimeter-Zweizentner-Zweitliga-Briegel« verpasste. Hans-Peter Briegel, das zur Erklärung für Jüngere, war ein Nationalspieler des 1. FC Kaiserslautern, der zur gleichen Zeit wie Delzepich als »Walz aus der Pfalz« einen ähnlich wuchtigen Spielstil pflegte. 2020 durfte ich Delzepich persönlich kennenlernen:

Der Rasenpflüger

Eine Golfrunde mit Günter Delzepich.

taz, 30. Oktober 2020

Die strammen Waden beulen die Hose immer noch ordentlich aus, die O-Beine sind gangprägend. Schon auf den ersten Blick ist die Gesamterscheinung dieses Mannes von Kraft und Kompaktheit geprägt, auch mit 62 Jahren.

»Hallo, ich bin der Günter«, sagt Günter Delzepich. Dann schlägt er ab.

Delzepich? Älteren Fußballfreunden ist der Aachener Zweitligaspieler bis heute ein Begriff (1984–1990: 179 Einsätze, 29 Tore). Er war ein Brecher wie kein zweiter, Zweikampfheroe, Rasenzerpflüger, ein Hüne, der nur aus Oberschenkelmuskeln zu bestehen schien. Bis heute wird man als Aachener bundesweit auf ihn angesprochen, wenn es um den Niedergang der Alemannia geht: »Und was macht der …, dieses Mittelfeld-Monster, wie hieß er nochmal …? – ach ja: Delzepich.«

Der golfende Günter ist ein ganz relaxter Zeitgenosse, mittlerweile ohne den einst markanten Schnauz, unaufgeregt, oft verschmitzt lächelnd. »Vor drei Jahren habe ich aus Jux mit Golf angefangen, jetzt bin ich dauernd hier.« Ja, das Virus. Handicap 18 hat er, ziemlich gut für die kurze Zeit. In Alemannias Traditionsmannschaft hat er aufgehört. »Zu viel Verschleiß im Körper, ich kam ja immer von Kraft und Power. Das wirkt sich aus.« Und, hat er wirklich nie einen Pressschlag verloren? »Nein, ich glaube wirklich nicht.«

Delze, wie ihn alle nannten, war der angsteinflößende Vollstrecker. Heute ist er leitender Beamter der städtischen Vollstreckungsbehörde. Er schwingt auffällig kontrolliert und schießt den Golfball durchaus weit, aber nicht übermäßig. Nach ein paar mieseren Schlägen hintereinander sagt er lapidar: »Das ist der Unterschied zum Fußball. Da hast du aus Frust danach mal einen umgehauen. Wenn du hier Mist spielst, kannst du dich nur selbst in den Hintern treten.«

Golf ist für unzählige Exprofis die natürliche Fortsetzung ihrer Karriere mit Ball. Hier, im Golfclub Mergelhof, spielen auch die Ex-Alemannen Willi Haag, Thomas Stehle (Handicap 4!), Thomas Hengen, Kai Michalke oder Sascha Rösler (heute Teamkapitän Fortuna Düsseldorf), lange war auch Erik Meijer (Holland, Sky) im Klub.

Zu Delzepich gehört die Erzählung, er habe auch mal einen Medizinball vom Elfmeterpunkt spaßeshalber übers Tor gedroschen. Eine Legende? »Nee, nee, das stimmt schon mit dem Drüberschießen.« Nur, »das war mehrfach. Und nicht vom Elfmeterpunkt, sondern vom 16er.« Und als Amateurtrainer habe er einmal einen solchen Ball einem Kicker zum Rückpass zugespielt. »Der ist umgefallen und hat sich fast den Fuß gebrochen.« Auch diese Anekdote um Anstiftung zur Selbstverstümmelung kommt mit einem kleinen Lächeln.

Und dann tritt Delze doch die eigene Legende vom Platz. Es seien nicht solche Magath-Medizinbälle gewesen, sondern diese aufgeblasenen Gummi-Gymnastikkugeln, durchaus schwer und deutlich größer als die braunen Lederkürbisse – er zeichnet mit den Armen einen Kreis von fast einem dreiviertel Meter. Aber egal welche Art, welche Größe – wenn Delze zutrat, möchte man nicht Ball gewesen sein.

Die *taz* hatte Delzepich am 1. April 1985 als »Zweimeter-Zweizentner-Zweitligabriegel« apostrophiert. Doch, die Bezeichnung kenne er durchaus: »Meine Frau hat alle Zeitungsartikel gesammelt.« Nur messe er bescheidene 1 Meter 91.

Buntes Aachen II: Mit Pralinen und Gold, Interkultur in Theorie und Praxis, entsorgter Kunst, missliebiger Kunst und der Kunst des Wohlklangs

Marcus R. Bosch war ein Jahrzehnt lang in Aachen Generalmusikdirektor, sehr beliebt, bisweilen gefeiert. 2012 wechselte er nach Nürnberg. In seinem letzten halben Jahr musste er häufig pendeln. Grund genug ihn einmal im Zug zu begleiten und über absichtlich schiefe Martinshörner zu reden, über erotische Bahndurchsagen, Geräuschfolter im Alltag, über Musikalität des Aachener Publikums, die Chorszene der Stadt und Bonbonpapier bei klassischen Konzerten:

Aachen & die Sinnlichkeit

Highnoon in der Meistersingerstadt. Abfahrt ICE 720 nach Köln, pünktlich 12 Uhr 00. Glück gehabt, ein ganzes Abteil ist frei. Zurück nach Aachen. Marcus R. Bosch bestellt einen Pfefferminztee.

Spielzeitmagazin Theater Aachen, 2012

Herr Bosch, haben Sie als kleiner Junge gesagt: Mama, ich will Dirigent werden, ich werd mal Karajan?

Nein, Karajan als Berufswunsch ist auch schwer möglich. Mit 14 übernahm ich die Leitung meines ersten Kirchenchors, in Steinheim auf der Schwäbischen Alb, wo ich aufgewachsen bin. Das war prägend, vor Menschen zu stehen und zu motivieren, erste Versuche, Ideen von Klang umzusetzen. Klavier zu spielen, hab ich mit sechs begonnen, in einer musikalischen Familie lag das nahe. Dann kamen Klarinette als Neunjähriger, mit 11 der Kontrabass, mit 16 Orgel und mit 18 der Gesang dazu.

Sie sind städtischer Angestellter?

Ja, direkt dem OB unterstellt. Es ist im Vertrag auch eigens betont, dass ich mich um das gesamte Musikleben der Stadt kümmern soll. Daraus resultieren neue Formate wie »Aachen brahmst«, die »Kurpark Classix« und die »Internationale Chorbiennale«.

Muss man als Dirigent autoritär sein oder ist man eher Dompteur einer Herde?

Autoritär sein und Autorität haben sind zweierlei. Zunächst mal fühle ich mich als Musiker unter Musikern. Ich probiere auch mal gerne Verschiedenes, tausche mich aus. Letztendlich muss man als Dirigent aber klare Ansagen machen. Man ist vielleicht im Konzert Dompteur des Klanges, man kann tatsächlich mit Körperhaltung, Augen und Gesicht Klang bilden. Da können Sachen entstehen, die man nie probiert hat. Und da fängt der Spaß erst an. Das sind unbeschreibliche Momente, man spielt eine Oper hundert Mal und es ist jedes Mal neu.

(Würzburg. Bremsen quietschen, wieder eine der vielen Bahndurchsagen, das Piepsen der schließenden Türen, draußen poltern Leute vorbei)

Herr Bosch, ob der akustischen Zumutungen im Alltag müssen Sie doch dem Irrsinn nahe sein. Ihr Dirigentenkollege Kent Nagano schimpft über die ›Lärmverschmutzung der Welt‹.«

Die Welt ist bestimmt viel zu laut. Aber ich kann total abschalten. Auch in Restaurants und Kaufhäusern, diese Musik immer im Hintergrund – ich nehm das gar nicht wahr. Das ist ein großes Glück. Ich kann unter größtem Lärm schlafen und in ziemlichem Krach eine Partitur lesen und bin nicht abgelenkt. Im Zug versuche ich immer zu lernen. (Holt ein Buch von der Dicke eines großen Weltatlas heraus.) Hier, das ist ein Drittel Meistersingerpartitur, vielleicht zwei Kilo.

(Bosch macht Notizen darin, streicht mit Bleistift an.)

Die Arbeit ist: eine Partitur einrichten, zum Beispiel Taktgruppenanalyse. Klassische Arbeit. Ich ergänze um

Zeichen, wo ich einen Einsatz geben muss, hier, eine Crescendo-Gabel zeichnen …

Und Sie kringeln viele Piano-Stellen an. Sind stille Stellen wichtiger als man meinen könnte?

Unbedingt. Es ist immer schwieriger, ein Orchester von leisen Tönen zu überzeugen, weil das mit mehr Mühe verbunden ist (*schreibt dabei weiter*).

(Abfahrt Aschaffenburg)

Da ist es wieder. Das Piepen der Tür …

Das hab ich gar nicht gehört. Gerüche finde ich viel störender. Städte klingen nicht so sehr unterschiedlich, sie riechen anders. München ganz anders als Hamburg. Allerdings gibt es für mich Wohlfühlgeräusche. Neulich war ich in Konstanz im Hafen; wenn an den Segelbooten die Wanten gegen die Masten schlagen, das löst bei mir ein totales Glücksgefühl aus. Wenn es mir schlecht geht, geh ich in einen Hafen und alles ist gut.

Suchen Sie auch Orte der Ruhe, etwa Kirchen?

In Kirchen genieße ich weniger die Stille, eher die Heiligkeit.

Und Stille im Konzertsaal?

Kann schwieriger sein als Krach im Alltag. Wenn im Konzert in das Pianissimo das Lüftungssurren einer Lampe hineindröhnt, kann einen das wahnsinnig machen.

Oder das berühmte Bonbonpapier im Publikum. Lieber schnell aufreißen oder langsam, um nicht aufzufallen?

Das zweite ist eindeutig schlimmer.

Klatschen Publika unterschiedlich?

Total. Auch in einer Stadt ist der Applaus jeden Abend anders. Man hört den Wochentag. Freitag ist anders als

Mittwoch, Freitag ist immer besonders enthusiastisch. Wahrscheinlich, weil sich die Menschen auf zwei freie Tage freuen. Ich spüre das im Rücken, wie die Leute dabei sind. Applaus kann überschwänglich oder exaltiert sein. Auch Stille – ist sie eine gelangweilte oder eine angespannte Stille …?

Und das Publikum, ist es von Stadt zu Stadt verschieden?

Auch unterschiedlich, aber schwer zu beschreiben. Der Aachener ist sehr begeisterungsfähig, aber nicht so mutig: Der bekannte Titel in der Oper steht im Vordergrund, das Unbekannte hat es schwer. Der Nürnberger scheint neugieriger zu sein. Unbekannte Stücke sind dort nicht so ein Problem. Da spekulieren die Zeitungen das ganze Jahr, wie wohl der Spielplan sein wird. Das spezifische Zugehen auf eine Stadt wird in unserer Arbeit immer wichtiger: Die Stadt erspüren und die Menschen mitnehmen.

Wie gehen Sie denn auf eine Stadt zu?

Man merkt an vielen Reaktionen, wie eine Stadt funktioniert. Aachen ist durch seine Geschichte sicherlich statusorientiert. Und in Aachen ist unglaubliche Sinnlichkeit gefragt, ästhetische Aha-Erlebnisse, wenn der Vorhang aufgeht und das Bühnenbild zu sehen ist. Danach sehnt man sich in Aachen.

Große Momente aus der Zeit in Aachen?

Das Brahms-Requiem im Oktogon des Doms: Das ging sehr tief. Dieser Ort, diese unbeschreibliche Heiligkeit und Größe der Musik, des Raumes. Da konnte ich nur noch weinen. Ganz große Momente gab es bei der Chorbiennale 2009. »Kaddish« – da stand der ganze Saal. Und zum Abschluss haben alle vor dem Rathaus »Der Mond ist aufgegangen« gesungen – und der war wirklich am Himmel. Und dann stehen da 5.000 Menschen und singen.

Hören Sie, ob ein Martinshorn-Alarm eine reine Quarte ist? Oder gibt es schief gestimmte Retter?

Klar hört man das. Rein ist es selten. Meist ist es mehr ein Geräusch. Wahrscheinlich sollen die Sirenen unrein klingen, damit sie mehr aufschrecken.

(Umsteigen Köln Hbf, Gleis 5, »Ihre nächsten Anschlusszüge …«)

Das ist doch mal eine erotische Stimme …

Was?

Na, die Durchsage.

Sie achten ja doch auf Umweltgeräusche.

Eine Stimme ist nie ein Geräusch! Sehr erotisch, finden Sie nicht? Im Gegensatz zu diesen quälenden automatisierten Bandansagen auf Bahnhöfen.

Herr Bosch, was heißt es, musikalisch zu sein?

Sehr gute Frage. Wahrscheinlich eine der schwersten … Und kaum zu beantworten. Man kann Musikalität spüren, auch Laien können das. Musikalität kann auch nur eine Wahrnehmung sein, auch wenn ich selbst nichts spielen kann und keine Stimme habe. Musikalität kann heißen, Noten etwas mitzugeben, was da gar nicht steht. Oder auch, dass ich unterscheiden kann, warum mich oder andere oder alle ein Stück von dem einen Sänger mehr berührt als vom anderen, auch wenn die Noten von beiden genau gleich gesungen sind. Sich darin verlieren können, das ist große Musikalität …

Ist Aachen eine musikalische Stadt?

Aachen ist eine Musikstadt. Es gibt sehr viele sehr gute Chöre, mit vielen Wettbewerbserfolgen. Ob die Stadt sehr musikalisch ist, weiß ich nicht.

Aachen wird um Sie trauern. Sind Sie eitel genug, sich darüber zu freuen?

Hmmm … Ich freue mich als Künstler ganz ehrlich, wenn meine Arbeit wertgeschätzt wird. Ist das eitel? Wenn es Aachen egal wäre, würde es mir was ausmachen.

Wäre es nicht eine große Abschlussnummer in Aachen im Juni 2012: Nicht Mahlers »Sinfonie der Tausend«, sondern 30.000 im Tivoli als vierstimmiger Chor?

Ich mache Mahler ja nicht, um möglichst viele Leute auf der Bühne zu haben. Sondern ich kann alle Chöre einladen, mit denen ich hier in Aachen gearbeitet habe und nochmal dokumentieren, wie wir versucht haben, das Musikleben zu befeuern. Alle zusammen in den Tivoli, das wäre auch ein tolles Projekt.

Das süße Leben des Herrn Jörg

Knabbern, bis der Gürtel spannt: Vom risikoreichen Alltag eines Testnaschers, der für die Pralinés bei Lindt & Sprüngli verantwortlich ist.

Zeit-Magazin, 50/1994

Kein Zweifel, der Mann hat einen Risikoberuf. Ein simpler Schnupfen, und schon ist er dienstunfähig: »Da muss ich sehr aufpassen.« Täglich versucht er den Schaden zu begrenzen: »Zwischendurch muss ich immer wieder Zähne putzen.« Jobbedingt hat er Übergewicht, argumentiert aber gegen seinen hervorragenden Berufsbauch an: »Nicht alle Leute können gleich schön sein.« Als Vater wäre Peter Jörg bestimmt beliebt, aber ein schlechtes Vorbild. »Kinder«, sagt er, »wären sicher immer sehr, sehr neidisch.« Freunde des 49-jährigen Junggesellen sind es bisweilen auch. »Wenn ich Besuch habe, gibt es immer was zu naschen.«

Peter Jörg nascht von Berufs wegen. Er ist Pralinentester bei den Chocoladefabriken Lindt & Sprüngli in Aachen. Jeden Tag kostet er Schokoprodukte aller Art: Osterhasen und Weihnachtsmänner, Tafeln und Täfelchen und vor allem die rund fünfzig edlen Pralinen-Kompositionen des Hauses: Trüffelcremebällchen und Kirschwasserkugeln, Hügel von Nougatpasteten und Blöcke von Fruchtweichkrokant, feinherbe Marzipanmassive, zarte Mandelsplitterberge. Peter Jörg nennt Pralinen immer »Pralinés«. Mit Betonung auf der ersten Silbe. »Die feinen Pralinés.«

Und was zeichnet so ein feines Praliné aus? »Sorgfältige Rohstoffauswahl, geschmackliche Abstimmung der einzelnen Komponenten und ständige genaue Überwachung der Qualität.« Das klingt, als arbeite Peter Jörg im Stahlwerk. Doch dann legt er los und erzählt vom zuckersüßen *corporate design:* »Wenn man ein Walnuss-Praliné herstellt, dann sollte der Körper die Nuss versinnbildlichen. Die Ausformung muss immer passen.« Das gilt sogar für Weihnachtsmänner: »Die Ornamente auf dem Stanniol finden sich bei uns tatsächlich auf dem Schokoladenkörper wieder. Der hat eben alle Konturen, vorne die Rute und den Sack auf dem Rücken.« Bei Weihnachtsmännern der Konkurrenz hat Jörg schon mal »Füße wie Elefantenstampfer« entdeckt. »Entsetzlich!«

»Richtig weh« tut es Peter Jörg, dass bei anderen Firmen die Pralinen »wie Kohlen herumgeschüttet werden«. Nein, Pralinen haben doch ein Innenleben. »Wenn man den Leuten erklärt, welcher Aufwand dahintersteckt, bis schlussendlich ein Praliné gefertigt ist mit zehn oder fünfzehn verschiedenen Rohstoffen: Zitronat, Orangeat, Marzipanrohmasse, Vollmilchüberzug, die feinherbe Garnierung ... Wenn man sich mal so ein kleines Praliné zerpflückt, sich genau anschaut, was da für Variationen drin sind, bis so ein Stück mal steht, das ist doch unglaublich! Welche Liebe da drinsteckt!«

Peter Jörgs wichtigstes Arbeitsutensil ist das Schmeckmesser. Damit trennt er ein Stückchen ab, wittert den

Geruch, knabbert und kostet krümelweise, lässt den Geschmack die Zunge umspielen. Nie isst er das ganze Praliné – wegen des Bauches. Schließlich ist Jörg Pralinentester, nicht Pralinenakkordesser. Ohnehin nimmt er jeden Tag rund 700 Kalorien zusätzlich zu sich – krümelweise. Eigentlich gefällt ihm auch die Bezeichnung Pralinentester nicht besonders; seine offizielle Berufsbezeichnung lautet Qualitätsbeauftragter, er ist bei Lindt der Leiter der Abteilung Qualitätssicherung.

Und so ein Abteilungsleiter darf nicht bloß am Krokant knabbern, Williams-Füllungen schlecken oder Himbeergeist schlürfen. Die Arbeit ist vielschichtig, was sich beim Rundgang durch das Produktionslabyrinth der Firma Lindt zeigt. Überall stehen Kisten und Kästen voll mit Süßkram; Tonnen sind es, Abermillionen Stück. Hier wird Jörg zum unermüdlichen Fehlerfahnder. Denn alles will kontrolliert, gecheckt und getestet sein. Am Fließband, wo Schokotafeln vorbeigleiten, doziert Jörg über den »technisch nicht vermeidbaren geringen Abrieb«, Kratzer etwa und Abschabungen. »Das muss auf ein absolutes Minimum begrenzt sein.« Jörgs Horrorvision: »Der Kunde öffnet die Tafel, und da fallen Krümel ins Dekolletee oder versauen das Hemd.« Schon seit November steht produktionstechnisch Ostern vor der Tür. Hasen hoppeln in Sechserreihen übers Förderband. »Und jeder wird einzeln poliert«, sagt Jörg.

Er lobt eine Arbeiterin, die schlecht verpackte Schokoladentafeln wieder aufreißt und der Packmaschine zum zweiten Versuch vorlegt. »Stanniol muss die Tafel vollflächig umschließen. Stanniol hat Aromaschutzfunktion.« Knitterfrei und keinesfalls verdreht sollen auch »die verschiedenen Zeltpapier- und Polsterschutzaufleger einliegen, damit die feine Garnierung nicht beschädigt wird«. Man dürfe nicht immer über soviel Verpackung schimpfen, sagt Jörg. Nebenan bekommen die Marzipanpralinés ihre Verzierung: drei stecknadelkopfgroße Pünktchen. Hier und da sind sie verlaufen oder schräg getupft. Viele sind schon aussortiert. Jörg entdeckt weitere Fehlstücke und weist auf die Fotos für die Endkontrolle an jedem Produktionsband, die alle denkbaren Abweichungen von der Soll-Schönheit anzeigen von optimal und noch tolerierbar bis unakzeptabel.

Freiliegende Nüsse sind besonders sensibel, weil sie schnell an Aroma verlieren, manchmal schon nach 48 Stunden. Jörg entdeckt eine Walnuss, die richtlinienwidrig an den Rand des Pralinés gerutscht ist. Nicht akzeptabel, weg damit. Und dort: eine dramatisch schief sitzende Pistazie! Jörg schüttelt den Kopf. »Bloß nicht zur Packerei geben, haben Sie gehört!« Und da: eine verdächtige Luftblase am Pralinenboden, »die führt, wenn die Blase bis zur Füllung reicht, zum Austrocknen«. Aus-sor-tie-ren! Und dort: ein Weihnachtsmann mit einer Ausbuchtung am falschen Platz. Einschmelzen!

Der strenge Herr Jörg hat eben seine Kriterien. Nicht umsonst hat er einst bei Lindt gelernt. Zur Fachkraft für Süßwarentechnik hat man ihn gemacht. Danach Weiterbildung zum Industriemeister für Süßwaren. Schließlich eine Art Schmecklehre: die »weiterführenden Schulungen für Sensorik«. Da lernt man zuerst die vier Geschmacksgrundarten süß, sauer, bitter, salzig zu unterscheiden. Man bekommt eine wässrige, leicht salzige Lösung und kostet. Dann wird verdünnt, bis man nichts mehr herausschmeckt: Das ist der Schwellenwerttest.«

Peter Jörg schmeckte lange. Seine Zunge wurde als gut, als sehr gut befunden. Er stieg auf zum Fachmann für komplizierte Verkostungen mit besonderen Fähigkeiten »bei der Degustation von Alkoholika«. Da komme es zum Beispiel darauf an, »die bestimmte Kirschkernnote im Kirschwasser zu verschmecken. Ist es auch sauber gebrannt? Kommt der Geschmack auch richtig durch? Da muss man feinste Nuancen feststellen – wie beim Wein.« Peter Jörgs Kostkünste gelten nicht neuen Herausforderungen, Kreationen, Kombinationen. Im Gegenteil: Er muss durch Herausschmecken feiner Unterschiede versuchen, die Norm beizubehalten. Und deshalb muss Peter Jörg auch exakt »den Hausgeschmack abgespeichert haben«, etwa »wie in der Vorsaison die Weihnachtsschokolade geschmeckt hat«.

Und wehe, plötzlich ist etwas anders. Dann muss der Fehler knallhart analysiert werden; ob womöglich ein Gewürz dieses Jahr weniger nuancenreich ist. »Harte Arbeit.« Einfach die Zusammensetzung zu verbessern geht nicht, denn »Rezepte sind bei Lindt Heiligtümer«. Das Stammhaus in der Schweiz, sagt Jörg, erlaube keine Änderung, nicht mal von einem Gramm Zucker oder Salz. »Das Procedere der Rezepturänderung dauert mindestens neun Monate.« Und durchläuft viele Gremien, viele Vorkoster und Verkoster und schließlich »die geheime Geschmackskommission«. Dann habe »der alte Sprüngli«, 74 ist er, noch ein Vetorecht.

Neben all den Schleckereien ist da noch der bittere Teil im Leben eines Qualitätsbeauftragten. Zum Beispiel müssen neue Lieferanten und Spediteure geprüft werden. Was einer wie Peter Jörg da manchmal erleben muss! Etwa wenn Schokoladenkartons geworfen werden! »Diese Unachtsamkeiten, furchtbar! Dabei haben wir alle Spediteure hier zu Besuch gehabt. Ich zeige ihnen die aufwendige Produktion, damit sie sensibel für ihr Transportgut werden. Und ich sage denen: Seht, da ist 'ne Nuss drauf! Wenn ihr die Kartons werft, dann ist die ab.« Einmal, ungeheuerlich, hatte ein Spediteur zugleich Fisch geladen! Fisch neben feiner Trüffelcreme! Da hilft kein Stanniolpapier dieser Welt.

Zum Abschied überreicht Peter Jörg eine große Tüte voll feinster Schleckereien. Tags darauf liegen diese »Festtags-Pralinés« als Menü-Finale beim Abendessen auf dem Tisch. Freudig schlemmen sich alle Gäste durch die vorweihnachtlichen Edelhäppchen. Noch ist alles in Ordnung. Die Pralinen-Amateure am Tisch bemerken nicht, wie bedrohlich nah, gegen alle Jörg-Philosophie, eine Pistazie auf dem Kirschwassermarzipan hängt. Und dass die beiden Mandelgarnierungen auf Zimtmarzipan unterschiedlich groß ausgefallen sind.

Doch dann plötzlich der Gaumen-GAU. Keck hatte sich einer der Essensgäste, als sich sonst niemand traute, das voluminöse, alles überragende Trüffel-Herz mit Marc de Champagne-Füllung gegriffen. Schält es aus dem Glitzerpapier, führt es zum Mund, beißt hinein – und: »Das ist ja leer!« Entsetzt zeigt er es allen: Marc de Champagne – Luft! Das Praliné hat ein Loch. Ein schnödes Nichts im Inneren.

Herr Jörg, wie konnte das passieren?

***

Eine Antwort wird uns Herr Jörg nicht mehr geben können, er starb vor einigen Jahren im Hospiz auf der Hörn. Das erzählt sein damaliger Kollege Jürgen Burmester. Auch er arbeite ein Vierteljahrhundert bei Lindt. Anders als Jörg hat Burmester selbst Produkte entwickelt, zum Beispiel die berühmten Fiorettos. Ich sprach mit ihm für dieses Buch im Frühjahr 2021:

Herr Burmester, war ihre Berufsbezeichnung Praliné-Erfinder?

Nein, der Ausbildungsberuf hieß Schokoladen- und Konfektmacher, heute: Fachkraft für Süßwarentechnologie.

Wie war das denn mit den Fiorettos oder italienisch: Fioretti? Setzt man sich da hin, schmeckt ein wenig, überlegt, mischt Zutaten und plötzlich Heureka: Ich habe das Fioretto erfunden!?

Naja, in der Regel geht das so nicht. Das ist ein langer Prozess, in diesem Fall bestimmt anderthalb Jahre. Mitte der 70er Jahre war das. Lindt galt damals als besonders exquisite, hochpreisige Marke, mit meist älteren Kunden. Und die Produkte waren sehr verschenklastig, an die 70 Prozent.

Das wollte man ändern?

Ja, wir wollten jüngere Konsumentenkreise ansprechen, auch eine leichtere Form von Genuss schaffen, auch für den Spontankonsum. Darum drehten sich die Gespräche mit Vertrieb und Marketingabteilung. Erst war ich ratlos, mir fiel nicht recht etwas ein. Dann kam die Idee: südliche Kultur ist leicht, italienisches war gerade angesagt. Da lagen Mandeln nahe und Marzipan. Nun gibt es in Deutschland bei Marzipan ein großes Nordsüd-Gefälle. Marzipan ist im Norden, Stichwort Lübeck, sehr beliebt, im Süden wird deutlich mehr Nougat gegessen.

Aber das erste Fioretto war das mit Marzipan?

Ja, Nougat in Dunkelblau kam erst vier Jahre später. Wir haben experimentiert damals – das Stoffliche geht in der Rezeptküche, immer neu probieren, wie bei einem Grappa oder beim Parfümeur. Die Idee für die Form war: Marzipan nach oben optisch schlanker machen, dann das Knuspern dazu. Anfangs ging das mit Mandelstücken auf den Kegel; später haben wir das Mandelmehl-Popcorn entwickelt – das hat den besonderen Knuspereffekt, und preiswerter war es auch. Und verpacken in der Farbe von Mandelblüten, also zartes rosa. Die meiste Zeit hat die Verpackung gebraucht. Für die Technik mit dem Dreheinschlag oben mussten eigene Maschinen entwickelt werden. Da gab es auch viele Fehlschläge.

Bis heute wahrscheinlich. Deshalb gibt es bei den Fiorettos so viel schlecht verpackten Ausschuss, der dann für wenig Geld im Werksverkauf landet?

Das ist wirklich so. Gut für die Kunden. Die luftige Verpakkung hat übrigens dafür gesorgt, dass wir beim Transport 20 Prozent mehr Volumen gebraucht haben. Also höhere Stückkosten. Und somit hatte das Fioretto einen größeren ökologischen Fußabdruck. Aber der Begriff war damals noch unbekannt.

Und das Urrezept liegt in der Schweiz in einem sicheren Safe?

Nein, das ist irgendwo in den Tiefen der EDV in Aachen mit dem Rezept-Stammbaum gespeichert. Darin sind auch alle Modifikationen enthalten. Unsere Zettel aus der Rezeptküche haben wir leider nicht mehr.

Im Tauschparadies

In der Elsassstraße kann man gute Geschäfte machen – mit Altgold.

Magazin Ostflair, Heft 10/2011

Der Goldpreis steigt in immer neue Höhen. Da ist es an der Zeit, die angesammelten Kronenreste aus dem eigenen Mund zu Geld zu machen. 10,6 Gramm kommen zusammen. Seit Monaten sind die Aachener Tageszeitungen voll von großformatigen Anzeigen zum Goldankauf, die Werbebanner an den oft edlen Geschäften wachsen mit dem Goldkurs um die Wette. Nur, konkrete Grammpreise nennt niemand.

Test bei drei Juwelieren in der Innenstadt: Bei 1.845 Dollar steht die Feinunze (31,1 Gramm) an diesem Tag, das sind etwa 1.320 Euro. Auf zum Markt, wo ein Goldschmied mit Preisen wirbt, »die Sie nicht ablehnen können«. 160 Euro will man geben, immerhin. Die Inhaberin eines Geschäfts gleich beim Alten Kurhaus wiegt, lächelt und tippt auf ihren Taschenrechner: »148,40 — also gut: 150 Euro«. Früher, sagt sie, habe man das Gold zwei Monate lang gesammelt, jetzt liefere man es wöchentlich an den Großhändler. »Keiner weiß, wann der Preis vielleicht abstürzt.« Und auf weiter steigenden Kurs spekulieren? »Nein, zu gefährlich.«

Gut, 440 Euro für meine Drittelunze kann ich nicht erwarten. Reinigung, Einschmelzen, Zwischenhändler – da kommt einiges zusammen. Sehr bescheiden endet der dritte Versuch: 116,60 Euro, scheinbar knallhart kalkuliert, bei einem Schmuckgeschäft in der Theaterstraße, das »faire, höchstmögliche Tagespreise« per Annonce verspricht. Höchstmöglich? Oder sind die 116 Verhandlungsbasis? »Nein, letztes Wort. Sie nehmen es wieder mit?« Offenbar weiß man hier: Entweder greift der Kunde spontan zu oder er kommt nie wieder, wegen des Magerangebots. Passenderweise wirbt man hier mit »Vergleichen Sie!«

Machen wir ja. Und ab ins Ostviertel. Ein Werbebanner in der Elsassstraße lockt zu »Gold Ankauf«. Der türkische Inhaber tippt mit flinken Fingern so lange wie keiner zuvor auf seinen kleinen Rechner. »Dafür gebe ich Ihnen 222«, sagt er. Wow! »Andere bieten nur 116«, berichte ich ihm. »Jeder will halt Geschäfte machen«, so seine charmant lächelnde Antwort über die unterpreisige Konkurrenz. »Naja, Sie verdienen doch auch daran.« – »Aber sicher«, sagt er.

Bingo: 222 Euro. In der Elsassstraße kann man gute Geschäfte machen.

Das Magazin Ostflair gibt es schon lange nicht mehr, auch nicht das Schmuckgeschäft in der Theaterstraße mit der geizigen Geschäftspolitik, wohl aber existiert weiterhin der Juwelier mit Namen Istanbul an der Ecke Adalbertsteinweg. Und der Goldpreis ist immer noch hoch.

***

Ist Aachen eine lebendige Stadt der Künste oder des Kunstbanausentums? Im Ludwig Forum, kurz und kuschelig LuFo genannt, in diesem Tempel mit so großartiger zeitgenössischer Kunst, gab es schon Tage, an denen nicht ein einziger Besucher ein Ticket löste: Schirmfabrik, die üppige Sammlung der Eheleute Ludwig, mit Geldern aus jahrzehntelangem Schokoladeverkauf – und niemand kommt.

Auch im Suermondt Museum gibt es Tage ohne einen einzigen Besucher, sogar an einem langem Wochenende, wenn viele Touristen in der Stadt sind: Pfingsten war es vor einigen Jahren, als ich ins Suermondt wollte und dort ein halbes Dutzend Kunstwillige vor verschlossenen Türen fand, Leute aus Holland, Belgien, ein deutsches Paar und eines aus den USA. Zu! Warum? Pfingstmontag. Da mag zwar noch so viel los sein. Aber Montag bleibt in Aachen Montag. Da haben Museen zu.

Es ist auch sonst bisweilen schwierig mit der Kunst in dieser Stadt:

Kunstlos entsorgt

Wie die Objekte eines Bildhauers auf dem Müll landeten.

Die Zeit, 18. Mai 1990

Es war ein Routinetermin für die Aachener Gerichtsvollzieherin Elke Büschgens. Ein Mieter hatte nicht gezahlt, die Mahnung nicht gefruchtet, der Eigentümer das Amtsgericht eingeschaltet. Schließlich wurde der Räumungstermin angesetzt, dem der säumige Mieter fernblieb. So galt es für den Gläubiger, sachkundig Werte zu sichern und Hab und Gut des Schuldners einzulagern. Doch was sollte das sein in dieser vollgestopften Dachmansarde? Diese wirren Schaumstoffberge? Das bemalte Kinderspielzeug? Die alten Fahrradspeichen, Tapetenstapel, Fädenhaufen und Folienkonstruktionen? Die herbeigerufene Spedition bekam den Auftrag, sämtliches Inventar besenrein zu entsorgen: Auf die Deponie mit dem Müll und Plunder.

Der Berufsbezeichnung »Künstler« auf dem Räumungstitel hatte die Beamtin wohl geringe Bedeutung beigemessen. Als der 45-jährige Mieter Wilfried Tertin in sein mittlerweile ehemaliges Atelier zurückkehrte, packte ihn das Entsetzen: »Da steckte mein Leben drin, meine Arbeit aus zwanzig Jahren!« Er eilte zur Müllkippe, um seine Objekte eigenhändig zu retten. Die Abfallwerker wiesen den Bildhauer, Designer und Objektkünstler auf 600 Tonnen hin, die dort täglich unter die Planierraupen kämen; Suchen habe da wohl nur wenig Sinn.

So blieben Tertin nur Solidaritätsbekundungen und Mitleidsadressen von Kollegen und Kunstfunktionären der Stadt: Die Vorsitzende des Kulturausschusses im Stadtrat etwa forderte ein »Notaufnahmelager für Künstler und Kunstwerke«, und ein Aachener Werbekaufmann schrieb dem Gericht »für alle Fälle«, die Unterlagen in seinem Büro seien nicht etwa »gestapeltes Altpapier«, sondern »Manuskripte und Belegexemplare«.

Wilfried Tertin, der gegenüber weltlichen Dingen, wie etwa regelmäßigen Mietzahlungen, als wenig aufgeschlossen gilt, sei sich bewusst, so sein Agent, dass seine Schlampigkeit die Räumung erst ausgelöst habe. Aber, sagt er, gerade zwei Tage vor dem »Kunst-Raub« sei die Miete überwiesen worden, für ein halbes Jahr im Voraus. Fassungslos auch er, dass die Gerichtsvollzieherin »all die eindeutig gestalteten Dinge«, beispielsweise das »Pyromobil« – eine feuerspuckende Karosse –, nicht gewürdigt habe.

Die 32-jährige Beamtin ist sich auch im Nachhinein keiner Fehleinschätzung bewusst. In der Mansarde habe es ausgesehen, »als wenn jemand mehrere Karnevalswagen reingefahren und dann mit dem Hammer draufgehauen hätte«. Nicht »der leiseste Verdacht auf Kunst« sei ihr gekommen. Auf dringenden Rat ihrer Vorgesetzten verzichtete sie auf weitere Rechtfertigungen. Tertins Rechtsvertreter hat »Regressforderungen von mindestens 500.000 Mark« gestellt. Adressat ist das Land Nordrhein-Westfalen.

Der Ministerpräsident der Beklagten, Johannes Rau, war übrigens drei Wochen nach der Räumung Diskussionsteilnehmer an einer Matinee in Düsseldorf. Sinnfälliger Titel: »Kunst zum Angreifen«. Die Bühnendekoration hatte Wilfried Tertin besorgt, noch kurz vor der Räumung hatte er sie aus dem Atelier fortgeschafft.

Wilfried Tertin ist 2019 gestorben.

Auch Klaus Paier, bekannt unter dem Pseudonym »der Aachener Wandmaler«, hatte es mit seiner Kunst nicht leicht. Er schuf mehrheitlich in den 80er Jahren aufschrekkende große Fassaden-Gemälde mit typisch kantigen Nussknackergesichtern, meist mit provokanter politischer Botschaft, bunt und grell, mitten in der grauen Stadt. Street Art würde man heute sagen. Damals wurde alles gleich wieder weggeätzt: Schmierereien, hieß es, illegal, störend.

Erst drei Jahrzehnte später, lange nach Paiers frühem Tod, hatte sich die Lage sehr geändert:

Produktive Sehstörung

Erst verfolgt und weggeätzt, jetzt gefeiert: Das Ludwig Forum für Internationale Kunst würdigt das Lebenswerk des grandiosen Aachener Wandmalers Klaus Paier.
taz, 25. April 2017

Der 9. November 1989 war ein geschichtsträchtiger Tag. Zum Beispiel in Berlin, bekanntermaßen. Und ein kleines bisschen auch in Aachen: In der Nacht auf den Freitag, als die Mauer aufging, hatte der »Aachener Wandmaler«, der zwölf Jahre lang immer autonom mit seinen Farbeimern unterwegs war, tatsächlich so was wie eine Auftragsarbeit angenommen. Im Bunker Junkerstraße sollte zwei Tage später die Vernissage der Kunstausstellung »Deserteure – Besudelt möchte ich nicht überleben« stattfinden, initiiert von Aachener Friedensaktivisten.

Der damals 44-Jährige, dessen wirklichen Namen Klaus Paier seinerzeit nur wenige Eingeweihte kannten, baute eine große Leiter auf, kraxelte auf den Bunkereingang, malte eine seiner typischen kantigen Figuren auf das alte Gemäuer und pinselte dazu den Imperativ von Wolfgang Borchert »... dann gibt es nur eins: Sagt Nein!« Es war sein letztes von rund 50 großflächigen Bildern in Aachens Stadtbild. Paier war gerade nach Köln gezogen, wo er vereinzelt weitermalte.

Geblieben ist nicht viel von den farbigen Anklagen gegen Atomnutzung, Krieg, Autoterror und Unterdrückung, dazu manchmal auch konträr zärtliche und sinnierende Bilder. »Das muss weg« war der Imperativ des sauberen Spießertums unter Federführung des CDU-Oberbürgermeisters Kurt Malangré. Zu provokativ für das tiefschwarze Aachen war diese grellbunte Sympathie mit Außenseitern der Gesellschaft wie Punks, Hausbesetzern, Schwulen (Paier war selbst in der Aktionsgruppe der Aachener Printenschwestern aktiv). Städtische Säuberungstrupps rückten an. Politisch brisant war das Bild zweier Jugendlicher, die wenige Tage vor der Befreiung Aachens (21. Oktober 1944) noch von Wehrmachtsoldaten hingerichtet wurden, weil sie angeblich ein Brot gestohlen hatten.

»Die Stadt ist mein Museum«, hat Autodidakt Paier, der 2009 an Leukämie starb, mal gesagt. Jetzt ist er selbst im Museum: Das renommierte Ludwig Forum für Internationale Kunst in Aachen zeigt 40 Fotografien seiner Werke und erstmals Skizzen, die sein Bruder Thomas Paier (aus insgesamt mehr als 10.000 Dokumenten) zur Verfügung gestellt hat. »Optische Schreie« heißt die Werkschau. Dazu eine Diashow vieler anderer Bilder, die den Zeitzeugen von damals eine Zeitreise mit Herzklopfen bescheren. Und es läuft ein schön groteskes Video aus dem Jahr 1984, in dem man Paier in langem Wollmantel, verkleidet mit Schlapphut und Hexennase, durch die Stadt laufen sieht und ihn mit verzerrten Sound erklären hört. Das unterstreicht die optischen Schreie akustisch. Einmal fällt der Satz: »Ein Museum selbst ist schon Zensur.«

Paier prägte mit seinem plakativen Expressionismus in den 80ern tatsächlich mauerweise die Aachener Stadtlandschaft. Wenn wieder ein neues Bild entstanden war, sprach sich das schnell herum. Man freute sich, ging schnell gukken. Olaf Müller, der heutige Leiter der Verwaltung Kulturbetrieb der Stadt, erinnert sich an seine ersten Studientage 1981: »Wenn man durch Aachen ging, stand man immer wieder vor so einer sprechenden Mauer«, die bei ihm eine »produktive Sehstörung« auslöste. Und trotz aller »ästhetischen Sprengkraft« immer wieder »auch zum Lächeln anregte«. Heute wisse man, so Müller, das war schlicht »große Kunst«.

Man lernt, dass Paiers Arbeit nicht spontan, sondern strategisch war. Der Diplom-Physiker suchte immer nach inspirierenden Gemäuern inmitten einer passenden Architektur: Welche Mauer schreit nach Bemalung? Er fotografierte sie. Dann dachte er über provokante Motive nach. Er machte Entwurfszeichnungen. Er rückte nachts an, grundierte die Fläche und legte feine Vorzeichnungen an. Um in einer der folgenden Nächte seine Dispersionsfarben aufzutragen, stets mit einem Aufpasser. Tags darauf dokumentierte er sein Werk mit der Kamera, manchmal auch die Vernichtung durch die Stadt. Erwischt wurde »der Rebell der Nacht« erst später einmal in Köln, wie sein Bruder jetzt berichtete. Das Verfahren wurde eingestellt.

Zwölf Bilder existieren noch, manche nur stückweise, andere sind arg verblichen. Vor ein paar Jahren hat Aachens Ex-OB Malangré mit altersweiser Selbstkritik die emsigen

Säuberungen als Fehler bezeichnet. Da war Paier schon lange tot. Malangré entschuldigte sich und fragte mit schlechtem Gewissen beim Landeskonservator um Rat. Ergebnis: Drei Werke stehen heute unter Denkmalschutz. Klaus Paiers großes Bild am Bunker Junkerstraße ist heute noch zu sehen.

***

Eine Eupener Dichterwerkstatt im Bauernhof, nichts wie hin – für eine Zeitung in Eupen:

Gereimte Lebensgier

Literatur: Autor Freddy Derwahl hat seinen dritten Gedichtband vorgelegt – Neugier bleibt beim Lyrik-Werk »die engel von brüssel«.

Grenzecho Eupen, 5. August 2020

Ein Geständnis vorweg: Gedichte sind mir zeitlebens meist fremd geblieben. Warum muss man Mitteilenswertes in ein Reime-Korsett gießen? Und auch der christliche Glaube, der sich im vorliegenden Band »die engel von brüssel« immer mal wieder thematisch einschleicht, ist nicht eben ein Eckpfeiler meines Lebens.

Bei Autor Freddy Derwahl taucht Dali auf, der große Brel, Baelen und Brüssel, Heinrich Heine, aktuell auch Corona und zeitlos sein geliebtes Kloster Val Dieu, wo er fast täglich hinfährt auf der Suche nach geistiger Kraft. Kann also jemand als Rezensent falscher sein? Nein, Neugier bleibt. Und: Ich schätze Freddy Derwahls Romane sehr, wie mag das mit seiner Lyrik sein?

Vor einigen Jahren hatte ich, ohne Derwahl bis dahin zu kennen, »Bosch in Belgien« zufällig entdeckt und mit Wonne gelesen. Darüber schrieb ich einen kleinen Text in der Hamburger *Zeit*. Er endete mit: »Derwahl schreibt gern sperrig und düster, von der mühsamen Suche nach Erfüllung, dem Abenteuer Einsamkeit, von Lebensgier und der Last der Lüste.«

Später sagte er mir sinngemäß: Wow, das trifft´s haargenau (so, und das war jetzt ein Reim). Finden sich in seinen Reimzeilen auch versteckte Lebensgierlust, Erfüllungseinsamkeit und Lüstelast?

Durchaus: Manches kann man erahnen und entdecken, etwa in Derwahls spirituellen Nachdenklichkeiten oder im schönem Nachruf auf seinen Retsina-Freund Dimitri, den Wirt vom Eupener Marktplatz. Oder auch im Text über das Sitzen und Sinnen in seinem Garten:

»… auch meine tauben lieben sich /
hoch oben auf dem knöterich /
dass donner grollt ist einerlei /
sie sind so herrlich vogelfrei.«

Derwahl sagt, es gehe ihm mit der Lyrik um »Übergänge in etwas tiefere Seelenlandschaften«.

Ja, Übergänge: Mancher Gedankenschritt thematisiert die unbekannte letzte Reise – was bei einem 73-Jährigen nicht überrascht. Selten bang, meist gelassen und neugierig. Der Tod ist halt nur das donnernde Finale der Lebensgier. Oder ein stiller Zwischenschritt, voll Vertrauen zu Jesus Christus.

Aber der gläubige Autor behymnet auch jene Rockband, die einst Sympathie für den Teufel bekundete:

»… die songs der stones ihr magisches zittern /
schlug wenn sie zum umsturz schrien /
wie blitz und donner von schweren gewittern /
und flammen die nicht weiter ziehn …«

Was ist der Reiz am Dichten, Herr Derwahl? »Das ist die kurze Schreibarbeit zum ganz großen inneren Glück. Man kann das nie zwingen. Manchmal kommt es überfallartig, es fließt.« Die Folge: »Ein gelungenes Gedicht stürzt mich in Seligkeit.« Und für Leser? »Gedichte sind konträr zu unserer Gesellschaft. Die ist schnell, laut, auf ständige Unterhaltung fixiert. Wer nimmt sich die Muße für das langsame Lesen von Gedichten?« Manchmal, sagt Derwahl, habe er »ein fast erotisches Bedürfnis zu schreiben in meinem Büchergebirge« – wie er sein Bauernhaus-Büro nennt.

Wichtig sei ihm das Textlein zu Patmos mit Alexis dem Ziegenhirten und der späte Nachruf auf seinen Vater, zu dem er nicht immer das beste Verhältnis hatte:

»schon etwas sonne auf den zweigen /
die gräber sind ohne schnee /
bevor sich die schatten neigen /
möchte ich dir nicht verschweigen /
ganz tief ist noch immer ein weh ...«

Weh, ach weh: Einmal habe ich mich tatsächlich auch lyrisch versucht – ein Achtzeiler wurde es. Er leitete einen Text in der Berliner *taz* zur Kulturgeschichte der Bahnsteigkarten ein, die plötzlich in manchen deutschen U-Bahnen wieder benötigt wurden:

Ach, ihr kleinen Bahnsteigkarten /
standet tapfer für das Warten /
für das Kommen, für das Gehn /
und beglücktes Wiedersehn. /
Heut zur Falle umgebaut /
seid im Untergrund ihr Maut. /
Und die schlauen Ökonömen /
können Lenin bös verhöhnen.

Ja, Lenin, der gesagt haben soll: Die Deutschen würden erst eine Bahnsteigkarte kaufen, bevor sie Revolution machen (sollen die Belgier mal froh sein, dass 1830 noch keine Züge fuhren).

Derwahl gegenrezensiert meinen Reimversuch unerwartet freundlich: »… da steckt ein bisschen Erich Kästner drin, der Flaneur, die Zigarette im Mundwinkel, die Damen in der Hinterhand …« Dankeschön! Apropos Damen: Seiner Frau Mona hat Derwahl ein Liebesgedicht geschrieben:

»… so sind unsere herbstlichen tage /
vom späten sommer erfüllt /
weder träne noch trauer noch klage /
für immer von nähe umhüllt …«

Und, sagt er noch: eines seiner neuen Gedichte sei einer gleich hinterm Rhein wohnenden Frau gewidmet, die ich einmal erfolglos begehrte und ihm davon erzählt hatte. Es heißt »an eine unbekannte« und handelt von winterlichem Eis, von singenden Rheinfischern, von zwei Herzen (natürlich), von Stille und Fülle:

»… dann öffnest du mir die türe ganz leis.«

Ich war verschossen, die Tür blieb verschlossen. Manchmal gibt es in einem Gedichtband mehr anrührende Berührungspunkte, als man ahnen möchte.

Alle Vorurteile auf den Tisch

Der Islamwissenschaftler Markus Reissen erklärt, wie wir Integration und gegenseitiges Verstehen geschmeidiger hinbekommen können.
Sächsische Zeitung, 16. April 2016

Markus Reissen, geboren 1961 in Aachen, ist Islamwissenschaftler und Völkerkundler. Einst hatte er an einem Berufskolleg sieben Jahre lang eine feste Stelle »für interkulturelle Kompetenz« – als Einziger in Deutschland. Seit 2003 macht er für die Katholische Hochschulgemeinde Aachen interkulturelle Trainings – als Berater für Polizei, Behörden, Gerichte und vor allem in Schulen. Reissen spricht sieben Sprachen, darunter Arabisch und Türkisch.

Herr Reissen, hilft Ihr antimodischer dunkler Schnauzbart eigentlich bei der Arbeit?

Ja. Das ist wirklich so. Ich habe mir den wachsen lassen, als ich zu Studentenzeiten in der Türkei gelebt und drei Monate lang in einem Istanbuler Basar Teppiche verkauft habe. Seitdem werde ich auch oft für einen Kurden gehalten.

Das Thema Flüchtlinge ist meist reduziert auf Angst, Religion, Übergriffe, Grenzschließung. Integration wird zwischendurch gefordert – aber wie?

Wir, jedenfalls viele, fordern immer die totale Anpassung an unsere Kultur, unsere Lebensart. Als wäre das alles!

Sondern?

Kaum wer guckt, was bringen die anderen mit, etwa ihre oft tolle Gastgeberkultur, ihre Freigiebigkeit, die Wertschätzung von alten Menschen. Die verstehen überhaupt nicht, warum wir Alte oft in Heime abschieben. Wir können

Scham lernen, wenn viel Ärmere uns so selbstverständlich wie üppig einladen. Situativer sein, spontaner.

Ist Deutschland für andere schwer zu begreifen?

Ja, und da brauchen wir nicht bis zu Flüchtlingen zu gukken. Beispiel Dresscode: Ich hatte neulich eine chinesische Gruppe hier, zu einem Termin bei Microsoft hatten die sich extra schick gemacht – und dann laufen da alle nur mit Shirt und Jeans rum. Am nächsten Tag bei Ford sind alle ganz schick. Ja, was ist denn in Deutschland richtig, fragten die dann. Wir sind eine sehr individualisierte Gesellschaft, und das ist uns so wichtig, dass es im Alltag kaum mehr Standards gibt.

Wo lernen wir am besten voneinander?

Im Alltag, im Stadtviertel, im Bus, in der Kneipe. Für Flüchtlinge sind Schulen der Kernort. Hier gibt es den intensivsten Einfluss auf Beheimatung. Schulen sind der Anker nach Entwurzelung, wo man am besten den massiven Kulturschock überwinden kann. Viele Migranten erleben etwas ganz anderes, als sie erwartet haben. Und das blokkiert leicht. Ich höre immer wieder: Die Deutschen sind so kalt, so abweisend.

Was passiert bei Ihren Trainings in den Schulen?

Wir bauen zum Beispiel, das geht ab etwa 13 Jahren und in allen Schulformen, aus Umzugskartons die Mauer der Vorurteile, meterhoch. Auf die Kartons soll ungebremst alles draufgeschrieben werden. Alle Vorurteile auf den Tisch, jeder über jeden: Deutsche, Syrer, Algerier, Iraner, Russlanddeutsche. Vorurteile sind normal für alle Menschen.

Alles schonungslos rauslassen?

Ja, nix wie rein in den Fettnapf. Bei gnadenloser Offenheit weiß man wenigstens, woran man ist. Da hörst du Sachen wie: Die Syrer stinken alle. Das sind alles Machos. Die klauen uns unsere Frauen. Die Muslime sagen über uns: Die gehen über alle Grenzen, denen ist nix heilig, die huren nur herum – und überall Schwule. Das ist das Heftigste, und es ist völkerverbindend, ob schwarz, ob gelb, Osteuropäer oder Muslime: Bei Schwulen und Lesben kommt alles raus an Vorurteilen und Gewaltfantasien, massiv, absolut diskriminierend.

Was dann?

Über alle Vorurteile reden, aus der Mauer bauen wir ein Tor, durch das alle gehen können. Wahrnehmungsübungen, Rollenspiele. Es gibt eine Übung, abgeleitet aus dem Tantrismus, die bei Muslimen und uns automatisch die gleichen falschen Wahrnehmungsmuster hervorruft. Schon haben wir Gemeinsamkeiten. Entscheidend zum Verstehen sind oft Perspektivwechsel. Die Welt versuchen, mit den Augen der anderen zu sehen.

Gibt es auch Rollenspiele mit Muslimen als schwules Paar?

Das wäre heikel. Aber ich habe als Perspektivwechsel nachgestellt, was mir bei meiner Arbeit in Ägypten passiert ist. Beim ersten Treffen wollte mir mein guter Freund Salah die Stadt Alexandria zeigen und nahm mich in der Straße an die Hand. Das ist da Standard, ein Freundschaftsbeweis, den du nicht ablehnen darfst. Ich hab im Reflex die Hand weggezogen. Das war ein Affront. Später konnten Salah und ich darüber lachen. Wir spielen das hier nach – und jeder deutsche Peter zieht sofort die Hand weg. Das ist totales No-Go.

Und jenseits der Schulen?

Ich komme gerade von einer dreitägigen Polizistenschulung in Niedersachsen. Da hörte ich wieder typischerweise: Leute aus dem Orient schlagen regelmäßig ihre Frauen. Wenn du da in eine Wohnung gehst, ist sofort der ganze Clan da. Ihre Aussagen lernen die doch auswendig, als hätte ihnen das der Imam geflüstert. Dann erkläre ich, solche Eindrücke können mit der anderen Lernkultur im Orient zusammenhängen: Bei uns lernen schon Kinder früh eigenständiges kritisches Denken. In der arabischen Welt geht es, gespeist aus der Tradition der Geschichtenerzähler, vornehmlich darum, Lehrinhalte wörtlich wiederzugeben. Also ist gut, wer möglichst viel auswendig kann.

Und die Verwaltung?

Sieht sich oft nicht als Helfer. Migranten stehen da gern unter Generalverdacht, sie wollten nur Vollverpflegung rund um die Uhr. Vorurteil: Die halten sich an nix. Und: Setzen nur Kinder in die Welt, um mehr Kindergeld zu kriegen. Erschreckend.

In ihrem neuen Buch »Interkulturelle Kompetenzen fördern«, ein Ratgeber für Schulunterricht und Alltag, schildern Sie die traurige Geschichte eines syrischen Doktoranden.

Vor ein paar Jahren arbeitete der an einem Institut an der TH Aachen. Der Mann vermied jeglichen Blickkontakt zu weiblichen Gästen, gab ihnen nicht die Hand. Sein Professor wies ihn darauf hin, das würde als mangelnder Respekt gesehen, vielleicht sogar als Machogebaren. Der Syrer sagte: im Gegenteil. Blick- und Körperkontakt seien anmaßend, das sei seine Erziehung und Überzeugung. Gerade Zurückhaltung sei ein Zeichen besonderer Achtung und Höflichkeit. Wir haben zu dritt lange darüber geredet, aber es gab keinen Weg. Er hat die Promotion abgebrochen und das Institut verlassen. Tragisch.

Stichwort Perspektivwechsel. Wie hat wohl der Kölner Silvesterrandalierer die Welt gesehen an diesem Abend? Können Sie darüber fachkundig spekulieren?

Ich kann es auch nur versuchen. Neben dem fatalen Bild von Frauen als Freiwild haben sicher Alkohol und Dope dazu beigetragen, auch die Enthemmung in der Masse. Was mir aber bei der Betrachtung zu kurz kommt, ist der tiefe Frust. Nordafrikaner hier ohne gesicherten Aufenthalt und Job laufen zunehmend Gefahr, abgeschoben zu werden. Und das sind häufig die begabtesten Kerlchen aus prekären Familien, losgeschickt nach dem Motto: Mach dein Glück, schick das Geld nach Hause, hilf uns. Dadurch haben die einen Riesendruck und massive Versagensängste. Von einem Besuch in Marokko weiß ich, dass denen die Herkunftsfamilien ständig im Nacken sitzen: Wann kommt denn mal Geld? Tante Aisha ist krank, Vater geht's auch schlechter. Oder bist du schon so deutsch geworden, dass du nicht mehr teilen willst? Wäre ich Ahmed aus Marrakesch und wollte mein Glück hier versuchen, würde ich vielleicht auch meinen Pass wegwerfen und mir einen syrischen Dialekt aneignen.

Und was brauchen wir eingeborenen Zufallsdeutsche an Hilfe?

Zuerst müssen wir innerlich akzeptieren, dass wir auf Dauer hier Schutzsuchende haben werden, in ganz anderer Zahl, als wir das von früher kennen. Da müssen wir Berührungen und Kontakte zulassen, bestenfalls suchen. Mut zum Fettnapf, immer rein. Und gucken, wie ticken die, was suchen die, fragen, fragen, fragen. Es ist doch bereichernd, sich selbst im Spiegel der Fremden zu sehen. Da lernt man so viel. Ich denke manchmal, wir sind auch deswegen so verunsichert, weil wir selbst nicht wissen, wer wir sind und wie wir sein wollen.

***

Öfter als viele glauben klappt auch Selbstintegration. In Vaalserquartier kann man sie erleben. Dort lebt Orhan Aras, einst aus politischen Gründen aus der Türkei hierher geflüchtet. Und er hilft uns allen in und mit seinem Euro-Kiosk direkt vor der Grenze nach Vaals bei der Integration in den Alltag.

Hier das Originalmanuskript – der erschienene Text war leider etwas gekürzt:

Weiß getünchtes U-Boot

Ein Ort, wie aus der Zeit gefallen: für schnelle Einkäufe, zum Plaudern, als Sozialstation und Nachrichtenbörse. Der Inhaber hat »immer einen Platz für jede Seele«, heißt deshalb »Häuptling Offenes Ohr« und ist angeblich mit Gott bekannt.

Publik-Forum, 22. November 2019

Wen Orhan kennt, und das sind sehr viele hier, der kommt nicht unregistriert vorbei. »Hallo«, winkt er am frühen Morgen Richtung Bürgersteig, »was macht Peter, den hab ich schon lange nicht mehr gesehen?« – »Alles gut, der ist in Urlaub …« – »Okay. Bis demnächst …« Derweil geht es in Orhans Kiosk munter zu. »Hallo Schatzi«, sagt die Kundin zur Kiosk-Mitarbeiterin, »wie isset?« Kurze Umarmung. »Ne Packung Zijaretten, die müssen sein.« Und noch schnell ein Kaffee zum Frühschwätzchen. Der eine Kunde will was Süßes, der nächste »Ne Cola und zwei Dosen Bier für später«. Der »Euro-Kiosk« ganz im Westen Aachens ist ein Taubenschlag. Der Laden brummt.

Wie ein weiß getünchtes U-Boot thront er etwas oberhalb einer viel frequentierten Bushaltestelle, abgerundet gebaut an den Seiten. So machte man das 1950 noch, vor den Zeiten von quadratisch, praktisch, billig. »Euro-Kiosk« steht in Leuchtschrift oben dran, über den seitlichen Rosenbüschen wird man dreisprachig begrüßt: »Herzlich Willkommen. Hartelijk Welkom. Bienvenue«.

Ganz besonders ist der Kiosk nicht nur wegen seiner Architektur und der unmittelbaren Nähe zu Holland, kaum hundert Meter entfernt. Sondern vor allem wegen seines Inhabers: Orhan Aras, 57, türkischer Herkunft, seit Jahrzehnten samt Familie in Deutschland, hat das Häuschen Anfang der 90er Jahre von der Stadt gepachtet, umgebaut und renoviert. Orhan führt seit Jahrzehnten Beinamen wie

Häuptling Offenes Ohr, Streetworker und Sozialarbeiter oder schlicht gute Seele des Viertels.

»Ich will Menschen zusammenbringen«, sagt er in seiner sehr ruhigen Art, »wir leben zusammen, dann müssen wir uns auch kennen, miteinander auskommen. Herkunft, Religion, Nationalität, Beruf – ist doch alles egal.« Jeder sei bei ihm willkommen, »nur Rassisten nicht und Faschisten«. Und benehmen müssten sich alle: »Wenn hier draußen einer herumspuckt, sag ich ihm, er soll das lassen. Macht er weiter, kann er bitte gehen.« Rehabilitierung möglich: »Alle haben die Chance, sich später zu entschuldigen.«

»Dass das hier so gut läuft«, sagt Orhan, »liegt wohl an meiner Identität. Immer offene Karten, ohne versteckte Gefühle, nichts verschweigen, immer sagen was Sache ist. Die Menschen merken wohl, dass sie mir vertrauen können.« Nachbar Alex, gut 80 schon, sagt: »Freundlicher und hilfsbereiter als Orhan geht nicht.« Ein anderer sagt: »Der Orhan ist zuverlässiger als jeder Computer.« Und Orhan hat eine phänomenales Gedächtnis-Festplatte. »Der kennt alle«, sagte einmal ein Stammgast, »der kennt sogar Gott.«

Der Kiosk wurde einst errichtet als Fahrscheinverkaufsstelle und Starkstromstation. Denn hier, in einer weiten Schleife, startete und endete bis 1974 die westlichste Straßenbahnlinie Deutschlands. »Unter der Wiese hier«, zeigt Maria, eine Anwohnerin, auf die Rasenfläche neben dem Kiosk, »da liegen noch die alten Schienen.«

Vor dem Kiosk, unter dem heimeligen Blätterwerk eines alten Blutpflaumenbaumes, stehen Tisch, eine wuchtige Holzbank, ein paar Stühle; keine zehn Meter unterhalb ist die Bushaltestelle. Hier hockt immer wer, auch im Winter. Heute haben sich in diesem Minibiergarten mit Logenplätzen drei Männer gesetzten Alters niedergelassen, bei schwarzem Becherkaffee und Selbstgedrehten. Thema des Tages ist die Razzia gestern. Zugriff gleich vor der Nase, im Bus, an der Haltestelle. Eine Handvoll »ganz junge Leute«, seien eingestiegen, die Fahnder hinterher, der Busfahrer habe auf Handzeichen die Türen geschlossen. Die Verdächtigen wurden gefilzt, »mit teilweise Ausziehen« sagt einer der drei. »Und alle hatten so Tütchen mit weißem Pulver.« Handschellen, Bus auf, Abmarsch, Bus Abfahrt.

»Hier ist eben immer was los«, erklärt der Zweite. »Weiß nicht, was das für ein Zeug war: Kokain, vielleicht auch Heroin. Wenn du viele Generationen lebst, lernst du immer neue Drogen kennen.« Am besten sei es sonntags, sagt der Dritte. »Da ist hier Kirmes.« Bedeutet: Endlose Karawanen von Autos. Sonntags rückt der kaufsüchtige Deutsche an. Das geschäftstüchtige Holland hat immer auf.

Das Innere des begehbaren Kiosk-Kleinods ist ein anderes Wort für eng. Jeder Quadratzentimeter der kaum 20 Quadratmeter ist genutzt, bis unter die Decke, in alle hintersten Winkel und Eckchen, auf jeder Ablage. Frontal mittig gleich die Theke mit Süßem, den Lungendrogen, Knabberkram, Softdrinks, Kasse, daneben der Kaffeeautomat. Briefmarken und amtliche Müllsäcke gibt es auch. Treffen sich hier drin zwei Kunden gleichzeitig, ist es so eng, dass es nicht ohne Kommunikation und Lächeln geht. Hinter dem Tresen können nur schlanke und biegsame Menschen arbeiten.

Das rechte Drittel beherbergt eine Auslage von unzähligen Zeitschriften, den fünf gläsernen Kühlschränken mit mehr als hundert Bieren, daneben türkische und andere Weine. Weit oben, strategisch diebstahlgesichert, findet sich eine umlaufende Galerie von Spirituosen, die noch in jedem gut sortierten Fachgeschäft Eindruck machen würde. Um die zu verkaufen muss Orhan auf die Leiter.

Das linke Drittel ist das Besonderste. Nennen wir sie: die Orhan Lounge. Ein speckiger grüner Ledersessel, Fußbänkchen, Radiator, Filzpantoffeln in der Ecke, kleines Flachbild-TV, Regale rundum, Papierkramhaufen. Ein bisschen also auch Büro. Da gönnt sich Orhan ein wenig Freiraum, wo eigentlich keiner ist. Hier war früher die Stromanlage für die Tram.

Seinen Kiosk versteht Orhan auch als Ort der Entschleunigung: »Wir wissen doch, alles wird immer schneller. Schon bei den Kindern mit ihren Computerspielen, zack, musst du immer eine Entscheidung treffen, klick und zack … Hier ist ein Ort der Ruhe.« Und ein Ort der Nostalgie: Ein Dutzend gedruckter Tageszeitungen gibt es. Und Bezahlen geht nur bar. »Ein Päckchen Zigaretten und dann die Karte rausholen, so ein Unfug«, sagt Orhan, mit seiner typisch leisen Stimme. Er vermittelt immer das Gefühl, dieses oder jenes nur dir zu erzählen.

Der Kiosk als ein Ort für einsame Seelen, auch für Verwitwete aus dem dahinter gelegenen Wohnviertel Vaalserquartier, wo es fast keine Geschäfte gibt und nur eine Kneipe. Die Leute kommen hierher zum reden, erinnern, zum Zeit vertreiben. Alex und Willi schimpfen ein bisschen über die Smartphone-Jugend von heute und erzählen vom eigenen Tun als Halbstarke: »Die Kupplungen der Straßenbahn, da sind wir drauf gesprungen und mitgefahren. Wir haben Sachen gemacht damals!«

Auch verirrte Menschen hat Orhan in 26 Jahren schon aufgegabelt oder mal einen desorientierten Alten. »Neulich war eine junge Frau hier, offenbar unter Drogen. Hab ich ihr erstmal einen Kakao gemacht und ein Brötchen.« Ein junger Mann wollte sie im Auto mitnehmen. »Der gefiel mir nicht. Hab ich gesagt, du steigst da nicht ein.« Kümmerer Orhan hat sie lieber von einem vertrauenswürdigen Bekannten nach Hause bringen lassen. Was auch passiert: »Immer die Ruhe bewahren«.

Markus, ein junger Dachdeckermeister, ist zum Feierabendbier auf ein kurzes Pläuschchen gekommen. »Den Orhan«, sagt er, »kenn ich, seit ich Kind war. Der ist immer für jeden da. Den interessiert kein Status, keine Herkunft; der hat für jede Seele einen Platz.« Ihm selbst gelingt das nicht so gut. Er schimpft sich aus über die nervige Kundin vorhin. »Was die da rumgezickt hat, unerträglich, von nichts ne Ahnung, aber alles, alles besser wissen. Die geht mir so auf den Senkel.« Orhan hört sich das leise lächelnd an. Ausgeschimpft. Prost.

So wird verkauft, geschwätzt, ausgetauscht und wiedergesehen. Zwischendurch bringt Orhan plötzlich warme Häppchen – wo immer er das hergezaubert hat ohne Küche: Huhn mit Gemüse auf Brot auf Serviette. Geht aufs Haus, klar. »Bringste noch zwei Bier, Orhan …« Aber da ist Orhan Aras plötzlich unabkömmlich. Das Telefon ans Ohr geklemmt steht er lächelnd etwas im Abseits. Meine Mutter, flüstert er.

Drumherum 2: Bei den Nachbarn international

Zu Aachen gehören selbstverständlich auch Blicke in die Nachbarländer – in die Niederlande, nach Belgien besonders und ins ehemalige Neutral-Moresnet.

Wir beginnen mit Wintersport in Vaals.

Das ist ja der Gipfel

Hollands Wintersportzentrum heißt Vaalserberg. Hier gibt es Loipen und Hütten, alles, was Skifahrer so brauchen. Nur keinen Schnee.

Die Zeit, 4/2001

Der Aufstieg ist nicht ohne. Volle 150 Meter Höhenunterschied sind, aus dem Tal kommend, zu bewältigen. Mit 13 Kurven, darunter sogar eine richtige Haarnadelkurve, in der man als Autofahrer schon im zweiten Gang seine Mühe hat. Ein dick vermummter Radfahrer ist gerade an seinem ersten Gang gescheitert und schiebt. Stellenweise, signalisieren ihm seine Beine, hat die eichenwaldgesäumte Strecke locker an die zehn Prozent Steigung. Gut, dass wir am Vaalserberg keine Schneeketten brauchen heute.

Hup Holland hup. Holland ganz weit oben. Niederländische Schweiz heißt allen Ernstes die Gegend in des Landes äußerstem Südostzipfel gleich bei Aachen. Hier zählen keine Grachten, keine Tulpen, keine Klompen. Hier, im südlimburgischen Mergelland, haben Wandern, Kraxeln und Skilauf eine beschauliche Nischenheimat gefunden. Hier ist Hollands Wintersportzentrum.

Rodelhügel runterrasen! Schneeballschlachten! Auf endlosen Loipen die Wälder durchkeuchen! Sich alpin zu

Tale stürzen! Zumindest theoretisch. Wenn es denn endlich schneien würde.

Werbebilder der Region zeigen tief verschneite Wälder und emsige Schneehasen auf flinken Brettern. Kees Verplancken, Regionalleiter des Fremdenverkehrsverbandes VVV, erinnert sich an 1992, als es zuletzt fast eine Woche lang so richtig weiß war, als viele Rodler vom Vaalserberg herunter ins Tal gesaust sind. Und an die Skilangläufer: Sogar Straßen waren gesperrt, 3000 bis 4000 Leute waren damals unterwegs, erzählt er.

Noch eine Kurve, und wir nähern uns dem Punkt, wo wir dem Himmel so nah sein werden wie nirgends sonst in diesem so niederen Land. Auf everestöse 322 und einen vollen halben Meter geht es hinan. Und der halbe Meter ist sehr wichtig, hatte Riet Vermeeren gesagt, Tourismusmanagerin der Gegend, denn »wenn man nicht so viel hat, muss man auf Kleinigkeiten großen Wert legen«.

Der Vaalserberg. Er empfängt uns als weites Plateau mit viel Wald ringsum – des Landes größter Laubforst, an die 750 Hektar. Dazwischen viele Park- und Kinderspielplätze. Die obligate Frittenbude und ein kleiner Irrgarten aus Hainbuchen (mit dem kühnen Superlativ: das größte und modernste Labyrinth Europas). Und natürlich der unvermeidliche Aussichtsturm. Was fehlt, ist ein stolzes Gipfelkreuz.

Blick zum Himmel. Die Physik wäre bereit (null Grad), doch die Wolken halten dicht. Weiter im Süden, Richtung Eifel und Hohes Venn, hängen dichte graue Vorhänge am Horizont: Schneefall in Deutschland und in Belgien. Im Café Grenssteen ist derweil der Glühwein ausgegangen. Eigentlich kennt man den in Holland gar nicht, sagt der Wirt. Dass man ihn braue, sei ein Zugeständnis an die Verhältnisse hier oben. Was heißt Glühwein auf Niederländisch? »Ach, wir sagen einfach Glühwein.« Das Lexikon empfiehlt: warme wijn.

322,5 Meter sind, auch ohne Schnee und Heißgetränk, hoch, sehr hoch. Wer weit mehrheitlich unter

Dünen- respektive Deichhöhe lebt, wird diese Erhebung sowieso in einer Art gefühlter Höhe (altitude chill) weit über jedem Zugspitz-Niveau empfinden.

Die armen Holländer müssen sich ihren Vaalserberg, diese ihre »Attraktion an sich« (Vermeeren), tragischerweise mit Belgien und Deutschland teilen. Aber wenigstens ist das hoheitliche Dreiländereck mit seinem Grenzsteine-Ensemble ein paar Schritte weiter fast mannshoch niedriger (321 Meter).

Der Vaalserberg ist dennoch ein Gebirge der europäischen Komplikationen: In den 80er Jahren sollte genau auf dem Dreiländerpunkt ein dreiteiliger Turm entstehen. Das edle Gemeinschaftsvorhaben scheiterte indes an den Ausuferungen dreierlei staatlichen Baurechts. Und die gemeinen Belgier messen mit Ostender Normalnull und erhöhen so ihre eigene Lage über die holländische. Was Riet Vermeeren unverschämt findet: Wir messen ja auch nicht neu, wenn irgendwo da oben ein Hund hinmacht.«

Die Herbergen der Gegend heißen Alpensicht und Bergruhe, die Restaurants Schweizer Hof, Edelweiß oder Klein Zwitserland. Und schon bald wollen uns die almähnlichen Wiesen, die Schafe und Kühe, all die Fachwerkgehöfte und mediterran anmutenden Bruchstein-Leitplanken an den besonders steilen Straßenrändern fast schon landestypisch erscheinen. Landestypisch für Holland!

Wir beginnen zu ahnen, wie leicht Hollands Hochbalkon in der Winterszeit zum alpinesken Freudenspender werden könnte. Zwar gibt es keine Liftanlagen (obwohl in den 80er Jahren mal ernsthaft geplant), aber immerhin sind, hatte Riet Vermeeren verraten, 40 Kilometer Doppelloipen mit genauem Plan fest vorgesehen. Sie warten nur darauf, gespurt zu werden. Wenn es denn mal schneit.

Zu Füßen des Gebirgszuges liegt Vaals. Der Ort leitet seinen Namen von *in vallis* (also: im Tale) her. Hier gab es die erste Tram des Landes, und hier lebten Sigmunds Freuds Tochter Anna und Kennedy-Mutter Rose Fitzgerald zeitweilig im Mädchenpensionat Kloster Bloemendal.

Der guten Luft wegen im holländischen Hochtal (majestätische 180 Meter und etwa einen halben) und um sich winters beim Rodeln zu verlustieren: In der Werbebroschüre von Bloemendal, heute ein Hotel, sieht man auf Fotos der 20er Jahre, wie die feinen Töchter im verschneiten Klostergarten auf Schlitten herumtoben.

Die akute Schneelosigkeit bedauert auch Monique Bertholet vom Vaalser Sporthaus Delnoye. »Die Winterbekleidung werden wir wohl nie los«, sagt die Fachverkäuferin. Den Schneemann aus Pappmaché in den Auslagen, den habe sie selbst gebastelt und die vielen Wattebäuschchen daneben drapiert wie Devotionalien zur Wetterbeschwörung.

Der Wintereinbruch von 1992 hat ein kleines investorisches Drama nach sich gezogen, wie ein Blick in den Keller des VVV in Vaals belegt. 400 Paar Langlaufleihski und -schuhe stehen hier brav aufgereiht, eisern bereitgehalten seit dem Wintereinbruch damals. Voriges Jahr, sagt eine VVV-Dame mit einem Anflug von Trotz, hätte man an einem Tag immerhin mal mehrere Paar ausgeliehen. Ansonsten gelte: Weiter hoffen. Auch, dass die Loipenmaschine, die oben am Vaalserberg deponiert ist, nicht einrostet, bis sie denn endlich mal gebraucht wird.

Der Himmel hält dicht. Tragisch. Aber, hatte Riet Vermeeren gesagt, manchmal kämen »auch ohne Schnee Leute aus Hilversum oder Amsterdam schnell mal her für einen Tag, haben total viel Spaß, abends ganz rote Backen und fahren richtig glücklich wieder nach Hause«.

Und Kinder können sagen: Cool. Ich war in Holland zum Skifahren und Rodeln. Wer kann das schon in der Klasse behaupten?!

***

Die Klimaerhitzung macht längst alle Hoffnung niederländischer Skifreunde zunichte: Wo erst recht kaum mehr

Schnee, da keine Wintersportfreuden. Die Verleihstation für Langlaufbretter gibt es schon lange nicht mehr, gespurte Loipen nur noch in Geschichtsbüchern. Dafür ist der Vaalserberg gewachsen. Heute wird er offiziell mit 322,7 Metern angegeben. 20 Zentimeter mehr als noch vor einigen Jahren, fast wie eine Schicht Neuschnee.

Niederländer und Niederländerinnen haben andere Interessen, die in ihrer DNA angelegt scheinen: Fußballhype für die Oranjes und Softdrogen wie Haschisch oder Marihuana. Wobei man aus heutiger Sicht sagen muss, so richtig erfolgreich waren beide Branchen in den vergangenen Jahren nicht mehr: Die beste Zeit der freien Kiffkultur scheint vorbei, und die Elftal scheiterte zuletzt regelmäßig in der Qualifikation für große Fußballturniere (»Ohne Holland – fahrn wir zur EM/WM«).

Die Rivalität zwischen Deutschen und den bisweilen fußballwahnen Niederländern vor dem EM-Spiel 2012 galt es mal in der Schweiz kurz und knapp zu erklären:

Moffensausen in Orange

Gedanken zu Geschichte des Duells zweier Erzrivalen und den merkwürdigen Auswüchsen des Oranjefiebers.
Tageswoche Basel, 12. Juni 2012

Leben in einem Grenzland, hier deutsch-holländisch, bedeutet Leben in verschiedenen Zeitschleifen und Kulturkreisen. Als bei uns noch alle in die Klagegesänge über das unermessliche Leid des FC Bayern dahoam einstimmten, waren die Niederlande längst durchgeschmückt. Zwei Wochen vor Beginn der EM war das Land schon in diese saftige Apfelsinenfarbe getaucht. Oranje überall, Flaggen und vor allem ganze Häuser und Garagen eingehüllt, als sei Christo über die Deiche gestiegen.

Warum Holland mehrheitlich seine Immobilien ummantelt, die Hiesigen eher Fähnchen an ihre brummenden Mobilien heften, ist unter Ethnologen noch nicht abschließend erforscht. Die Gründe für die Jubeleruptionen praecox vermochten indes die *Aachener Nachrichten* schlüssig zu deuten: Weil die armen Nachbarn mit ihrer EM-Freude wahrscheinlich früh wieder aufhören müssen.

Die völkerkundige Zeitung hatte, wie wir vor dem heutigen Duell der Hassliebenachbarn wissen, womöglich seherische Qualitäten. Punkten die Dänen gegen Portugal, müssen die Beatrixianer siegen, um aus eigener Kraft Chancen zu haben aufs Viertelfinale. Großes Moffensausen also überall: Spielen sie gegen die DFB-Elf remis wie die Dänen, droht das fürchterlichste Szenario: Ein friedlich-strategisches 0:0 am Sonntag zwischen diesen Rumpel-Duitsen und ihren Nordnachbarn, und man selbst wäre auch nach einem noch so triumphalen Sieg gegen Portugal draußen. Gijon läge dann in Lemberg.

Bei Deutschland gegen Holland war den Fans immer die Niederlage der anderen noch wichtiger als der eigene Sieg. Immerhin, die Polizeien der beiden Länder rechnen diesmal nicht mit Straßenschlachten wie etwa nach dem WM-Match 1990 in Mailand (Völler, Rijkaard). Da waren niederländische Fans an der Grenze promilleselig mit Häme überschüttet worden und auch mit deutschem Bier. Das »Sieg«-Stakkatogebrüll hatten die Nachbarn historisch versiert mit hundertfachen »Heil«-Echos beantwortet. Schauderlich war das.

1988 konnte Holland zuletzt lästern: Warum haben die deutschen Kinder so lange Ohren? Weil ihre Väter sie so oft über die Grenze heben: Seht, meine Kleinen, da drüben wohnt der Europameister. Und die Oranjes zeigten damals durchaus Sinn für geschmückte Mobilien: Deutsche Autos wurden großflächig mit der Merkstift-Farbe aufgehübscht. Ob für diesen Fall 2012 ausreichend Material gebunkert ist, steht zu vermuten.

***

Das Spiel endete 2:1 für die deutsche Elf durch zwei Tore von Mario Gomez (respektive Jommes, wie man in Aachen sagt). Die Aachener Nachrichten *hatten recht: Niederlande drei Niederlagen, null Punkte, tot ziens. Und die Oranje-Verpackung der Häuser war schnell weggepackt. An den Grenzen blieb es ruhig.*

Das zieht rein

Maastricht ist bekannt für seine umgewidmeten Kirchen, Museen – und Coffeeshops. Eigentlich dürften Ausländer hier kein Haschisch mehr bekommen. Aber mancher niederländische Händler sieht das sehr entspannt.

Die Zeit, 27. Januar 2011

Ein Labyrinth aus Kopfsteinpflastergassen. Schmucke Patrizierhäuser, stolze Gründerzeitbauten, malerische Plätze – fast alles perfekt renoviert. In Maastrichts Pracht fällt es nicht schwer, sich zu verlaufen. Zwischen Galerien und Kaffeehäusern im Jugendstil haben sich elegante Modegeschäfte eingenistet – und immer kommen einem die Auslagen eine Spur ausgefallener vor als gewohnt. Samstags ist die Stadt überlaufen von shoppingwütigen Touristenschwärmen – da, sagen Einheimische, gehen sie nur im Notfall vor die Tür.

Im luxuriösen Kruisherenhotel, früher ein gotisches Kloster, hat es sich in der Ledersessellounge des Kirchenschiffs ein Ehepaar aus Münster bequem gemacht. »Man kann das Leben hier sehr genießen«, sagt der Mann, der sich in Maastricht um die europäische Pannen-Hotline von Mercedes kümmert. Nach Champagner haben sie gefragt, den Abend dann aber auf Empfehlung des Kellners mit einem Kelch Fromberger begonnen, niederländischem Sekt, kreiert nebenan in Ubachsberg. »Sehr angenehm moussierend, champagnerhaft fein, einfach köstlich«, sagt die Frau, »traut man den Holländern gar nicht zu.«

Acht Euro kostet das Glas. Zum gleichen Preis gibt es um die Ecke eine andere lokale Spezialität: Schwarzen Afghanen, ein Gramm, der Hasch-Klassiker. Vor dem Mississippi, einem der 14 Maastrichter Coffeeshops, untergebracht auf einem betagten Maasdampfer, fahren gerade im Konvoi drei belgische Kleinwagen mit je vier gut gelaunten Jungmännern vor. »Was kaufen, rauchen, Spaß haben«, sagen sie und gehen über die Gangway an Bord. Ein französisches Pärchen verlässt den Shop, etwas Gras und zwei Päckchen »High Quality Joint« im Gepäck.

1,5 Millionen Drogentouristen kommen offiziell pro Jahr, davon mindestens 70 Prozent aus dem Ausland, Tendenz steigend. Die südlichste und älteste Stadt der Niederlande ist wegen ihrer Grenzlage zu Belgien und der Nähe zum Rheinland zur Kifferstadt schlechthin geworden.

Ob das Touristenbüro diese Besonderheit anpreist? In der VVV im Kellergewölbe des mittelalterlichen Dinghuis mitten in der Fußgängerzone sind alle Attraktionen beworben: die Weinberge und Grotten, die römischen Befestigungsanlagen, das eichelförmige Bonnefantenmuseum, die Dinoskelette der »Maastrichter Bestie« im Naturkundemuseum. »Haben Sie vielleicht auch eine Liste der Coffeeshops?« – »Liste? Nein, die Coffeeshops sind doch überall«, erklärt eine junge Angestellte irritiert, als habe man nach einem amtlichen Kataster der Frittenbuden gefragt. Auf einem Stadtplan zeigt sie die nächsten drei Lokalitäten und weist freundlich den Weg. »Da werden Sie bestimmt etwas bekommen.«

Der Service der städtischen Mitarbeiterin ist insofern überraschend, als Maastricht seiner jahrzehntelangen liberalen Drogenpolitik zuletzt selbst den Kampf angesagt hat. Angeblich randalieren zugedröhnte Jugendliche immer mal wieder, dazu der Verkehrslärm, Anwohner fühlten sich gestört. Ende 2005 verfügte die Gemeinde, dass Coffeeshops Besucher ohne niederländischen Wohnsitz abweisen müssen – ein Testlauf, auch in anderen Städten des Landes neugierig beobachtet. Dagegen klagte der Interessenverband Vereniging Officiële Coffeeshops Maastricht vor dem Europäischen Gerichtshof: Ausländerdiskriminierung, Geschäftsschädigung. Im Dezember wiesen die EU-Richter das Begehr ab: Bei illegalen Waren dürfe die heilige europäische Handelsfreiheit zurückstehen.

Aber wieso haben dann die Belgier und Franzosen gerade Zugang bekommen? Auf ins Easy Going, den ältesten Coffeeshop der Stadt (seit 1983). Im Eingang eine mächtige Sicherheitsschleuse. Großer Andrang, die meisten Besucher sind um die 20. Alle müssen sich ausweisen. Und – alle werden durchgewinkt, Herkunft egal. Nun gut, erst mal rein in den schwül-würzigen Geruch. In der einen Ladenhälfte wird Dope geshoppt, in langer Zweierreihe vor einem Tresen wie bei McDonald's. Rechts daneben, hinter lichten Glaswänden, ist die Raucherlounge, hell, viel Beige, alle Tische besetzt. Die Fische in den großen Aquarien sind schon in echt sehr bunt – nach einem Joint dürften einem die Sinne explodieren vor Farben. Die Konkurrenzdroge Alkohol ist verpönt, es gibt nur Softdrinks für preiswerte 1,50 Euro.

Türsteher Roel, ein freundlicher Mittdreißiger, lässt an der Einlassprozedur teilhaben: Die Ausweise kommen in ein Lesegerät, das die Daten checkt. Manchmal leuchtet »risico factor« auf. Aber da hat Roel immer schon die Schranke geöffnet. »Letztlich entscheide ich. Intuition. Menschenkenntnis«, sagt er lässig und winkt die nächste Sechsergruppe durch. Ablehnungen seien selten. »Wenn jemand zu jung ist oder besoffen. Das sehe ich.« An einer Wand steht ein Mikroskop: Ein Kunde betrachtet darauf die pralle Schönheit seiner frisch erworbenen Cannabisblüte und lächelt. Roel erläutert nüchtern: »Unter dem Mikroskop kann jeder genau sehen: Wir verkaufen nur saubere Ware. Da ist nichts mit feinem Sand gestreckt.«

Und die Regelung von 2005? »Der Wohnsitz interessiert mich nicht«, sagt Roel. Weil er die Verwaltung offenbar auch nicht kümmert. Das ist Maastrichter Drogendialektik: Die Stadt duldet das Ignorieren ihrer Verfügung zur Nichtduldung großer Kundenkreise beim geduldeten Konsum rechtlich eigentlich illegaler Drogen.

Je mehr nach dem EU-Urteil über das Ende der Dopeduldung geredet werde, sagt Roel, »desto mehr Leute kommen. Gucken, was los ist.« Wenn man das Easy Going trockenlege, stehe »der Schwarzmarkt in den Startlöchern«. Wo viele Cannabiskunden sind, ist die Drogenmafia mit gestrecktem Stoff und Verlockungen wie Koks und Heroin nämlich nicht weit – schon heute. Besonders schlimm ist das Phänomen der *drugsrunners*. Banden junger Marokkaner aus dem Rotterdamer Milieu lauern schon auf der Autobahn mutmaßlichen Kunden auf, drängen deren Autos waghalsig ab und nötigen zum Kauf. Schwerer Raub mit Gegenleistung.

Was tun? Maastricht weiß es nicht. Die Sache ist verwinkelt wie die Einkaufsgassen der Stadt.

Der Bürgermeister will den sogenannten *wietpas*, der nur Einheimischen Zugang zu Coffeeshops erlaubt. Damit würde der Staat den Graskauf aber nicht mehr passiv hinnehmen, sondern mit Amtssiegel erlauben. Der Gemeinderat ist dagegen: Der *wietpas* würde nur den illegalen Handel befeuern. Untersuchungen der Universität Tilburg bestätigen das.

Stolz sind die Maastrichter auf die vielfältig gelungenen Modernisierungen ihrer City, auf ihren Status als Stadt der EU-Verträge und auf ihre internationale Universität: Die Hälfte der 15.000 Studierenden sind

Ausländer, viele aus Deutschland. Die müssen doch auch kiffen dürfen, sagt der Gemeinderat mehrheitlich und schlägt vor, Coffeeshops am Stadtrand anzusiedeln.

Prompt schimpfen die Randgemeinden: So werde das Problem doch nur verlagert. Und zwar nicht nur in die Außenbezirke. Nachbarstädte wie Heerlen, wo es nur zwei Cannabis-Etablissements gibt, befürchten höheren Zulauf. Heerlen liegt ebenfalls an der deutschen Grenze, aber offenbar zieht es junge deutsche Kiffer wie ihre Eltern eher ins romantisch-schöne Maastricht, die Heimat des Schmalzgeigers André Rieu.

Ein Verbot ausländischer Konsumenten, sagen liberale Geister, sei doch so, als würde man Japaner des Hofbräuhauses verweisen. Alle in Maastricht wissen: 1,5 Millionen Haschischtouristen pro Jahr essen und trinken auch, sie tanken und kaufen andere Dinge. Das kurbelt den Reichtum der Stadt weiter an. Eine Frittenbudenangestellte am Markt sagt: »Das sind doch gute Kunden. Die sollen bleiben.« Auch die Schaumwein-Connaisseure aus Münster waren relaxt. Haschisch? »Ach, das gehört doch dazu.« Gestört gefühlt? »Nie.«

Auch Anwohner Martin Unfried hat »noch nie was mitbekommen von Krawallen und auch nie im Freundeskreis was gehört. Kiffer sind doch meist friedlich.«

Unfried, 44, gebürtiger Schwabe, arbeitet seit 13 Jahren als Politologe an einem EU-Institut in Maastricht. »Die restriktive Drogenpolitik«, sagt er, »passt ins immer rechter werdende Klima.« Ein wietpas könnte Schule machen, die Zeit des geduldeten Konsums überall beenden. Unfried sieht »einen Angriff auf ein Aushängeschild liberaler niederländischer Kultur«.

Schräg gegenüber vom Easy Going richtet Max Jungblut gerade sein neues Ladenlokal ein (»Authentic Interior Designs«), massive Unikatmöbel aus Holz, Preise fünfstellig. »Hier in der Straße, ich habe mich erkundigt, gibt es keine Probleme. Die jungen Leute rauchen, und dann fahren sie wieder nach Hause. Mit Verboten wird alles nur unkontrollierbar.« Der Möbeldesigner plädiert sogar für mehr Coffeeshops: »Es ist doch unsozial, dass keine neuen aufmachen dürfen. Der Markt ist so riesig. Und die wenigen Besitzer verdienen wie verrückt.«

2018 will die kleine Drogenhochburg Maastricht Kulturhauptstadt Europas werden. Martin Unfried sagt: »Nur zu! Ausländische Gäste können dann ganz neue kulturelle Erfahrungen machen.«

Nun, der Plan mit der Kulturhauptstadt, gemeinsam mit Aachen, klappte bekanntlich nicht. Kulturelle Erfahrungen mit dem Joint können TouristInnen, also Personen ohne Wohnsitz in den Niederlanden, zuletzt nur noch in einzelnen Coffeeshops in Amsterdam machen. Weil der run unerträglich wurde und vor allem junge Menschen nur zum Kiffen und zum versteckten Vorratskauf kamen, verbaten die Amsterdamer Behörden den freien Verlauf zum Jahresende 2020. In Deutschland steht derweil 2022 die große Liberalisierung für Marihuana an.

***

In unserer Euregio ist es mittlerweile ziemlich normal, dass ein deutscher Reporter ins niederländische Maastricht eilt, um für eine belgische Zeitung zu berichten – zum Beispiel darüber, was dort die Nachfahren berühmter Männer aus Großbritannien, den USA und der Sowjetunion so miteinander zu besprechen haben:

Ganz wie die Großväter

Vor 60 Jahren teilten Roosevelt, Churchill und Stalin bei der Jalta-Konferenz die Welt unter sich auf. In Maastricht trafen sich nun erstmals die drei Enkel der Staatsmänner, um über Europa zu diskutieren – wobei sich vor allem Stalin über seinen streitbaren Nachfahren gefreut hätte.

Grenzecho Eupen, 7. Oktober 2005

Als der kleine drahtige Mann das Podium betritt, intoniert ein Jazz-Quartett schön verswingt die »Internationale«. Einzelne der rund 800 ZuhörerInnen grinsen. Der Diskutant wird als Jewgeni Dschugaschwili vorgestellt, Enkel des einstigen Marschalls der Roten Armee und Vorsitzenden des Rates der Volkskommissare der Union der Sozialistischen Sowjet-Republiken, Joseph Wissarionowitsch Dschugaschwili, Kriegsname: Stalin. Höflicher Applaus plätschert durch das Auditorium des Kongress-Centers von Maastricht. Der 69-jährige Stalin-Spross sollte zum Star des Tages werden.

Die Universität Maastricht hatte zur Eröffnung einer neuen Politik-Fakultät eine, so der Gründungsdirektor, »provokante, riskante und herausfordernde Idee«: 60 Jahre nach der Konferenz von Jalta laden wir einfach die Enkel der drei Verhandler vom Februar 1945 ein. Und so sitzen neben Dschugaschwili Curtis Roosevelt (75) und Winston S. Churchill (65). Ihr Thema: »Yalta And Beyond«, Europa zwischen Kriegsgeburt damals und Pubertätsproblemen heute.

Erstmals seit 1945 waren drei Familienmitglieder der Jalta-Führer wieder an einem Tisch, dort, wo 1992 die Verträge von Maastricht unterzeichnet worden waren. Diverse EU-Größen sind in den niederländischen Südzipfel gekommen, Vertreter von Weltbank und OECD, lokale Größen aus Wirtschaft und Gesellschaft, Politiker und Diplomaten aus aller Welt. Nur die Königin fehlte.

Jewgeni Dschugaschwili, der Gast aus dem georgischen Tiflis, beginnt streitlustig: »Churchill und Roosevelt waren damals schon Feinde der Sowjetunion. 1941 waren wir allein. 1942 waren wir allein und 1943 auch. Alle Versprechen einer neuen Front im Westen wurden vertagt und vertagt.« Churchill schüttelt belustigt den Kopf und erklärt, die Invasion habe eben eine Vorbereitungszeit von zwei Jahren gebraucht. Dschugaschwili grimmig: »Während wir gegen die Nazis gekämpft haben, haben ihre Leute in London herumgesessen, Mister Churchill!« Das Publikum klatscht, nur vereinzelt murren welche.

Dschugaschwili, der Einzige ohne Schlips auf dem Podium, ist pensionierter Oberst der Roten Armee und studierter Militärhistoriker: »Nur die Gefahr vereinte die drei von damals. Sobald der Krieg vorüber war, wollte Churchill Moskau bombardieren. Er wollte einen neuen Krieg und unser Land strangulieren.« Dessen Enkel protestiert: »So ein Unfug!«

Dschugaschwili behauptet, er habe Dokumente. Leider kann er sie nicht vorweisen. Später zeigt er die Kopie einer Pensionsbescheinigung seiner Armee. Warum, weiß man nicht recht. Aber der Mann mit dem grauen Schnauzbärtchen à la Großpapa meint es sehr ernst: »Sehr stolz« sei er, Stalins Enkel zu sein, natürlich wisse er um dessen Image als Despot, »aber die Reputation ist bei uns ganz anders als hier im Westen. Stalin hat die Wehrmacht im Osten besiegt, die westlichen Supermächte aus Russland herausgehalten, den Frieden gesichert und erfolgreich die Armut bekämpft.«

Die beiden Enkel-Kollegen lauschten den Lobpreisungen des Russen mit streng durchgebürstetem Diplomaten-Habitus und lieferten ansonsten die bekannten Statements von Gut und Böse, von der kommunistischen Gefahr, von den Werten des Westens, den Marktkräften. Dschugaschwili: »Natürlich, Sie müssen Ihre Kartoffeln überall verkaufen.« Churchill, ein Abziehbild des eloquenten britischen Konservativen: »Und Sie machen den besten

Wodka draus.« Immerhin, da hatten beide gemeinsam was zu lachen.

Churchill, ein charmanter Ultra, saß 27 Jahre für die Konservativen im britischen Unterhaus und war zeitweilig verteidigungspolitischer Sprecher von Maggie Thatcher. Ein Mann, der die Sowjetunion wie Reagan gern »Reich des Bösen« nannte und jetzt behauptete: »Ohne den Westen wäre die Rote Armee damals bis zur Nordsee marschiert.«

Curtis Roosevelt, lange Jahre UN-Diplomat der USA, in Maastricht mit seinen 75 Jahren das älteste der Kindeskinder, beklagte »die heutige europäische Arroganz, über die USA zu urteilen«. Richtig sei vielmehr: »Wir sind nun mal die letzte Supermacht. Das ist zu akzeptieren.« Aber der asketische Alte mit holländischen Vorfahren sagte auch: »Der Fall der Berliner Mauer wurde in den USA als Event betrachtet. Niemand machte sich Gedanken, was das für Russland bedeuten würde.«

Im Publikum sitzen auch einige Russen, die manchmal schallend auflachen oder demonstrativ applaudieren zu den in schnellem Russisch vorgetragenen Worten ihres Landsmannes. Und sie protestieren, weil die englische Übersetzung auf dem Monitor selten mitkommt und Passagen offenbar unterschlägt. In einer Pause schimpft Dschugaschwilis Sohn Jacob, 33, der Papa aus Georgien bei dessen erster offizieller Mission in den Westen begleitet hat: »Da geht so viel verloren. Sehr ärgerlich.« Stalins Urenkel dokumentiert die Veranstaltung per Handycam. Er berichtet, sein Vater sei Mitgründer der »Union der Offiziere, für deren Einzug ins russische Parlament er sich bei der Wahl 2000 engagiert hat«. Diese Union sei »keine stalinistische Partei, aber schon so eine Art Kommunisten«. Hier in Maastricht zeige Papa »eine gute Performance«.

Jakob Dschugaschwili hat es vor einigen Jahren als Kunststudent in Glasgow zu einer gewissen Berühmtheit gebracht, als ihn viele Zeitungen Großbritanniens wegen seiner ausladenden Aktmalereien seitenlang porträtierten. Der Londoner *Times* erklärte Dschugaschwili, Stalin bedeute so viel wie »man of steel«, der Stählerne also: »Er war ein großer Führer, wie Napoleon, Dschingis Khan und Cäsar.« Worauf das Blatt ihn »den großen Urenkel eines Tyrannen« nannte. Die *Mail On Sunday* höhnte: »Unter Stalin wäre ein solcher Künstler im Gulag verschwunden.«

In der Maastrichter Diskussion mit Studenten erklärt Dschugaschwili, es mache ihn »krank«, zu sehen, »wie arm Russland geworden ist. Und ich bin sehr traurig, wie überwältigend reich die Menschen hier sind.« Beim Thema Irak wird er besonders giftig: »Wenn heute dort Patrioten für ihre Freiheit kämpfen, nennt das der Westen Terrorismus.«

Churchill lobt die Irak-Besatzung schnell als »exzellenten Job«, Demokrat Roosevelt spricht überraschend von »einem großen Fehler«. Dschugaschwili, bestärkt von so viel Zuspruch: »Der Westen hat heute keine Alliierten mehr, sondern nur noch Interessen. Der Irak wurde versklavt. Ihr Marionetten-Regime dient nur dazu, an Rohstoffe zu kommen. Ihr nächstes Ziel ist dann bald Russland.«

Auch Veronica, 21, aus Minsk lauscht den Diskussionen. Seit elf Jahren ist sie im Westen und studiert in Maastricht internationale Politik. Natürlich, sagt sie in perfektem Englisch, sei Jewgeni Dschugaschwili »nicht aus unserer Welt«, aber »so enthusiastisch über die Geschichte, wie wir junge Leute es aus den Erzählungen unserer Großeltern kennen. Viele Menschen in Russland leben noch so stark in der Vergangenheit.« Ihre Kommilitonin, Irina, 22, aus Kiew, ergänzt: »Dschugaschwili hat mit viel Liebe, Seele und Herz über Russland gesprochen, beeindruckend und toll.« Ihr mache es »richtig Angst, dass das Publikum hier kein Gefühl für diese Seite der Geschichte hat«. Beide sprechen sehr differenziert über den Graben zwischen den Kulturen: »Es wird mal unser Job sein, da Brücken zu schlagen.«

Je länger der Nachmittag dauert, desto bizarrer wirkt die Veranstaltung. Immer frappierender ähneln die drei Enkel in Aussehen und Argumenten ihren Großvätern, deren überlebensgroße Fotos grobkörnig wie Mahnmale hinter ihnen hängen. Dem Jung-Churchill fehlt nur eine Zigarre. Der Moderator spricht Dschugaschwili einmal versehentlich mit »Mister Stalin« an. Niemand schien es zu merken. Fühlten sich alle längst auf einer Zeitreise, 60 Jahre zurück?

»Mir ging das stellenweise wirklich so«, sagte nachher Professor Chris de Neubourg, Direktor der neuen Fakultät: »Man spürte ganz intensiv, so könnte das 1945 gewesen sein, so haben die Großväter damals miteinander geredet.« Seltsam intensiv fand er die Statements, fast unheimlich. »Ich habe immer wieder gedacht, genau so haben die drei Originale damals auch zusammengesessen.«

Churchills Nachfahre meinte nachher: »Schon als wir drei uns gestern Abend beim Dinner kennen gelernt haben, haben wir schnell festgestellt, wie sehr unsere Meinungen unsere Großväter spiegeln.« Dschugaschwili habe ihm einmal gesagt: »Mister Churchill, da klingen sie jetzt aber anders als Ihr Großvater.« Diese Bemerkung, lächelt der Brite, habe er »als großes Kompliment aufgefasst«.

Später, nach Ende der Debatten, wird er sich revanchieren – auf dem Pissoir. Vor dem Pinkelbecken neigt Churchills Enkel seinen Kopf zu Nebenmann Jacob Dschugaschwili, dem Stalin-Urenkel: »Ihr Vater«, sagt er anerkennend, »ist wirklich ein großer Kämpfer.«

***

Heute liest sich die Geschichte deutlich weniger launig und leicht als damals. Stalin-Enkel Dschugashwili und der Kriegsverbrecher Wladimir Putin scheinen in ihrem verqueren Denken mäßig weit voneinander entfernt. So manche Menschen im heutigen Russland leben offenbar immer noch in der Vergangenheit, da hatte die belarussische Studentin sehr recht.

Alle drei Enkel leben mittlerweile nicht mehr: Jewgeni Dschugaschwili und Curtis Roosevelt verstarben 2016, Winston S. Churchill schon 2010.

Unser Blick soll nun von Maastricht und Jalta noch weiter zurückgehen – zum Wiener Kongress 1815:

Possenstaat am Rande der Anarchie

Aus dem Streit der Könige von Preußen und der Niederlande entstand 1816 Neutral-Moresnet. Als Provisorium gedacht, existierte die Hüttensiedlung als weitgehend eigenständiger Staat voller Kuriosa stolze 103 Jahre.
taz, 21. Juni 2016

Die Straße im niederländischen Grenzort Vaals bei Aachen führt ziemlich steil nach oben, im ansonsten so pannekoekenflachen Land, auf annähernd alpine 322,7 Meter. Die Straße hinauf zum Drielandenpunt heißt Viergrenzenweg. Und tatsächlich existierte hier über ein Jahrhundert lang ein Kuriosum, das das Dreiländer- zum Vierländereck machte: Von 1816 bis 1919 gab es den stolzen Zwergstaat Neutral-Moresnet.

Im belgischen Kelmis, vier Kilometer entfernt, einst die Südgrenze dieses seltsamen Staatengebildes, erfährt man in einer versteckten Gründerzeitvilla mehr. Das ehemalige Herrenhaus eines Tuchfabrikanten beherbergt heute das örtliche Geschichts- und Industriemuseum. Hier weht, umrahmt von ein paar mächtigen Buchen, in diesen Tagen sogar die schwarz-weiß-blaue Flagge von Neutral-Moresnet. Am 26. Juni ist schließlich dessen 200. Geburtstag.

Der Historiker Herbert Ruland, 63, Leiter der Abteilung Grenzgeschichte an der Hochschule Eupen, hat mit

Hingabe eine Ausstellung zusammengestellt. Man sieht Bilder von dampfenden Schloten, von wichtigen zeitgenössischen Zwirbelbärten und 25 Texttafeln voller Witz. »Dieses Neutral-Moresnet«, ordnet Forscher Ruland direkt ein, »ist das wohl bekloppteste Gebilde, das es politisch auf der Welt je gegeben hat.«

Auf dem Wiener Kongress 1815 hatten sich Preußen und das Königreich der Niederlande nicht einigen können, wem die gewinnträchtigen Galmei-Hütten im Grenzgebiet zufallen sollten, die damals größten Europas. Mit dem seltenen Mineral Galmei – Zinkspat – und Kupfer konnte man preiswertes Messing herstellen. Man einigte sich auf ein Provisorium: das »Neutrale Gebiet Moresnet«, ganze 3,4 Quadratkilometer klein, erhielt vorläufig eine gemeinsame Verwaltung. »Aber wie das so ist mit Provisorien«, sagt Ruland, »oft dauern sie überraschend lang.«

Die Gruben waren ergiebig. Belgien entstand 1830 und wurde neuer Nachbarstaat. Und Neutral-Moresnet mit seinen anfangs 50 Häusern entwickelte sich zu einem kleinen Paradies: Es gab passable Arbeitsbedingungen, keine Einkommensteuer, keine Einfuhrzölle, zunehmend illegale Schnapsbrennereien, florierenden Schmuggel, versteckte Zockerstuben, Prostitution und lange keine Wehrpflicht. Die Grenzen waren wie mit dem Lineal querfeldein gezogen, teils durchschnitten sie Grundstükke oder sogar Häuser. Dazu kam eine vielseitig interpretierbare Gesetzeslage zwischen allen Ordnungen. Alle hatten Vorteile. Es gab genau einen Zöllner, ein Possenstaat nahe der Anarchie.

Aus anfangs 240 Einwohnern wurden fast 5.000. Manche sagten statt Moresnet auch Altenberg oder auf Französisch Vieille Montagne. Gesprochen wurde Kelmiser Platt, Hochdeutsch, Französisch und Niederländisch. »Es lag am Kreuzungspunkte der Völker, romanische und germanische Kultur trafen aufeinander«, sagt Herbert Ruland, »ein völkerverbrüderndes Projekt«.

Allerdings mussten die Arbeiter in den Hütten spuren: Gewerkschaften waren verboten, der Pastor, von den Hüttenbesitzern bezahlt, predigte Gehorsam und rief zu Denunziation auf. Ruland zeigt in der Ausstellung auf Bilder vom Seine-Ufer: »Halb Paris, die ganzen alten Dächer«, sagt er, »sind alle bis heute verzinkt mit Material aus Neutral-Moresnet.« Besonders gefällt ihm das Emailleschild »Bürgermeisterei Moresnet« – es zeigt den preußischen Adler und den belgischen Löwen. »Das gab es sonst nirgends« – zwei Staatssymbole in einem vermengt.

Ruland und die Leiterin des Museums, Sylvia Fabeck, laden ein zur Rundfahrt, vorbei an einem der letzten existenten alten Grenzsteine am Straßenrand. Daneben noch das alte prachtvolle Direktionsgebäude der Hüttenverwaltung, heute wenig charmant eingerahmt von Aldi, Bushof und Möbellager. Der große Weiher im Ort ist eine vollgelaufene alte Grube.

An einem Denkmal studiert Ruland die Namen der Weltkriegsgefallenen. »Interessant«, sagt er, früher habe da gestanden »zu Ehren der deutschen Söhne«. Jetzt nur noch Söhne. Man müsse mal nachforschen, ob »jetzt auch Neutrale dazugeschrieben wurden«. – »Geht ja nicht«, sagt Fabeck, wegen der fehlenden Wehrpflicht. »Doch, doch, Freiwillige«, weiß Historiker Ruland. »Manche waren so bekloppt.«

Links ab in einen alten Feldweg. Unten, erklärt Fabeck, waren kilometerweit Gleise verlegt für Lorenbahnen zum Stollen Schmalgraf. Erhalten sind unterirdisch nur noch Ruinen, vergitterte Tunneleingänge. Man würde gern restaurieren. Aber, sagt Fabeck: das Geld. Auf den Wiesen blühen abertausende Galmeiveilchen. Die gibt es nur hier – eine Pflanze als Metalldetektor.

Auf dem Kelmiser Friedhof ist das Grab des »Geheimen Sanitätsrates Dr. W. Molly. 58 Jahre im treuen Dienst am Nächsten.« Molly war Chefarzt der Erzgruben, sagt

Ruland, »eine sehr wichtige Figur«, als die Galmei-Ausbeute Ende des 19. Jahrhunderts nachließ. »Das neutrale Gebiet mit seinen zahlreichen Gesetzeslücken bot gewieften Menschen zahlreiche Betätigungsfelder.«

So wie Molly. Der wurde zunächst stellvertretender Bürgermeister in Preußisch-Moresnet nebenan. Dann ließ er Briefmarken drucken, gezähnt, geschnitten, gestempelt – sie werden bis heute auf Philatelisten-Auktionen hoch gehandelt. Dann initiierte er ein Spielcasino. Aus Paris, London, Petersburg kamen reiche Gäste angebraust: »Die große Straße zwischen Aachen und Verviers bedeckte sich mit Automobilen«, lesen wir in der Ausstellung aus einem Zeitungsbericht über das zeitweilige »Neu-Monte Carlo«.

Ab 1907 kam Molly in Kontakt mit Esperanto-Anhängern. Sie wollten aus dem völkerrechtlichen Unikum Neutral-Moresnet gleich den Welt-Esperantostaat machen. Molly half. Geplanter Name: Amikejo, »Ort der Freunde«. 1908 verlegte der Weltbund der Esperantisten seinen Hauptsitz tatsächlich von Genf nach Moresnet. Es gibt Kongresse, Kneipiers schilderten mehrsprachig aus. Der Einmarsch der deutschen Truppen 1914 zerstörte die Idee. Und mit dem Vertrag von Versailles endete der Kapriolenstaat. Nach 103 Jahren und zwei Tagen fiel das Kuriosum am 28. Juni 1919 Belgien zu. Der vierte Grenzstein auf dem Vaalser Berg wurde weggeräumt. Das letzte Vierländereck Europas war Geschichte.

Was aber, wenn es das Neutralgebiet weiterhin gäbe? Im Museum präsentiert Ruland seine letzte Schautafel, eine grellbunte Zeichnung von Wolkenkratzern und Banktürmen. Das Gebiet, glaubt er, wäre heute »nahezu bis auf den letzten Quadratmeter zugebaut« und bräuchte als Steueroase »keinen Vergleich mit den Cayman-Inseln zu scheuen«. Das dichtbesiedeltste Gebiet Europas als Magnet für die Internationale der Steuerhinterzieher. Neu-Neutral-Moresnet wäre »das weltweit einzige Land mit zwei Staatsoberhäuptern« – gleichzeitig der belgische

König und der Bundespräsident. Amtssprachen: Hochdeutsch, Französisch und Esperanto.

Und Ruland hat noch eine Vision. Wenn sich Belgien eines Tages doch auflöst, wie 2010/11 diskutiert und sich die Deutschsprachige Gemeinschaft Luxemburg anschließt, dann? – »Ja, dann haben wir hier oben wieder ein Vierländereck.«

Das alte prachtvolle Direktionsgebäude der Hüttenverwaltung, heute wenig charmant eingerahmt von Aldi, Bushof und Möbellager« ist seit 2019 das neue, überaus sehenswerte Museum Vieille Montagne.

***

Im gleichen Jahr 2019 eine kleine Sensation: Das skurrile Land entdeckt sich neu, zumindest ein bisschen:

Neutral-Moresnet existiert wieder

Ein Ex-Aachener hat sich in Hannover erfolgreich dafür starkgemacht, einen Weg nach dem früheren Zwergstaat bei Kelmis zu benennen.

Aachener Zeitung / Aachener Nachrichten, 29. März 2019

Neutral-Moresnet ist zurück, zumindest in Hannover: Hundert Jahre nach dem Ende des kuriosen Mikrostaates rund um das heutige Kelmis wird »Neutral-Moresnet« in der niedersächsischen Hauptstadt der Name einer neuen Straße, genauer: eines Grünwegs. Er verbindet im Westen der Stadt die Davenstedter Straße mit der Straße Sickenberghof und ist – dem historischen Vorbild entsprechend

– mit gut 400 Metern Länge bescheiden klein. Viel breiter war das tortenstückförmige Original (340 Hektar) zwischen Eupen und Aachen an seiner breitesten Stelle auch nicht.

Wieso Hannover? Das liegt an Siegfried Egyptien. Der 64-jährige Touristikfachwirt mit dem typischen Grenzlandnamen ist gebürtiger Voreifeler, war Schüler am Aachener Couven-Gymnasium und hat bis 1979 in Aachen gewohnt.

Egyptien hat im Bezirksrat von Hannover-Davenstedt den Antrag eingebracht über den Zwergstaat, »der mich schon immer faszinierte«. Das Begehren ging, erzählt er, zu seiner eigenen Überraschung einstimmig durch, auch wenn er anfangs viel erklären musste. »Nur einer hatte je davon gehört. Fast alle fragten zuerst ›Neutral ... – was?‹ und sprachen den Namen fälschlich französisch aus«. Also etwa so wie Nötral-Moresnee.

Aber warum Hannover? Verbindungen zur Stadt waren schnell gefunden: General Emmich, der den Überfall 1914 auf Belgien geleitet hatte und als »Schlächter von Lüttich« zu blutrünstigen Ehren kam, war aus Hannover. Und das Gebiet passt zur Zinkmine; Quarzweg und Basaltweg gab es schon, sie queren jetzt Neutral-Moresnet. Siegfried Egyptien: »Wir erinnern an dieses ziemlich unbekannte Kapitel deutscher und europäischer Geschichte. 100 Jahre politischer Kontinuität und Frieden existierten im westlichen Mitteleuropa des 19. Jahrhunderts – länger als das deutsche Kaiserreich und die DDR zusammen.« Neutral vorbildlich. »Ein Bekenntnis zu Europa!« möge das sein, schrieb Egyptien, gegen das weltweit grassierende »My country first«.

1890 hatte Hubert Schmetz, Bürgermeister von Neutral-Moresnet, also damals das Staatsoberhaupt, gesagt: »Wir haben das Glück, eigentlich gar nicht regiert zu werden. Ich hoffe im Interesse der Bürger, dass dieser Zustand erhalten bleibt.« Siegfried Egyptien liebt diesen

Satz: »Ein bisschen habe ich auch an ein Denkmal für Anarchie gedacht.« Und ganz ernsthaft meint er: »Moresnet zeigt uns doch etwas: Neutrale Gebiete könnten auch heute in vielen Gegenden der Welt helfen, etwa im Nahen Osten, in Palästina zum Beispiel oder im Kurdengebiet.«

Laut Egyptien gibt es rund um das neue Hannoveraner Neutral-Moresnet – anders als im historischen Vorbild – kein Spielcasino, keinen Puff und keine illegale Schnapsbrennerei, aber im angrenzenden Kleingartenverein sicher gern mal einen Korn. Spielplatz und Ruheflächen könnten »genutzt werden als Platz der Freunde«. »Freunde« ist die Übersetzung des Esperantowortes Amikejo für Neutral-Moresnet, wie ihn die Esperantobewegung sich für ihr Weltzentrum nahe Aachen ausgedacht hatte – dann aber kamen 1914 mit General Emmich die deutschen Soldaten.

Im Herbst soll an dem Hannoveraner Weg ein Schild mit kleiner Erläuterung angebracht werden. Luc Frank, Bürgermeister von Kelmis, hat bereits zugesagt, zur feierlichen Eröffnung anzureisen.

***

Jetzt aber wirklich nach Belgien, dieses schwer verständliche und vielen so unbekannte Land, das viele nur vom Durchreisen kennen. Schon 2005 hatte mich Historiker Herbert Ruland begleitet:

Schön ungeschminkt

In einer Ecke des belgischen Königreichs, das gerade seinen 175. Geburtstag feiert, lebt eine deutschsprachige Minderheit. Das Land um Eupen hat die lustigsten Briefkästen und die höchste Ministerdichte in der EU.

Die Zeit, 28. Februar 2005

Den Blick auf die glitzernden Höhenzüge der Eifel flankieren Neubauten mit beigefarbenen Klinkerüberraschungen. Monströse Werbeplakate preisen Eichenmöbel an, ein Kaffeeparadies und eine Antikstraße. Die alten Naturstein-Bauernhöfe, massiv und prachtvoll, schützen sich auf der Wetterseite so selbstverständlich mit schmutzig-grauem Eternit, als sei Asbest hier so unbekannt wie bis vor kurzem jede Art von öffentlichen Bebauungsplänen. Hinter dem aufgeräumten Aachen ändert sich die Welt schlagartig. Nur die vielen Kühe im Eupener Butterländchen gukken wie in Deutschland.

»Belgien«, sagt Herbert Ruland, »ist schon sehr anders. Für mich ist es das nördlichste Land Südeuropas: angenehm schminkefrei, individualistisch und sehr spontan.« Der gebürtige Dürener leitet den Fachbereich Regionalgeschichte an der Volkshochschule in Eupen. Nach bald 30 Jahren in Ostbelgien, sagt der Politologe, komme ihm die Wahlheimat manchmal vor »wie eine Karikatur auf den preußischen Obrigkeitsstaat«. In diesem Jahr feiert das Königreich Antipreußen seinen 175. Geburtstag.

Ruland, schrieb einmal das Eupener Grenzecho, »gräbt immer und überall«. Ein Historiker als Archäologe. Wir starten in Eupen zur gemeinsamen Ausgrabungstour durch Ostbelgien.

Das 17.000-Einwohner-Städtchen wirkt nicht eben verlockend. Die Fassaden reihen sich zu einem Patchwork aus teils morbiden, teils aufgehübschten Altertümern auf, in der Einkaufsstraße rabiate Autofahrer, kaum Cafés, Hotels oder Attraktionen, außer einem Potpourri aus Bäkkerei, Boulangerie und Indischer Restauration. Ruland führt hinter die Kulissen, und schon entfaltet sich historische Pracht: zum Beispiel in den Innenhöfen der einstigen Tuchmacherresidenzen. In der katholischen Gesamtschule, früher auch ein Tuchmacherdomizil, zieren unter den mächtigen Deckengemälden Delfter Kacheln zu Hunderten das Treppenhaus. »Auf dem Flohmarkt«, sagt Ruland, »würde jede einzelne mindestens 200 Euro kosten.«

Einst war Eupen überaus reich. Ab 1680 wurden hier feinste Stoffe hergestellt, »die in der Qualität jede englische Konkurrenz schlagen konnten und zum Teil als Haremstücher in die Levante exportiert wurden«. Ein Schriftsteller schrieb 1796: »In Deutschland nennt sich ein Fürst reich, wenn er 25.000 Taler sein eigen nennt. Damit ist ein Kaufmann in Eupen arm. Dort haben manche eine Million Taler, fahren goldene Kutschen und haben livrierte Diener.« Historiker Ruland ist sicher: »Karl Marx hätte in Eupen seinen Spaß gehabt. Der Kapitalismus stand hier schon in Blüte, da war er woanders noch gar nicht erfunden.«

Von 1815 bis 1920 gehörte Eupen-Malmedy zu deutschen Landen. Heute firmiert der größte Teil der Ostkantone rund um Eupen und St. Vith als Deutschsprachige Gemeinschaft (DG) – ein schmaler Streifen zwischen Aachen und Luxemburg. Deutsch ist hier Amtssprache. Ruland berichtet von seiner früheren Nachbarin, die, geboren kurz nach 1900, durch Heirat und durch deutsche Besatzungen »im Laufe ihres Lebens sechsmal die Staatsbürgerschaft gewechselt hat«. Heute ist die Gemeinschaft stolz auf ihre Autonomie, bespottet sich selbst als »bestgeschützte Minderheit der Welt« und darf eigene außenpolitische Verträge abschließen.

Kulturministerin ist Isabelle Weykmans. Immer wieder muss sie Fremden die »verzwickten Kompetenzüberschneidungen in der asymmetrischen Struktur belgischer

Gemeinschaften und Regionen« erklären. Mit 25 Jahren ist sie die jüngste Ministerin der Europäischen Union. Die Deutschsprachige Gemeinschaft mit ihren 72.000 Einwohnern beschäftigt vier Minister, die dem 25-köpfigen Rat der Gemeinschaft verantwortlich sind. Nirgends sonst in der EU gibt es eine höhere Ministerdichte – »vielleicht ist sie sogar die höchste weltweit«, sagt Ruland. Ihre Gemeinschaft, sagt Weykmans, hätte durch ein lokales Veto sogar das belgische Ja zur EU-Verfassung kippen können.

Wegen der Sprache wirkt die DG heimisch und ist doch seltsam anders. Schon das Büro der Sozialistischen Krankenkasse in Eupen lässt stutzen. »Ja, ja«, sagt Ruland, »für Fremde klingt das wie evangelischer Güterbahnhof.« Die Menschen hier heißen Jean-Marie Schmitz, Helga Delhaize oder Mathieu Grosch-Vermeulen, das patinareiche Centre Culturel nennt sich auf Deutsch Jünglingshaus.

Für entdeckungslustige Wanderer und Radfahrer ist Ostbelgien ein Paradies. Die typischen Buchenhecken geben dem saftigen Hügelland Struktur. Idyllisch windet sich die Gueule (deutsch Göhl) durch ihr Tal. Alte Steinbrükken und spätmittelalterliche Wasserschlösser zaubern tatsächlich südfranzösisches Flair. Die Schlaglochpisten sind schmal, kurvig und manchmal überraschend steil – hier macht man gern Pausen.

Ostbelgien ist spannendes Terrain: Man fährt ein Dorf weiter, ist plötzlich raus aus der DG und in einem frankophonen Örtchen. Die Ortsnamen geben keine Hinweise: Hauset und Kettenis sprechen sich deutsch aus, Moresnet-Chapelle nur hinten französisch. Und wenn man im mehrheitlich von Deutschen bevölkerten Golfclub Mergelhof in Sippenaeken an Loch 12 seinen Abschlag zu weit nach links verzieht, landet der Ball auf der Wiese eines niederländischen Campingplatzes, wo die Gueule (Göhl) Geul heißt.

Am Abend ist Ruland Gastredner im Eupener Fifty-One-Club, eine Gruppe wichtiger Geschäftsfreunde ähnlich den Rotariern. In der Gründerzeitvilla Alte Herrlichkeit gibt es erst einen Toast »auf die Achtung, die Freundschaft und die

Toleranz«, dann, ganz belgisch, ein mehrgängiges Menü und erst viel später Rulands Vortrag über »das Grenzgebiet als Schmugglerparadies in zwei Jahrhunderten«.

Schnellsprecher Ruland wirkt wie ein Spielautomat, der heiß läuft. In bassig-grenzländischem Singsang folgt Anekdote auf Anekdote, immer historisch belegt. Ruland berichtet, wie 1914 reaktionäre Kräfte in Eupen-Malmedy beim Überfall der Deutschen auf Belgien jubelten (»Wir marschieren bei uns selbst ein«) und die Grenzländler danach mit Speck, Eiern und Zigaretten dealten. Oder wie nach dem nächsten Kriegsende Kinderbanden Kaffee tonnenweise nach Deutschland schleppten, wie im Leichenwagen geschmuggelt wurde und im gestohlenen Panzer. Im Eifeldorf Mützenich stieg in den 40er Jahren der Fußballclub ab – aus Spielermangel. Neun der elf Kicker saßen wegen Schmuggels im Kölner Klingelpütz. »Das Gefängnis«, sagt Ruland, »hieß im Volksmund Eifeler Botschaft.« Die 51er schmunzeln. Als Gage bekommt Ruland einen Zinnteller.

Der Ostbelgier gilt als besonders königstreu, sehr katholisch und ein bisschen verquer. An Wegeskreuzungen wechseln sich kleine Marienkapellen mit Jesusfiguren aus Beton ab, im Örtchen Astenet findet sich eine Wallfahrtsstätte der wundertätigen Caterina von Siena (1447 bis 1480); die Heilige wird heute als »Schutzpatronin Europas« verehrt. In Berlotte staunt man über den »lokalpatriotischen und liberalen Möhrenzuchtverein«, der in einem alten Trafohäuschen das vorgeblich weltweit kleinste Museum betreibt. Alles, was die Menschheit je an Werkstoffen erdacht hat, nutzt der bastelfreudige Ostbelgier zum Briefkastenbau. So entstand ein Straßenbegleitmuseum mit monströsen Holz- oder Betonstatuen, umgebauten Milchkannen und steinernen Schwanenleibern.

Ostbelgien ist ein überaus geschichtsträchtiges Stück Welt. Zweimal überfielen von hier aus deutsche Truppen das Land. Dennoch war im »Dritten Reich« Belgien für viele Juden letzte Hoffnung. »Manche kamen beim Anschluss Österreichs 1938 zu Fuß aus Wien, tausend Kilometer weit«, berichtet Herbert Ruland im dichten Wald am Grenzübergang Köpfchen, »hier überall sind sie rüber.« Mehr als die Hälfte der belgischen Juden hat die Nazizeit überlebt, weil ihnen die Bevölkerung immer wieder auf fantasievolle Weise geholfen hat. Die Schattenseite des Gutmenschentums: »Mit dem Schmuggel von Juden«, so Ruland, seien im Grenzgebiet »einige auch richtig reich geworden.«

In Moresnet lebt heute der holländische Kinderstar Heintje auf seinem Reiterhof, nebenan in Kelmis hat er seiner Mama das angekündigte Zuckerschloss gebaut. In Walhorn steht das Château Thor aus dem Jahr 1780 in einem Park, der in ostbelgischer Asymmetrie gleichzeitig »streng geometrisch und wild romantisch« sein will. Das Dorf Raeren nebenan war zu dieser Zeit eines der Welt-Töpferzentren mit einer Jahresproduktion, die 100 Sattelschlepper gefüllt hätte. Wenn flämische Meister, Breughel etwa, Saufgelage malten, waren 90 Prozent der Tonkrüge, die auf ihren Gemälden zu sehen sind, aus Raeren. Der Museumsleiter erzählt enthusiastisch und anekdotenreich, und Herbert Ruland weiß fachspezifisch: »Im Ersten Weltkrieg haben sich die Soldaten mit dem Zeug in den Schützengräben beworfen.«

Man spricht hier deutsch und fühlt belgisch. Besonders sogar. »Früher«, sagt Ruland, »wurden die Menschen hier als Beutebelgier verspottet. Heute sind die Bewohner der Deutschsprachigen Gemeinschaft die belgischsten Belgier, weil sie sich mit dem Land am meisten verbunden fühlen.« Die anderen sagen meist »*Je suis Wallon*« oder »*Ik ben Vlaming*« (und selten: Ich bin Belgier). Und der Brüsseler versteht sich ohnehin nur als Hauptstädter oder EU-Repräsentant.

Der Charme der Doppelkultur und preiswertes Bauland haben viele Nachbarn angelockt – in manchen

Gemeinden ist fast jeder Zweite Deutscher. Ganz ohne Ressentiments geht das nicht ab. Der Bürgermeister von Plombières mosert: »1914 kamen die Deutschen mit Pferden, 1940 mit Panzern und heute mit ihrem Geld.« Auch Harald Schmidt hat hier mal steuersparend gelebt und Belgien »mein heimliches Lieblingsland« genannt. Noch im Juni begrüßte er in seinem Publikum ausdrücklich »Gäste aus Ostbelgien«, was man, wie er belehrte, »nicht mit der Wallonie verwechseln« dürfe. Asymmetristan ist kompliziert: Die Ostkantone sind durchaus Teil der wallonischen Region.

Ostbelgien, sagt Herbert Ruland, sei manchmal ein Stück »Anarchie in Vollendung«. Und das »sagen alle hier, nicht nur Linke und Chaoten«. Sein Umzug aus Aachen sei für ihn »wie ein Ausbruch gewesen, ein wenig so zu leben, wie wir es uns als Studenten erträumt haben«. Und noch heute erlebe er »staunend so manche Überraschung, etwa den legeren Umgang miteinander bei Amtsgeschäften«. Kurzum: »Das Land ist die reine Wundertüte.«

Ja, Wundertüte. Über Belgien wird gern gelästert, ein chaotisches, unverständliches, zumindest gesichtsloses Land. Besonders Anfang 2016 war das so, nach den Terroranschlägen am Flughafen Brüssel-Zaventem und als sich gerade herausstellte, dass die Attacken in Paris von islamistischen Zellen in Belgien zumindest mitgeplant worden waren. Belgien – ansonsten langweilig? Zeit für einen energischen Widerspruch:

Welch ein Land!

Was eint Audrey Hepburn, Ursula von der Leyen, Rubens, sogar Gott? Sie stammen aus Belgien, dem Land mit dem derzeit fürchterlichen Image – Zeit für eine Ehrenrettung dieses unterschätzten Staatsgebildes mit vielen Berühmtheiten, wachem Erfindergeist, Skurrilitäten und Vorbildern.

Sächsische Zeitung, Dresden, 9. April 2016

Was wird nach den Bombenattacken am Flughafen Brüssel im März 2016 auf die Belgier geschimpft: Justiztölpeleien, Zuständigkeitswirrwarr, das lähmende Gift des Sprachenstreits zwischen Flamen und Wallonen, verschnarchte Polizisten, fehlendes Katastrophenmanagement. Erst diese Mischung aus Deppistan und Königreich Absurdien, heißt es empört, habe die Katastrophe möglich gemacht. Ein ganzes Land steht unter indirektem Terrorverdacht, zumindest der Beihilfe schuldig.

Mal ganz langsam. Wenn Unfähigkeit in der Verbrechensbekämpfung typisch für unsere westlichen Nachbarn ist, dann haben deutsche Behörden zuletzt phänotypisch belgisch gehandelt: Siehe Polizei zu Silvester in Köln. Siehe Geheimdienste und Tölpelermittler bei den NSU-Morden. Und bitte: Was wollen die Belgien-Beschimpfer anstelle des Patchworkgebildes: Einen totalitären Polizeistaat?

Belgien ist, bei allem schrecklichen Behördenversagen, eine Blaupause für Vorurteile – ein verkanntes Land, scheinbar gesichtslos, ohne Spezifika. Viele kennen Belgien nur als Autobahn-Transit auf dem Weg nach Frankreich. Viele wissen gerade mal, dass diese komischen Belgier stolz sind auf einen urinierenden Jungen als Nationalsymbol und ihre fürchterlich fettigen Fritten mit Himbeerbier zu neutralisieren versuchen. Sprachenstreit? Sprachenvielfalt! Belgien ist umfassend bilingual. Viele Einwohner beherrschen zwei Sprachen fließend, manche drei oder vier.

Das ist vorbildlich in einem um Einigkeit ringenden Europa, quasi eine innere Integration über die Sprache, wie wir sie von Migranten fordern. In Belgien müssen sich seit Jahrzehnten sehr verschiedene Kulturen (darunter ein Anteil von fast 30 Prozent Migranten) miteinander arrangieren.

Der Brüsseler Schriftsteller Geert van Istendael, Autor des Buches »Das belgische Labyrinth«, sagte schon vor 15 Jahren: »Belgien zeigt die riesigen Probleme Europas auf kleinem Raum. Deswegen sind wir ein Modell Europas, wie eine Märklin-Eisenbahn.« Um zu warnen: »Europa muss belgisch werden, oder es wird untergehen.« Belgisch heißt: Mehrfachkultur statt Patriotismus, immerwährendes Ringen statt festgefahrener Wahrheiten.

Das international geprägte Land ist maximal multikulti und sperrt sich nationalen Üblichkeiten. Fußballfans feuern ihr Team auf Englisch mit »Belgium, Belgium« an statt in einer der drei Landessprachen. Das gibt es sonst nirgends! Schreien wir der DFB-Elf »Germany, Germany« zu oder die Schweizer »Switzer-Switzerland« der dortigen Nati?

Belgien steht für Verhandlungen, Kompromisse und Improvisationstalent. Und es versteckt sich dabei. 2013 erhielten François Englert aus Etterbeek und der Brite Peter Higgs gemeinsam den Physik- Nobelpreis. Typisch allerdings für belgische Zurückhaltung, dass die Elementarteilchen nach Higgs und nicht nach Englert benannt wurden.

Es gibt Menschen, von denen man kaum ahnt, dass sie in Belgien das Licht der Welt erblickten. Ursula von der Leyen kam 1958 in Brüssel zur Welt, im gleichen Vorort Ixelles/Elsene wie die britische Schauspielerin Audrey Hepburn 29 Jahre vor ihr, womöglich sogar im gleichen l'Hopital/Ziekenhuis. Der deutsche Fußball-Weltmeister Herbert Wimmer von 1974, berüchtigt als ewiger Mittelfeldrenner, begann seine Lungen mit den ersten Schreien in Eupen zu stärken. Der Kartograf Gerhard Mercator, der für die

Navigation auf See bahnbrechende Mercator-Projektion bekannt ist, stammt nicht etwa aus Duisburg – wo er später lange forschte – sondern aus Rupelmonde in Flandern. Auch Frankenkönig Karl der Große ist nicht in Aachen zur Welt gekommen, Historiker vermuten seinen Geburtsort in Herstal nahe Lüttich.

Nicht weit von hier, in den Ardennen, steht seit über 200 Jahren das Gasthaus Baraque Michel. Es ist der einzige Ort weltweit mit dem amerikanischen Präsidentenpaar im Namen. Und er ist mysteriös: Bei Amtseinführung war Barack Obama im 48. Lebensjahr, Michelle im 45. – und wie lautet die Postleitzahl von Baraque Michel? Na klar, 4845. Darauf eine La Caracole Nostradamus! Dieses schwarze Starkbier hat neun Prozent Alkohol. Für das Bierland Belgien mit der größten Brauerei der Welt (InBev in Löwen) und den meisten Sorten (über 3000) ein mittelheftiger Wert.

Ohne Belgier gäbe es den Euro nicht: Der Name stammt von Germain Pirlot, das Symbol-Design von Alain Billiet. Gewürzspekulatius, Waffeln, Pralinen (das Hohlformverfahren wurde 1912 von Jean Neuhaus kreiert) – alles süßen belgischen Ursprungs. Maas-bei Namur waren es im 17. Jahrhundert, die in fischarmen Zeiten nicht ihre Flussfänge in heißes Fett warfen, sondern eben: Kartoffelstangen. Heureka – die Fritten waren erfunden. Also ein Fastfoodparadies? Kaum ein Land der Welt hat im Vergleich zur Größe mehr Sternerestaurants. Und erst die Musik! Orlando di Lasso, einer der größten Renaissance-Komponisten, hat einen italienisch klingenden Namen, stammt aber aus Mons. César Franck, einer der wichtigsten Komponisten und Organisten des späteren 19. Jahrhunderts: aus Lüttich. Auch Schmachttenor Helmut Lotti ist Scheinitaliener. Er kommt aus Gent. Jacques Brel, einer der größten Chansonniers ever, ist kein Franzose, sondern geboren in Brüssel. Django Reinhardt, der virtuose Zweifinger-Gitarrist, wurde zum Vater des Gypsy Swing. Er ist aus Liberchies bei Charleroi. Sänger Plastic Bertrand aus Brüssel provozierte in den Siebzigern das Establishment.

Auch Rapper Stromae ist Brüsseler. Seit Jahren machen belgische Autorenfilmer auf internationalen Filmfestivals von sich reden, mit Werken der Dardenne-Brüder, Jaco von Dormael oder Benoît Poelvoorde. In Belgien entstehen die skurrilsten Filme des Kontinents, und hochpolitisch sind sie auch noch. Schriftsteller Georges Simenon und sein Kommissar Maigret, alles Scheinfranzosen – in Wahrheit aus Lüttich. Action-Schauspieler Jean Claude van Damme: aus Berchem. Victor Horta, Meisterarchitekt des Jugendstils: aus Brüssel.

Im Brüsseler Exil haben Karl Marx und Friedrich Engels das Kommunistische Manifest geschrieben. Die heutige Rue de la Révolution in Brüssel wurde den Flamen früher – wie verschieden können Sprachen wirken! – mit Opstandstraat, also Aufstandstraße erklärt. Heute verlangt die Bilingualität Brüssels zweisprachige Straßenschilder: Man wählte Omwentelingstraat, zu Deutsch: Umwälzungsstraße. Was wohl Marx dazu sagen würde?

Belgien ist Weltcomicland Nummer eins. Hergé, Erfinder von Tim und Struppi, stammt aus Etterbeek. Welcher US-Zeichner hat sich wohl die Western-Abenteuer von Lucky Luke ausgedacht? Maurice de Bevere heißt er, Künstlername Morris, geboren in Kortrijk. Das Marsupilami ist belgisch wie die Schlümpfe auch. Malen war hier schon immer Hochkunst: Pieter Bruegel der Ältere ist aus dem heutigen Belgien, auch Pieter Paul Rubens, James Ensor, René Magritte, Paul Delvaux. Eddy Merckx, größter Radrennfahrer aller Zeiten, überstrahlt im Sport alle. Er gewann seine erste Tour de France am gleichen Tag, als irgendein amerikanischer Fußgänger als Erster auf dem Mond herumtrampelte.

Belgische Trainergenies haben im Fußball in den späten 70er-Jahren die Abseitsfalle erfunden. Heute ist Belgien die Nummer 1 der Fifa-Weltrangliste. Belgien! Um mit Asterix, dem einstigen Anrainer von Gallia Belgica, zu sprechen: »Merckx dir!« Belgien ist nah am kostenlosen ÖPNV. In Hasselt war das Busfahren jahrelang tatsächlich umsonst.

Busfahrten etwa in der Wallonie kosten pauschal drei Euro, auch für Zwei-Stunden-Touren quer durchs Land. In der Bahn fährt man mit Zehnerkarte für 7,40 Euro pro Strekke mit dem Intercity beliebig weit – von Verviers nach Ostende, von Spa (weltweites Synonym für alle Heilwässer) nach Antwerpen (wo 60 Prozent aller Rohdiamanten weltweit geschliffen werden). Ohne belgischen Forschergeist gäbe es keine Schlittschuhe, keinen Impfstoff gegen Keuchhusten, keinen Neoprenanzug. Elektrische Klingel, elektrische Straßenbahn, moderner Straßenasphalt, alles ist belgischen Ursprungs wie auch der Body Mass Index, die Audiokassette, das Stroboskop, der Kunststoff Bakelit. Und Instrumentenbauer Adolphe Sax, geboren 1814 in Dinant, erfand 1840 das Saxofon. Einen Belgier namens Tromp, Klav, Gei oder Schlagz gibt es allerdings nicht.

Glaubt man dem Kino, ist sogar die ganze Welt in Belgien erschaffen worden. »Das brandneue Testament« mit Benoît Poelvoorde legt das nahe, einer der komischsten Filme dieses Winters. Untertitel: »Gott existiert. Er wohnt in Brüssel.«

***

Tja, da schreibt man so einen empathisch-albernen Text über unsere Nachbarn (der auch in vielen anderen Zeitungen erschien, etwa im Feuilleton des Berliner Tagesspiegel) – und schwupps, liest das jemand vom Christoph Links Verlag in Berlin und fragt, ob ich nicht ein Buch über Belgien machen wolle.

Ein Jahr später erschien in der Reihe »Länderkunde« eine Art Gebrauchsanweisung über unseren Nachbarn. Im ersten Kapitel habe ich versucht, das sperrige Land in Zahlen zu fassen zu kriegen:

Belgien-Countdown in Zahlen und Statistiken

11.430.000: Einwohnerzahl 2016. Tendenz kontinuierlich steigend seit 2006 (10,51 Mio)

39.523: Anzahl der erstwohnsitzgemeldeten Deutschen in Belgien (2016). Zum Vergleich: Einwohner der Deutschsprachigen Gemeinschaft: 76.700.

30.528: Größe des Landes in Quadratkilometern

5.244: Anzahl der Personen in Brüssel mit Diplomatenstatus. Weltrekord!

1830: Revolution. Das Jahr, in dem alles anfing.

1500–1700: Regenmenge in Litern pro Jahr und Quadratmeter im Hohen Venn. Doppelt so viel wie sonst im ohnehin recht nassen Belgien.

1190,5: der schwerste Kürbis der Welt in Kilogramm (2016, gezüchtet von Mathias Willemijns)

694: Signal de Botrange, der höchste Berg in Metern (im Hohen Venn zwischen Eupen und Malmedy).

665: Höchstgelegene Gemeinde in Metern: Mürringen, Teil von Büllingen im deutschsprachigen Kanton St. Vith, gleichzeitig östlichste Gemeinde Belgiens

541: Anzahl der Tage ohne Regierung (2010/11). Weltrekord!

448: Filialen Aldi Nord, siehe auch 0.

320: Anzahl der registrierten Chocolatiers

181,7: Durchschnittliche Körpergröße belgischer Männer in cm, die 1996 geboren wurden. Das ist weltweit

Platz 2 hinter den Niederlanden (182,5). Flamen vermuten, ohne mitgemessene (kleinere) Wallonen wäre sie on top. Belgische und niederländische Frauen belegen keine Spitzenplätze.

141: World Ranking des Landes an Größe in Quadratkilometern.

102: Höhe in Metern des Atomiums in Brüssel. Mit Abstand größtes Atom der Welt.

99,9: Regentage im Jahr (Deutschland 96)

98,7: Prozent der Christen in Belgien sind Katholiken. Von allen Einwohnern sind 75 Prozent römisch-katholisch, 1 Prozent Protestanten, 8 Prozent Muslime, 16 Prozent ohne Konfession (Deutschland: über 30 Prozent).

83: Dauer in Stunden des Weltrekords im Dauerfrittieren: Chris Verschueren aus dem flämischen Kastel, 1500 Kilogramm Kartoffeln.

66,5: Küstenlänge in Kilometern

65: Verkehrstote pro Jahr pro eine Million Einwohner. Das ist EU-Rekord. Deutschland: 42 pro Jahr

50:50: Bücherquote. Nach dem streitbedingten Bau einer zweiten Hochschule von Löwen direkt hinter der Grenze in der Wallonie (Louvain-la-Neuve) wurden die teils Jahrhunderte alten Bestände der alten flämischen Universitätsbibliothek, 1,3 Millionen Bände, fifty-fifty aufgeteilt: Die mit den ungeraden Nummern blieben, die geraden Nummern gingen. Dann konnte man tauschen.

39,3: Prozentzahl der Frauen im nationalen Parlament. Das ist der höchste europäische Wert jenseits von Skandinavien.

21.: Juli. Nationalfeiertag. Der Tag an dem der erste König, Leopold I., 1831 gekrönt wurde.

17: Weltkulturerbestätten oder -brauchtümer laut Unesco. Von den flämischen Beginenhöfen über die alten Schiffshebewerke im Hennegau, vier wallonische Bergbaustätten, die Karnevale von Aalst und Binche, die Krabbenfischer zu Pferd von Oostduinkerke bis zu den Drachen bei Prozessionen – und seit Ende 2016 die belgische Bierkultur. Deutschland hat 62. Somit hat Belgien pro Einwohner doppelt so viele, gemessen an Landesgröße sogar das 3,2-fache.

13: Parteien im Föderalparlament. Platzierung laut WHO im weltweiten Wirtschaftsleben – sowohl bei Export wie Import.

12: Prozent ist das Leben in Belgien teurer als in Deutschland

11: Zahl der Grandslamsiege im Tennis (alle Kim Clijsters, Justine Henin). Zahl der Universitäten. Die weltweite Platzierung im Ranking Anteil der Stadtbevölkerung (97,9 Prozent; als Städte gelten Orte mit mehr als 5.000 Einwohnern). Ein enorm hoher Wert, abgesehen von Stadtstaaten wie Monaco oder Gibraltar (100 Prozent), der mit Abstand höchste in Europa (Deutschland: Platz 65 mit 75,3 Prozent). Es gibt in Belgien also weit unterdurchschnittlich wenige Dörfer mit zusammen nicht mal 250.000 Einwohnern. Das lässt sich unterwegs spüren: mit weiten leeren Landschaften zum Genießen.

10: Provinzen – sehr paritätisch: 5 flämische, 5 wallonische. Nobelpreise (4 Frieden, 1 Literatur, 1 Physik, 1 Chemie, 3 Medizin)

9,5: Prozent verdienen Frauen weniger als Männer (Deutschland: 13,4; Bestwert in Europa: Luxemburg mit 8)

9: Tage mit Dunkelflaute, zum Beispiel im Januar 2017. Damit bezeichnet man eine Wetterlage ohne Wind und Sonne, also ohne Chance entsprechende Energie zu gewinnen. Ein Begriff, den Belgien vor wenigen Jahren noch nicht gekannt hätte, weil es so gut wie keine Erneuerbaren gab. Auf dauerhafte AKW-Flaute wartet das Land immer noch: fast

40 Prozent der Energie werden kerntechnisch erzeugt, das ist Platz 5 weltweit.

8: sam mit der 8 muss man sein, der wichtigsten Kugel beim Lochbillard. In Belgien werden 80 Prozent der Billardkugeln weltweit hergestellt. Der weltbeste Spieler aller Zeiten im klassischen Carambolage-Billard, Raymond Ceulemans aus Lier, holte zwischen 1963 und 1992 zusammen 77 WM- und EM-Titel.

7: Städte über 100.000 Einwohner. Neben Brüssel (1,19 Millionen) und Antwerpen (517.000) sind dies: Gent, Charleroi, Lüttich, Brügge und Namur. Philippe (seit 2013) ist der 7. König der Belgier.

6: Schokoladekonsum in Kilogramm pro Einwohner pro Jahr. Das ist Weltrekord vor der Schweiz mit 5,7 (Deutschland 4,3). Damit isst jeder Belgier statistisch jeden Monat etwa zehn Tafeln Schokolade.

5: Ranking weltweit bei der Zahl der Suizide (Deutschland: 22).

4: Zahl der Nachbarländer heute (F, NL, D, LUX)

3: Schlachtschiffe, offizielle Landessprachen, Farben auf der Staatsflagge (schwarz-gelb-rot, nicht schwarz-rot-gelb; dazu quergestreift)

2: Anzahl der 3-Sterne-Restaurants. Anzahl Belgier im Weltall (Dirk Frimout, Frank de Winne). Anzahl der Autobahnringe um Brüssel. Wegen Dauerverstopfung wollen viele mindestens weitere 2 dazu. Alternative: weniger Autos.

1: Königshaus (König z.Z.: Philippe), IOC-Präsident (Jacques Rogge), angebliches uneheliches Kind des Exkönigs Albert II., belgische Südpolstation, deutschsprachige Tageszeitung (Grenzecho, Eupen), häufigster Nachname (Peeters), häufigster Vorname weiblich (Emma), männlich (Noah), in Brüssel (Mohamed), einmaliger Radler

(Eddy Merckx), einmaliger gelegenheitsgedopter Radler (Eddy Merckx), 2015/16 monatelang Position der Fifa-Weltrangliste, olympische Winter-Goldmedaille (1948, Eiskunstlauf Paar), Sieg bei European Song Contest (1986, Sandra Kim; dazu weitere 22 Top-Ten-Platzierungen), Geschlecht ausreichend für eine Lebenspartnerschaft (Ehe für Homosexuelle seit 2003 möglich, seit 2006 uneingeschränktes Adoptionsrecht)

0,36: in Millionen Euro. Höchster Preis, der weltweit jemals für ein Taube gezahlt wurde: Ihr Name: Golden Prince. Ihre Spezialität laut flandern-info: »Internationale Weitstreckenflüge«. Sie ging im März 2017 von einem Züchter in Wevelgem nach Südafrika. Ob sie sich selbst zustellte ans Kap, ist unbekannt.

0: Siege in der Champions League, große Fußballtitel Nationalelf, Rudi Völler, Filialen Aldi Süd, Kolonien mehr, Höhe von Ostender Normalnull in Metern und Zentimetern, wallonische Küste in Kilometern, weitere Ideen.

Nachdruck mit freundlicher Genehmigung des Ch. Links Verlags, Berlin.

Anfang 2022 lassen sich einige Daten aktualisieren:

- *Die Bevölkerung ist tatsächlich weiter langsam gewachsen.*
- *Aus dem angeblich unehelichen Kind des Königs ist das angeblich zu streichen: Albert II. hat unter tatkräftiger Mithilfe von Gerichten Delphine Boël als seine leibliche Tochter offiziell anerkannt.*
- *Während der Corona-Pandemie war Belgien 2020 wochenlang Europas Hotspot Nr. 1. Nach zwei Superspreader-Kirmesfeiern rangierte Bütgenbach in der Eifel einige Tage angeblich sogar auf der Pole Position in der Welt.*

- *Die belgische Fußball-Nationalmannschaft führt seit 2018 ohne Unterbrechung die Fifa-Weltrangliste an. Große Titel indes: weiterhin 0. Wohl aber hat Belgien nach dem Olympiasieg von Eissschnelläufer Bart Swings in Peking 2022 die Anzahl an Wintergoldmedaillen verdoppelt.*
- *Die Brieftaubenpreise sind längst mehrfach überboten jeweils aus Belgien. 2019 kostete Täuberich Armando 1,25 Millionen. Das zahlte ein Chinese. Seit November 2020 liegt der Höchstwert sogar bei 1,6 Millionen: Der gleiche chinesischer Züchter ersteigerte die Taubendame New Kimvon von einem Züchter aus Berlaar in der Provinz Antwerpen. Man vermutet Paarungsversuche und dann neue Rekordpreise in China.*
- *Den eigenen Weltrekord von 541 Tagen ohne Regierung verfehlte das Land 2018/2020 nur um ein paar läppische Wochen.*

***

Kurz danach, 2018, erschien mein zweites Belgienbuch: »100 Orte in Ostbelgien und Umgebung«, erschienen im Grenzecho-Verlag, Eupen. Der etwas sperrige Titel »in Ostbelgien und Umgebung« war landestypischer Komplexität geschuldet, zumal sich die Deutschsprachige Gemeinschaft (DG) gerade eben offiziell in Ostbelgien umgetauft hatte. Das hieß: »100 Orte in Ostbelgien« zu titeln hätte harte Schnitte bedeutet: kein Malmedy, kein Botrange und Welkenraedt, kein Venn, kein Val Dieu, kein Spa – lauter Orte der nahen Umgebung, die außerhalb der alten DG liegen, also außerhalb Ostbelgiens, auch wenn sie zum Osten Belgiens gehören.

Dann wäre zum Beispiel dieser Text nicht dabei gewesen über den wahrscheinlich politisch skurrilsten Flecken Belgiens, sehr wohl im Osten des Landes:

Das Rätsel vom fehlenden r

Die Enklave Voeren/Fourons.

Direkt an der niederländischen Grenze liegt ein sehr besonderes Stück Welt: Voeren. Das Gebiet von 50 Quadratkilometern und kaum 4.000 Einwohnern gehört heute zu Flandern. Voeren war lange (seit 1830) frankophon und hieß Fourons, zur Provinz Lüttich gehörig. In den 60er Jahren wurde per Föderalgesetz aus Fourons Voeren, weil hier mittlerweile mehr Flamen (oder zugezogene Niederländer) wohnten.

Eine Enklave war entstanden. Das trieb die Wallonen auf die Barrikaden. Jahrzehntelang gab es giftige Demos mit Verletzten, Bauern gingen mit Mistgabeln aufeinander los, die Polizei verschoss Tränengasgranaten, es fielen sogar Schüsse, einmal raste ein Auto mit Vorsatz in eine Protestierergruppe. 1982 wurde der wallonische Landwirt José Happart zum Bürgermeister gewählt und weigerte sich sieben Jahre lang, auch nur ein Wort niederländisch zu sprechen. Welteinmalig, ein Ortsvorsteher bockt bei der Amtssprache.

Heute sind durchgeschmierte Ortsnamen selten geworden. Schilder haben politisch korrekt zwei Namen, etwa St-Pieters-Voeren / Fouron-Saint-Pierre. Allerdings steht die niederländische Bezeichnung immer oben und ist meist etwas größer geschrieben. Aber, potzblitz, warum fehlt am Straßenschild Kastanjeboomstraat / rue du Maronnier dem Marronnier ein r? Eine Provokation? Eine späte Rache für Happart, ein Anschlag auf die wallonische Identität? Nachgefragt bei der Gemeinde: Nicht aufgefallen … ist das wirklich falsch? … hmm, ja … muss ein Versehen sein. Und werde umgehend korrigiert.

Gemerkt hatte es niemand, es habe auch keine Klagen gegeben. Man darf das als Zeichen nehmen, dass die

Fronten befriedet sind. Und die Wallonen nicht mehr achtsam sind.

Und sonst? Die abgelegene, bäuerlich geprägte und besonders ruhige Gegend mit Fachwerk und schiefen Sträßchen ist ein Dorado für Wanderer, Müßiggänger, Gemütlichradler. Wenn es nebenan die »niederländische Schweiz« gibt, ist Voeren/Fourons die kleine belgische Toskana.

***

Mittlerweile gibt es wegen dieses besserwisserischen deutschen Buchautors tatsächlich ein neues Straßenschild rue du Marronnier.

Ein zweiter Text möchte das ganze, oft so komplizierte Land gleich ganz mit einem Straßenschild erklären:

Bauarbeiten Ende – oder eben nicht!

Belgische Bauarbeiten-Straßenschilder sind etwas sehr Besonderes. Links und rechts des Arbeiters mit der Schaufel ist je ein Haufen zu sehen. Das ist ungewöhnlich; in den meisten Ländern (Ausnahmen etwa Sri Lanka und Brasilien) ist da, auch in Deutschland, nur ein Haufen abgebildet. Die Botschaft dort: Wir wollen hier arbeiten. Belgien ist genauer: Wir sind dabei zu arbeiten (und haben eben schon einen Teil weggeschaufelt). Schon das ist erfrischend sinnig, aber Belgien weiß sich noch einmal zu steigern. Das liegt an den blauen Bauarbeiten Ende-Schildern, die noch weitaus verbreiteter sind als etwa in Deutschland. Auf diesen belgischen Schildern sehen Spötter einen Arbeiter, der mit mächtigem Strahl pinkelt. Das mag einem so scheinen, zumindest im eiligen Vorbeifahren.

Viel entscheidender aber, zumindest auf den alten Schilder-Modellen – da ist links unten ein kleines Restehäufchen zu sehen. Die Botschaft ist Nationalbekenntnis: Mag die Arbeit auch getan sein, ganz fertig sind wir nie. Belgien ist immer *work in progress*. Das kann den Charakter formen: Wir haben immer was zu erledigen, nie ausruhen, alles braucht unser Zutun, unser Engagement.

Andere Staaten schauen neidisch auf diese Belgien-Philosophie: In Berlin hat man extra eine sündhaft teure Flughafenbaustelle in die Landschaft gepflanzt, damit die Menschen wissen: Es ist nie zu Ende, morgen wird es noch besser, schöner. Der Trick ist die Endlosschleife: Das fertige Morgen kommt nie. Aber die Hoffnung bleibt. Und dem besonderen Wesen der Berliner kommt der Hauptstadtflughafen ohne Flugbewegungen auch entgegen: Es gibt immer was zu meckern. Auch in Endlosschleife. Das stärkt den Zusammenhalt.

Karneval: Folter und Glück

Der Aachener Fastelovend ist diverser als viele denken. Neben Straßenkarneval, Umzügen, Sitzungen, Hemmungslosigkeit und dem üblichen Alkoholabusus gibt es zwei Besonderheiten: die Ordenssitzung Wider den tierischen Ernst und von 1992 bis 2013 die alternative Strunxsitzung. Beide Spielarten habe ich aus sehr verschiedenen Gründen vielfach besucht: die Ernstsitzung zum Fremdschämen fünf oder sechs Mal (also zusammen: 11, Tusch Tataa!) und jedes Jahr Strunx. Zuerst sah ich Johannes Rau im Narrenkäfig leiden. Dann musste Renate Schmidt dran glauben – zwei Sozis also, für das Saalpublikum der Öcher Haute Volaute eine Mischung aus Leibhaftigen und natürlichen Vertretern des Igittseins. Ein erster kurzer Blick in den Eurogress:

(…) Vor allem die geschlechtsbezogenen Anzüglichkeiten Richtung Ordensträgerin Renate Schmidt (SPD) überzeugten mit hohem alltagssexistischem Niveau: Aus der Bütt hieß es, die Erscheinung der Bundestagsvizin sei »kolossal« (Tusch), mann solle sie sich »mal zur Brust nehmen« (Tusch) und sie eigne sich »als Wärmflasche für den Heeremann« (Tusch-Tusch-Tusch). Einziger Lichtblick war der wirklich urkomische Büttenredner Norbert Blüm als Nachtgespenst. Sollte die Bonner Koalition im Oktober am Ende sein, wird Blüm pünktlich zur Session 94/95 für neue Aufgaben freigesetzt. Brauchtumspflege statt Pflegeversicherung – auch eine Art Karriere. (*taz*, 12. Februar 1994)

Immer wieder wollten Zeitungen quer durchs Land diese merkwürdige Veranstaltung erklärt haben, zum Beispiel als 2011 der damalige Verteidigungsminister zu Guttenberg gerittert wurde. Der Mann war gerade mit seiner gefaketen Doktorarbeit beschäftigt und mitten in allen Shitstürmen zu feige, selbst nach Aachen zu kommen:

Das närrische Plagiat

In Aachen ließ sich Guttenberg von seinem Bruder vertreten.

Badische Zeitung, Freiburg, 21. Februar 2011

Bis vor wenigen Jahren war die Ordensverleihung ›Wider den Tierischen Ernst‹ nur eine hausbackene Schau provinzieller Lackschuhkarnevalisten. Die Masche: Man lädt Prominente ein, am liebsten hohe Unionspolitiker, biete ihnen eine Bühne für inszenierte Witzigkeit und kann sich in ihrem Glanz eitel sonnen. Anbiedern als karnevalistische Aufgabe, gern mit pseudo-militärischem Drumherum. Nicht wenige Aachener schämen sich für ihre Stadt.

Der neue Humorritter Karl-Theodor zu Guttenberg ließ sich in Abwesenheit feiern. Und die gebührenfinanzierte ARD wird die PR-Show des Stars im Tarnanzug heute Abend ab 20 Uhr 15 ausstrahlen müssen. Das Erfolgsrezept 2011: Man nehme das Aachener Festpublikum als willige Jubelperser. Dann kaufe man Kabarettisten wie Konrad Beikircher als Kombattanten die kritische Gesinnung ab und gehe offensiv auf die Guttenbergsche Skandalkaskade ein: »Ist doch egal, ob mit Doktortitel oder ohne ...« Da tobt das Volk – als ginge es um das Ob. Zum Afghanistankrieg – kein Wort. Nur einmal rutscht einem die »bombige Stimmung im Saal« raus. Die ARD dürfte es rausschneiden.

Schließlich schickte man Guttenbergs jüngeren Bruder Philipp, 37, vertretungsweise in die Schlacht. In innerfamiliärer Mission den Bruder aus den Klauen des Bösen retten! Der Coup geriet niedlich. Philipp, beruflich als Holz- und Waldlobbyist in Berlin tätig, wirkt äußerlich wie eine Copy & Paste Version seines Bruders. Nur liegen die Haare noch öliger an.

Ersichtlich ohne größere Bühnenerfahrung schickte er seinem Reimwerk (Autor unbekannt) kokett voraus: »Ich bin lediglich das Plagiat.« Tosende Begeisterung. Das war schon der Sieg. Tusch, Klatschmarsch, Ovationen, Heimatlieder. Der Ritterorden war des Bruders. Guttenberg passte übrigens gut: Mehrfach sind Aachener Ordensritter schon mit gewollt-launigen Reden aufgefallen, die sie zusammen-gegoogelt hatten, etwa 2006 CDU-Wortraubritter Friedrich Merz.

Nachher wurde Philipp G. gefragt, ob Politik und Karneval gut harmonieren. »Sehr gut sogar«, flötete er. Ob der Bruder wohl bei der TV-Ausstrahlung noch im Amt sein werde? »Keine Ahnung, ich hoffe es.« Überzeugt klang das nicht. Vielleicht wird Philipp ja der neue Polit-Star. Keinen Doktortitel hat er schon.

***

Der Schummel-Guttenberg war bald aus dem Amt gefegt, der launige Bruder kam noch einmal wieder, um die Laudatio auf den Nachfolger des Bruders zu halten. 2015 bekam er »für seine Treue und die hervorragende Vertretung seines Bruders« selbst den Orden – und nahm ihn sogar selbst an. Dann gingen dem AKV die launigen »Guttenbrüder« aus.

***

Wie anders und erfrischend immer wieder die Strunx-Sitzung. Regelmäßig brachte sie das etablierte Offizialkarnevalstum in seiner Einfältigkeit schnell zum Toben. Deren Motto: Wir haben hier das Patent auf Humor. Was erlauben Strunx?:

»Organisierter Schmutz«

Strunx: Der Aachener Alternativkarneval empört das Establishment
taz, 19. Januar 1996

Einen Monat vor der Jeckensession erlebt Aachen schon seinen karnevalistischen Höhepunkt. Schuld sind die Alternativkarnevalisten mit ihrer parodistischen Strunxsitzung, jener Mischung aus politischem Kabarett, Comedy und Klamauk. Kaum war herausgekommen, dass sie ihre diesjährige Prinzessin, die Aachener Chansonette und Brecht-Interpretin Iane Reisenauer, »Au Hur I.« getauft haben, tobt das Humptata-Establishment. Au Hur – alte Hure! Die Bedenkenträger des Offizialkarnevals heulen öffentlich auf: »Unterste Schublade«, »blamabel«, »geschmacklos«.

Georg Helg, notorischer FDP-Funktionär und Präsident wider den tierischen Ernst, outete »Karneval unterhalb der Gürtellinie«. Ein betagter »Stimmungssänger« drohte gar mit »rechtlichen Schritten«. Tatbestand: »Antikarneval miserabler Art«, in Tateinheit mit »organisiertem Schmutz« und einfach »Sauerei«. Die empörten Moralwächter der Zotenzunft führen als Kronzeugen neunmalkluge Mundartforscher an, die den Begriff Au Hur dünkelbeladen »niederen Kreisen« zuordnen.

Dabei vergessen die Elfenbeinturmdialektdialektiker: Au Hur mag lautmalerisch oder auch etymologisch der alten Hure entlehnt sein, hat aber ansonsten mit einer betagten Prostituierten wenig zu tun, sondern ist ein Begriff alltäglichen Aachener Lebensgefühls, universell einsetzbar als Ausdruck von Erstaunen, Ärger, Begeisterung, auch Beschimpfung.

Die Strunx-AktivistInnen jedenfalls sehen endgültig »den Unterschied zwischen U- und E-Karneval bewiesen«. Und grinsen sich eins. Der U-E-Clinch ist systemimmanent:

Schon 1992 wurde Strunxprinz Seine Schwulität Jonathan I. wüst beschimpft, weil er – »widerlich« – statt Kamelle Kondome unters alternative Jeckenvolk geworfen hatte. In Köln bei der dortigen Stunksitzung ermittelte 1993 gar der Staatsanwalt wegen Blasphemieverdachts (Jesus mit »Tünnes«-Schild anstelle INRI). Im Jahr darauf wurde ein hoher Offizieller des kölschen E-Karnevals verstoßen, weil er sich, sogar lachend, beim Stunk gezeigt hatte. Beim Humor hört der Spaß bekanntlich auf.

Aachens grün-alternative Szene hat derweil ein viel gravierenderes Problem. Der Au-Hur-Streit hat viele neue Interessenten (womöglich aus niederen Kreisen?) neugierig gemacht. Die Folge: Frühmorgens um sieben waren innerhalb von 10 Minuten alle 2.000 Karten für die sechs Strunx-Vorstellungen abgesetzt. Und viele der Stammbesucher gingen ratlos leer aus. Panik kommt auf, denn Strunx ist Pflichtprogramm der Szene. Und weil auch umgekehrt beim Spaß der Humor aufhört, machen umgehend Gerüchte die Runde über angeblich verschobene Kartenkontingente – was aber jeder Rechenkundige gleich als Unfug identifizieren kann. Es sei denn, man erkennt im erstmaligen Gegenbesuch des Kölner Stunkchefs Jürgen Becker rügenswerten Klüngel.

***

21 Jahre lang Strunx, böse Parodie, Klamauk, politisches Kabarett. Dann siegten die Verhältnisse – sie sind halt doch so. 2013 war Strunx zu Ende. Begründung: »Wir hören auf, solange es den Leuten noch richtig leid tut.« Ein Stück Szenekultur endete. Der letzte Refrain im brodelnden Saal: »Wir waren jung, frech, alternativ – gegen den Karneval in seinem Mief.«

Das Ritterspiel blieb, selbstverständlich. 2017/18 durfte ich vor der Ordens-Sitzung sogar Ratgeber sein, fernab in Baden-Württemberg:

Der lustige Ritter Kretsch

Der grüne Ministerpräsident wird gerittert. Im Januar bekommt er den 69. Aachener Orden wider den tierischen Ernst. Einige Handreichungen zum 11.11., 11 Uhr 11.

Kontext Wochenzeitung Stuttgart, 8. November 2017

Zugegeben, Karneval (Fasching, Fassnacht, Fasnet et al.) erschließt sich nicht jedem sofort. Erst recht nicht der rheinische Sitzungskarneval mit seinen Humbtata und den befehlsmäßig abgefeuerten Lachsalven. Mit Zoten, die sich als Witze tarnen, und Plattitüden, die Humor genannt werden. Der Aachener Orden wider den tierischen Ernst ist die Habilitation solchen Humorgewerbes. Jürgen Linden, Aachens früherer SPD-Oberbürgermeister, erklärte einmal: »Man muss einfach mal das Denken einstellen«, dann gehe Karneval, dann gehe auch diese Veranstaltung. Linden war immer da, begeistert.

Winfried Kretschmann ist jetzt als karnevalsfähig eingestuft und zum Ordensritter 2018 auserkoren worden. Kretschmann sei, so der Aachener Karnevalsverein AKV, »schlagfertig in der Sprache und bedächtig in der Sache.« Tusch. Na denn.

»Mir gefällt es«, sagt der grüne Landesvater, »dass man in der Fasnacht und im Karneval Rituale übt und dabei in eine ganz eigene Welt eintritt, die an den restlichen Tagen des Jahres komplett außen vor bleibt«. Aber wie das in diesem Rheinlande so gehe, da sei er doch etwas unsicher, hat er kürzlich gestanden.

Wir wollen gern helfen. Mit dem doppellustigen Datum 11.11. beginnt an diesem Samstag die jecke Jahreszeit. Und damit sind es noch genau launige 11 Wochen bis zur Ordensverleihung. Zeit für eine Handreichung, was ihn erwartet beim Herrenbund AKV.

Der Schwabe aus Sigmaringen-Laiz mit ostpreußischem Migrationshintergrund (zeitweilig sehr unsicheres

Herkunftsland) darf sich über plötzliche Tüsche nicht erschrecken. Er sollte Klatschmärsche spontan mitklatschen und Heimatlieder muss er nicht verstehen, aber dennoch mitreißend finden. Die große Aachener Hymne ist die von der erbärmlichen Sagengestalt Lennet Kann – Reim: »von Aachen der schönste Mann …«

Das Aachener Festpublikum ist eine genügsame und reaktionäre Geldadel-Melange, aufgeschlossen selbst für die plattesten Witze. Der britische Militärstaatsanwalt James Arthur Dugdale war 1950 der erste Ordensritter. Er hatte einen Häftling zwei Tage eher entlassen, damit der Karneval feiern konnte. Seitdem hat Aachen schon viele politische Ritter überstanden, von Adenauer über Genscher bis Waigel und Söder. Guido Westerwelle selig war wegen des Namens (tataaa) als Surfboy verkleidet, Motto »Westerwellness«. Friedrich Merz machte in der Bütt permanent Schleichwerbung für Air Berlin, die ARD-Macher luden nachher zum Krisengespräch. Die Airline selig, nunja, war zu der Zeit auch Sponsor der Veranstaltung. Und ihr Exchef Joachim Hunold war mal Ritter, als grad kein Politiker greifbar war.

Edmund Stoiber war einer der anstrengendsten Ritter ever. Als »Humor-Mediziner« trug er ein »Humor-Gutachten« mit der »Heilmethode Humor« vor und dozierte über »akuten Humorverlust« im politischen Dasein. Mehrfach musste die Saalkapelle mit Höflichkeitstuschs das Publikum am Einschlafen hindern. »Edmund«, sagt Edmund Stoiber mit geschauspielertem Bemühen, »ist ein Name ohne jede Ausstrahlung, ein Name ohne jede Erotik.« Genial daran die unfreiwillig gestottert-verhaspelte Aussprache des Wortes Erotik. Es klang etwa Ore-Erro-äh-Er-Rottick. Unvergesslich.

Zur Ritterung muss man in den Narrenkäfig. Das ist eine Art Initiationsritus und Höhepunkt des »närrischen Staatsakts«. Man sollte reimen können (oder reimen lassen von einem Thinktank, bei Kretschmann vielleicht in der baden-württembergischen Staatskanzlei). Als es einmal um Kohl und den CDU-Spendensumpf ging, war das ein »Kohl-Lateralschaden« für die Partei. Der Schatz im Silbersee wurde gereimt auf Wolfgang Thier-See. So geht Karneval in Aachen. Tusch. Lach. Hurra. Stoiber fiel zu Rüttgers Rüttgers-Club ein. Zu Müntefering: »Wenn der nicht aufpasst, muss er bald für sein Gesicht Hundesteuer bezahlen. Wuff!« Das mit dem Müntefering sei, berichtete Stoiber nachher, »sein liebster Gag« gewesen. »Da habe selbst ich lachen müssen.« Wie man sieht, ist die Ordensverleihung so bieder, die Pointenwüste so trocken, dass Konfetti erröten würde und Luftschlangen vor Schreck erigieren.

Jahrzehntelang war es so, dass keine Frau und schon gar niemand von der SPD gekürt wurde. Wenn nur das Wort »rot« fiel, wurde gepfiffen im Saal, es war eine Art politischer Reflex. Irgendwann löste grün das rot als politische Reizfarbe ab– bis 2013 Cem Özdemir Ritter wurde.

Das Saalpublikum bestaunte den Mann mühsam lächelnd wie vor hundert Jahren einen Freak im Zirkus. Viele von ihnen dürften noch nie im Leben Kontakt zu einem leibhaftigen Grünen gehabt haben. Schämm nannte man den Geehrten mit Vornamen, als ginge es um eine Kaschämm, also mittelrheinisch eine Kneipe. Und hinten wurde er Ötzdemir ausgesprochen, wie Ötzi, statt Ösdemir. Naja, Ausländer halt, aus dem Hintergrund. Der grüne Ritter erklärte im Narrenkäfig, bei der Beschneidungsdebatte zuletzt habe er sich fast schon als Krimineller gefühlt. Tusch. »Oder um es fußballerisch zu sagen: Mit hängender Spitze kann ich nicht mehr spielen.« Tuschtuschtusch. Der Saal tobte.

Grüne können sich also hervorragend anpassen. Eine Aachener Parteifreundin sagte später entsetzt, die Zote mit der hängenden Spitze habe sie »plump und grauenvoll« gefunden. Kopfschütteln: »Dass dieser tolle Mensch das nötig hat.« Realo Kretschmann wird messerscharf erkennen, dass in Aachen kaum ein Niveau unterschritten werden kann.

In der eigenen Rede kommen kleine Spitzen gegen die Nachbarn Holland und Belgien immer gut. Gleiches gilt für Köln und Düsseldorf. Die arme Fußballlegende Alemannia sollte man kurz bedauern – fällt mit alemannischem Hintergrund bestimmt nicht schwer. Vielleicht geht auch was zu Martin Schulz und zu Würselen nebenan. Als Benznarr muss Kretschmann wissen, dass Aachen, nicht Stuttgart, derzeit der Hotspot der Elektromobilität ist (Streetscooter Transporter, Kleinwagen E.go). Und: Karl den Großen lobend erwähnen! Den verehrt das Aachener Establishment als großen Europäer. Hat halt mit dem Schwert den Kontinent geeint. Tataaa.

Kondition ist wichtig. Die Sitzung dauert an die vier Stunden, die eigene Rede ist erst nach frühestens drei Stunden an der Reihe. Also nicht zu viele Viertel vom Öcher Heuschreck Durchbruch trinken, aus dem Weinberg des AKV! Wichtig: Es heißt in Aachen Alaaf, nienieniemals Helau. Geschunkelt wird meist seitwärts (Lateralpolonaise). Genauso wichtig: die heimatstolzen Aachenerinnen und Aachener richtig ansprechen. Sie heißen Öcher, was unbedingt Öscher ausgesprochen werden muss. Sie kommen aus Oche, was aber eben nicht Osche gesprochen wird, sondern Oche, und das nicht wie Maloche sondern wie Knochen. Keinesfalls verwechseln, wie es Vorjahresritter Gregor Gysi tat.

Ja, tatsächlich: Gysi. Erstmals war 2017 doch tatsächlich einer von diesen staatszersetzenden Kommunisten Ordensritter geworden. Gysi wird in Oche auch die Laudatio auf Winfried Kretschmann halten.

***

So, jetzt habe ich aber genug gespottet. Hier ist das Positive! Zuerst das: Wann immer Gerd von Pezold sein Lied vom Lennet Kann schmetterte, habe ich inbrünstig mitgesungen, auch live im Saal. Soviel Öcher Hingabe muss sein! Einmal saß ein Kollege von der Süddeutschen Zeitung *(wegen*

Ritter Stoiber gekommen) mir gegenüber und war eben noch sehr glücklich, dass ich ihm ein paar Aachener Besonderheiten erklären konnte. Ja, und dann musste er ziemlich fassungslos mitansehen, wie diese komische Printe Müllender aufstand und so ein unverständliches Lied mitgröhlte.

Und: Ich durfte live mitjubeln, als 2019 beim AKV Ungeheuerliches passierte:

Wider den männlichen Ernst

Der Aachener Karnevalsverein, Platzhirsch des Kamellehumors vor Ort, nimmt nach 160 Jahren nun auch Frauen auf.

taz, 10. November 2019

In Aachens Karneval wird 2019 mit einem Brauchtum gebrochen, das man seit Erfindung des Tusches für unantastbar hielt: Die Session (restdeutsch: Saison, vulgo »Fünfte Jahreszeit«) beginnt in diesem Jahr offiziell am 10. statt am 11.11. Denn, so die Begründung: Sonntags hätten die Menschen mehr Zeit zu feiern, vulgo: zu saufen. Eine Zäsur, ein Erdrutsch.

Noch fassungsloser machen einen die Änderungen im Aachener Karnevalsverein AKV. Dieser Jeckenklub, 160 stolze Jahre alt und damit prägend für die Humor-DNA der Stadt, hat viele wichtige Funktionsträger: Elferrat, Elferrats-Präsident, Senatoren, Ehrensenatoren, Ehrenhüte, dazu jedes Jahr Ritter oder Ritterin Wider den tierischen Ernst. Und man hat viele sehr langjährige treue Vereinsmitglieder: ausschließlich Männer. Aber das ist jetzt anders.

Die Jahreshauptversammlung wird dafür in die Annalen eingehen: Tatort Quellenhof, Aachens feinste Hoteladresse. Es gibt viele Ehrennadeln für 25- oder 65-jährige Mitgliedschaft, dann hat Cilly Schumacher, 91 Jahre alt, ihren Auftritt.

Man wird einmal sagen: Sie war die erste, als damals, 2019, tatsächlich leibhaftige Frauen aufgenommen wurden. Cilly, die mit dem würdevollen Lächeln einer gerührten Dame nach vorne geführt wird, erhält sogar gleich die Ehren-Mitgliedschaft. Es setzt prasselnden Applaus von den fast hundert anwesenden Vereinsmitgliedern. Oche Alaaf!

AKV-Präsident Werner Pfeil, 53, Rechtsanwalt und FDP-Landtagsabgeordneter, spricht von einem »historischen Moment«. Cilly hatte, ganz Frau, jahrzehntelang ihren verstorbenen Gatten bei seiner Humorarbeit im Verein unterstützt und sich so für die Mitgliedschaft qualifiziert. Nach ihr kommen noch sechs weitere Frauen nach vorn, alle sind neue Mitgliederinnen im Alaafistenzirkel.

Wie konnte es so weit kommen mit dem feinen Kamelleklub? Feministische Lichtblicke?

Es war profaner: Die Finanzbehörden drohten mit Entzug der Gemeinnützigkeit, falls der diskriminierende Passus, »jede unbescholtene männliche Person« könne Mitglied werden, nicht geändert würde. Das Wort männlich musste also raus. Der Satzungsänderung stimmten im Mai immerhin 80 Prozent des Herrenclubs zu. Nach Lackschuhen jetzt halt auch Stöckelschuhe, hatte damals wer tuschwürdig gesagt.

Zudem, erklärt jetzt Kolja Linden, Sprecher des Elferrates, hätten auch die Ordensritterinnen Kramp-Karrenbauer und Klöckner zuletzt gefragt, warum denn nur Männer …? »Da war es Zeit«, sagt er.

Begeistert klingt das nicht. Nein, es habe keine Ablehnungen bei weiblichen Eintrittsbegehren gegeben. Und nein, es gab auch keine Austritte derer, die sich für einen weiteren reinen Männerverein ins Zeug gelegt hatten.

Immerhin gab es einige freche Nein-Stimmen bei den Wiederwahlen zum Elferrat. »Wir hatten mehr befürchtet.«

Bei den Wahlen kam es dennoch zu einem kleinen Eklat wie es ihn nie zuvor gab, sagten nachher jahrzehntelange Mitglieder: Der erste Wahlzettel einer der Neunärrinnen wurde vergessen einzusammeln. »Kaum sind Frauen dabei, geht es schon schief«, spottete nachher die übersehene Claudia Cormann, 56, Redakteurin beim ARD-Morgenmagazin. Sie sei »die Erste gewesen, die noch am Abend der Satzungsänderung den Mitgliedsantrag abgegeben« habe. Stöckelschuhe trägt sie nicht. Auch keine der anderen, von denen eine sich freut, jetzt könne der AKV »Aachen in ein noch besseres Licht setzen«. Allerdings, sagt Werner Pfeil nachher, das werde nicht mit einer Prinzessin Karneval statt eines Prinzen passieren. »Das wollen wir so beibehalten.«

Das sei doch »umwerfend und grandios« mit der Öffnung für Frauen, sagt Cormann hinterher strahlend: »Wir haben Geschichte geschrieben.« Ein Gschmäckle hat ihr Eintritt dennoch, als sich herausstellt, dass auch sie FDP-Politikerin ist: Erste Nachrückerin in spe für den Landtag und mit Pfeil und einem anderen alten AKV-Fahrensmann zusammen in der Parteifraktion des Rates der Städteregion. Der AKV, eine Unterabteilung der FDP? Oder umgekehrt?

Jedenfalls eine Revolution. Oche Helaaf und Alau!

Zum Ausstieg: Sieben Öcher Prominente

Zum Abschluss dieses Buches möchte ich sieben Personen vorstellen, zwei Frauen und fünf Männer, die besonders auf sich aufmerksam machten in den vergangenen Jahrzehnten und/oder die mich besonders beeindruckten.

Zunächst ist da dieser Fastkanzler aus der Bütt. Erinnert sich noch jemand an Armin Laschet, den CDU-Politiker? Der Mann aus Burtscheid war mal Ministerpräsident in Düsseldorf, setzte als Unions-Kanzlerkandidat alles auf eine Karte und scheiterte im September 2021 krachend. Heute ist er Abgeordneter im Bundestag. Eine Suche nach seinen Wurzeln in Aachen, mitten im Wahlkampf 2021, mittlerweile zu lesen als politischer Nachruf:

Gyros statt Glamour

Kasperlespieler und Chorknabe, Ministrant im Dom und Bischofsgymnasiast: Über Armin Laschets katholische Herkunft und seine Netzwerke in Aachen.

taz, 2. August 2021

Armin Laschet muss ein sehr umtriebiger Schüler gewesen sein. »Der hat ständig Infobriefe verfasst und war quasi der Informationsminister der Schule.« Das erzählt Markus Reissen, der mit dem Kanzlerkandidaten der Union fünf Jahre lang bis zum Abitur gelernt hat. »Der Armin war engagiert, politisch immer sehr ehrgeizig, belesen und argumentativ schon als Jugendlicher richtig fit.«

Ein wenig war Laschet mit 18 oder 19, gerade in die CDU eingetreten, auch ein Blender oder anders gesagt, damals schon Politiker: »Wenn der mal weniger Bescheid wusste«, sagt Markus Reissen, »kriegte er es rhetorisch immer so rübertransportiert, dass alle dachten: Wow, der Armin, der hat es aber drauf.«

Äußerlich? Nichts Besonderes, sagt Reissen. Das hieß 1980/81: normal lange Haare. Armin Laschet, das zeigen Bilder von damals, trug eine Art Pilzkopf. Die braunen Haare hingen in den Nacken, vorne ragten die Fransen bis über die Augenbrauen, dazu Grübchen, spitzbübisches Lächeln, immer adrett gekleidet. Ein Sonnyboy, der um seine Wirkung weiß. »Auffällig klein«, so wie heute, sei der Schüler Armin damals nicht gewesen, sagt Reissen, »vielleicht war er früh ausgewachsen.«

Laschets Motto lautete schon ganz früh: »20 Prozent Sein, 30 Prozent Schein, 50 Prozent Schwein.« So berichtet sein Jugendfreund Heribert Walz in der Laschet-Biografie »Der Machtmenschliche«. Ein anderer Mitschüler aus der Oberstufe, Wolfgang Offermann, heute Öffentlichkeitschef bei der Aachener Caritas, erzählt: »Der Armin hat sich gern politisch gestritten«; zwar »fair, authentisch und beziehungsfähig, aber selten nachdenklich«. Stattdessen habe er »immer linientreu das Programm von Helmut Kohl mitgetragen«. Und: »Armin hatte eine klare Karriereplanung, das war immer spürbar.«

Schon im Bundestagswahlkampf 1982/83 war Armin Laschet mit 21 Vorredner bei dem Auftritt von Helmut Kohl in Aachen. Wie der frühere Bundeskanzler wird auch Laschet heute unterschätzt, und beide sorgen durch sprachliche Schönfärberei für ungewollte Komik: Kohl hatte nach einem Wahldebakel kundgetan, die CDU habe »eine Niederlage errungen«. Laschet sah im März 2021 nach den zwei CDU-Desastern bei Landtagswahlen unter seiner neuen Parteiführung auch Positives: Die AfD sei »auf dem sinkenden Ast«.

Armin Laschet wurde im Jahr 1961 drei Tage nach Aschermittwoch im katholischen Marienhospital der Bischofsstadt Aachen geboren. Der Kindergarten war katholisch, die Grundschule auch. Er war Messdiener im Dom, half in der Pfarrei und sang damals, Stimmlage Tenor, in einem katholischen Chor. Diesen beehrte er auch, weil er für Mitsängerin Susanne schwärmte, die Tochter des Chorleiters.

Der Besuch des weltlichen Rhein-Maas-Gymnasiums um die Ecke seines Elternhauses war fast schon eine unchristliche Zäsur. In der 9. Klasse blieb Armin Laschet sitzen und wechselte auf das Bischöfliche Pius-Gymnasium. Dort schmiss er bald die Karnevalssitzungen, spielte Theater und organisierte Benefizkonzerte. 1981, bei seiner Rede des Abijahrgangs, sprach er sich für Mädchenzugang an die Jungenschule Pius aus.

Das Pius-Gymnasium ist so etwas wie Aachens Kaderschmiede. Es liegt im Südviertel, gleich neben dem Ortsteil Burtscheid, wo Laschet aufwuchs und mit seiner Frau bis heute lebt. Im Südviertel residieren die Reichen der Stadt, Nachfahren der alteingesessenen Industriedynastien oder Familien, die in den Nachkriegsjahren durch Grenzschmuggel mit Belgien zu Vermögen kamen. Stolz war man in Aachen in den 70er Jahren auf die höchste Porsche-Dichte Deutschlands.

Das Pius, sagt Mitschüler Offermann, »war schon zu unserer Zeit klar in der Hand der Jungen Union, von den Elternhäusern her und der Schulleitung, eine große Blase, kirchlich und politisch.« Inzwischen hat das Pius das viel ältere Kaiser-Karls-Gymnasium als Eliteschule der Stadt abgelöst. Man erlebt das heute – wenn, stets nacheinander, die traditionellen Gottesdienste der Abiturklassen im Dom stattfinden: Erst ist das KKG dran, Eltern und SchülerInnen leger bis schick gekleidet; danach das Pius: Garderobe feierlich bis protzig.

Auf Armin Laschets Schule haben viele heute bekannte Leute ihr Abitur gemacht: etwa WDR-Fußballreporter Stephan Kaußen oder Karl Schultheiß, seit Jahrzehnten Strippenzieher der Aachener SPD. Auf dem Pius erwarb auch Thomas Kemmerich das Zeugnis der Reife, der FDP-Politiker, der sich im Februar 2020 von der AfD zum Kurzzeitministerpräsidenten in Thüringen wählen ließ.

Auch Aachens langjähriger CDU-Oberbürgermeister Marcel Philipp (2010 bis 2020), Sohn des noch langjährigeren deutschen Handwerkspräsidenten Dieter Philipp (1994 bis 2020), lernte auf dem Pius. Philipp junior zog sich im Vorjahr mit 49 Jahren nach Gerüchten über seine Ehe beziehungsweise eine angebliche homosexuelle Beziehung sowie Beförderungsmauscheleien aus der Politik zurück. Bei der Kommunalwahl 2020 wurde seine Partei in Aachen von einem grünen Tsunami weggespült. Sogar in Laschets Wohnbezirk Burtscheid, bis dato eine Bastion katholisch-schwarzen Denkens, holte eine Grüne das Ratsmandat.

Pius-Mitschüler Markus Reissen war in der Oberstufe Schülersprecher, Laschet einer seiner Stellvertreter. Gemeinsam belegten sie Leistungskurse in Geschichte und Englisch. »Wir waren beide katholisch engagiert und ja, damals fast ein bisschen befreundet.« Ähnlicher katholischer Hintergrund, aber politisch weit auseinander, sagt Reissen, seit vielen Jahren bei der Katholischen Hochschulgemeinde Referent für Interreligiösen Dialog. »Gewählt habe und hätte ich den Armin nie.« Im Geschichtsunterricht hätten sie sich »oft gestritten« und sogar »richtig gezofft, wenn es um die Bundeswehr ging«, sagt Kriegsdienstverweigerer Reissen. Armeefreund Laschet wurde ausgemustert, er hatte Rücken.

Laschet verkauft sich als überzeugter Europäer. Ostbelgische Großeltern passen da gut. Der Opa optierte nach dem Krieg 1918 im wallonischen Nachbardorf Hergenrath für Deutschland, sonst wären die Laschets kaum nach Aachen gekommen. Nach Recherchen seiner Familie stammt Armin Laschet in etwa 50. Generation direkt von Kaiser Karl ab (den er zudem bewundert, wie auch Konrad Adenauer).

Laschet ist Bergmannssohn; Papa Heinz war Steiger auf der Steinkohlezeche Grube Anna im benachbarten Alsdorf. Während des Lehrermangels Anfang der 60er Jahre schulte er nach einem Konzept des damaligen CDU-Kultusministers Paul Mikat auf Quereinsteigerpädagoge um.

Nachts schuftete Mikater Heinz Laschet unter Tage, tags machte er Fortbildung, wurde Lehrer, dann Leiter einer katholischen Grundschule. Eine Aufsteigerfamilie, alle vier Kinder studierten. Bis heute kommt der jetzt 86-Jährige regelmäßig zum Abendessen ins Haus von Sohn und Schwiegertochter.

Inwieweit Armin Laschets Vaterliebe psychologisch seine RWE-hörige Kohlepolitik beeinflusst, kann nur er selbst wissen. 2008 sagte er in einem Interview mit dem Magazin *login* der Gesellschaft für Informationstechnologie (mit Sitz in Aachen): »Lügen geht nicht. Aber wie man die Wahrheit verpackt, das ist ein weites Feld.« Im Herbst 2018 schob seine NRW-Landesregierung den Mangel an Brandschutz der Baumhäuser im Hambacher Wald vor, um für RWE mit tausenden PolizistInnen zu räumen. Später entpackte Laschet die Wahrheit, nicht ahnend, dass seine Worte auf einer CDU-Mitgliederversammlung heimlich mitgeschnitten wurden, die später per Twitter viral gingen: »Ich brauchte einen Vorwand, sonst kann man doch nicht tätig werden.« Heute behauptet er kühn, Retter des Hambi zu sein.

Im Interview 2008 gab Armin Laschet einige private Dinge preis. Frage: »Können Sie beim Nichtstun nichts tun?« Antwort: »Nein. Ich mache immer etwas nebenher. Selbst in die Badewanne nehme ich mir etwas zu lesen mit. Nichts zu tun – das gibt es bei mir eigentlich nicht.« – Stört Sie das? »Nein.« – Vollkommenes irdisches Glück? »Sonntagabend. ›Tatort‹. Gyros. Weißbier.«

Laschet mag die Fälle aus Köln und Dortmund (klar, Nordrhein-Westfalen). 2020 durfte er mal in einem »Tatort« mitspielen, die Rolle war ihm auf den Leib geschrieben: Ministerpräsident NRW.

Das Gyros holt Armin Laschet bis heute bei Joannis, in der Burtscheider Taverne Lakis. Burtscheid ist in seinem Kern ein kleinbürgerlich-biederer Stadtteil, die Laschets wohnen am Rande in einer Reihenhaussiedlung. In der kleinen Fußgängerzone trinkt der Kandidat gelegentlich ein Bier in der Burtscheider Quelle.

Dort bestellte er während des Lockdowns manchmal auch das Abendessen für die Familie: »Immer gutbürgerliche Küche«, berichtet eine Mitarbeiterin. Gegenüber, vor dem Abteitor unter roten Ziegeln, gibt Laschet gern seine Fernsehinterviews.

Ulrike Overs kennt Armin Laschet noch aus der Burtscheider Grundschule. »Mit dem kleinen Armin verbinde ich meine Kindheit. Im Grundschulalter haben wir Kasperlestücke ausgearbeitet, Armin voran, und dann haben wir es den anderen Kindern vorgespielt. Wir sind im Pfarrkarneval aufgetreten, sehr kreativ alles.« Und, sie lacht kurz: »Armin hatte einen Kassettenrecorder und ein Mikrofon, das war etwas Besonderes damals. Da haben wir die ZDF-Hitparade nachgespielt und nachgesungen, Jürgen Marcus oder Roy Black.« Heute ist Laschet mit Peter Maffay befreundet.

»Der kleine Armin«, sagt Ulrike Overs, »war immer sehr offen und nie abgehoben.« Abgehoben, ein Neunjähriger? »Doch, das geht. Glauben Sie mir, als Sozialpädagogin kann ich das beurteilen.« Abgehoben also nicht, aber gewalttätig: Mit acht hat Armin seine spätere Frau mal verprügelt, wie diese neulich in einer Talkshow berichtete. Zu ihrer Mutter habe sie danach gesagt: »Das ist der ekelhafteste Junge, den ich kenne.«

Der Ekel verflog. Susanne, die erst Verprügelte und später Angebetete im Chor, erlag 1976 Armins Avancen. Da war Laschet 15. Die beiden heirateten 1985. Chorleiter Heinz Malangré wurde sein Schwiegervater.

Das war beruflich der Durchbruch. Laschet konnte im Aachener Katholikenbiotop richtig durchstarten: Denn Malangré, gestorben 2017, war in Aachen ein einflussreicher Industrieller, Verleger und ebenfalls Herzblutkatholik. Zu seinem verlegerischen Portfolio gehörte auch die Kirchenzeitung des Bistums, wo Schwiegersohn Armin gleich nach dem Jurastudium (Abschluss nur 1. Staatsexamen) junger Chefredakteur wurde. Dann übernahm er die Verlagsleitung des katholischen Einhard Verlags

– geschäftsführender Gesellschafter blieb: der Schwiegervater. Während des Studiums war Armin Laschet Mitglied zweier farbentragender katholischer Verbindungen, der Aenania München und Ripuaria Bonn.

Die *Welt* schrieb Anfang 2021, in der frühen Lebenswelt Armin Laschets komme man sich vor wie »in einem Roman von Heinrich Böll: überlebensgroß die Kirche, überlebensgroß die Herren Honoratioren, viel Klüngel, viel Chuzpe und Schlitzohrigkeit«. Ein Redakteur der streng kirchennahen *Aachener Volkszeitung* wurde Taufpate eines seiner drei Kinder; er interviewt Laschet bis heute, mäßig kritisch, zuletzt diesen Mai.

Im Jahr 1989 wurde Laschet mit 28 damals jüngster Aachener Stadtrat. Auf eine Pressefrage soll er am liebsten zuerst gegengefragt haben: »Was haben denn die anderen gesagt?« Viel sagen, wenig aussagen – bis heute Laschets Credo.

Als Laschet in den Stadtrat kam, beendete der Schwiegeronkel, Kurt Malangré, gerade seine langjährige Amtszeit als CDU-Oberbürgermeister. Ohne Not hatte er 1984 öffentlich über seine Opus-Dei-Mitgliedschaft geplaudert, als sei das ein Fitnessclub und nicht eine reaktionär-katholische Vereinigung Vorgestriger. Onkel Kurt war Deutschlands Opus-Mitglied Nr. 1, seit 1955.

Die »Santa Mafia«, wie der Opus in Spanien genannt wird, hatte erheblichen Einfluss im Franco-Regime (zehn Minister) ebenso wie in Pinochets Chile. Laschets Schwiegervater Heinz galt als dem Opus freundschaftlich sehr verbunden. Damals kam heraus, wie intensiv der Geheimbund auf Aachens gesellschaftliches Leben Einfluss nahm, vor allem an Schulen. »Ein Netz von Opus-Dei-Leuten überzieht die Stadt«, überschrieb die *taz* am 19. September 1984 einen Artikel dazu.

Heute stammt Armin Laschets junger Büroleiter und Einflüsterer Nathanael Liminski, 35, aus einer hochengagierten Opus-Dei-Familie; der kürzlich verstorbene Vater Jürgen schrieb für die rechtsradikale *Junge Freiheit*. Radikalkatholik

Liminski würde im Fall der Fälle einer Kanzlerschaft wahrscheinlich Laschets Kanzleramtsminister. Für das elitäre Opus, dessen erklärtes Ziel es ist, die Zivilgesellschaft militant-katholisch zu unterwandern, wäre das ein Coup.

Zu Jugendzeiten spielte Armin Laschet mit dem Gedanken, Priester zu werden. Einen sakralen Habitus hat er behalten. »Die Existenz Gottes kann ich nicht beweisen«, sagte er 2008 im *login*-Interview und maßt sich das Wissen an: »Aber sie ist natürlich wahr.« Im Karneval, bei der Verleihung des Ordens wider den tierischen Ernst, besticht Laschet (selbst Preisträger im Februar 2020) seit Jahren durch gut gespielte Selbstironie. Sein Bühnentalent steht außer Frage. In der Bütt 2020 fragte Laschet rhetorisch, wer »Germany's next Mutti« werden solle? Das extraordinär spießbürgerliche Saalpublikum antwortete: »Aaaarmin …, Aaaarmin …«

Zu sprechen, wie einem der Schnabel gewachsen ist, gilt parteiübergreifend als volksnah. Laschet pflegt seine leischte rheiniche ch-sch-Chwäsche und nennt sich selbst annäherungsweise Armin Lachet. Er könnte also der erste Kanzler der Bundesrepublik Deutschland werden, der den eigenen Namen nicht richtig aussprechen kann.

Zu Laschets Kernkompetenz gehören auch politische Skandale, weil er es vorbildhaft schafft, alles teflonartig an sich abperlen zu lassen. Da war 2020 die Maskenaffäre (Landesdeal mit einem seiner Söhne) oder gleich nach Amtsantritt als Ministerpräsident 2017 die Auflösung der Stabsstelle Umweltkriminalität im Umweltministerium. Und vergangene Woche die Plagiatskritteleien zu seinem Buch »Die Aufsteigerrepublik« von 2008. Hat Laschet langjährige Erfahrung beim Abschreiben? Markus Reissen kann sich bei Mitschüler Armin »an keine besondere Schummeltechnik« erinnern.

Großes Kino war die Aachener Notennummer. Als Lehrbeauftragter eines Europa-Masterstudiengangs ließ Laschet 2014 an der RWTH Aachen Klausuren schreiben, die dann verschwanden – laut Laschet auf dem Postweg. Er vergab trotzdem Noten, allerdings 35, obwohl nur

28 Studierende mitgeschrieben hatten. Schnell gab Laschet mündliche Leistungen als Grundlage an. Die sind aber laut Prüfungsordnung ausgeschlossen. Die Prüfung wurde nach der Groteske annulliert, die Studis mussten schuldlos noch mal ran. Und Laschet beendete still seine wissenschaftliche Nebenkarriere.

Laschets jüngste Biografie heißt »Der Machtmenschliche«. Ein guter PR-Titel: bloß nichts Prätentiöses, Normalo as far as möglich, Gyros statt Glamour. Zur Uneitelkeit passen seine schlabbrigen übergroßen Sakkos. Da hat auch sein ältester Sohn Joe, ein Model und Modeblogger, also mehr Glamour als Gyros, offenbar nichts hereinzureden. Und da sind Armin Laschets Hochwasserhosen. Grund: Der kleine Mann von (mutmaßlich aufgerundeten) 1,70 Metern ist mit ähnlich dicken Absätzen unterwegs wie der Exkanzler Schröder.

Seit Laschets Heiterkeitsausbruch vor den Flutopfern von Erftstadt möchte man natürlich wissen, ob er schon immer so fröhlich gewesen ist. Mitschüler Wolfgang Offermann erinnert sich, der Mitschüler Armin sei »ein lebensfroher Mensch« gewesen, wofür auch seine frühe Hingabe zum Karneval spricht, »aber er war für sein Alter eher zu seriös als albern«. Markus Reissen differenziert: Der Armin musste wahrlich »nicht zum Lachen getragen werden«, sei als Person aber »nicht wirklich witzig oder lustig« gewesen.

Laschets Grundschulfreundin Ulrike Overs berichtet noch von der Prophezeiung ihrer Mutter über den Nachbarsjungen: »Die war damals ganz sicher: Der wird mal Bundeskanzler.« Na ja, das sagt man halt im Scherz schnell mal über ein Kind, oder? Ja, sagt Overs, es sei »aber erstaunlich gewesen: Der kleine Armin kannte damals schon viele Politikernamen und Minister. Dafür hat er sich sehr interessiert.«

Klassenkamerad Reissen weiß noch, wie Armin in launischer Stimmung nach der Abifeier gesagt habe: »Berufswunsch? Bundeskanzler.« Ein anderer Mitschüler habe ihm das neulich noch bestätigt. »Uns allen war klar, der Armin will mal groß in die Politik einsteigen.« Schon mit 15 oder 16. »Sein Lebenstraum war es, Vollblutpolitiker zu werden.« Sagte es – und zweifelte an seiner Erinnerung. Reissen rief Susanne Laschet an, Buchhändlerin von Beruf, mit der er im Job gelegentlich zu tun hat. Lebenstraum Vollblutpolitiker? Nein, das könne sie nicht bestätigen, so war der Freund in den 70er Jahren nicht drauf. Und sie fragte beim Gatten nach: Doch, habe ihr Armin gesagt, natürlich, so sei das durchaus gewesen.

Ja, Liebe macht halt manchmal blind. Aber so konnte die *taz* in der Ehe des möglichen neuen deutschen Bundeskanzlers für verspätete Klärung sorgen.

Anwalt der Armgemachten

Unterwegs mit Pirmin Spiegel, dem Hauptgeschäftsführer des katholischen Hilfswerks Misereor.

Frings, Misereor-Magazin, Heft 2/2016

Am Ende des Treffens in St. Peter-Ording wird Pirmin Spiegel rebellisch. Zwei Tage lang diskutiert der Hauptgeschäftsführer von Misereor auf Einladung des schleswig-holsteinischen Ministerpräsidenten Torsten Albig (SPD) gemeinsam mit einem handverlesenen Kreis von Wissenschaftlern, Politikerinnen und Kirchenvertretern darüber, wie die Welt »ökosozial transformiert« und gerechter werden könne. Klimawandel, Artensterben, Verantwortungsethik, Fairness, Ressourcenknappheit sind die Themen.

Um dem Anliegen Nachdruck zu verleihen, radeln die zwölf Gäste am letzten Tag der sommerlichen Veranstaltung mit einer kleinen Entourage und wehendem Haar als rollende Pilger durch den Landkreis Nordfriesland, vorbei an Deichen und Gehöften, um allen Passanten ihren Willen zu bekunden, »das gemeinsame Haus zu retten«. Und dann das.

Um die Radler vom Zielpunkt der kleinen Radtour zurück ins Tagungshaus zu bekommen, hat die Staatskanzlei von Schleswig-Holstein für Spiegel und Co. einen Shuttle organisiert. Zwei Plätze im Großraumtaxi sind noch frei. Einem älteren Ehepaar, spontan dabei, fehlt noch eine Fahrgelegenheit zurück. »Die können ja bei uns mitfahren«, meint Radler Pirmin Spiegel. »Nein«, bescheidet die Dame von der Staatskanzlei, »das Taxi ist nur für unsere Gäste.« Spiegel ist verärgert: »Genau darüber haben wir doch zwei Tage lang gesprochen! Solidarität, Gemeinschaftlichkeit, Teilen!« Und schiebt spitzfindig hinterher: »Gut, dann nehmen wir die beiden eben als Tramper mit.«

Viele der zwölf Teilnehmer und Teilnehmerinnen in St. Peter-Ording fordern mehr Unbeugsamkeit und Schärfe im Denken und Handeln, allen voran Fernsehköchin Sarah Wiener. Die überzeugte Atheistin appelliert auch an die Kirchen: Sie müssten »radikaler, kompromissloser werden. Und aufbegehren!« Klimaforscher Mojib Latif beklagt, er könne auch aus seinen eigenen Vorträgen von 1996 vorlesen: Nichts habe sich geändert, niemand handele, nur die Weltklimadaten würden unerbittlich dramatischer. »Ich werde immer frustrierter. Die Weltgemeinschaft versagt.«

Dann ist Pirmin Spiegel am Zug: Er beklagt »den Schrei der Armen, den Schrei der Schöpfung. Die Armen sind die ersten Opfer der Klimakatastrophe, obwohl sie am wenigsten die Verursacher sind.« Allfälliges Nicken. »Wir müssen neu denken, was Fortschritt und Entwicklung heißt.« Spiegel, geboren 1957 als Winzerssohn in Großfischlingen/Pfalz, Studium der Theologie und Philosophie, lebte 15 Jahre als Pfarrer in Brasilien, gründete eine Familienlandwirtschaftsschule, half bei der Ausbildung von

Laienmissionaren. Im Dezember 2012 wurde er von Papst Benedikt zum päpstlichen Ehrenkaplan (Monsignore) ernannt. In den Pausen und am Abend ist Spiegel einer der intensivsten Netzwerker. »Viele tolle bilaterale Gespräche«, bilanziert er nachher.

Am Abend spricht Spiegel unter anderem mit Gesine Schwan, der ehemaligen Kandidatin für das Bundespräsidentenamt. Während sie Rotwein und er Weißwein trinkt, tauschen sich die beiden über Ethik, Werte und Einflussmöglichkeiten aus. Auch beim Frühstück knüpft Spiegel Verbindungen, diesmal zu Gesine Cukrowski. Die Schauspielerin engagiert sich für die Welthungerhilfe und erzählt ihm von ihren Erfahrungen in Afrika. An Sarah Wiener bewundert Spiegel ihre »große Empathie«. »Wir brauchen Demut gegenüber der Weisheit der Natur«, sagt sie, »Wachstum gibt es in der Natur nicht, unser Wirtschaftswachstum ist Wucherung.« Ja, antwortet Spiegel, auch die Bibel kenne kein grenzenloses Wachstum.

Die *Husumer Nachrichten* überschreiben einen ausführlichen Tagungsbericht mit »Nur mal kurz die Welt retten«. »Finde ich gut«, sagt Spiegel, »bei Ironie liest man doch weiter.« Sieht sich Pirmin Spiegel als christlicher Lobbyist? Der Begriff Lobby ist ihm zu negativ besetzt. Besser gefällt ihm »Anwaltschaftsarbeit für globale Gerechtigkeit«. Seine Einflussmöglichkeiten? »Eher gering«, aber man müsse eben vorleben, Vorbild sein, auch mit Kleinprojekten. Das treibt ihn an. Und er schöpft biblisch Hoffnung: »Auch kleine Senfkörner können eine große Wirkung haben. Man muss am richtigen Ort Beiträge leisten.«

Zum Beispiel in Essen, ein paar Wochen später, im Congresscenter auf der Reisemesse fvw Travel Expo. Hier preisen Aussteller ihre »Lösungsmodelle zur Prozessoptimierung«, immer als dynamisch bejubelt, als innovativ, effizienzsteigernd oder gar »hochperformend«. Spiegel winkt ab. Und hört sich lieber den Vortrag eines Norwegers an: »Die wollen vom Ölstaat zu verantwortungsvollem

Tourismus. Und ab 2025 sollen nur noch E-Autos in die Städte. Toll!«

Beim Thema »Tourismus als Entwicklungshilfe?« hält Pirmin Spiegel den Impulsvortrag. »Da bin ich mal gespannt«, raunt einer der Ehrengäste, »wie Sie den Laden hier aufmischen.« Spiegel, unterwegs im dunklen Anzug, seinen Sandalen und mit orangefarbenem Rucksack, lächelt die launige Provokation einfach weg. Er spricht über »Schnittstellen zwischen Entwicklungsarbeit und Tourismus.« Mehr »authentische Begegnungen« in den Urlaubsländern will er, statt nur »Träume, Sehnsüchte, vielleicht Illusionen« zu bedienen. »Wo leistet Tourismus wirklich einen nachhaltigen Beitrag zur Entwicklung der Gastländer?« Die Reisekonzerne kümmerten sich dort kaum um Korruption und Steuerehrlichkeit: Allein dem afrikanischen Kontinent würden »durch Finanztricks 50 Milliarden Dollar entzogen. Fragen Sie Ihre Geschäftspartner nach Transparenz! Helfen Sie, die lokale Wertschöpfung zu stärken, nicht die Multis.«

Spiegel muss hier keine Rücksichten nehmen. Der stetig wachsende Flugmarkt befeuere die Klimazerstörung, die zuerst und am stärksten »die Armen und die Armgemachten« treffe. »Mit der Natur lässt sich nicht verhandeln«, deshalb fordert er, wie bei Misereor intern seit Jahren gebräuchlich, eine obligatorische CO2- Kompensation für jeden Flug. »Es gibt keinen unpolitischen Tourismus.«

Spiegel redet durchaus mitreißend, der pfälzische Klang seiner Stimme überdeckt alles Pastorale. »Sie alle tragen erhebliche menschenrechtliche Verantwortung!« Danach stehen Leute Schlange, Sprechstunde mit Pirmin Spiegel. Der Nächste bitte! Es setzt reichlich Lob für seine klaren Worte, man tauscht Kontaktdaten. Im Zug sortiert Spiegel die Visitenkarten: einflussreiche Leute von Veranstaltern, Online-Portalen, dem Buchungssystem Amadeus, ein Hochschullehrer aus Düsseldorf. »Tourismus ist für mich ein neues Gebiet. Auf der Hinfahrt hab ich noch überlegt: Ob es das bringt? Aber es hat sich gelohnt. Die Tür ist offen. Kontakte, Kontakte, Kontakte, die seien enorm wichtig bei seiner Arbeit. »Ich bin ein Vernetzer.«

Neben den 100 Tagen pro Jahr, in denen er auf Veranstaltungen für eine gerechte Welt trommelt, kommen für ihn noch weitere direkte Misereor-Veranstaltungen hinzu. Wie Ende November in Berlin mit Sarah Wagenknecht. »Auf die bin ich gespannt.« Immer tun es ihm Frauen an! Pfarrer Monsignore Pirmin Spiegel lächelt: »Ja …, das habe ich wohl in Brasilien gelernt. Frauen versammeln sich, sie reflektieren und suchen nach Alternativen.« Und, setzt er hinzu, »sie sind einfach widerstandsfähiger.«

»Russen kennen keinen Small Talk«

Gespräch mit der Singer-Songwriterin und Comedian Liza Kos, die mit 14 aus Moskau nach Aachen kam und zuletzt bundesweit auf den Bühnen durchstartete.

taz, 16. März 2018

Liza Kos schreibt auf ihrer Website lizakos.de: »1996 – Meine Eltern ziehen nach Deutschland. Im Handgepäck: Mein Bruder und ich.« Die Familie kam nach Aachen, Kos verliebte sich in einen Türken, und konvertierte zum Islam. Sie hat mittlerweile diverse Kleinkunstpreise gewonnen und startet seit 2017 durch.

Ein Gespräch über die Ernsthaftigkeit von Humor, über russische Klischees und die russische Seele.

Frau Kos, Ihre Bühnenprogramme spielen immer mit Ihrer Vita. Russland/Türkei/Deutschland – ist das alles so passiert?

Alles, ja. Ich habe auf der Bühne einfach mit dem Naheliegendsten angefangen, meinem Leben. Aus Versehen ist das dann lustig geworden.

Aus Versehen?

Es war nicht geplant. Ich wollte aus meinem ungewöhnlichen Leben erzählen. Ich kam halt mit 15 nach Deutschland, habe mich integrieren wollen und bald meinen ersten deutschen Freund kennengelernt; sein Name war Ahmed. Drei Jahre waren wir zusammen und haben ein gemeinsames Kind. Es hat dann gedauert, bis ich mehr Kontakt zu ursprünglicheren deutschen Menschen gefunden habe.

Was ist Russland für Sie heute? Abgeschlossene Vergangenheit, immer noch Heimat?

Russland bleibt immer eines meiner Heimatländer, neben Deutschland. Irgendwann will ich auch dort auftreten. Russland hat sich sehr geändert seit den 90er Jahren.

Seltsam: Wir wollen über Comedy reden und alles ist bislang total ernst.

Ich bin total ernst, sehr tief. Manchmal macht jemand einen Scherz und ich nehme das ganz ernsthaft auf und reflektiere total aufmerksam. Eigentlich bin ich selten witzig. Meistens nur, wenn mir langweilig wird oder wenn mich etwas nervt. Dann ziehe ich gern Sachen ins Lächerliche. Klassenclown war das eine, früher; aber wenn heute jemand interessante Fragen stellt, bleibe ich sehr ernst.

Das heißt, falls Sie gleich albern werden, waren meine Fragen mies.

Ja. Oder ich habe zufällig was aus meinem Programm hervorgekramt.

Danke – das lässt es dann ja offen. Wie kam es, dass Sie auf die Bühne gingen?

Das fing so 2010 an, als ich meine ersten Lieder geschrieben habe. Ein normaler Mensch geht nicht auf die Bühne, also wenn man mit sich im Reinen ist. Ich glaube, es ging mir um Anerkennung. Ich war in meiner Kindheit in Russland ein Mobbingopfer. Ich was so schüchtern und unsicher, dass ich mir etwas beweisen wollte, zumindest in den ersten zwei Jahren auf der Bühne. Mittlerweile weiß ich, dass ich den Menschen etwas geben kann. Einfach schön!

Auf der Bühne sagen Sie: »Ich bin die integrierteste Russin Deutschlands. Weil: Ich spreche fließend türkisch.« Das ist großartig!

Danke!

Ein anderer Satz ist: »Ich habe mich gut integriert, zum Beispiel ich kann Deutsch ohne Akzent. Mache ich aber nicht.« Sie sprechen ohne jeden Akzent – mussten Sie das russisch gefärbte Deutsch wieder üben?

Ja, ich hatte es tatsächlich verlernt. Jetzt kann ich über die Musik von Chändel reden. Oder das Märchen von Chänsel und Gretel. Das funktioniert immer. Die Leute lachen bei jedem falschen Chänsel.

Sie geben die Russin, etwas Biest, unnahbare Femme, arrogant, frech, distanziert sexy, bescheiden zurückhaltend auch.

Danke, aber am Biest übe ich noch. Ich sollte noch etwas böser sein, wenn ich lieb lächle.

Es gibt ein paar ganz banale Stichworte, die reichen, um Lacher zu produzieren: Kalaschnikow, Balalaika. Oder Ihr Auftritt in scheinbar Russinnen-typischem Minirock und weißen Lackstiefeln. Ist das nicht etwas billig?

Absolut. Ich bin manchmal so traurig, über was die Leute lachen.

Lacht man hierzulande leicht über Russisches?

Ich glaube, das kommt auf die Generation an. Die jungen Leute nehmen die Unterschiede zwischen Mentalitäten und Nationalitäten gar nicht mehr so wahr. Die Jungen sagen: Du kommst aus Russland – aha, aber warum erzählst du mir das? Meine ganze Klasse besteht aus Jugendlichen verschiedenster Länder. Die Älteren haben einen gewissen Wissensschatz, ein Päckchen Klischees über Russland.

Was sind das für Klischees?

Der Russe ist bedrohlich, hart, kalt, Männer sind alle Machos, die Frauen fast alle nuttig und geldgierig, alle auf der Suche nach einem reichen Mann. Und dann noch ganz viel Wodka drüberschütten … Manches stimmt auch, weil die Rollenverteilung noch so stark verbreitet ist, auch in meinem Verwandtenkreis. Sehr traditionell alles. Gleichberechtigung? Da passiert nicht so viel.

Und wie ist Rruuussland wirklich?

Das schönste Land der Welt. Ich vermisse so sehr die Landschaft, die weite Natur, die Offenheit der Menschen, sehr ernsthaft. Russen kennen keinen Small Talk.

Interessieren sich die Deutschen denn wirklich für Russland?

Doch, doch, tun sie. Es gibt sogar einzelne Deutsche, die total russlandaffin sind, die das alles so toll finden. Die genau wissen, Politik ist das eine, die Mentalität etwas ganz anderes. Ich glaube aber, dass die russlandaffinen Deutschen Russland in Wirklichkeit nicht verstehen. Auch die Russen verstehen Russland nicht. Das bleibt ein sehr großes, verschiedenes und geheimnisvolles Land. Wie die Seele wirklich tickt zum Beispiel …

Ja, was ist denn die berühmte russische Seele?

Sehr ungreifbar. Ganz schwer zu erklären. Entweder man chat das oder man chat nicht …

Aha, langweilige Frage?

Nein, ich muss überlegen … Über die russische Seele kann man eigentlich gar nicht sprechen. Man muss sie spüren. Das geht zum Beispiel über Musik. Diese Weite und Ferne darin hören, die Sehnsucht, die über dieses Leben hinausgeht. Schon im Wort Seele steckt ja so was wie Ewigkeit.

Was sind typische Reaktionen, wenn Sie sagen, ›ich bin Russin‹?

Da gibt es zum Beispiel diese kleine Anekdote, als ich gerade in Deutschland ankam: »Ach, du kommst aus Russland? Möchtest du einen Wodka trinken?« Ich sage: »Nee«. »Ach komm, trink einen Wodka«, dann bringen mir die Leute einen Wodka. Und ich sage wieder nee. Die sind überrascht: »Wie nee, du bist doch Russin!?« Und ich sage, »Ja, bin ich. Aber ich bin 15. Was soll ich mit einem Wodka? Bring doch die ganze Flasche, dann sehen wir weiter!«

Die Karriere startet plötzlich durch: Sie waren bei Ladies Night, der Tanzbrunnen Köln steht an, Schmidts Tivoli in Hamburg, live in der »Anstalt« beim ZDF ...

Es könnte nicht besser laufen. Ich will unbedingt gucken, wie weit ich kommen kann. Es gibt kein besonderes Ziel. Ich will alles durchstrapazieren, aber Stück für Stück. Ich will ja viel Zeit für meinen Sohn behalten. Ich freue mich auf alles, was kommt. Ich freue mich sogar über Niederlagen. Da lerne ich draus. Auch wenn das wie ein Kalenderspruch klingt. Ich bereue nichts, keinen Schicksalsschlag. Das klingt so kitschig, so altklug. Aber alles, was mit mir geschieht, macht mich zu der, die ich bin. Ich bin total entwicklungssüchtig.

Sie wollen heiraten! »Wenn Homosexuelle das endlich auch dürfen, – dann heirate ich einen Schwulen.« Ihr Satz!

Ja, das habe ich mal gesagt. Mittlerweile geht das ja. Ich hab aber noch keinen Schwulen gefunden.

Kann man das so stehen lassen, mit Russland, den Klischees, den womöglich großen Änderungen nach 1990? Trotz des Angriffskrieges in der Ukraine? Doch, warum nicht. Ist halt ein Zeitdokument von 2018.

Mit dem Paten am Familientisch

Vom Mythos des Restaurants Kalymnos, in dem auch schlechtes Essen gut schmeckt. Und das liegt am Wirt: Antonis Antonoglou, kurz: Adonis.
taz, 28. Februar 2006

Um dieses sehr spezielle Lokal so richtig schön falsch zu verstehen, muss man einmal da gewesen sein. Die Einrichtung scheint eher 30 als 20 Jahre alt zu sein, die blauen Holzstühle sind unbequem, die Sitzkissen schäbig. An Decke und Wänden wellt sich die Verkleidung ab, auf den Tischen stehen Karikaturen von Mini-Topfpflanzen. Der Kellner bringt eine pappige Pizza und ein warmes, schlecht gezapftes Pils.

Wer mehr als einmal da war, ahnt, dass mit dem ersten Blick etwas nicht stimmte. Im Aachener Restaurant Kalymnos geht es nicht um gastronomische Normen oder die Qualität von Essen und Trinken. Die Mittwochabende etwa lassen einen staunen. Da klampft und singt eine halbe Hundertschaft Figuren wie aus dem Vorgestern: Rauschebärte, Altfreaks, in Ehren ergraute Aktivisten der 68er und 78er Jahre. Durch den Raum schallen Dylan oder Donovan, und danach gibt es ein Gyros und fürs ganze Lokal eine Runde Ouzo.

Seit dem Sommer 1981 gibt es das ewig gleiche Kalymnos. Heute Abend ist Schluss. Insolvenz. Gerichtsbeschluss. Die Trauer ist sehr groß.

Um diesen Ort in Ansätzen zu kapieren, muss man sich unter den Stammgästen umtun. Sie nennen das Kalymnos ihre zweite Heimat, sprechen von Familie, dem Wohnzimmer um die Ecke. Sie sind Bausachverständiger von Beruf, Heilpraktikerin, Kabarettist und Kunstmaler, Cheforthopäde einer Reha-Klinik, Weinhändler, Lehrerin natürlich auch, die meisten zwischen 40 und 60. »Sobald du über die Schwelle trittst, bist du in Griechenland«, sagt Verbraucherschützerin Gabi (45).

Tatverantwortlich ist Antonis Antonoglou, der Wirt. Sohn eines Schwammtauchers von der Insel Kalymnos, Kettenraucher und Ketten-Kaffeetrinker, immer in verwaschener Jeans, eine charismatische Persönlichkeit von 60 Jahren und bescheidenen 1,62 Metern Höhe.

Über ihren »Adonis« geben alle inflationär Liebeserklärungen ab: ein väterlicher Charmeur sei er, wahrhaftig, großzügig und kinderliebend, »ein begnadeter Geschichtenerzähler und Zuhörer«. Einer, der »jedem das Gefühl gibt, wichtig zu sein, er hört immer zu, hat immer Zeit«. Sie nennen ihn den »Patron« oder den »sozialistischen Paten mit Herz«, der aber auch »widerborstig zu Kleingeistern und Wichtigtuern« sei. Eine sagt: »Er ist sich selbst immer treu geblieben, auch politisch.« Deutschlehrer Tom (56) nennt ihn schlicht »den weisen Mann«.

1969 kam Adonis nach Aachen, geflüchtet vor dem Militärdienst. Er studierte einige Jahre Elektrotechnik und schaffte es, »erfolgreich abzubrechen«. Es gab Wichtigeres: Aachen wurde so etwas wie die deutsche Keimzelle des Widerstands gegen die griechische Militärdiktatur (1967–1974), und Adonis war mittendrin. Mit der sozialistischen Hochschulgruppe organisierte er Demos und ein großes Solidaritätskonzert mit Mikis Theodorakis.

Heute sagt er: »Doktrinäre Kommunisten waren nie meine Freunde, ich bin humanistischer Sozialist. Und meine politischen Ansichten sind immer sehr stabil geblieben.« Franz-Josef (51), Prokurist, nennt Adonis »geheimnisvoll, schräg, eine Spur buddhaistisch«. Für Lehrerin Uschi (58) strahlt er immer »eine Atmosphäre aus, die etwas magisch Anziehendes hat«.

Ist er Vaterfigur, Kumpel, Freund? »Schwierige Frage«, sagt Adonis. »Manche hier sind echte Freunde für mich seit vielen Jahren.« Wichtig sei es, »mit allen warmherzig umzugehen«. Ein Therapeut? Er zögert. »Du musst immer Zeit haben, zuhören, immer präsent sein, sieben Tage die Woche. Dafür muss man die Menschen lieben und darf nie auf Aussehen, Beruf und Umsatz achten.« Und: »Die

Leute fühlen sich hier unter meinem Schutz. Und ich habe ja auch so viel zurückbekommen.«

Über sein Essen zu sprechen, fällt Adonis nicht leicht. Kritik trifft seine Wirtsehre, seine griechische Seele. »Wem es nicht schmeckt, der kann ja woanders hingehen.« Es habe sich bei ihm über die Jahre »nichts verändert«. Da leuchten seine Augen. Kontinuität als eisernes Merkmal. Im Kalymnos schmeckt eben auch schlechtes Essen gut. Basta. Solche Restaurantphilosophie lässt sich auch als ziviler Ungehorsam den Verhältnissen gegenüber interpretieren. Im Kalymnos wird nicht mit dem Strom geschwommen, sondern im eigenen.

Wichtigster Einrichtungsgegenstand ist der große Familientisch, links vor dem Tresen. Hier sitzt Adonis immer auf dem einzigen Stuhl des Lokals, der zwei kleine Armlehnen hat. Niemand sonst setzt sich dahin. Schulrat Norbert hat dazu seine Gedanken aufgeschrieben: »Wer das Glück hat, am Familientisch sitzen zu dürfen, erlebt, dass intensive Gespräche über Politik, Philosophie, Religion, Gott und die Welt übergehen in Musik, in Spiel und Lachen.« Spät abends, wenn »Adonis in seinem Kneipiers-Rhythmus Hunger hat«, wird oft plattenweise aufgefahren und »alle sind natürlich eingeladen. Und wer unglücklich war, ist es jetzt etwas weniger, und wenn wir nach Hause gehen, beglückt, erfüllt, denke ich an Adonis, diesen einsamen Zauberer, der jetzt alleine in seine Wohnung geht, in der er auf gepackten Koffern sesshaft geworden ist.«

Stammgast Adam (56), Museumsdirektor in Aachen, analysiert strenger: Möglicherweise sei das Kalymnos »auch nur eine Projektion unserer entfremdeten Gesellschaft auf vermeintlich noch intakte mediterrane Lebensformen«. Keine Projektion ist »die geile Bundeskegelbahn«, wie ein Gast das grandios schrottige Kellerverlies nennt, das sich jeder Beschreibung versperrt. Tatsächlich: eine offizielle Bundeskegelbahn, hier im Kalymnos! Im Jargon der Gäste heißt sie Mehrzweckhalle. Hier wurde oft gefeiert, manchmal auch – heißt es – spät nachts gevögelt, hier grölte immer der Freitagschor. Eine erinnert sich: »Wir sangen, bis der Raum sich weitete.«

Kalymnos ist auch Kulturort. Es gab immer Lesungen und Konzerte, Kurse in griechischer Sprache und Tanz, manchmal Filmabende. »Und nichts kostete jemals Eintritt«, sagt Adonis. Der Rezitator Lutz Görner habe mal gesagt: »Adoni, ich bin viel herumgekommen, aber so ein Lokal wie das Kalymnos gibt es nirgends noch einmal.«

Knapp 20 Jahre lang ging alles seinen sozialistischen Gang, dann kam ein neuer Hauseigentümer. Die Folge: viel Streit, nach Wasserschäden »keinerlei Gesprächsbereitschaft«, stattdessen »immer neue Auflagen des Ordnungsamts«, schließlich Anwälte, Papierkrieg. Dann Mietstreik. Am Ende ging es um eine fünfstellige Summe. Adonis meldete Insolvenz an. Das Gericht verfügte die Räumung.

Nach Griechenland, wo seine Frau und die zwei Kinder (13 und 11) schon leben, wollte Adonis ohnehin 2007. Aber: »Ich hätte so gern noch das 25-Jährige hier gefeiert, im Sommer.« Die Verhältnisse nehmen darauf keine Rücksicht. Dem Kölner Schriftsteller Günter Wallraff fühlt sich Adonis »sehr, sehr zu Dank verpflichtet«. Wallraff hatte sich 1974 auf dem Athener Syntagmaplatz angekettet und mit weltweiter Aufmerksamkeit ein Stück weit für die Entkettung Griechenlands aus der Diktatur gesorgt. 2004 wurde Wallraff Ehrenbürger von Kalymnos – auf dem Original, der Insel in der Ägäis. Antonis Antonoglou hatte das eingefädelt. Ein großes Fest muss das gewesen sein.

Adonis, mittlerweile weit in seinen 70ern angekommen, betreibt heute auf Kalymnos ein kleines familiäres Hotel (Villa Melina) mit zwei griechischen Sternen und Pool.

***

2014 gab es einen sehr besonderen Friedenslauf – von Sarajevo nach Aachen, organisiert von zwei Dutzend Menschen der Region. Gestartet am 100. Jahrestag des

Weltkriegsbeginns am 28. Juli 1914, Zieleinlauf am Elisenbrunnen vor vielen hundert ZuschauerInnen am 21. September, dem Internationalen Friedenstag. Initiator war Heinz Jussen aus Hergenrath:

Energieriese mit Flamme im Herzen

Kein Mann vieler Worte: Heinz Jussen lässt seine Energie lieber über nonverbale Aktivitäten wirken und bekommt den Europäischen Sozialpreis.

Aachener Zeitung, 28. September 2015

Aachen/Sarajevo. Unterwegs, beim Friedensfackellauf Flame for Peace im Sommer 2014 von Sarajevo nach Aachen, noch irgendwo im bosnischen Hinterland, merkte man erstmals, dass der Lauf Heinz Jussen zusetzte. Es war, trotz aller Hitze, nicht das Körperliche: Ein paar Kilometer am Tag joggt Jussen locker, auch mit 73 Jahren.

Es war seine Sorge um das Drumherum: Klappt auch alles? Stimmt die Route noch? Wo ist das andere Begleitfahrzeug? Warum geht da keiner ans Telefon? Wo zum Teufel sind die Unterlagen – Teilnehmerurkunden, Startnummern, das Ersatzöl für die Fackel?

Heinz Jussen wollte sich um alles selbst kümmern. Ja, sagt er heute, »ich hatte ein wenig meine Gelassenheit verloren. Ich war so beseelt vom Projekt und gleichzeitig fühlte ich mich ständig in der Primärverantwortung.«

Heinz Jussen, geboren 1941 in Jülich, war Bergmann, Kampfsportler, Polizist. Nach einem missratenen Einsatz gegen Demonstranten stieg der Wasserwerferkommandant Jussen aus, studierte auf Lehramt und lebt heute als pensionierter Schulleiter in einer Hausgemeinschaft in Hergenrath.

Jussen sagt über seine Kindheit: »1941 habe ich als Dreijähriger die totale Vernichtung der Stadt Jülich miterlebt. Meine Mutter war traumatisiert, mein Vater starb bald nach der Kriegsheimkehr an den Folgen. Wahrscheinlich hat mich diese frühkindliche Todesenergie geprägt, mich zeitlebens gegen alles Kriegerische zu stellen.« Und Bosnien? »In diesem gespaltenen Land gibt es bis heute dieses Zweiweltendenken und eine riesengroße Perspektivlosigkeit. Berufschancen für Jugendliche sind nahe null.«

Und über »Flame for Peace«: »Die Organisation war eine marathoneske Mühsal, aber die Teilnahme eine einzigartige Erfahrung. Friedensmarsch war gestern, heute ist Friedenslaufen.«

Vielleicht kann man sagen, dass Jussens Energielevel beim Lauf zwischenzeitlich die Balance verloren hatte. Energie ist ein Leitwort in seinem Leben. Er selbst hat reichlich davon. Und schafft es, Energien bei anderen zu erzeugen, zu bündeln. »Wir lösen keine Probleme«, sagt er nachdenklich, »wir können nur Energien punktuell stärken.«

Bis 1992 hatte Jussen kaum Bezugspunkte zum Balkan. Dann kam im Bosnienkrieg der 16-jährige Flüchtling Suad traumatisiert an seine Schule, die Abendrealschule in Aachen. Dessen Freund erklärte: »Eltern von Suad tot. Granata. In Tuzla.« Jussen sagt heute: »Ich war ganz hilflos. Herzliches Beileid verstand er nicht. Er weinte und schämte sich dafür. Plötzlich sprach es aus mir heraus: ›Suad, ich fahre nach Tuzla.‹« Das war ein Versprechen. »Im Dezember 1992 bin ich als Erster überhaupt mit Hilfsgütern in die eingeschlossene Stadt durchgekommen.«

Daraus wurden, teilweise unter Beschuss, einmal Gefangennahme, elf Fahrten mit dem LKW. Später bekam Jussen dafür das Bundesverdienstkreuz, heute weiß er nicht mehr, wo es ist. »In irgendeiner Schublade. Solche Dinge ehren mich und unsere Arbeit, klar. Aber sie sind mir persönlich auch nicht so wichtig.«

Jussen gründete mit Freunden das Aachener Netzwerk für humanitäre Hilfe und interkulturelle Friedensarbeit, leierte Schulpatenschaften an und das Jugendtheaterfestival Bina Mira (»Bühne des Friedens«), das seit 2007 mal hier und mal in den Balkanländern stattfindet. »In ihren Geschichtsbüchern lesen die jungen Leute auf dem Balkan bis heute völlig unterschiedliche Wahrheiten über ihre Nachbarn und den Bosnienkrieg. Wir versuchen, die Streumunition in den Köpfen der Jugendlichen zu entschärfen. Ich selbst hatte vorher auch meine Klischee-Bilder von den bösen Serben, teils von bösen Kroaten und den armen Bosniaken als Opfern. Vor allem durch Kontakte zu jungen Serben haben sich meine heimlichen Vorurteile aufgelöst.«

Dann hatte er im vergangenen Jahr die Idee zum achtwöchigen Lauf durch zwölf Länder, über fast 3000 Kilometer. Die Welt dadurch verändern? Ach was, sagt Jussen. »Ein bisschen Bewegung in den Köpfen da unten« möchte er erreichen. »Und was bei uns wie das Friedensgesäusel von Gutmenschen klingt, ist dort elementar.« Hunderte Kinder sind in den Etappenorten mitgelaufen, »ganz berührend war das jedes Mal. Ich habe vor 20 Jahren Tuzla erlebt, Srebrenica, die Konzentrationslager, die elenden Flüchtlingstrecks, verreckende Menschen vor meinen Augen. Und jetzt sind wir genau da gelaufen – das waren erhabene Momente für mich, aber mit den Erinnerungen auch zehrend.«

An den 54 Etappenorten gab es immer eine Ankunftszeremonie. Alle Läufer, mal waren es 15, mal gut 50, bildeten einen Kreis, die Friedensfackel loderte, und alle fassten sich an den Händen. Dann lief der Flame-Song, Beethovens »Ode an die Freude«, umgetextet und eingespielt von der Aachener Rockband Neogene: »Shine the light, nationwide – Flame for Peace, a love supreme. Lightens everybody's heart and burns the fear and hate within

…« Die Flamme des Friedens leuchtet über alle Grenzen hinweg in jedermanns Herz und brennt Angst und Hass nieder …

Klingt niedergeschrieben eher kitschig. Vor Ort war es jedes Mal neu ergreifend, auch wegen Jussens Ernsthaftigkeit und Ausstrahlung. »Dieses Gemeinschaftsgefühl für einen Moment. Selbst die Bürgermeister«, erinnert er sich, »denen vielleicht gerade die nächste Sitzung durch den Kopf ging, hatten plötzlich diese kurze Ergriffenheit. Wie der Stadtchef in Višegrad – seine Hand hat ständig gezuckt in meiner …« Und dann ist da wieder dieses Stichwort. »Bei der Zeremonie entstand immer so eine große Energie für einen kleinen Moment.«

Am 3. Oktober bekommt Heinz Jussen den »Europäischen Sozialpreis zu Eschweiler«. Was ihm der Preis bedeutet? »Im ersten Moment war es ein Gefühl wie als Schüler früher, wenn man eine Eins zurückbekommt. Jetzt ist es Anerkennung für unsere Projekte und eine schöne Werbung dafür.«

***

Der 6. der hier Portraitierten, der einstige DFB-Präsident Egidius Braun, soll eine wichtige Vorbemerkung bekommen. In Zusammenhang mit der Bunten Fußballliga, die wir anfangs des Buches schon kennenlernten, hatte sich der Aachener Kartoffelhändler Egidius Braun in Rage kommentiert und ins vielfach belachte Abseits. Maßgeblich beteiligt: der damalige Papst Johannes Paul II., Karol Wojtyła. Alles begann mit einem Brief:

Potentia coniugens artis exercitatricis

Wie der Pontifex Maximus Ehrenmitglied der Fußball-Alternativliga von Aquis Grani wurde und es deshalb zu heftigem sportpolitischem Streit mit dem DFB und dem Domkapitel kam.

taz, 11. März 1992

Am Anfang war eine neue pfiffige Idee, beim Bier in der Kneipe. Nichts Ungewöhnliches: Da die Aktivisten der Bunten Liga Aachen gerne den anderen, ernsten DFB-Fußball parodieren und verhohnepipeln, lag auch der Vorschlag nah, mit dem FC Schalke 04 gleichzuziehen, der den Papst unter seinen Ehrenmitgliedern weiß.

Indes wollten die Kicker die Sache stil- und würdevoll angehen und bald war mit dem Sprachwissenschaftler Klaus Mackowiak, einem Spieler von Juventus Senile, der richtige gefunden, der in bestem mittelalterlichem Kirchenlatein einen Brief nach Rom aufsetzte. »Eure Heiligkeit, werter Sportsfreund« möge sich doch der »consocitatio versicolor«, zu Deutsch: der Bunten Liga, als Ehrenmitglied anschließen. Die vielfarbige Liga sei, wurde dem Hl. Vater erläutert, eine Vereinigung, die sich »den arg unchristlichen Entwicklungen im Fußball zu entziehen trachtet«, und mit dem Segen aus dem Vatikan hoffe man nun, Unterstützung für »einen menschlicheren Sport« mit weniger »Härte, Erbarmungslosigkeit und Gewinnstreben« zu erlangen, und das gehe nur, wenn man wieder »gaudium ludi«, Spielfreude, finde.

Da die verbindende Macht des Sportes (»potentia coniugens artis exercitatricis«), wie es immer wieder heiße, »mundum et sententias complectens« (welt- und ideologieumspannend) sei, könne gerade die päpstliche Mitgliedschaft eine Geste sein, die »fines sententiarum inexplicabiles saepe censos transgredi conamur«, also für unüberwindlich gehaltene ideologische Gräben überschreiten kann.

Höflich schloss der Brief mit »salute nomine Juventus Senilis nantiando«, der Grußerbietung im Namen der jungen Senilen unter den versicolorischen Kickern ex Aquis Grani aus Aachen.

Und siehe: Die Antwort folgte, zur allgemeinen Verblüffung, prompt. Der päpstliche Assessor gab, ebenfalls in wohlfeiler lateinischer Sprache, kund, der Brief an den Summus Pontifex sei wohlbehalten bei jenem angekommen, der »Beatissimus Pater« (glücklichste Vater) habe »den Beweggrund dieses Unterfangens gut zur Kenntnis genommen«, schließe die Bunte Liga nunmehr »gern in seine Gebete ein« und schenke den Kickern den apostolischen Segen. Und: Der Papst heiße es gut, nunmehr Ehrenmitglied geworden zu sein.

Letzteres sorgte nun für die erste Verwirrung. Formalrechtlich kann schließlich ein einzelner Kicker keine Ehrenmitgliedschaft in einem eingetragenen Verein aussprechen und Mackowiak hatte auch nur den Vorschlag gemacht, der Heilige Stuhl aber gleich die Mitgliedschaft als ein Faktum aufgefasst. In seiner Analyse des Missverständnisses machte Mackowiak dann »eine kleine Lateinschwäche des Herrn Assessors« verantwortlich, der »das factum ire mit dem factum esse verwechselt« habe, die zukünftige Möglichkeitsform also gleich in die Wirklichkeit transformiert habe.

Fakt aber blieb, und das stand in der Lokalzeitung in großen Lettern auf Seite 1: »Aachen: Papst betet für Bunte Liga.«

Das war das Fanal für einen unvorhersehbaren Streit. Noch am gleichen Tag war die Kunde von der gesegneten Kickerkonkurrenz bei den Oberen des Deutschen Fußball-Bundes angekommen. Tief empört rief DFB-Schatzmeister Egidius Braun in der Aachener Zeitungs-Redaktion an, »spuckte Gift und Galle«, wie ein Redakteur empfand, und »ließ sich einfach nicht beruhigen«. Vor allem die »arg unchristlichen Entwicklungen im Fußball«, hatte der DFB, ohne explizit angesprochen zu sein, in seinem fußballerischen Alleinvertretungsanspruch glatt auf sich bezogen. Brauns Argumente: »Eine kolossale Anmaßung« sei das, und »einwandfrei eine Diskriminierung von diesen Leuten aus der Bunten Liga, die sich wohl für was Besseres halten und mit ihrer unglaublichen Arroganz hunderttausende ehrenamtlicher Mitarbeiter zu Handlangern der Unchristlichkeit abqualifizieren.«

Braun ließ nicht locker und intervenierte bei einem vermeintlichen Gesinnungsgenossen, dem Aachener Bischof. Dort fragte er misstrauisch nach, ob die Korrespondenz nicht eine Fälschung sein könne und ob man nicht umgehend bei der päpstlichen Nuntiatur in Bonn vorstellig werden sollte. Der Domprobst jedoch erklärte, dass der Papst, wenn gebeten, durchaus jeden, selbst linksalternative Balltreter, in seine Gebete einschließen könne. Zwar fand auch er den süffisanten wie großaufgemachten Zeitungsbericht für »die größte Geschmacklosigkeit in der letzten Zeit«, und beklagte sich seinerseits entsprechend bitterlich in der Redaktion. Aber so manche Fußball-Entwicklung in unserer Zeit wollte er auch nicht als besonders christlich empfinden. Brauns kirchliche Allianz war zerbrochen.

Da ließ er auch am päpstlichen Sekretär kein gutes Haar mehr, »der scheint mir auch nix besonderes zu sein«, wenn der zulasse, dass »der Papst so verarscht« werde und »die ungeheuerliche Behauptung« der Unchristlichkeit einfach nicht prüfe. Der Katholik Braun weiß zudem zu berichten, ihn hätten einige Pfarrer angerufen und man habe sogar überlegt, »den Fall vor die Deutsche Bischofskonferenz zu bringen«.

Allerdings gibt es auch in der Bunten Liga selbst einige bierernste Kritiker: Wie man denn ausgerechnet einen Reaktionär wie den Papst umwerben könne. Am Samstag indes hat die Bunteliga-Vollversammlung die Ehrenmitgliedschaft für den Papst mit großer Mehrheit abgesegnet. »Ich sehe«, freute sich Ligavorsitzender Dieter Becker nach dem Votum, »weißen Rauch aufsteigen: habemus papam.« Tenor der Entscheidung: Randgruppenintegration und »Bewährungschance für einen ideologischen Gegner«. Wenn der Heilige Vater jedoch weiter derart weltfremde Schwulen-, Verhütungs- und Frauenpolitik betreibe wie bisher (»womit leider wohl gerechnet werden muss«), könne die Bewährungschance schnell dahin sein und seine Tage im Schoße der Aachener Kickerschaft gezählt. Dann, hieß es, drohe unweigerlich ein Ausschlussverfahren. Und die Empörung wird wieder von vorn losgehen.

***

Dieser Text, erschienen bundesweit in fast einem Dutzend Zeitungen, hatte immense Folgen. Zuerst rief das ZDF an, Redaktion Heute Journal: man wolle nach Aachen kommen, ob die Liga spontan zwei Teams für Filmaufnahmen auf die Wiese stellen könne, inklusive Briefeschreiber Mackowiak in Trikotage? Gesagt, getan, gekickt – am Tag darauf lief ein Fünfminutenbeitrag.

Dieser hatte besonderen Charme, weil Egidius Braun jetzt auch vor laufender Kamera zeterte.

Tags darauf rief mich ein Redakteur der ARD-Tagesthemen an. Er berichtete zerknirscht, man habe das Thema leider verpennt; aber wenn der Papst tatsächlich wieder ausgeschlossen würde, bitte man doch sehr darum, die Tagesthemen als erste zu benachrichtigen. Man käme dann umgehend.

Bis dahin kamen noch andere Fernsehteams, um vom bizarren Fußballstreit zu berichten, darunter Sat.1. Die hatten ein komplettes Papstkostüm dabei, sehr würdevoll. Es ging auf den Rasen nach Lemiers, wo der Partisanenkicker, Kabarettist und Leiter der Zirkusschule am Viktoria-Gymnasium Krenne Aymans den Papst auf Stollenschuhen gab. Regieanweisung: Dem Kick seinen Segen geben. Und: Foul spielen. Warum er sich mein Schienbein aussuchte, weiß ich nicht mehr. Aymans war ein sehr energischer, treffsicherer Papst. Es schmerzte noch Tage danach.

Schlecht für die Tagesthemen: Papst Wojtila blieb bis zu seinem Tode 2005 im Schoß der Aachener Alternativkicker. Aber Egidius Braun hatte sich durch sein engagiertes Eingreifen hinreichend für das Amt des DFB-Präsidenten qualifiziert. Ein halbes Jahr später wartete der Thron:

Der fromme Karrierist

Egidius »Pater« Braun ist heute beim DFB-Bundestag in Berlin einziger Kandidat für die Präsidentschaft / Ein Mann mit vielen Eigenschaften.

Süddeutsche Zeitung, 24. Oktober 1992

Sonntagmorgen kurz nach 11 Uhr: Heilige Messe in der Kapelle des kleinen St. Augustinus Klosters im Aachener Vorort Walheim. Wir singen jetzt in F-Dur das Lied 405: »Selig seid Ihr, wenn ...«. Die Akkorde an der kleinen Eckorgel schlägt, wie an den meisten Sonntagen, der Mann an, der heute zum Präsidenten des Deutschen Fußballbundes (DFB) gekürt werden soll: Egidius Braun. Doch beim Auftritt in der Kirche denkt der Hobbymusiker nicht daran und will auch nicht darüber reden. Er herzt die Ordensschwestern (»Das sind meine besten Freundinnen«), scherzt kurz mit zwei armen Seelen im Rollstuhl und begrüßt eine alte Fußballgröße der Region. Zum Abschied winken ihm zwei betagte Damen hinterher.

Solcher Kontakt gefällt dem Mann mit dem Spitznamen Pater Braun; eigentlich sei er sogar, sagt er, »irgendwie ein Alternativer« mit seinem gern demonstrierten Spagat zwischen Kirche und Kicken. Und winkt lachend zurück.

Der 67-Jährige mit dem ungewöhnlichen Vornamen (Egidius leitet sich aus dem Altgriechischen ab: Ägis = der

Schild des Zeus; Ägidius = der Schildhalter) gilt als harmoniebedürftig, gütig, charmant, ausgleichend, ganz frohsinniger Rheinländer mit sonnigem Gemüt, der auch auf der Klaviatur der Diplomatie stets die richtigen Tasten zu treffen versteht.

Seine Hobbys weisen ihn als überzeugten Patrioten aus: Skatspielen, Kegeln (im Club »Die Goldene 13«), die Jagd und besonders klassische Musik deutscher Herkunft. In Brauns edlem Aachener Domizil steht der Flügel mitten im Wohnzimmer und nach Empfängen und Feiern wird gern ein gemeinsames Lied angestimmt.

Egidius, der freundliche fromme Mensch aus Aachen. Doch wehe, wenn Zeus die Ägis schüttelt, dann folgen, wie Homer einst schrieb, Unwetter und Wolken, Blitz und Donner, und der Schildhalter gerät ins Wanken, wie im März, da lief Egidius Sturm wegen der Bunten Liga Aachen (*… siehe Text oben*).

In der Tat hat Egidius Braun auch andere Seiten, fernab vom Klischee DFB-Funktionär Marke Sonnenschein und Sozialengagement (Braun ist Mitinitiator der Aktionen Mexiko-Hilfe und »Keine Macht den Drogen«). Ohne das notwendige Maß an Bauernschläue und Gerissenheit, Taktik und Tatkraft, Verhandlungshärte und das rechtzeitige Knüpfen verbandsinterner Seilschaften hätte Braun nicht zum Intimus und letztlich unumstrittenen Kronprinzen seines Vorgängers, des Machtmenschen Hermann Neuberger aufsteigen können.

Beruflich hatte Braun Durchsetzungsvermögen und eine ausgeprägte Geschäftstüchtigkeit schon gleich nach dem Krieg bewiesen. Den elterlichen Betrieb (»Kartoffel Braun«, in Aachen eine Institution) brachte der junge Egidius mit Schubkarre und Schmuggeltouren über die nahen Benelux-Grenzen schnell auf Vordermann. Heute gibt das Handelsregister Auskunft über Beteiligungsgesellschaften und Tochterfirmen der WLV Landhandel Egidius Braun GmbH, Stammkapital zuletzt immerhin 13,5 Millionen Mark.

(Er war damals laut Firmenregister auch beteiligt am Currypalast nahe dem Bushof, was den langjährigen Partisan-Spieler Dieter Becker zum entsetzten Ausruf brachte, weil er dort halt auch schon mal Fritten gegessen hatte: »Hilfe, ich hab am Egidius genascht!«)

Die Funktionärskarriere des Kaufmanns Braun (Berufsbezeichnung heute: Vermögensberater) hatte zunächst makellos begonnen. 1951, mit gerade 26 Jahren, war Egidius Braun (»Funktionär ist für mich kein Schimpfwort«) zum Präsidenten seines Heimatclubs SV Breinig in der Voreifel gekürt worden. Der erste Einstiegsversuch in die Verbandshierarchien geriet jedoch, noch in den fünfziger Jahren, zu einem argen Flop: Aufsteiger Braun scheiterte beim Versuch, den damaligen Aachener Kreisvorsitzenden von seinem Posten zu putschen.

Später lief Brauns Laufbahn besser an: Endlich Kreisvorsitzender als der Vorgänger verstarb, seit 1972 Chef des Verbandes Mittelrhein, 1977 DFB-Schatzmeister, seit letztem Juni obendrein Vize-Präsident der UEFA. In der Frankfurter DFB-Zentrale lernte »der Edi« schnell die Gesetze der Zunft. »Er kann sich«, sagt ein Freund, »jeder Situation anpassen – sei es ein Empfang beim spanischen König oder sei es ein Plausch mit einem Straßenkehrer.« Dabei liebt Braun die Rolle im Hintergrund: Wenn er auf dem Tivoli die Alemannia besucht, zieht es ihn nicht auf die Ehrentribüne zu den Heimat-VIPs, sondern er hockt sich hinter eines der Tore auf das Bänklein des Ordnungsdienstes.

Und Braun versteht es meisterhaft, Pannen und Peinlichkeiten schönzureden. Als Teamchef Franz Beckenbauer 1986 öffentlich androhte, einem mexikanischen Journalisten an die Gurgel zu gehen, war es WM-Delegationsleiter Braun, der den erregten Kaiser zur Entschuldigung überredete. Diese verkaufte er dann als »mannhaft, eine Mannestat, einfach großartig«.

Brauns Fußballfaible gilt, so stellt er sich dar, der beschaulichen Basis der Ehrenamtlichen, nicht aber dem harten Business. »Über die 700 Millionen für die Fernsehrechte sollte man gar nicht so ein Aufhebens machen.« Sprach's und packte nach der Messe in Walheim das Gebetbuch ein, stieg in seine Audi-Limousine und teilte zum Abschied seinen Terminplan mit: Erst zum Mittagessen im Kreise der Familie und dann Richtung Aschenplatz zum Spiel einer Reservemannschaft in der Kreisliga C. So möchte der umtriebige Christ Egidius Braun gesehen werden: Väterlicher Freund von elf Freunden, statt Herr über 5,3 Millionen Vereinskicker und damit weltweit mächtigster Funktionär eines Einzelsportverbandes.

Braun wurde gewählt. Er hatte das Amt bis 2001 inne. Braun starb im März 2022 mit 97 Jahren in Aachen.

***

1984 hatten die Aachener Grünen erstmals sechs Mandate im Stadtrat errungen, eine überraschend hohe Zahl. Eine ihre ersten Taten war es, die nach ihrer Ansicht unangemessenen Umsonst-Privilegien für Ratsleute zu versteigern: Die Dauerkarte für die Alemannia-Tribüne, Chio-Tickets, den ASEAG-Freifahrtschein, den Tiefgaragenstellplatz und anderes mehr. Meine Geschichte darüber ist leider in keinem Archiv mehr aufzufinden. Heute gibt es solche »geldwerten Entschädigungen« immer noch, zumindest für Ausschussmitglieder oder Aufsichtsräte in städtischen Firmen: etwa Parkhausguthaben oder Theater-Freikarten.

2020 wurden die Grünen stärkste Kraft im Stadtrat. Und dazu stand der Wechsel an von OB zu OBin, was in der Stadt Karls des Großen eine große Bedeutung hat:

Erste Frau nach 256 Männern

Vor der Wahl der ersten grünen Oberbürgermeisterin in einer deutschen Großstadt – ausgerechnet in Armin Laschets Heimat.

taz, 14. September 2020

Sibylle Keupen? Sibylle Who? Als die Aachener Grünen im Februar ihre Kandidatin für das Amt des Oberbürgermeisters vorstellten, mussten alle erst mal nachfragen. Wer ist diese Frau, parteilos zumal, politisch noch nie aufgefallen? Ach so, sie ist seit über 20 Jahren Leiterin des Bildungszentrums Bleiberger Fabrik. Die ist in der Viertelmillionenstadt namentlich durchaus bekannt, aber nicht eben prominent. Und wer außer Eltern, die ihre Kids zum Töpfern oder Filmedrehen schon dahin schickten, kannte das Projekt näher? Kaum wer.

Nun gut, man kann sich ja präsentieren. Aber wie sich bekannt machen in Corona-Zeiten ohne jeden größeren öffentlichen Auftritt?

Keupen, 57, mietete als »Bürger*innentreff« ein leerstehendes kleines Ladenlokal – eines von vielen in der dramatisch verödenden Innenstadt – und stand einfach zur Verfügung. Die Partei powerte offensiv mit Social-Media-Kampagnen. Als 13 Tage vor der Kommunalwahl die Ergebnisse einer Infratest-Umfrage in NRW bekannt wurden, war das Staunen noch größer: 35 Prozent gaben an, Keupen bei der Kommunalwahl direkt wählen zu wollen, NRW-Bestwert. Ausgerechnet Aachen auf dem Weg zur grünen Hochburg, deutlich vor anderen Hochschulstädten wie Bonn, Bielefeld, Münster, wo die Klientel immer deutlich ausgeprägter war.

Jetzt hat die dynamische Diplom-Pädagogin mit dem grauen Kurzhaarschnitt, gebürtige Eiflerin, sogar 38,9 Prozent geholt (und über 60 Prozent in den besten Stimmbezirken) und geht als haushohe Favoritin in die Stichwahl am 27. September. Sie wäre die erste grüne Oberbürgermeisterin deutschlandweit. Herausforderer ist, zudem knapp, der langjährige Ratsroutinier der CDU, Harald Baal, mit dünnen 24,8 Prozent. Für Aachen, die Bischofsstadt, einst tiefschwarz und ein CDU-Selbstläufer, ist das ein Desaster-Ergebnis.

Nun ist Aachen bekanntlich auch Heimat des möglichen CDU-Kanzlerkandidaten Armin Laschet. In dessen Wohnbezirk holte Keupen teils über 50 Prozent, ein Nadelstich extra. Im Stadtrat brach Laschets CDU um fast zwölf Prozent ein, während die Grünen ihre Stimmen auf 34 Prozent verdoppelten und mit Abstand stärkste Kraft sind. All diese überraschend saftigen Erfolge decken sich zum Beispiel mit dem Radentscheid Ende 2019, dem erfolgreichsten bundesweit. Radfahrerin Keupen will die Verkehrswende mit vollem Pedaltritt voranbringen. Ein Dienst-Pedelec braucht sie nicht, »hab ich, seit fünf Jahren, farblich passend in honey-mustard«.

Geflasht sagte sie am Wahlabend, sie müsse sich auf »eine Wahnsinnsverantwortung für die Zukunft der Stadt« einstellen, aber sie sei »glücklich, dass die Bürger den Weg mit mir mitgehen wollen.« Und wie geht sie voran? »Die Politik nach vorne jagen«, so Keupen jetzt zur taz, »die Menschen fühlen sich nicht angehört«, das werde sie massiv ändern. Der Bürger*innentreff bleibe sowieso.

Keupen hat nachgerechnet. Seit Kaiser Karl hatte Aachen 256 Stadtoberhäupter, ohne Ausnahme männlich. Also: »Es ist jetzt einfach Zeit für eine Frau.« Ausgerechnet in der Stadt mit den prozentual wenigsten Frauen des Landes (männlich dominierte Ingenieurstudiengänge) käme mit Keupens Wahl eine Art Verwaltungsmatriarchat zustande: Frauke Burgdorff ist Planungsdezernentin, Isabel Strehle oberste Verkehrsmanagerin, beide erst seit kurzem erkennbar tatendurstig im Amt.

Ihren besten Wahlkampfauftritt hatte Sibylle Keupen übrigens in der Lokalzeitung. Zum Fragenkatalog an alle KandidatInnen gehörte neben der Frage nach dem

»Lieblingsort in Aachen« auch die nach der Alternative »Hund oder Katze«? Keupens tierisch gegenderte Antwort: »Hündin«.

***

In der Stichwahl siegte Keupen mit saftigen 67,37 Prozent gegen den CDU-Kandidaten Harald Baal. Im November 2020 nahm sie ihr Amt auf. Ob sie womöglich am Anfang einer langen Liste von nunmehr 256 Frauen an der Spitze der Stadt steht, wird die Zeit zeigen.

Zeigen wird sich auch, ob sie mithelfen kann, dieses traditionsbesoffene Aachen zu modernisieren. Nach anderthalb Jahren (Stand März 2022) war von Aufbruch noch nicht viel zu spüren, der Radentscheid lahmt, die Innenstadt verödet, gelagerte Autos an den Straßen bleiben die Herrscher, nach wie vor blockieren heimische Ruinenbesitzer die Stadtentwicklung (etwa in der Adalbertstraße) und ortsfremde Projektentwickler pflanzen Klötze in die Landschaft, einer hässlicher als der andere.

Womöglich lähmt dieser Karl Kaiser alle Verantwortlichen bis heute. Ob es für eine deutlich lebenswertere Stadt am Ende wirklich volle 256 Oberbürgermeisterinnen braucht?

Ebenfalls im Eifeler Literaturverlag erschienen

Bernd Müllender

Die Zahl 38.185

Ein Fahrrad-Roman aus der Autostadt Aachen

336 Seiten, 15,00 EUR

ISBN: 978-3-96123-018-1

Aachen in den frühen 2020er Jahren: Der leidenschaftliche Biker Damian und die Sportwagenfahrerin Ariane lernen sich auf merkwürdige Weise kennen. Zeit gleich nehmen die Auseinandersetzungen um den Radentscheid vehement an Schärfe zu: Mehr Radwege, die sichere Umverteilung der Verkehrsräume, eine lebenswertere Stadt? Politisch ist das verbindlich beschlossen, aber es hakt überall, die Umsetzung stockt, der Widerstand wächst. Wie soll Aachen das schaffen?

Autofahrer treffen sich heimlich, sorgen sich um Parkplätze, sehen ihr Blech als Schutz vor Blech, nehmen Bäume als Geiseln und starten die erste Critical Mass für Vierräder. Die Radler kämpfen verbissen um jeden Meter Bike Lane und die Verkehrswende, manche geraten dabei als Wege-Blockwarte in Verfolgungswahn. Und emsige Stadtplanerinnen setzen ausgebufft auf den ersten Bürgerdialog ohne Bürger. Eine Stadt ist in Aufruhr!

Ebenfalls im Eifeler Literaturverlag erschienen

Günther Matthias Köschgens

Aachen mal anders

Heitere Familienepisoden
im Kontext der
Wirtschaftswunderzeit

254 Seiten, 14,80 EUR

ISBN: 978-3-96123-007-5

Das Leben in den frühen 60er-Jahren in der Kaiserstadt – Günther M. Köschgens (*1952), waschechter »Oecher«, bringt wertvolle Kindheitserinnerungen aus dem Alltag einer Arbeiterfamilie wieder ans Licht. Geschmückt mit eigenen Fotos, Anekdoten sowie Witz und Verstand lädt der Autor dazu ein, in die vergangene Welt des Aufbaus und »Wirtschaftswunders« einzutauchen. Sozialkritisch betrachtet er dabei die neuen Erwerbs- und Konsummöglichkeiten und lässt sich von der Sehnsucht nach individueller Mobilität mitreißen.

Ein ausgedehnter Stadtbummel durch Aachen mit dem von Zigarettenrauch durchsetzten Atem des Zeitgeistes.

EBENFALLS IM EIFELER LITERATURVERLAG ERSCHIENEN

RENATA A. THIELE

Burtscheider Halbwahrheiten

Erforschte und erfundene Geschichten aus über eintausend Jahren

116 Seiten, 12,80 EUR

ISBN: 978-3-96123-004-4

Denn schau ich Burtscheid in seiner Pracht, ist das mir der Beweis: wir haben hier rund um Gillesbach ein Stückchen Paradies.

In sechs spannenden Episoden zwischen damals und heute, zwischen Fiktion und historischer Wirklichkeit, erkundet die Stadtführerin und Autorin Renata A. Thiele die lange und bewegte Geschichte Burtscheids – oder »Botscheds« auf Öcher Platt.

Hier begegnen wir geheimnisvollen Wolkenschleiern, die nachts durch die Flure des Abteitors huschen und lüsterne Gedanken verursachen, entdecken das heute als Musikbunker genutzte Bauwerk als dunklen, zwielichtigen und mitunter lebensgefährlichen Ort, lehnen uns gemeinsam mit der Äbtissin der einst mächtigen Reichsabtei Burtscheid gegen den brutalen Grafen der Frankenburg auf und schauen den Erbauern des Viadukts zwischen Burtscheid und Frankenberger Viertel über die staubigen Schultern.